Einatmen will ich die Zeit
Ein Saarpfalz Lesebuch

Fred Oberhauser · Bernhard Becker · Martin Baus (Hg.)

Gollenstein

*Im Herzen des Westrich
die Saarpfalz*
Land und Leute

Das Westrich Fred Oberhauser·12   **Zwischen Schwarzbach und Blies** Georg Friedrich Blaul·17   **Wanderung im Leyenschen** August Becker·19   **Im Bliesgauwald** Karl August Woll·25   **Homburger Geschichten** Karl Fischer·26   **Die Schloßberghöhlen in Homburg** Wolfgang Müller·29   **Kohlensuche auf Frankenholz** »Saarbrücker Zeitung«·33   **Altstadter »verkehrte Welt«** Alfons Kolling·35   **Der Kirchthurm von Beeden** Friedrich Aulenbach·37   **Ruine Kirkel** Friedrich Ludwig Maurer·38   **Im Kirkeler Wald** Alfred Hoeppfner·39   **E Baureredd** Karl Leibrock·43   **Die anmutige St. Ingberter Waldgegend** »Führer durch St. Ingbert«·44   **Schmelzer, Bergleute und Glaspatzen** Wolfgang Krämer·47   **Autobahn** Heinrich Kraus·49   **Blieskasteler Kindheit** Fred Oberhauser·50   **Schräg ab nach Herbitzheim** Gerd Meiser·53   **Im Land der runden Türme** Arnold Rütter·55   **Gaudabbesse, Graudscheißer, Greidskäbb und Gugugge** Bernhard Becker·57   **Familjeläwe** Heinrich Kraus·60

*Und wollen
der Freiheit es weihen*
Zeitläufte

»Golden Stein« und »Crimen Spill« Franz Carl Derkum·62 Der Riese von Rubenheim Ludwig Harig·64 Reinheim-Bliesbruck. Antiqua oder gallorömisches Delphi Thomas Wolter·65 Retrospektive Visionen im Blitztal Waltraud Lindemann·70 Der Schwarzenacker Kentaur Alfons Kolling·74 Der Stiefeler Fels »Führer durch St. Ingbert«·78 Geleitstraßen im Bliesgau Albert Brunk·80 Der Hexenprozeß von Reinheim Wolfgang Krämer·82 Wie das Kloster Wörschweiler in Flammen aufging Andreas Neubauer·85 Nikolaus Pfeiffer, Postillon aus Rohrbach Eugen Motsch·87 Die Gersheimer Zuflucht Marianne von der Leyen·91 »Jagdopfer« des Herzogs Samuel Christoph Wagener·94 De Napoljon-Stehen uff em Schelmekobb Willi Neumann·97 Der St. Ingberter »Franzosenstein« Gabriele Oberhauser·98 Die Höcher Forstfrevler Philipp Jakob Siebenpfeiffer·99 Polnischer Besuch im Homburger Pfarrhaus Friedrich Aulenbach·100 Wirth in Homburg Michail Krausnick·101 Bin ich so unabhängig als irgend Jemand! Felix Villeroy·104 Von Homburg nach Hambach im Leiterwagen Adalbert Dilg·105 Der Deutschen Mai Philipp Jakob Siebenpfeiffer·106 Über die »Excesse« in der Homburger Gegend Johann Christian Chelius·108 Ein Grab im Exil Martin Baus·109 Der Böckweiler Jakob mit dem Heckerhut Friedrich Daniel Vogelgesang·114 Der Krieg 1870 an der westpfälzisch-französischen Grenze Josef Weiß·117 Unter der Wittersheimer Friedenseiche Jakob Ackermann·121 »Kind, spar Brot« – Erster Weltkrieg in Altstadt Karl Germann·122 »Christenkreuz oder Hakenkreuz« Klasse 10c der Realschule Bexbach·125 Pogromnacht in Homburg Jakob Konz·129 Der Besuch von Fräulein Hesekin Edith Aron·131 Ojczyzna – Der Tod der Sophia Btriamir in Oberbexbach Klassen 4a/b der Grund- und Hauptschule Oberbexbach·133 Hamsterzeit im Bliesgau Gerd Meiser·137 Soldate-Gedanke 1990 Heinrich Kraus·139

*Und am Ende
die Freundschaftsbrücke*
Grenzgänge

Der Reiz der Gegensätze und die Kunst der Ausgleichungen Fred Oberhauser·142   Das Flüßchen Blies teilt hier Frankreich und Deutschland August von Platen·145   Napoleons Hinterlassenschaft: bayerische Saarländer Fritz Jacoby·147   Hasenschmuggel Manfred Nagel·150   Ein Freitag an der Grenze Gerhard Bungert·151   Tage der Kindheit in Böckweiler Oskar Denger·157   Evakuierung 1939 Willibald Stolz·161   Heiligabend 1944 im lothringischen Erching-Guiderkirch Anne Scheyer·164   Kaffee in Knickerbockern Günter Wolf/Ute John-Wolf·167   Die Kußverwandtschaft Wolfgang Ohler·168   Karfreitag in der Parr Heinrich Klein·171   C'est tout bon oder Gründe für genüssliche Grenzgänge zu Cora & Co Alf Betz·175   Das Zollmuseum in Habkirchen an der Blies Bernhard Becker·178   Die Blies Heinrich Kraus·181

*Jeder Mensch
lebt vom Werk*
Bauern und Bergleute

Was Noth thut Philipp Jakob Siebenpfeiffer·184   Der Dung ist die Seele der Fruchtbarkeit »Zweibrücker Wochenblatt·187   Vom Obstanbau in Wittersheim Jakob Ackermann·189   »Guk der Esel lest als noch« – Der Wodsacker Müller von Niederbexbach Martin Baus·191   Der Bauer auf dem landwirtschaftlichen Fest zu Medelsheim Franz Luxenburger·193   Zum Abschied »Maxerl's« von Limbach Louis Lehmann·196   Keine Kühe mehr Gerd Meiser·197   »Guter rother 48er« Reinheimer Dieter Hemmerling·199   Die ersten Lokomotiven Wilhelm Molitor·201   Von der Ludwigsbahn nach Bexbach Von den Vortheilen der Eisenbahn auf die inländische Industrie und Cultur·202   Der wichtigste Fabrikort der Pfalz August

Becker·203 Glück auf, der Steiger kommt Volkslied·205 Kohlerausch auf Nordfeld Martin Baus·207 Der lange Philipp von Limbach Jörg Hugo Staab·209 Wir sind Maschinenanhängsel Anton Betzner·212 Gersheimer Kalksteinbruch noch moderner »Westpfälzische Rundschau«·214 Induschtriestadt Heinrich Kraus·217 Gläserne Rosinen aus St. Ingbert Adolf Müller·218 Ein guter Brauer und Wirt, aber ein schlechter Kaufmann Karl Uhl·220 Eine Bittschrift der Walsheimer Frauen an den Gauleiter Bürckel ·222 Homburger Dosenbier in der Wüste Sahara Adolf Müller·225 De ledschde »Schmelzer-Schorschde« fallt oder immer wenicher se schaffe Manfred Kelleter·229

Die Welt
gleicht einer Opera
Kunst und Kultur

Ein schöne Fraw und ein schöns Pferdt sollen in vier stucken gleich sein Theobald Hock·232 Einladung aufs Land Johann Nikolaus Götz·233 Das Leben Johann Nikolaus Götz·234 Die Wetterwolke – Eine Impression aus dem Bliestal Ludwig Scharf·235 Das alte Taubenhaus von Gräfinthal Karl Kupfer·236 Im Schloß zu Blieskastel Nikolaus Lauer·237 »Ich hätte am liebsten das Schloß selbst weggeschafft« Johann Christian von Mannlich·239 Scheneral Hüüüh-Hott-O-Haar Karl Uhl·242 Erinnerung an Albert Weisgerber Theodor Heuss·245 Der Maler aus Ballweiler Luise Gleißenberger·248 Hans Dahlems Blieskasteler Skizzen Fred Oberhauser·251 Blieskastel Johannes Kühn·254 In der Altheimer Schulstube Maria Bauer·255 Studentin in Homburg Regina Paquet·258 Das Gespenst vom Ritthof Alfred Döblin·260 Sylvester auf Burg Kirkel Martin Bettinger·266 Nachtigall Ludwig Scharf·269 Die Vorteile des Bleigaus – ein saarländischer Sciencefiction Gerhard Bungert·270

*Kääner Häärd
noogehn*
Von Mund zu Mund

St. Ingbert un sei Muttersprooch Karl August Woll·274
Wullewullegänsje Klaus Stief·276   Mei Heimat Lotty Faber·277
Herbscht-Endregg Manfred Kelleter·278   Wer isch glicklich
Heinrich Kraus·279   Mundarten im Saarpfalz-Kreis Edith
Braun·280   Von de Schul Eugen Motsch·285   Von Mickenicks
und Teischeln Martin Baus·286   Lautzkirchen diwwert jenisch
Martin Baus·289   Der Gärtner Volkslied·293   Das Grubenlicht
von Höchen Hedwig Laudien·294   Der Höllenbrunnen von
Altstadt Sage·296   Der Butterhut Karl Lohmeyer·298   Der
Riese Kreuzmann Victor Carl·300   Der blecherne Müller von
Walsheim Karl Lohmeyer·303   Das Findelkind von Gräfinthal
Alfred Mayer·305   Falscher Schwur Volkslied·306   Das
Gräfinthaler Mirakelbuch Gabriele Oberhauser·308   Es wollte
emol Vier noo Gräwedaal Karl Uhl·311   Die Alschbacher
Vesper Dora Dimel·313   Hosenstrickers Betteltour Karl
Lillig·315   Eine Hochzeit in Kirkel Johann Christian von
Mannlich·318   Das Brauchbuch der Maria Ruffing Rainer
Ludes·323   Vergänglichkeit Volkslied·327   Die Grenze haben
wir schon lange nicht mehr im Kopf Clemens Lindemann·328

Verzeichnis der
Autoren und Quellen·333

Im Herzen des Westrich
die Saarpfalz
Land und Leute

Das Westrich
Fred Oberhauser

»Du liewe Zeit, wo simmer dann?« Die »Preiße« sind keine Preußen mehr, obwohl sie Preußen waren, und die »Baire« keine Bayern, obwohl sie einmal zur Pfalz gehörten. Die Vorderpfälzer sagen »die dohinne« und die Sulzbacher »die do iwwe«. Und beide meinen das Westrich. Aber die Vorderpfälzer sagen das so, als läge das Westrich im Wilden Westen, und die Sulzbacher, als läge es schon in Sibirien. So stoßen beide auf die Saarpfalz.
Das Besondere an der Saarpfalz ist, daß sie eine »Contradictio in adjecto« ist: Weil mit »Saar« und »Pfalz« etwas zusammengetan wurde, was an sich im Widerspruch steht. (Warum hätten sonst auch die Saarländer 1935, nach der Volksabstimmung, geschrien: »Uff die Bääm, die Pälzer kumme...«). Den Widerspruch glich die Zeit aus: Aus der Contradictio wurde ein Kompromiß, aus dem Kompromiß eine Grenzüberschreitung, aus der Grenzüberschreitung eine Entente. (Von »cordiale« reden wir später.)
Im Herzen des Westrichs liegt die Saarpfalz jedenfalls. Das heißt, wenn man das Westrich – worüber die Gelehrten kaum mehr streiten – zwischen Kirn und Donon und Kaiserslautern und Sierck ansiedelt. Was auch heißt: im Schnittpunkt von Schinderhannes und Schratzmännele, Mackebacher und Marlborough. (Den Schinderhannes, den »Lumpenhund, den Galgenstrick«, kennt im Westrich inzwischen jedes Kind... Die »Schratzmännele« nur noch die Einödbauern in den Vogesen, weil sie, bis zum Ersten Weltkrieg noch, Fäden über die Betten gezogen hatten, damit das »Drickermännje«, wie man weiter saarabwärts sagt, sich nicht im Schlaf auf die Brust setzte... Die »Schnorrante« aus Mackenbach kannte ganz Amerika... Und wenn die, in Massachusetts z.B., das alte Lied von »Marlborough, der in den Krieg zieht«, bliesen, hörten sie verwundert, daß die amerikanischen Kinder aus dem Lothringer Dreiländereck den Kehrreim mitsangen: »Mironton, mironton, mirontaine...«). So merkwürdig kann das Westrich sein.
»Hier wirkt der Reiz der Übergänge, der Mannigfaltigkeit, der

Reiz nicht großer Gesamtbilder, sondern einzelner kleiner Szenen und Gruppen, die im einzelnen genossen sein wollen«, schrieb schon Wilhelm Heinrich Riehl. Vor 120 Jahren. Und wollte »dauernd wohnen im Westricher Hügelland«. Dem von »Topographen und Touristen« so »stiefmütterlich« behandelten. Würde er das auch heute noch? Vielleicht gibt die kleine Apotheose eines Kollegen eine Antwort: Ein Morgen auf dem Friedhof von Etschberg: Nebel liegt noch über Tälern und Ortschaften, der Remigiusberg strahlt schon im Sonnenlicht, etwas verklärt in leichtem Dunst. Auch im Westrich – »dohinne« kann einem das Herz aufgehen. Wo (laut Denkmal und Gegendenkmal) der Werbeträger Nummer eins der Pfalz, der »Jäger aus Kurpfalz«, seit eh und »ju ja« auch nur durch die Wälder »dohinne« für die Pfalz reitet. Und nicht durch die der Vorderpfalz. Und wenn nicht totgesungen, »dohinne« noch heute sein Waidmannsheil sucht.
Geflügelt wie der Jäger blieben »dohinne« nur noch die Mönche und die Märtyrer. Wendalinus überlebte in St. Wendel, Pirminius in Pirmasens und Quirinus in St. Quirin. Der Wendel brachte Wandel und der Wandel Handel nach St. Wendel. (Wie Wandel nach Berus Wendels Schwester Oranna; weil sie dort die Westricher Mädchen an den Mann bringen half.)
Pirminius in Pirmasens liefen die Schumacher den Rang ab. Aber er sagte sich: »Sei(n) Lebdag wird kee(n) Schumacher reich; was er verdient, versauft er gleich«, und wurde Pirmasenser Starkbierpatron. Quirinus hatte es mehr mit dem Wasser. Das Wasser half gegen die Skrofeln. Die Skrofeln nennt man am Donon »mal de saint Quirin«. Das Wunder, daß »Sankt Quirins Übel« vor allem St. Quirin half.
Bereits zu Lebzeiten brachte es Franz von Sickingen zu Lied und Legende. »Kein besser krieger ins land nie kam«, sangen schon die Landsknechte, als er noch der »König vom Rhein« war und auf seiner Burg Nanstein saß, aus der er gern eine zweite »Herberge der Gerechtigkeit« gemacht hätte. Wie aus der Ebernburg an der Nahe. Aber das Fürstentriumvirat Trier/Pfalz/Hessen schloß Nanstein ein und schoß es zusammen. Die Ruine steht über Landstuhl

im Hang. Die Höhe darüber ist ein Westricher Drehpunkt. Sie heißt nach Sickingen.

Drunten im Bruch wanderte man früher nach Amerika aus. Nach dem Zweiten Weltkrieg kam Amerika ins Bruch zurück. Auch die Nachfahren der »Hambacher« waren darunter. »Hambacher« gab es viele im Homburg-Zweibrücker Grenzwinkel. Der »französische Wind« wehte hier stärker. Salut also für Siebenpfeiffer und Wirth, die 1832 hier den »Preß- und Vaterlandsverein« gründen konnten und 30.000 »Patrioten« nach Hambach brachten. Wenn es am Ende auch bei der Feier blieb und bei der »liberalen Aufregung, bei der nichts herauskam« (A. M. Keim), Geschichte machte Hambach doch. Als Wirth in Homburg verhaftet wurde, protestierten 176 Homburger Bürger. Und »Bewaffnete« versuchten ihn später auf dem Transport nach Kaiserslautern zu befreien. Das gehörte sich so im Westrich.

Wirth saß für zwei Jahre im Kaiserslauterner Zentralgefängnis ein. Man beschäftigte die Gefangenen mit Strümpfestricken. Wirth schrieb an den »Fragmenten der Kulturgeschichte der Menschheit«. 1836 wurde er entlassen. François René de Chateaubriand rollte gerade in der Kutsche durch das Westrich. Das Westrich war sein romantischstes Erlebnis. Als er in Kaiserslautern ankam, schlief Kaiserslautern. Er hätte am liebsten die »Träume aller Bewohner« notiert, denn die Nacht war voller »Nachtigallen, Grasmücken, Drosseln und Wachteln, klagenden Gefangenen«, die den, der vorüberfuhr, »durch die Gitter ihrer Gefängnisse grüßten«. Was für ein Bild! Chateaubriand macht sich gut für ein Westricher Gästebuch. »Habe die Leute immer sehr gesittet und gegen Fremde zuvorkommend und gastfrey gefunden«, rühmte der kritische Knigge schon. Und noch im Ancien régime. Auf einer »Reise aus Lothringen nach Niedersachsen«.

Und hatte vor »Saarbrück, auf dem Hallberge« in Schloß »Mon plaisir« sein Pläsier an des »menschenfreundlichen Fürsten« Devise über dem Kamin im Speisesaal: »Je veux, que mon plaisir soit le plaisir des autres«. Kein Vierteljahrhundert später fand der Österreicher Ignaz Franz Castelli »Mon plaisir« nur noch in Trümmern,

»son plaisir« dafür in der »Post«, wo ihn die »ersten breiten französischen Himmelbetten in ihren sanften breiten Schoß aufnahmen«. Wieder ein Vierteljahrhundert später war »Mon plaisir« schon halbe Sage. Und August Becker ließ sich für »Die Pfalz und die Pfälzer« erzählen, die Franzosen hätten, als sie »Mon plaisir« zerstörten, »bloß den Speisesaal« verschont. Grund: »Je veux, que mon plaisir ...« diesmal nur republikanisch interpretiert. Nach abermals einem Vierteljahrhundert waren aus den »französischen Himmelbetten« in der »Post« wieder deutsche »Schaukelbettstellen« geworden. Und Dr. Fontane fand das Pläsier nur halb. (Woraus auch erhellt, daß es dem Westricher wie mit seinen Betten ergeht: Er kokettiert gern mit seiner kapriziösen Nachbarschaft, aber wenn es ernst wird, dreht er sich auf die andere Seite und wird gediegen. »Wir sind ja auch Deutsche«, sagte Castellis Postmeister, »und wünschen vor allem Ruhe.«) So bleibt der Fall offen. Aber die Ausnahme bestätigt doch die Regel. Cherchez la femme – nach so viel Männern ...

»Unterwegs (die Tristesse eines Novembertages 1803) mußten wir (Madame de Staël und Anhang in der Kutsche) in einer kleinen Stadt (auf der Kaiserstraße das Westrich querend) in einem Gasthof (in Homburg, könnte man mutmaßen) Halt machen ...« Und weiter: »Uns empfing das Hämmern eines Klaviers in einer verräucherten Stube, in der obendrein nasses Wollzeug über einem eisernen Ofen zum Trocknen hing ... Deutschland kommt mir vor wie eine verräucherte Stube, in der konzertiert wird.« Lag's am November? Oder hatte Madame die Migräne? Oder keine Poesie? Oder lag's an allen dreien? Vielleicht. Denn, schrieb sie zur gleichen Zeit an Monsieur de Villers: »Hier künden mir schon die Stimmen, der Akzent, die ganze Art sich zu geben, daß Frankreich verschwindet. Sie verschwinden mit ihm, Sie, der Sie den Mittler zwischen unserer Grazie und den Eigenschaften des fremden Landes spielen und eine so liebenswürdige Mischung in sich vereinigen, daß ich Ähnliches jenseits des Rheines nicht finden werde.« Der Verdacht liegt nahe, daß Madame das deutsche Entree einfach nicht in ihr Konzept paßte. Denn Monsieur, Charles de

Villers, die »liebenswürdige Mischung«, stammte aus Madames inkriminierter Mischung. Aus dem Westrich. Aus Bolchen. August Becker: »Das Hereinspielen Lothringer und Hunsrücker Elemente gibt dem Volkswesen wieder eine mannigfache Schattierung.« Man muß auch nicht »in Laudere allän in die Schul gang sinn«, um für das Westrich kompetent zu sein. Von den »Menschen im Saargebiet« zum Beispiel schreibt Joseph Roth: »Nirgends sah ich Bürger, deren Beruf es ist, Geld zu verdienen..., mit so viel Sinn für Ironie und unpathetische Geselligkeit.« Und zählt sogar einen Minister dazu (»dem ich zwei Stunden lang interessiert zuhören konnte«) und einen Warenhausbesitzer (»der enge persönliche Beziehungen zur deutschen Literatur erhält«). Aber das bringen hierzulande auch Gevatter Schuster und Nagelschmied mit. Wie der »St. Ingberter Hans Sachs« Karl Uhl oder der »Forschter Krischan vunn Kunke« bei Kusel. Sprach man sie jedoch darauf an, konnte man durchaus auch zur Antwort bekommen: »Mir sinn nit so.« Wie's die Saarbrücker »Narren« auch auf ihr Panier geschrieben haben.

Wird da nun (abermals) alles wieder offen gelassen? Oder steckt nicht doch ein Stück praktischen Verstandes dahinter? Der, wenn's sein muß, auch als Narrenweisheit daherkommt. Die dann, weil man »dohinne« an allen möglichen Grenzen zum Beispiel aneckt, die es bis zur Lächerlichkeit auch »do iwwe« gibt, sich eines Tages eben über die Grenzen lustig zu machen beginnt. Und an ihre Endgültigkeit schon gar nicht mehr glaubt. Das ist (beinahe) eine Westricher Maxime.

»Ein Land der verwischten Gegensätze, der Übergänge und Ausgleichungen« also: Schon Wilhelm Heinrich Riehl sagte das. Und in der Saarpfalz sogar eines der »Harmonie der Widersprüche«. Laut Ludwig Harig, der (wenn auch Sulzbacher, die »do iwwe« sagen) dem saarpfälzischen Nachbarn die »saarländische Freude« doch zubilligt. Die feinen Unterschiede zeigen sich nur in der »guten Art zu leben und (vor allem) zu denken«, sprich: im Stil der Verheißungen und Preisungen. Wenn für den Sulzbacher gilt: »De Wein gebbt ausm Keller geholl, unn dann gebbt e ähn ahnständischer druffgemach ... « So sagt der »Dingmerter« (dem die Westrich-Führer schon seit 1898 bescheinigen, daß die Brauerei auf dem »Hobels« eine »Sehenswürdigkeit der Stadt« wäre) nur – und da braucht »keine Leideform ins Positive gewendet« zu werden: »Mir mache enner druff!« Merke: »Lange gären die Gedanken im Kopf des Westrichers, dafür wird alles Gesagte ... durch Treffsicherheit verblüffend.« 1978

Zwischen Schwarzbach und Blies
Georg Friedrich Blaul

Vor Homburg draußen steigt die Straße ein wenig und auf dieser unbedeutenden Anhöhe tut sich nun dem Auge das schöne Bliestal auf. So angenehm die Gegend von Homburg überrascht, wenn man von Kaiserslautern herkommt, so muß sie doch weit hinter dem grünen, blühenden Wiesengrunde der Blies zurückstehen, dem eine Anzahl von größeren und kleineren Maiereien und Landhäusern das Gepräge großer Lebendigkeit aufdrückt. Man merkt schon, daß man sich, wenn auch nicht einer großen Stadt, doch einer ehemaligen Residenz nähert. Die Ruine des alten Zisterzienser-Klosters Werschweiler schaut mit ihren neuen Häusern von einem steilen, hervorspringenden Berge jenseits der Blies, als romantische Zierde, in das idyllische Tal. Weiterhin erscheint auf einer ähnlichen Höhe der sogenannte Rosenhof, im Tale das Landhaus zum guten Brunnen und viele andere, deren Namen mir entfallen sind. Das Landgut Schwarzenacker, der ehemalige Wohnsitz des Grafen Saporta liegt zur Linken hart an der Straße. Noch ungleich schöner aber wird der Anblick da, wo das Tal des Schwarzbachs mit dem Bliestale zusammenstößt und über dem großen Wiesenplane drüben die Straße an waldigen Berghöhen hin mit dem Flüßchen talwärts nach dem Städtchen Blieskastel zieht.

Unsere Straße biegt östlich in das breite Tal des Schwarzbachs ein und Zweibrücken liegt im Angesichte. Es überrascht nicht im mindesten. Es ist eine jener Städte ohne Türme, ohne einen kolossalen Bau, mit einem Worte ohne Charakter. Die Alexanderskirche mit ihrem unpassenden Turme vermag den nicht zu geben. Was jedoch der Stadt selbst an Wohlgefälligkeit des ersten Eindruckes abgeht, das ersetzt die Lieblichkeit der Gegend. Das breite Tal liegt da als eine einzige Wiese, darin Zweibrücken und rund umher hier näher, dort ferner, freundliche, wohlangebaute Hügel...

Nach dem schönen Saartale war ich lüstern, aber ich hätte allein hinreisen müssen, Gustavs Zeit war gemessen. Zwei Tage hab' ich ihm noch abgebettelt, und die wurden zu einem Ausfluge nach St. Ingbert und dem nahen brennenden Tale verwendet. Gleich Montags mit dem frühesten Morgen brachen wir auf, begleitet, vielmehr geführt von einem Freunde meines Freundes. Der nächste Weg ist nicht immer der beste, hier aber der schönste. Über den Hof zum guten Brunnen, einen Bergpfad hinan, dann fast zwei Stunden durch den Schatten des prächtigen Kirkeler Buchenwaldes, das ist ein köstlicher Weg an einem Sommermorgen. – Das Waldesdunkel lichtet sich, und da unten liegt die schöne Ruine des Schlosses Kirkel, mit ihrem schlanken runden Turme, auf kegelförmiger Anhöhe, an ihrem Fuß zerstreute Hütten und darüber hinaus in einer kleinen, von frischen Laubwäldern umschlossenen Talebene das Dörfchen Neuhäusel, durchzogen von der Kaiserstraße. Alles übergossen mit dem milden Frühlichte und mit einer Frische, in die man sich hineinstürzen möchte. Die alte Burg, aus einem Römerkastell entstanden, im dreißigjährigen Kriege durch Gallas verwüstet, und später doch wieder von den Herzogen zu Zweibrücken bewohnt, beherbergt jetzt in ihren feuchten Gewölben einige bettelarme Familien. Das sind die ironischen Kontraste der Zeit.

Von der Burg herabgestiegen, führt ein sandiger Pfad an einem hübschen Fischteiche vorüber nach Neuhäusel und von da die gerade, langweilige Heerstraße nach dem Städtchen St. Ingbert,

Um die Mitte des 19. Jahrhunderts entstanden die ersten »Reiseführer«, in denen die Autoren ein zeitgenössisches Bild der Saarpfalz-Region zeichneten.

das an sich nichts Sehenswertes bietet, darum uns auch nicht lange aufhalten konnte. Die zehn Minuten entfernteren Krämerischen Eisenwerke zogen uns mehr an, namentlich das neue, nach englischer Art eingerichtete Puddlingswerk, wo das Eisen mit Steinkohlenfeuer gefrischt wird. Bald waren wir an der preußischen Grenze, und es war bereits Mittag vorüber, als wir das preußische Dorf Duttweiler erreichten. *1838*

Wanderung im Leyenschen
August Becker

Das frühere Gebiet der Grafschaft Leyen heißt heute noch »Im Leyenschen«; sie nahm die ganze südwestliche Ecke der Pfalz zwischen Lothringen und Rheinpreußen ein. Das »Leyensche« ist heute noch ausschließlich katholisch. Die Blies macht die konfessionelle Grenze, jenseits derselben liegen die früher zweibrückischen protestantischen Orte. Das Leyensche ist nördlich vom Waldgebirg bedeckt, im südlichen Teil gegen die Saar hin viel flacher und auf dem treibkräftigen Kalkboden voll der herrlichsten Weizenfelder. Dort liegen wohlhabende Bauernorte nahe beisammen in den grünen Mulden des wellenförmigen Landes. Ist doch dieser Teil des Westrichs so stark bevölkert als selbst die vorderpfälzischen Gaue, indem 8.000 Einwohner auf die Quadratmeile kommen.

Von Blieskastel aus führt die Straße bergan nach Biesingen, um von da über die fruchtreiche Hochfläche nach der lothringischen Grenzstadt Saargemünd zu ziehen. Die »Biesinger Höhe« ist etwa 1.100 Fuß hoch und birgt Altertümer wie die ganze Umgegend. Auf diesen Hochfeldern fand am 17. November 1793 das entscheidende Treffen statt, das den Herzog von Braunschweig zum Rückzug nach Lautern nötigte. Die Franzosen stürmten unter dem feurigen Hoche von Saargemünd her gegen die Biesinger Höhe; ein Viereck ums andere, das die Preußen bildeten, wurde durchbrochen, mit dem Bajonett wurden die Redouten im fürchterlichsten Kanonenfeuer erstürmt und 25 Kanonen erobert. Die Preußen zogen sich nach Blieskastel hinab, verteidigten noch einmal den Paß an der Blies, und der Kanonendonner widerhallte fürchterlich im Tal; dann zogen sie über die Zweibrücker und Homburger Höhe gegen Lautern.

Über Wittersheim und Bebelsheim, an der Ormesheimer Flurkapelle vorüber, zieht die Straße durchs reiche Gefilde und rechts und links in Obstgärten versteckt, auf den Höhen oder in stillen Gründen, liegen friedliche Dörfchen, so das heimelige Selbach, wo ein alter Bischof von Metz begraben liegt. In diesen Orten ist lothringisches Wesen schon ziemlich vorherrschend und der Dialekt besonders zeigt alemannische Elemente. Das ei ist schon ein bloßes i, Wein Wi', Rhein Rhi' u.s.f.

In dem Tälchen von Ballweiler liegt der Hof Wecklingen, die alte Burg der Junker »Elz von Wecklingen«, er zeigt noch heute schöngewölbte Keller und einen von schönen Säulen getragenen Torbogen. Das Geschlecht erlosch erst im vorigen Jahrhundert... Im anmutigen Grund, am Bächlein entlang, ist Blickweiler bald erreicht; an seinem alten Kirchturm finden sich altheidnische Figuren. Es steht am Fuße des »Heidenbühls«, auf einer Anhöhe am Rande des Bliestals. Unterirdische Gänge ziehen unter dem Dorfe weg, in denen man viele Urnen findet, Steinhügel und Hünengräber stehen im Feld und auf der Biesinger Höhe. Blickweiler gegenüber, am Fuße der waldigen Anhöhen von Mimbach, Breitfurth und Bliesdalheim, jenseits der Blies, fand sich ein Heidenhügel mit dem »Grab der Heidenprinzessin«. Die ganze Gegend ist reich an archäologischem Interesse. Zum Bliestal gelangen wir ins Städtchen zurück.

Nun führt uns die Straße nach St. Ingbert über Lautzkirchen in eine von der seither durchwanderten ganz verschiedene Landschaft, an dem Würzbach hinan, westlich durch ein breites Waldtal nach dem romantischen Niederwürzbacher See. Waldige Berge schließen ihn ein und spiegeln sich mit den Landsitzen, Höfen und Mühlen in dem von Erlen und Weiden umbuschten Wasser. Da, wo der Würzbach aus dem See über das Wehr braust, klappert eine Mühle; weiterhin stehen Höfe, Ökonomiegebäude, die einst zu den Anlagen und Bauten gehörten, welche die Grafen von der Leyen hier errichteten. Da stand vor einigen Jahren noch links auf dem Bergvorsprung die schöne Ruine Philippsburg noch ziemlich wohl erhalten mit spitzen Türmen und stolzen Fensterreihen. Bis zu unsern Tagen bildete sie den Lieblingsausflug der Zweibrücker und Blieskasteler; an Sonntagen wurde hier geschmaust und getanzt und die Knappschaft von St. Ingbert spielte häufig an dem schönen Orte. An dem Fuße der Ruine sehen wir die in Meiereien umgewandelten einstigen Lustschlösser »Mon plaisir« und »Bonvoisin«, diesen gegenüber den Hof »St. Anna«, weiterhin andere Höfe und Ruinen. Um die Südseite des Weihers führt die Straße von St. Ingbert, ein Weg über die »Rittersmühle« am »Glashüttenhof« vorüber nach Oberwürzbach, rechts die Straße in eine Schlucht, an deren Eingang der Rittershof gleich einer Festung auf der Höhe steht, bekannt durch seinen Eigentümer, Herrn Villeroi, der sich durch seine landwirtschaftlichen Schriften einen Namen gemacht hat. Weiter im rauhen Gebirgsland liegt Hassel, ein elendes Dorf, wo Berthold von Bucheck, Bischof von Straßburg, 1337 gefangen genommen und nach Kirkel geschleppt wurde. Wer nicht nach St. Ingbert will, wendet sich nordöstlich durch den Wald beim Hof »Geiskirch« östlich von Rohrbach zur Kaiserstraße, die von St. Ingbert über Neuhäusel an der Ruine Kirkel vorüber nach Homburg führt...

Ehe wir von Hornbach aus auf der den »Scheidwald« übersteigenden Straße die Grenze überschreiten, wandern wir westlich längst derselben hin über die Berghöhe, bei Hof Rinkweiler ins Tal der Bickenalb. Durch abgelegene, malerische Dörfchen und flache, idyllische Gründe kommen wir auf guter Straße nach Medelsheim, dem vornehmsten Orte dort an der Grenze. Seine Lage auf der Anhöhe im reichen Felde ist äußerst anmutig und seine stattlichen Häuser deuten auf großen Wohlstand. Hier stand die Villa König Arnulfs, welche er bewohnte. Ein großer Denkstein im Dorfe erzählt auch, daß hier die »Burg Meldis« des heiligen Pirmin gestanden habe, von der nur noch wenige Grundmauern zu sehen sind.

Die Gegend von Medelsheim war früher Besitztum der Fürsten von der Leyen, ist gut katholisch und heißt wegen ihrer frommen Bewohner »Die Kirch« oder im Dialekt »Die Kärch«. Aber die Leute »in der Kirch« versäumen die Arbeit nicht und gehören zu den wohlhabendsten Bauern und rationellsten Landwirten des Landes. Der Kalkboden gibt prächtige Weizenfluren. Ebenso floriert die Viehzucht. Unten im lieblichen Bickenalbgrund liegt das Dörfchen Pepekum, auf dem nahen Grenzberg »Burg Riesweiler«, wie man den zu einem Dörfchen herangewachsenen Edelhof noch nennt, während die Bickenalb aus dem Weizenstrich Lothringens von Bitschrohrbach und Rederchingen herkommt, wo ein Bauer auf seinem Acker im Jahre 1822 in einem Topfe über 2.000 römische Silbermünzen und zwei Götzen von Kupfer fand. Bei Medelsheim auf der Anhöhe steht die Kreuzkapelle auf anmutiger Stelle, die eine weite überraschende Aussicht nach Lothringen und gegen die sich hoch wölbenden Waldberge des Wasgaues und der Haardt gewährt.

An dieser Kapelle vorüber kommen wir durch den Wald über das bergige Land hinab ins untere Bliestal, indem wir zuerst Gailbach erreichen, in einer zur Blies sich absenkenden Schlucht. Die Kirche und die Häuser stehen auf Kalkfelsen. Der Talgrund der Blies hat hier einen etwas anderen Charakter als bei Blieskastel, die Kalkhöhen sind meistens kahl, aber in der Tiefe des Tales ist die üppigste Vegetation. Bei Reinheim erreichen wir die Blies, die träge in großen Krümmungen über Breitfurth, Bliesdahlheim, Herbitzheim und Gersheim kommt.

Von allen Dörfern im untern Bliestal ist das interessanteste Reinheim, einer der bedeutendsten Fundorte merkwürdiger Altertümer. Schon früher grub man gegen Bliesbrücken hin, im »Allermannsland«, einen verschütteten Venustempel auf, nebst einem Bronzebild der Göttin. Nahe dabei stehen die noch sichtbaren Rudera einer alten Stadt, bei welcher eine Menge von Münzen gefunden wurde, darunter eine prächtige goldene, mit dem Brustbilde Neros und der Devise: »Audaces fortuna juvat«. Ein Wolkenbruch spülte am Abhange eines Berges 30 daselbst vergrabene, mit fettigen Substanzen gefüllte Urnen auf. Auf den Wiesen hinter den Häusern entdeckte man am Ufer der Blies ein Römerbad, auf dem sogenannten »Heidenkopfe« stand ein Römerlager. Auf dem Hügel »Humarich« fand man 1827 ein altes merkwürdiges Grabmal aus Sandstein, der sich in diesem Kalkgebirge nicht findet. Schwert, Speer, Ring, Knöpfe und Nägel lagen in dem Innern. Einer Menge anderer Entdeckungen nicht zu gedenken, wenden wir uns zur Dorfkirche. Noch hat niemand von ihr etwas veröffentlicht und doch ist es eine der merkwürdigsten und sehenswertesten, obgleich das moderne Langhaus ein geschmackloses Gebäude ist. Aber im Innern finden wir Kunstschätze, die wir in dieser abgelegenen Dorfkirche nicht erwartet hätten. Da ist vor allem die »Simsonskanzel« ein so kunstvolles und prächtiges Kunstwerk der Holzschnitzerei, wie wir sie in den größten Kathedralen nicht trafen; ein herrliches Zeugnis altdeutschen Kunstsinnes. Held Simson trägt die Kanzel auf Rücken und Armen. Auf den Feldern sind eine Menge Figuren, die Propheten und Apostel, und auch der Baldachin ist herrlich ausgeschmückt und geziert durch prächtige Schnitzereien und Bilder. Es ist die alte Klosterkanzel der Wilhelmiten von Gräfinthal. Der Vater des jeztigen Adjunkten von Reinheim kaufte sie in der französischen Revolution um einige Franc, während jetzt schon von den Metzern und Speyerern Tausende geboten werden. Die Beichtstühle sind ebenso kunstreich und nämlichen Ursprungs.

Doch die größte Merkwürdigkeit dieses abgelegenen Dorfes ist der Heidenturm, der wie ein Riese über Dorf und Tal ragt. Man las hie und da etwas von dem merkwürdigen Turm, der weder Türe noch Fensteröffnungen habe, auch von einem spitz zulaufenden, massiven Steingewölbe überdacht, ungemein dauerhaft und fest und wahrscheinlich ein Werk der Römer oder Kelten sei. Der Turm ist eine imponierend hohe Rotunde, jetzt aber überweißt und mit einem weniger massiven Kirchturmhelm gedeckt. Ich fand Fenster an ihm, aber freilich zugemauert. Sie zeigen altgotische Form mit maurischen Elementen. Diese Fenster mögen später eingesetzt worden sein. Man hat von der nun angebauten

Kirche aus einen Eingang in die Turmhalle gebrochen, die altertümlich gesprengte Bögen und kurze, stämmige Säulen zeigt. Fratzenhafte steinerne Köpfe, koboldartige Gesichter starren uns von den Säulenknäufen an, tierähnliche Gestalten, leider durch die Dorfbuben schon vielfach beschädigt. Alles macht den Eindruck des Uralten, Heidnischen. Über diesem Gewölbe befindet sich noch ein zweites und unten noch ein drittes mit ähnlichen Verzierungen.

Wir verlassen Reinheim und schneiden den großen Umweg ab, den die Blies macht, indem wir über den Berg wandern, der nicht rauher sein könnte; nur Unkraut sprießt spärlich aus dem Kalksteingetrümmer. Eine Menge alter steinerner Kreuze begleiten uns über die wilde Höhe, bis das Bliestal wieder lachend und freundlich vor uns liegt. Drüben von den lothringischen Bergen, hüben von schönen sonnigen Weinhügeln, die den »Blieswein« liefern, geschlossen. Unten im Tal liegt Habkirchen auf dem pfälzischen Flußufer, ein lebhaftes Grenzdorf mit Mautbehörden. Seine zwei Kirchtürme ragen aus der üppigen Vegetation des Talgrundes, jenseits der Blies der Turm von Eberschingen, sowie das Dorf Frauenberg, Habkirchen gegenüber. Die weißgraue Ruine Frauenberg, mit ihrem hohen Turme, ihren gebrochenen Mauern, ihren weitklaffenden, imposanten Fensterreihen, schaut in das freundliche, friedliche Tal und gewährt ihm auch romantischen Reiz. Auf den lothringischen Bergreihen dunkle Wälder, diesseits sonnige, gutgepflegte Weinberge an den warmen Kalkhängen. Die Straße von Blieskastel tritt hier über die Blies ins Lothringische nach Saargmünd, wo die Blies in die Saar fällt. In den Krümmungen des Tales am Fuße der Weinberge liegen gar freundlich die bayerischen Dörfer Bliesmengen und Bliesbolgen, jenseits des Flusses das große französische Dorf Bliesschweigen und im Hintergrunde das bedeutende preußische Dorf Bliesransbach, so daß hier die letzten Winkel dreier Reiche (bei der »Uhrigsmühle«) zusammenstoßen. Am Rande des Flußufers in Bliesmengen sind die Ruinen eines Römerkastells, auf welchem später das Schloß der »Edeln von Mengen« erstand.

Wenn man eine Viertelstunde weit von hier durch ein trautes, von Norden herkommendes Tälchen zwischen den Weinbergen hingewandelt ist, liegt da im einsamen Talkessel, rings von Weinbergen umgeben, ein Kirchlein und ein schöner Hof innerhalb ruinöser Mauern. Es ist das einst reiche Wilhelmiter Kloster Gräfinthal, in der Metzer Diözese, das jetzt einem Privaten von Saargemünd gehört. Elisabeth, die fromme Gräfin von Blieskastel, gründete das Kloster im 13. Jahrhundert, wie noch ein hoher Torbogen berichtet. 1714 wurde es unter französischer Herrschaft neu erbaut. Schöne Gärten umgeben die Wallfahrtskapelle, die aus dem Chor der Klosterkirche wiederhergestellt wurde. In ihr thront die wundertätige »Muttergottes von Gräfinthal«, welche an den Marientagen viele Gläubige hierher lockt. In der Kirche liegt die bemalte Figur eines jungen Mädchens. Es ist das Grabmal einer Tochter Königs Stanislaus von Polen. Auf den Hügeln umher wächst die beste Sorte des Bliesweins, der »Muttergotteswein«. *1858*

Im Bliesgauwald
Karl August Woll

Fräulein Marie Villeroy (von Glashütterhof) gewidmet und auf ihren Wunsch auf hundert Jahre altes Handpapier geschrieben, das im Archiv ihrer Vorfahren aufbewahrt gewesen.

Süßer Hauch, auf Flur und Halde
Frühling über die Gefilde geht,
Und ich wanderte zum Walde,
Still erregt, wie zum Gebet;
Bliesgauwald – Mit neuer Liebe
Hält mein Herz dein Wunder fest,
Das ein schnödes Weltgetriebe
Nicht zur Ruhe kommen läßt;
Du enthüllst des Schöpfers Größe,
zeigst mir seine Wunder vor,
Und die kalte Welt, die böse,

Nie erreicht sie hier mein Ohr.
Gottes Hauch in diesen Räumen
Herz und Seele mir befreit,
Sinnen will ich, dichten, träumen
Hier in heil'ger Einsamkeit. –
Grüßend jetzt die Wipfel schwanken,
Atme neue Lebenslust,
Und des Trostes frische Ranken
Sprießen auf in meiner Brust. 1890

Homburger Geschichten
Karl Fischer

Im Sauseschritt der Zeit wandelt sich das Bild des alten Landstädtchens Homburg. Seine Kinder reißen sich los von ihm und streben nach allen Himmelsrichtungen, und es selbst schmückt sich wie eine Braut zum Empfang einer neuen Zeit. Dort, wo einst der Erbach den Kern der Stadt in seine Schranken wies und sich nach Norden saftige Wiesen ausbreiteten, entpuppt sich wie ein Schmetterling die große Straße des Handels und Verkehrs. Die Kreuzgärten findet man nur noch auf dem Meßtischblatt, und der Schnittpunkt der Tal- und Bahnhofstraße verspricht das »Kreuz« der modernen Stadt zu werden. Der Großvater nimmt das Enkelkind bei der Hand und zeigt ihm am Kreuz Dümmlers Eck: Hier stand einmal das Hotel Dümmler und dann kam die Brücke über den Erbach und mit ihr das Ende der Stadt! Zu Ende ging mit dem Neubau von »Dümmlers Eck« auch ein Kapitel der Homburger Gastronomie, das aufs engste verbunden war mit den politischen Strömungen und Wandlungen des vergangenen Jahrhunderts, deren Wellen das sonst so friedliche und bescheidene Landstädtchen umbrandeten. Auf den Schaumkronen dieser Wellen segelten die Söhne der Stadt wie nie zuvor in ihrer Geschichte hinüber in die neue Welt und jeder nahm ein Stück der alten Stadt mit hinüber in die Städte von New York bis San

Franzisko. An der Stelle von Dümmlers Eck stand einmal das Hotel Dümmler oder wie es in Wirklichkeit hieß: »Hotel zur Pfalz«. Weil die Homburger aber alle selbst Pfälzer waren, klebten sie mit Zähigkeit am Namen des Gründers: Dümmler. Seine Vorfahren kannten die Homburger schon vom Karlsberger Förster Johann Dümmler her. Am Schloßplatz in Zweibrücken klopfte und hämmerte dessen Sohn, der Küfer Karl Johann Dümmler, seine Fässer und Bottiche, so daß der Herzog einmal am Morgen in aller Frühe dem eifrigen Handwerker aus dem Schloßfenster zuwinkte und ermahnte, nicht allzu eifrig zu sein und ihm noch ein wenig Ruhe zu gönnen. Der Sohn des Küfers, Carl Peter Dümmler, ist Gerichtsbote und Landwirt in Waldmohr. Er war dazu berufen, in dem Jahr 1848 als Abgeordneter des Landkommissariats Homburg in den Münchener Landtag einzuziehen. Seinen Sohn Ernst schickte er trotzdem nach Frankreich, um dort den Weinhandel zu erlernen. Nachdem der Großvater nun die Fässer fabriziert und der Enkel den Wein kennengelernt hatte, fehlte nur noch die rechte Frau, und die fand er zuerst in der Tochter des Kreuznacher Posthalters Anhäuser. Mit ihr gründete er in Homburg das Gasthaus und die Weinhandlung zur »Hohenburg« in der Zweibrücker Straße.

1818 wurde Homburg Sitz eines »Landcommissariats«. Es umfasste 79 Gemeinden mit rund 40.000 Einwohnern und reichte weit in die heutige Pfalz hinein.

Das Ende dieses Gasthauses gehört schon in das Kapitel »Gastronomie und Politik im 20. Jahrhundert«, und es gehört zu den Schrecken des Zweiten Weltkrieges, da die »Hohenburg« wie ihr Vorbild in Schutt und Asche versank. Peter Dümmler verlor bereits 1867 seine Frau durch den Tod und heiratete zum zweiten Mal eine Juliane Schaeffer, die Tochter eines Wirtes und Weingutsbesitzers aus Hambach. Damit war der Augenblick gekommen, in welchem Homburg zum ersten Mal ein Hotel erhielt: »Hotel zur Pfalz«. Es gehörte mit zu den Häusern der Stadt, die mit Gedenktafeln verziert waren und auf denen Persönlichkeiten aus den Jahren 1832 und 1871 verzeichnet waren, die sich einmal in unserer Stadt ein Stelldichein gegeben hatten:

»Hier wohnte … !« Ja, in Homburg wohnten in diesem 19. Jahrhundert Namen, die durch die Welt gegangen sind. Mit der Bewegung von 1832, dem Deutschen Vormärz, wurde das Gasthaus zum Schauplatz politischer Diskussionen und politischer Meinungsbildung neben der Presse. Aber auch diese Presse moderner Art hat in Homburg einen Anfang, nicht weit vom Hotel Dümmler. Das Wort von der »Wirtshauspolitik« hat seinen Ursprung in den Ereignissen um das Hambacher Fest und seinen Fortgang in der pfälzischen Revolution von 1849. Es gab in Homburg jedoch auch Namen und Ereignisse, die nicht auf die Gedenktafeln geschrieben wurden, und so hat es seinen besonderen Reiz, einmal ein wenig den Spuren nachzugehen, die die Verbindung zwischen Gastronomie und Politik kennzeichnen.
Es ist kaum bekannt, daß in den Reunionskriegen ein gewisser François Didier nach Homburg kam, der zu den ersten Industriellen im süddeutschen Raum gehört. Er wurde der Stammvater einer weitverzweigten Familie, und Nachkommen betrieben in Homburg die Posthalterei, die in jenen Zeiten aufs engste mit der Gasthalterei verbunden war. Josef Didier in Homburg, ein Bruder des Landstuhler Postmeisters Didier, war verheiratet mit Elisabeth Vögele-Chandon. Sonderbarerweise ist heute wieder eine Familie Vögele im gleichen Haus und betreibt eine Metzgerei, welches Handwerk für eine gute Gastronomie unerlässlich ist. Zur Zeit des Gasthalters Josef Didier in Homburg glänzte in Europa hell der Stern Napoleons. Da Homburg an der wichtigen Straße Metz-Mainz liegt, ist es nicht verwunderlich, daß der Franzosenkaiser auch unsere Stadt auf seinen vielen Feldzügen berührte. Homburg hat daher auch sein Napoleon-Denkmal, einen Stein auf dem Schelmenkopf in Bruchhof. Im Volksmund nennt man ihn »Lulustein«, weil er zu Ehren Napoleons II. gesetzt worden sein soll.

1965

Die Schloßberghöhlen in Homburg
Wolfgang Müller

Man schrieb das Jahr 1930, als drei Homburger Buben ihre entlaufene Katze oberhalb der letzten Hanggärten am Schloßberg in einem Felsspalt verschwinden sahen. Mit Bohnenstangen stocherten sie in den Hohlraum hinein, doch ein Ende fanden sie nicht. So gruben sie hastig einen Stollen unter dem Fels hindurch. Im Schein der Taschenlampe fanden sie ihre Katze bei einem stattlichen Wurf von Jungtieren, aber der schwache Strahl reichte nicht, das mächtige Gewölbe rings um sie herum auszuleuchten, in das sie so plötzlich hineingeraten waren. Am nächsten Tag erst, im Licht einer kräftigen Eisenbahnerlampe, wurde das Ausmaß des Fundes erhellt und es verschlug den drei Jungen die Sprache: Ein mächtiger Kuppelsaal tat sich vor ihnen auf, aus dem an mehreren Seiten Öffnungen zu neuen Höhlen zu führen schienen.
Der Boden war mit einer unberührten Schicht Quarzsandes überzogen, der wie Neuschnee in einer Vollmondnacht glitzerte. Wohl ein Jahrhundert lang mußte dieser Sand von der Decke herab Korn um Korn zu Boden gerieselt sein. Niemand hatte in dieser Zeitspanne das stille Wirken der Natur gestört, ja, keiner ahnte mehr um das Geheimnis der Schloßberghöhlen. Nirgendwo gab es Fußabdrücke von Menschen oder Spuren von Tieren, keinen Hinweis dafür, daß sich irgendwann einmal ein lebendes Wesen in dieses Labyrinth gewagt hätte. In Windeseile breitete sich die Nachricht dieses ungewöhnlichen Fundes über die Stadt aus, und schon einen Tag später gab es in ganz Homburg keine Taschenlampen mehr zu kaufen: Jeder wollte schließlich an diesem Erlebnis teilhaben.
Heute wissen wir, daß es sich um die Entdeckung der größten Buntsandsteinhöhlen handelte, die uns bekannt sind, ein Labyrinth, das sich über mehrere Stockwerke im Berg verteilt und eine Länge von rund fünf Kilometern zählt. Dieses mächtige Gebilde von Menschenhand und natürlicher Verwitterung hat im auslaufenden Buntsandstein der Trias zwischen Homburg und Zweibrücken zahlreiche Geschwister in den mannigfaltigsten

Größenordnungen, von den Kirrberger Einzelgewölben über die Stollen im Zweibrücker Himmelsberg und dem Einöder Erzloch bis zum vielverzweigten Netzwerk der Schlangenhöhlen in Schwarzenacker. Sie alle wissen bis zum heutigen Tag das Geheimnis ihrer Entstehung zu wahren.

Die erste Nachricht, die uns vom Vorhandensein dieser Höhlen berichtet, finden wir in einer Urkunde des Jahres 1490. In ihr belehnt Herzog Caspar von Zweibrücken am Montag nach Mariä Himmelfahrt Albrecht von Hornbach, den Sohn des Johannes von Hornbach, mit Ländereien auf Ernstweiler, Bubenhauser und Hasseler Bann. Sie hatte zuvor ein Johannes von Hassel zu Lehen gehabt. In der Abmarkung werden im Anschluß an Einöder Rechte »item teyle an Slangen helle bosche, das daruret an der Wolfarn« verbrieft, ein Schlangenhöhler Busch, ein Gebüsch also, das die Schlangenhöhlen einbezog.

Zwei Rückschlüsse läßt die Urkunde zu: Erstens besaßen die Schwarzenacker Höhlen bereits vor rund 500 Jahren ihren heutigen Namen, der sicher eher von den verwirrend vielen Gängen, Abzweigungen und Nischen herrührte, als daß es hier Brutplätze oder Schlupfwinkel von Schlangen gegeben hätte. Die Höhlen müssen ihrem Namen entsprechend bereits damals beachtlich groß gewesen sein. Das zweite, was man aus der Belehnung Albrechts von Hornbach schließen darf, ist die Tatsache, daß man aus diesem Privatakt für die Schlangenhöhlen keinerlei militärische Bedeutung ableiten kann. Sonst hätte Herzog Caspar sie nicht aus der Hand gegeben und schon gar nicht in einer Urkunde vermerkt. Sie waren als Gemarkungsanteil namentlich bekannt und wurden lediglich zur Abmarkung benannt. Ob sie damals schon der Sandgewinnung dienten, in Gefahr auch einmal dem Schutz der Bevölkerung, ist unbekannt. Aus der historischen Zeit der Schlangenhöhlen erfahren wir als letztes, daß zwei Ingweiler Bürger, Ringle und Gelbach mit Namen, bis in die Mitte des 19. Jahrhunderts Sand in den Stollen gruben und in Zweibrücken korbweise verkauften. 1850 sollen die beiden nach Amerika ausgewandert sein.

Mit der lapidaren Feststellung eines französischen Festungsoffiziers, die Hohenburg sei »contreminée resque partout«, also ganz mit Stollen durchzogen, treten die Homburger Schloßberghöhlen im Jahr 1679, fast zweihundert Jahre nach der ersten Erwähnung der Schwarzenacker Schlangenhöhlen, in das Licht der Geschichte. Es war das Jahr, in dem Marschall Vauban seinen König Ludwig XIV. von der Bedeutung Homburgs als Festungsplatz überzeugen konnte. Unter Vaubans Festungsbaumeistern blieben sie fast dreißig Jahre im Gespräch, ehe sie wieder Jahrhunderte lang aus dem Gedächtnis großer Bevölkerungskreise entschwanden. Allerdings irrte jener Festungsingenieur damals, als er meinte, die Gänge der Höhlen erreichten das Burgareal. Selbst das spätere Festungsterrain wurde von ihnen nur geringfügig tangiert.

Nach dem Jahr 1679 gibt es zwar vereinzelt Bemerkungen der Festungsingenieure, die uns heute als Hinweise auf das Höhlensystem dienen, sie aber nicht ausdrücklich benennen, so daß man sie ohne Kenntnis der Höhlen auch der Festung und ihren Bauten zuordnen könnte. Erst im Laufe der zweiten Besatzungszeit, also nach dem Frieden von Rijswijk im Jahr 1697, als bereits wichtige Teile der Festung geschleift waren und die Franzosen erneut mit dem Ausbau der Bastion begonnen hatten, erscheint im Jahr 1708 der nächste eindeutige Hinweis auf die Schloßberghöhlen:

Am 16. Mai 1707 kam ein neuer Ingenieur nach Homburg, L. de Robelin, Ritter des St. Ludwigsordens. Er wird als sachkundiger Mann geschildert. »Trotz seiner Sorgfalt fiel dennoch die Bastion 4 nahe der Zisterne zusammen. Man füllte die Bresche mit Palisaden aus (am 19. August). Die Pulvermagazine befanden sich hauptsächlich infolge der Feuchtigkeit in schlechtem Zustand. Am 13. Oktober teilte dies der Chevalier Destouches dem Minister mit und bat Herrn Pelletier darum, ihn dort arbeiten zu lassen. Am 11. Februar 1708 hatte man noch nichts unternommen. Auberon und Vernon beklagen sich darüber, Lebensmittel und Munition würden in den Schloßbergmagazinen verderben. Man hatte sie nämlich in den schlechten unterirdischen Gängen aufbewahrt, die von den Minen damals bei den Zerstörungsarbeiten in Mitleidenschaft gezogen wurden. Man müsse danach sehen. Le Pelletierkam am 27. Februar an und berichtete: Die 28 Klafter langen Gänge seien an gewissen Stellen in den gewachsenen Fels gebohrt. Über der Wölbung sei der Fels noch sieben Fuß dick. Es schiene wohl, daß die Wiederherstellungsarbeiten schwierig werden würden.« Soweit Florange in seiner Arbeit »Hombourg la Forteresse«.

Diese beiden für die Homburger Schloßberghöhlen wichtigen historischen Hinweise sagen, daß die Höhlen zur Festungszeit bereits bestanden und von den französischen Militärs verwendet wurden, weil sie nun einmal im näheren Umkreis der Wehrbauten lagen. Wegen ihrer geologisch bedingten gleichmäßig hohen Luftfeuchtigkeit bereiteten sie den Festungsoffizieren ständig Sorgen und Verdruß. Denn die gelagerten Lebensmittel, vor allem aber das Pulver und die Munition verdarben. Geologische Untersuchungen der letzten Jahre haben ergeben, daß sich die Luftfeuchtigkeit ständig zwischen 80 und 90 Prozent bewegt.

Der Entstehung der saarpfälzischen Sandsteinhöhlen kommt eine geologische Eigenart der sonst so festen Karlstalschichten, des obersten Sediments im mittleren Buntsandstein, entgegen: Sie haben vor etwa 220 Millionen Jahren in mehreren fluvialen Sedimentationsepochen große Teile eines äolischen Wüstensandes zwischen Zweibrücken und Homburg eingebunden und im Laufe von weiteren Jahrmillionen zu einer festen Sandbank zum Teil mehrstufig verpreßt, deren Festigkeit so gering ist, daß man sie mit den Fingernägeln aufkratzen kann. *1988*

Kohlensuche auf Frankenholz
»Saarbrücker Zeitung«

Vor 120 Jahren, im Oktober des Jahres 1845, holpert gegen Mittag eine Kutsche von Oberbexbach kommend die steinige und staubige Dorfstraße von Frankenholz hinauf. Der Kutscher zügelte vor Schumachers Haus die Pferde. Ein feingekleideter Herr steigt aus und ruft dem Bauern zu, der gerade seine Scheune öffnet, um eine Fuhre Rüben einzubringen. »Guten Tag, Bauer, kann er mir sagen, wo ich den Pfarrer Euler – es handelt sich um Pfarrer Euler aus Waldmohr – finde?« Der Bauer zeigt den Berg hinunter. »Dort unne, im Klemmloch, dort werre's ne finne. Do kenne se awer net hinfahre, do müsse se de Stangewald nunna gehn.« Der feingekleidete Herr, Advokat Culmann aus Zweibrücken, drückt dem Bauern zwei Kreuzer in die Hand und bittet ihn, die Pferde zu versorgen. Herr Culmann und sein Kutscher gehen die Straße hinunter. Der Bauer schaut ihnen eine Weile nach und lacht vor sich hin. »Der scheint a so e Narr zu sinn.«
Herr Culmann und sein Kutscher steigen durch den Stangenwald hinunter ins Klemmloch. Bald hören sie Hammer- und Pickelschläge aus dem Wald. Sie gehen auf die Stelle zu. Über einem Holzhaus steht ein Holzgerüst. Mit Schubkarren fahren Arbeiter grauschwarze Steine aus dem Holzhaus. Der Rechtsanwalt hält einen Arbeiter an. »Wo ist Pfarrer Euler?« – der Arbeiter zeigt auf einen Holzstoß am Waldrand. Herr Culmann geht auf den Pfarrer zu und verneigt sich: »Guten Tag, Herr Pfarrer, Advokat Culmann aus Zweibrücken.« Der Pfarrer erhebt sich müde, reicht ihm die Hand und nennt seinen Namen. Er schaut den Ankömmling fragend an. »Ich hörte von Ihrem Vorhaben, in Frankenholz eine Grube zu bauen. Ich interessiere mich dafür, ich möchte Ihnen helfen«, erklärt Advokat Culmann sein Kommen. »Ihr Angebot in Ehren«, erwidert Pfarrer Euler, »aber es ist zu spät. 15 Jahre habe ich in

»Advokat Culmann« war nicht nur Gründer der Grube Frankenholz, sondern trat im Landauer Prozess gegen die Redner des Hambacher Festes als Verteidiger auf.

diesem Tal nach Kohlen geschürft. 15 Jahre habe ich um die Genehmigung für die Errichtung einer Steinkohlengrube gekämpft. Vor einigen Wochen hat mir nun die Königlich Bayerische Regierung in Speyer die Konzession erteilt. Doch die Erlaubnis ist für mich wertlos.« »Sie haben aber doch Kohlen gefunden«, wirft Advokat Culmann ein. »Gewiß 20 Meter tief fanden wir ein 30 Zentimeter mächtiges Flöz. Daraufhin bekam ich auch die Erlaubnis. Aber meinen Geldgebern ist dieses Flöz zu dünn. Sie sagen, es rentiere sich nicht zum Abbau. Deshalb geben sie mir nun kein Geld mehr. Und ohne Geld will nun mal niemand arbeiten.« »Was wollen Sie jetzt tun?« »Aufhören, obwohl ich weiß, daß Kohlen in der Erde stecken müssen. Eines Tages wird sich jemand finden, der Geld genug hat, die Grube zu errichten.«

Pfarrer Euler sollte Recht behalten. 34 Jahre später, im August 1879, tat August Ferdinand Culmann den ersten Spatenstich zum Schacht I. Drei Jahre danach, im Juli 1882, wurde Schacht II niedergebracht und 14 Jahre später, 1896, begann das Abteufen von Schacht III. Zur Zeit der Grubengründung hatte Frankenholz rund 200 Einwohner, auf der Grube arbeiteten annähernd 50 Bergleute.

Vielleicht ist es interessant, die weitere Entwicklung der Bevölkerungszahlen der Gemeinde Frankenholz darzulegen. Wie schon gesagt, waren es zur Zeit der Grubengründung rund 200 Einwohner. Im Jahr 1900 waren es schon 1490 und im Jahr 1905 gar 1744 Einwohner. Diese Bevölkerungszahlen zeigen, welche Bedeutung das Steinkohlenbergwerk Frankenholz für die Entwicklung der Gemeinde hatte.

Im Jahr 1960 wurde hinter dieses Kapitel Frankenholzer Geschichte durch die Stillegung der Grube und die Verfüllung der Schächte der Schlußpunkt gesetzt. *1965*

Altstadter »verkehrte Welt«
Alfons Kolling

»Also verkerd ist die Welt« stand auf einem Stein der dortigen Brücke, was niemand zu entschlüsseln wußte. Das Rätsel scheint gelöst zu sein und hat mit Geleit zu tun. Zugehörige Straße gab schon immer Anlaß zu Klagen. Im Jahr 1665 schrieb ein Kirkeler Amtmann, die Zuwegung (zur Brücke) »sei so tief und löcherisch, daß man sie kaum mit leerem Wagen befahren kann«. Jetzt, am dritten Mai des Jahres 1746, waren die Saarbrücker Gebrüder Karcher, von der Frankfurter Messe kommend, mit »Güther-Wägen« angelangt, die von »16 starken Pferden gezogen« und mit 60 Zentnern Handelsgut beladen waren. Diese nun brachen auf der Brücke ein. Leute sprangen bei. Wie man sich heraushalf, steht nicht geschrieben, wohl aber, was gewisse camerale Rabulisten der Zweibrücker Geleitsherrschaft davon hielten. Diese verlangten nämlich von den Karchern Satisfaktion wegen Überlastung. Die Karcher pochten daraufhin aufs faule Brückenholz und hielten entgegen, daß »alle Geleitsstraßen in guthem Stand zu halten seien«, wofür »ja nicht nur der Zoll, sondern Geleith benebst Brückengeld« geleistet werde. Außerdem sei so etwas auf den Rheinbrücken sogar mit 3 dergleichen beladenen Wagen weder zu Oppenheim noch zu Mainz auf der Schiffsbrücke noch nicht passiert. Über Idemnitätsleistung schweigen die Akten. Stunk gab es anscheinend doch. Die Brücke, sicherlich die bohlenbelegte von 1714, war zu Schrott.

Im Jahr 1970 kam im verschütteten nördlichen Anfang einer Bogenbrücke, die 1965 abgebrochen worden war, besagter Inschriftstein zum Vorschein, auf dem in purzelnden Buchstaben eingehauen ist: 1746 ALSO VERKERD IST DIE WELT. AK Anscheinend spielt die Inschrift auf das Unheil an. Das Jahr später stand eine neue, 300 Schuh lange massive (Bogen-) Brücke, diesmal ganz steinern, und war in aller Eile wiederum aus Abbruch des Klosters gebaut worden.

Neben der Jahreszahl sind auf dem Stein ein Blütenzweig und drei schräge Striche zu erkennen. Das kann doch wohl nur Mai und dritter, den Tag des Unfalls bedeuten, im Jahr 1746 (um elf Uhr). Wer anders als die anscheinend aufs Kreuz gelegt gewesenen Karcher kann die Inschrift veranlaßt haben? Die Saarbrücker Karcher frequentierten das Geleit als Großkaufleute, indem sie mit unterschiedlichsten Produkten handelten, standen mit anderem Bein in der Industrie und betrieben Spedition trotz Reichspost, dies mit dem Leitspruch »Mit Gottes Geleit und durch Karchers Fuhre!« Selbst voller Gottvertrauen hat sie in Limbach der Satisfaktionsteufel erwischt.

Die Initialen am Ende des Spruches sind zu bedenken. Einen in die Zeit passenden Vornamen mit »A« fand ich bisher nicht. Für den Geschäftsort Saarbrücken scheint hinsichtlich der Karcherpräsenz in den Familienpapieren eine Lücke zu sein. Angeblich galt die Brücke noch 1837 als Sehenswürdigkeit. Doch könnte als solche die nahe, neue napoleonische gemeint gewesen sein. Diese ist längst weg und die Limbacher und Altstadter seit 1965.

Es darf mit ein paar Sätzen von der »Verkehrten Welt« reflektiert werden. Diese hat Geschichte. Ein Gemälde Pieter Bruegels d. Ä., das große Sprichtwörtergemälde unter seinen »Wimmelbildern«, ist hauptsächlich der »Verkehrten Welt« gewidmet. Im Giebel des Narrenwirtshauses liegt auf einem Balken die Weltkugel mit dem Kreuz nach unten »als de verkeerde werelt«. Darüber hebt ein Mann den Hintern zum Fenster heraus: »Hij schijt op de werelt«. Eine andere Weltkugel rollt im Staub, hat querdurch ein Loch, wodurch jemand kriecht: »Men moet sich krommen, will men door de werelt kommen«. Freilich gab es eher fröhliche »Verkehrte« schon bei den Saturnalien der Römer. Bei den Karchern fing sie am dritten Mai 1746 um 11 Uhr an. *1995*

Der Kirchthurm von Beeden
Friedrich Aulenbach (An Chr. Syffert)

Dieser Thurm mit seinem um ihn gelagerten Friedhof ist uralt und seine Entstehung weist tief in die Zeiten des Mittelalters hinab, in eine Zeit, da das nahe Kloster Wernersweiler (Wörschweiler) nur noch als Bauplan auf dem Pergamente figurirte, und man von Homburg nichts wußte, als oben, auf dem Kamm seines Schloßberges, die stattliche Hohenburg, und unten, im moorfeuchten Waldesgrunde, eine einsame Bannmühle.

Kennst Du ihn noch, den alten Thurm von Beeden,
Im Kornfeld dort? Man denkt jetzt seiner kaum.
Doch stand er hoch und tausend Lippen flehten
Dereinst in seiner Kirche weitem Raum.
Die Stätte zwar, die heil'ge liegt zertrümmert,
Wo sich gestärkt manch Herz im trüben Leid,
Und nur der Thurm noch einsam ragt und schimmert
Als ein Vermächtniß längstvergang'ner Zeit.

Wohl Vieles hat der Alte schon erfahren.
Wild von des Krieges Furie oft umweht,
Hat ihn in grauen, fernentleg'nen Jahren
Der Väter frommer Glaubenssinn erhöht.
So manche Menschenwerke sah er gründen
Und untergeh'n im raschen Zeitenlauf;
So manche Reiche sah er spurlos schwinden
Und andre tauchten plötzlich vor ihm auf.

Wohl Vieles hat der Alte schon erfahren;
Nun lagert ödes Schweigen sich um ihn.
Noch jetzt sieht er die müden Pilgerschaaren,
Wie sonst, zur letzten dunkeln Wohnung zieh'n.
So Vieles hat die Zeit seitdem verschlungen,
Was theuer uns, ruht längst im Grabesschooß;
Und mit des Thurmes Glocken, die verklungen,
Riß sich ein Ton aus sel'gen Tagen los.
O Bild der Wandlung! Wo vordem als Knaben

Wir kletterten zum Storchennest hinan,
Da ziehn wir jetzt, achtlos im Herbst der Jahre,
Im Flur vorüber auf der Eisenbahn, –
Sie, die so Manches nahm, was nimmer wieder
So wundervoll im Jugendglanz sich zeigt,
Hat auch des Thurm's langjähr'gen Hort und Hüter,
Den treuen Storch, auf immer weggescheucht. *1875*

Ruine Kirkel
Friedrich Ludwig Maurer

Wie hat Dich, Burg, der Zeiten Blitz zersplittert:
Nur Trümmer rings, verbröckelt Steingeklüfte
Versunkner Pracht und Freude Todtengrüfte,
Vom Leichenkranz des Epheus dicht umgittert!

Aus dem Geröll verwaschen und verwittert
Erhebt ein Bann sich mächtig in die Lüfte
Und spendet Schatten rings umher und Düfte,
Wenn in des Mittags Glut die Luft erzittert.

Gar ähnlich dem zerfallnen Freudensitze
Sind stets des Glückes Burgen mir erschienen,
Die uns zu Trümmern schlugen Schicksalsblitze.

O rage, Glaubensbaum, nur auch aus ihnen!
Von Dir strömt Schatten in die Trübsalshitze
Und Himmelsduft uns zu selbst als Ruinen. *1860*

Im Kirkeler Wald
Alfred Hoeppfner

Im Sommer und Herbst 1909 hatte ich als Forsteinrichter Gelegenheit, die Staatswaldungen der königlichen Forstämter Neuhäusel und Blieskastel, Assessorbezirk St. Ingbert, zu durchstreifen. Wenn der Fachmann diese Waldungen ruhig zu den schönsten und vom forstlichen Standpunkt aus zu den interessantesten der Pfalz rechnen kann, so darf auch der Laie, der den Wald naturgemäß von andern Gesichtspunkten aus betrachtet, hier ganz Außergewöhnliches erwarten. Es ist wahrlich nicht notwendig, daß wir Pfälzer, um majestätischen Laubwald kennen zu lernen, außerpfälzische Gebiete aufsuchen.

Man sollte nun annehmen, daß ein so beschaffenes Fleckchen Erde von der Touristik hinlänglich gewürdigt werde; allein dies stimmt nach meiner Erfahrung keineswegs. Denn im Gegensatz zu andern pfälzischen Waldgebieten, die zu jeder Jahreszeit das Ziel wanderlustiger oder erholungsbedürftiger Leute aus Stadt und Land sind, herrschte hier eine gar seltsame Ruhe. Ich erinnere mich nicht, bei fast täglichen 8 bis 10stündigen Wanderungen, die kaum einen Quadratmeter des sehr ausgedehnten Waldgebietes unberührt ließen, Touristen getroffen zu haben, die an der herrlichen Natur sich laben wollten. Diese Erscheinung finde ich angesichts des hohen Naturgenusses, der einem jeden wirklich nur um des Schönen und Erhabenen willen Wandernden hier auf Schritt und Tritt begegnet, sehr bedauerlich und ich möchte es deshalb als ein ebenso lohnendes wie verdienstliches Werk ansehen, wanderfrohe Leute auf diese Gegend aufmerksam zu machen, umsomehr als sie leicht von verschiedenen Seiten aus zu erreichen und durch bequeme Wege mit ausreichender Markierung aufgeschlossen ist. Und gerade jetzt, zu Beginn des Herbstes, möchte ich den Besuch dieses mächtigen Waldgebietes wärmstens empfehlen, da die Herbststimmung im holzartenreichen Laubwald unvergleichlich schön und eindrucksvoll ist und auf Herz und Gemüt ungemein erhebend wirkt.

Vorausschicken darf ich noch, daß ich natürlich den Reiz jener Gegend nicht so zu schildern imstande bin wie er sich bei persönlicher Durchwanderung dem Besucher darbietet. Doch dies ist ja auch nicht der Zweck meiner Zeilen, ich will nur hinweisen und anregen, und ein Stück Pfälzer Landes, das wirklich wert ist, von allen gekannt zu sein, auf den ihm gebührenden Platz erheben. Die an sich für manchen vielleicht etwas trockene Darstellung soll durch eine Anzahl selbstaufgenommener Wald- und Dorfbilder nach Kräften unterstützt und belebt werden.

Das mehrerwähnte Gebiet wird im Osten, Süden und Westen von der Bahnlinie Homburg-Bierbach-St. Ingbert begrenzt und von der durch Napoleon I. angelegten Kaiserstraße Paris-Mainz durchschnitten. Parallel zu dieser Straße läuft die erst in neuerer Zeit erbaute strategische Bahn Homburg-Kirkel-St. Ingbert. Mittelpunkt ist das Doppeldorf Kirkel-Neuhäusel. Der südlich der Kaiserstraße gelegene, dem Buntsandsteingebiete angehörende Teil zerfällt wiederum in 2 Abschnitte: der eine östlich Kirkel zwischen Blies und Lautzkirchner Tal gelegen, die Staatswalddistrikte Klosterwald und Kirklerwald bildend – gemeinhin der Kirklerwald genannt –, der andere westlich Kirkel bis zum Geistkircherhof sich hinziehend, der Staatswalddistrikt Lambertsberg.

Der Kirkler- und Klosterwald birgt in seinem Herzen manche Perle edlen Laubwaldes, die Peripherie dagegen und hier insbesondere die Westhänge gegen Kirkel und Lautzkirchner Tal zu sind vielfach schon längst dem anspruchsloseren, aber rentableren Nadelholz, vornehmlich der genügsamen Kiefer, an passenden Orten auch der Fichte, zugefallen.

Unsere Wanderung, die uns in all' diese Teile führen soll, wollen wir von der Station Schwarzenacker (Bahnlinie Homburg-Zweibrücken bzw. Bierbach) antreten. Nach Überschreitung der sich in tausendfältigen Windungen nur träge fortbewegenden Blies und kurzem ziemlich steilen Anstieg erreichen wir die Klosterruine Wörschweiler, im Jahre 1131 von Graf Friedrich von Saarwerden erbaut, zuerst den Benediktinern der Abtei Hornbach, später dem Zisterzienser Orden gehörend. Heute ist sie mit dem umgebenden Wald im Besitze der Familie Lilier in Zweibrücken. Hier hat man einen prächtigen Rundblick: nach Norden den kohlenreichen Höcherberg mit dem gewerbreichen Frankenholz usw., zu Füßen ein weites Tal, aus dem saubere Ortschaften und gesegnete Fluren freundlich heraufgrüßen, im Nordosten und Osten die emporblühende Stadt Homburg am Fuße des romantischen Schloßberges, im Süden der weitausgedehnte, dichtbevölkerte, äußerst fruchtbare Bliesgau.

Bevor wir unsere Wanderung fortsetzen, möchte ich nicht versäumen, auf die nahe der Ruine Wörschweiler nach Süden gelegene prächtige Parkanlage Guttenbrunn hinzuweisen, die wertvolle fremde Holzarten birgt. Einst ein Kurort [schwefeleisenhaltige Quelle (1670) und Porzellanfabrik (1767) mit Schlößchen Herzog Gustav Samuels (1725) ist sie heute nur noch mit einigen Nebengebäuden und einem Kapellchen erhalten und befindet sich gleichfalls im Besitze der Familie Lilier.

Von Wörschweiler führt in westlicher Richtung ein bequemer Weg durch Lilierschen Wald in den Staatswald hinüber, längs dem grünen Strich, allmählich auf den sogenannten Zweibrückerweg. Zwischen diesem und dem nördlich davon gelegenen sogenannten Taubental finden sich nun herrliche Buchen- und Eichenwälder. In den Forstorten Nesselstal, Nesselsberg, Tiefental, Taubental, Schulzental, Schulzenhang, Höllerlöcher, Saugarten treten uns in bunter Abwechslung die schönsten Waldbilder entgegen, für den Forstmann wie den Laien gleich entzückend und den früheren wie den heutigen Begründern alle Ehre machend. Hier empfiehlt es sich natürlich vom normalen Touristenpfad abzuweichen und die vorgenannten Orte einzeln in ihrem Herzen aufzusuchen, nicht mit dem Kilometermesser in der Hand, sondern mit Muße diese Naturschönheiten zu durchwandern und wirklich zu genießen: Der Forstmann steht bewundernd vor den wertvollen, holzartenreichen, freudig gedeihenden Junghölzern, der Laie ist mehr überwältigt von der heiligen Ruhe und dem tiefen Frieden, der in den mächtigen Althölzern wohnt. Holzvorräte für viele Dezennien stehen hier auf.

Auf solchen Kreuz- und Quergängen gelangen wir an eine große Wegkreuzung auf dem Zweibrückenweg, an die sogenannten »Sieben Fichten«, die vor wenigen Jahren infolge Altersschwäche durch eine Douglastanne und sechs Jungfichten ersetzt wurden. Hier haben wir den halben Weg zwischen Wörschweiler und Kirkel. Es ist ein ideal schönes Plätzchen mitten im majestätischen Buchenwald. Nach kurzer Rast verlassen wir wieder die »große Heerstraße«, halten uns zunächst gegen das Taubental zu, bis wir plötzlich bewundernd vor einer hohen Sandsteinfelsgruppe stehen, auf deren kahlem, nur mit schwacher Moos- und Erddecke versehenen Rücken sich einst Buchen ansamten, die heute zu stattlichen Bäumen herangewachsen sind.

Von hier aus schlagen wir wieder die Richtung gegen den Zweibrückerweg ein und erreichen nach abwechslungsreicher Wanderung nach kurzer Zeit den sogenannten Frauenbrunnen, den Festplatz von Kirkel und Umgebung. Reizend inmitten alter knorriger Buchen gelegen, laden Tische und Bänke sowie eine silberklar einem mächtigen Felsen entspringende Quelle zu abermaliger Rast ein. Wie trefflich mundet hier das bedürftigste Mahl! Die unmittelbare Umgebung des Frauenbrunnens wird selbstverständlich nach ästhetischen Grundsätzen bewirtschaftet und nur wenn die Natur es erfordert, wird die bäumemordende Art losgelassen.

Nur noch wenige Schritte von hier und wir sind an der »Schönen Aussicht« angelangt: Vor uns liegt in malerischer Schönheit die Burg Kirkel mit dem Doppeldorf Kirkel-Neuhäusel zu ihren Füßen. Diese Burg, auf einem Bergkegel reizend gelegen, gehörte einst den Herren von Kirkel, kam später an Kurpfalz und schließlich an das Herzogtum Zweibrücken. 1677 wurde sie durch die Franzosen unter Turenne zerstört.

Kirkel-Neuhäusel, ehemals ein durch die Burg überragtes Dorf mit dem Namen Kirkel, beherrschte den Eingang in den Bliesgau, war später nach Aufschließung des Saar-Kohlengebietes und Erbauung der Kaiserstraße Mittelpunkt des gesamten Fuhrwerkverkehrs nach vier Richtungen, wurde aber nach Eröffnung der

Bahnlinie Neunkirchen-Homburg ein vergessener Winkel. Erst in neuester Zeit, seit der Durchführung der strategischen Bahn Homburg-St. Ingbert, fängt es an, ein aufstrebender, von emsigen Hütten- und Bergleuten bewohnter Platz zu werden, so daß sich das ehemals an der Kaiserstraße gelegene »Neue Häusel« zu einem stattlichen Dorf entwickelt hat und mit dem alten Kirkel eine zusammenhängende Landgemeinde von nahezu 2.000 Einwohnern bildet. Neuhäusel ist der Sitz eines Forstamtes. Nicht minder interessant und reich an reizenden Momenten ist der westlich des Lautzkirchener Tales gelegene Distrikt Lambertsberg, der seinen Laubholzcharakter noch vollständig gewahrt hat und in seiner höchsten Erhebung, dem sogenannten Klingerkopf, besonders schöne, etwas über 100 Jahre alte Buchenbestände aufweist.

1911

E Baurered
Karl Leibrock

Well all geredd han, redd a ich.
Da, Jakob, hall emol mei Pfeif.
Zwar kenn ich ke studeerte Knöpp un all die Schlich,
Doch an dem eente hall ich fescht un steif:
's werd nix geännert an kem Wäh un an kem Pad,
's werd Nee gesaht.

Herr Amtmann un Herr Owerforschter: Nee!
Durch mei Wald haue Ehr kee Schnäs.
Fahre Ehr das Holz nor ufem alten Wäh,
Wie's immer war, seit's enner weeß.
Was geht denn mich die Gemeen an un de Staat?
's werd Nee gesaht.

Wann ich vum Staat was brauch, vun de Gemeen was will
Un hann dozu kee gut nodeerisch Recht,

Heescht's iwerall: Hals Maul, sei still!
Vun eich krieht kenner nix, der wo net blecht!
Well Ehr ke Insicht kenne un ke Gnad,
Werd Nee gesaht!

O, mich bringt kenner ran. Wann enner mennt,
Do isch er schief gewickelt. Spart die Red.
Ich sin es Baltzers Fritz, un wer den kennt,
Der weeß, was der net will, das will er net.
's werd nix geännert, an kem Wäh un an kem Pad!
Un wann's Gewitter all mei Gerscht verschlaht:
's werd Nee gesaht. *um 1910*

Die anmutige St. Ingberter Waldgegend
»Führer durch St. Ingbert«

Was der Stadt St. Ingbert einen besonderen Reiz verleiht, ist ihre herrliche Lage und die anmutige Waldgegend. Zur Frühlings- und Sommerzeit laden rings grüne Forsten von Buchen, Eichen, Kiefern und Fichten zum Besuche ein. Fröhliches Schmettern und Jubilieren der Waldvögel erfreut das Menschenherz. Blaue Lenzveilchen und gelbe Waldschlüsselblumen, blühende Schwarzbeer- und Himbeersträucher schmücken im Mai den grünen Waldgrund. Reife Beeren geben dem Wanderer im Sommer Erfrischung. Klare, murmelnde Quellen und Brunnen von grüngelbem Moos umrahmt, laden zum Niedersitzen und Träumen ein.
Wohin wir von den Höhen unseren Blick richten, überall eröffnen sich die schönsten Aussichten auf hohe Berge und in langgestreckte, von Wiesengrün und Waldesdunkel erfüllte Täler. Wenden wir uns an der Kaiserstraße, gegenüber dem Pumpwerke in den Wald, so kommen wir in die »Au«, ein prächtiger zum Teil noch junger Laub- und Nadelwald. Demjenigen, der das Auf- und Absteigen in Höhe und Tälern nicht liebt, ist dieser Wald

ein angenehmer Aufenthaltsort. In der Au befindet sich ein Franzosengrab, dessen Platz aber nicht durch äußere Kennzeichen angedeutet ist. Es stammt von den Kämpfen, welche auf dem Rohrbacher Bann im August und September 1793 zwischen den Preußen und Franzosen stattfanden. Die Au wird durch die Bahn durchschnitten. Ein hoher Steig vermittelt den Übergang zum südlichen Teil, der ziemlich viel Buchenhochwald enthält. Daran schließt sich weiter südlich der Kahlenberg, die Scheidewand zwischen St. Ingbert und dem nahen Hassel. Hassel ist ein Dorf an einem blumigen Wiesental gelegen und von fruchtbarem Ackerland umgeben. Der Kahlenberg selbst stellt einen ungefähr in der Ost-West-Richtung hinziehenden Gebirgszug dar, von dem man eine schöne Aussicht in die Mittelpfalz hat. Die Pirmasenser Höhen sind deutlich zu sehen.

Vom Kahlenberg heruntergehend überschreiten wir die nach Hassel führende Landstraße und kommen gleich wieder in einen hohen Buchenwald, die »Schanz«. Von den Franzosen einst angelegte Schanzen, unmittelbar an der Straße noch recht deutlich sichtbar, haben diesem Wald den Namen gegeben. An der Stelle, wo sich die Schanz zu dem nächsten Bergzug, dem Rotenkopf erhebt, befindet sich das alte Tunnel, dessen Eingänge jetzt zugemauert sind. Die alte Bahnlinie ist nun ein bequemer und kurzer Weg nach Hassel. Wenn wir dann auf dem Rotenkopf stehen, sehen wir nach Norden die Stadt daliegen, näher heran den Pottaschwald, ein von hohen Buchen und jungen Fichten bewachsener Wald, der von Wiesen und Äckern rings eingeschlossen, die Gestalt eines Vierecks hat. Südwärts schaut man in das Sacktal »Geiersnest«, wo das Jagdschlößchen des Freiherrn von Esenbeck stand – zerstört von den Franzosen 1793 – mit seinem wundervollen Waldpanorama und einem schattigen Felsenbrunnen, zu Ehren des Pfarrers Kneipp neuerdings angelegt. An die südliche Seite des Rotenkopfes lehnt sich auch der Reichenbrunner Berg mit seinen Erquickung spendenden Fichtenjungbeständen, mit den Überresten eines Ringwalles und den Grundmauern eines römischen Specula-Semaphorturmes.

Vor nahezu 1.700 Jahren hat wohl von hier ein römischer Soldat den Kameraden auf den benachbarten Warten seine Feuerzeichen gesendet, hinüber auf Kirkel und hinüber auf den Stiefel. Vor einigen Jahrhunderten war wohl der ganze Reichenbrunner Berg bebautes Land. Noch jetzt erfreut das Auge ein terrassenförmiger Aufbau. An den Rotenkopf schließt sich der etwas nach Norden vorgelagerte »Schafskopf«. Dieser trennt den malerisch gelegenen Weiler Reichenbrunnen von St. Ingbert. Der Reichenbrunner Pfad verbindet jenen Ausflugsort mit St. Ingbert. Nördlich sieht das ausschauende Auge das Kapuzinerkloster und seitwärts (westlich) die Pulverfabrik. Vom Reichenbrunner Pfad zweigt ein solcher über den ebenso genannten Berg auf »Hochscheid« ab. Ein anderer, bequemerer Weg führt die alte Bahnlinie entlang durch die »Schanz« am Südabhange des Rotenkopfes vorbei auf den Reichenbrunner Berg und von da nach Hochscheid, ein 410 Meter über dem Meeresspiegel gelegener Punkt (ein trigonometrischer Höhepunkt). Von hier aus hat man einen der schönsten Fernblicke des ganzen Westrichs, ja der ganzen Pfalz, wie Kenner behaupten; denn im Südosten schaut das Auge die Vogesen, beginnend mit dem Donon an der französischen Grenze, im Osten den First des Wasgaus, die Wegelnburg und Hohenburg, die Berge bei Bitsch und Lemberg, Pirmasens grüßt herüber, sodann folgen die Kuppen der »Bollen«, der Weißenberg, der Elschkopf, der Leiterberg und die Berge bei Kaiserslautern, dahinter folgt der Donnersberg im Nordosten, sodann der Potzberg im Norden, der Remigiusberg, Königsberg, der Höcherberg, daran vorbei im Norden der Soonwald, Idarwald und Hunsrück bis in die Trierer Gegend; gegen Westen die Berge bei Saarbrücken, Forbach und der Höhenzug westlich der Saar. Hochscheid ist mit Recht der Zielpunkt vieler Spaziergänger.

Der »Schafkopf« zieht sich bis zur Ensheimerstraße hin. Diese bildet die Grenze zwischen Staffel und Schafkopf und windet sich am Abhang des ersteren zu der Höhe hinauf, über die man nach dem im Süden gelegenen Ensheim gelangt. Der Staffel erhebt sich allmählich bis er südöstlich von dem Weiler Sengscheid den

Höhenpunkt erreicht hat. Alles ist mit Wald bedeckt. Im Innern des Waldes steht ein schmuckes Waldhaus, Krummelshütte genannt. Südwärts senkt sich der Staffel in das einsame »Ensheimer Gelöch«. Dies ist wohl das reizendste und interessanteste Waldtal der ganzen Umgebung St. Ingberts. Zur ersten Pflanzentriebzeit läßt der feuchte Boden überall Waldschlüsselblumen hervorsprießen. Bald färbt er sich mit allen Blumen- und Blütenfarben, einem buntgestickten Teppich vergleichbar, zu dem das Rotbraun der abgestorbenen Buchenblätter einen passenden Hintergrund gibt. Das Ensheimer Gelöch bildet wohl den größten Anziehungspunkt der ganzen Gegend. 1908

Schmelzer, Bergleute und Glasspatzen
Wolfgang Krämer

Schon im nächsten Jahr, 1886, wurde mein Vater nach St. Ingbert versetzt. St. Ingbert war damals ein kleiner aber lebhafter, zum Saarwirtschaftsgebiet gehörender Industrieort von über 8.000 Einwohnern, eine Arbeitersiedlung von mehr ländlichem als städtischem Charakter. Eine bedeutende Kohlengrube, die größte von ganz Bayern, ein großes Eisenwerk und mehrere Glashütten gaben ihm sein Gepräge. Trotzdem hatte sich die ursprüngliche Eigenart des Ortes noch erhalten. Inmitten prächtig bewaldeter Höhenzüge gelegen, besaß St. Ingbert auf seinem weiten Bann so viele Feldstücke, daß die meisten Arbeiter, Schmelzer und Bergleute noch eine kleine Landwirtschaft betreiben konnten, wie das auch im übrigen Saargebiet der Fall war. Geißen und Wutzen waren neben Stallhasen das Hauptvieh, denen der leichte, magere Sandboden das Futter zu liefern schien. Die Stadt selbst bestand im wesentlichen aus nüchternen Arbeiterhäusern, die wahllos in langen Zeilen sich nach allen Richtungen ausbreiten. Ein eigentlicher Kern und Mittelpunkt fehlte.
Unähnlich den Nachbarstädten Saarbrücken, Zweibrücken, Blieskastel war St. Ingbert niemals Residenz gewesen. Tradition,

Kultur, höfische Erinnerungen fehlten vollständig, geistiges Leben war nicht vorhanden. Es war eine Stadt der Arbeit und des nüchternen Alltags, die sich hier, allerdings in anziehendem Naturrahmen, aus einem einfachen Waldbauerndorf in ziemlich kurzer Zeit entwickelt hatte.

Heute ist St. Ingbert seit vielen Jahren eine Stadt von über 20.000 Einwohnern. Seit dem Ersten Weltkrieg hat es sich stadtmäßig entwickelt. Wer in der Fremde weilt und nach Jahren wiederkommt, sieht mit Freude die materiellen und geistigen Fortschritte im Gemeindewesen. Aber die Verhältnisse vor kaum zwei Menschenaltern waren noch recht einfach. Eine Stadt wohl dem Namen und dem Rang nach, in Wirklichkeit jedoch eine Siedlung von fast dorfähnlichem Charakter.

Meine Eltern wohnten zuerst in der Kapellenstraße, einer Straße, die vom Stadtinnern zum nordöstlich gelegenen Friedhof zog, in dem die Wendelinskapelle stand, von der sie den Namen trug. Sie bewohnten den zweiten Stock eines Hauses, das dem Schmiedemeister Fries gehörte. Dort verbrachte ich mit meinen zwei jüngeren Geschwistern die ersten Jahre meiner Kindheit ...

Da meine Eltern sparsam lebten und nach dem Tode der Großeltern noch ein kleines Erbteil bekamen, so konnte mein Vater 1893 sich ein eigenes Häuschen bauen jenseits der Eisenbahn im Süden der Stadt, ziemlich weit von unserer bisherigen Wohnung. Diese Gegend war damals noch wenig bewohnt. Aber wir hatten Pech. Hart neben uns lärmte Tag und Nacht eine Dampfkesselfabrik, und da unmittelbar nebenan auch die Eisenbahn mit nicht geringem Verkehr vorüberführt, so baute sich der Vater wenige Jahre nachher (1896) weiter südlich und noch mehr am äußersten Stadtrand, in der heutigen Hochstraße, ein größeres, schöneres Wohnhaus, selbstverständlich mit Garten und Stall. Denn es wurden nacheinander Kaninchen, Ziegen und Schweine gehalten, von Hühnern nicht zu reden, deren Zucht die ganze Leidenschaft des Vaters ausmachte. Allein auch im zweiten Haus wohnten wir nur kurze Zeit. Mein Vater war voller Baulust und Unternehmungsfreude und mit jedem Neubau suchte er die bisherigen Erfah-

rungen zu verwerten. Im Jahre 1901 ließ er unmittelbar nebenan ein kleines Haus, übrigens im nämlichen »Villenstil« erbauen, das ihm taugte. »Nun aber hat die Bauerei ein Ende«, sagte er und war's zufrieden. Dort in ihrem dritten Haus lebten meine Eltern noch manches Jahrzehnt bis an ihr Ende.
Zwischen Hochstraße und Betzentaler Berg ganz im Süden der Stadtgemarkung war alles Gelände noch unbebaut. Dort wo heute das Kapuzinerkloster steht, dehnte sich die sogenannte »Lehmkaut«, ein aufgewühlter Grund mit mehreren tiefen Tümpeln, die mit gelbem und durchsichtigem Wasser gefüllt waren. Trotz ihrer Gefahr wurden sie von den Buben zum Baden benutzt. Ich erinnere mich noch eines Tages der großen Aufregung in der »Spatzengasse« (so hieß die nahe Adolfstraße, weil sie von Glasspatzen, d.h. Glashüttenarbeitern bewohnt war), als es hieß, der 10jährige Junge einer dortigen Familie sei soeben aus einem Tümpel der Lehmkaut ertrunken herausgezogen worden.   *1935*

Autobahn
Heinrich Kraus

Bunte Autoherde rase;
jedes hat sei eijnes Ziel:
ob Vergniesche oder Deal,
giftisch stinke Auspuffgase.

Äner iwerholt de anner,
jeder meecht de schnellschte sin.
Käner denkt dran – Blech isch dinn! –
im gereeschelt Durchenanner.

Alsemol e Riesebrummer,
fremdi Schrift off roter Plan;
schwere Laschte muß er trahn.
Gut versichert. Bloß kän Kummer!

Offahrt, Abfahrt, Bricke, Ecke,
blohe Schilder, Wort un Zahl,
Recht, Gesetz un ... kän Moral.
Do, off ämol s'groß Verschrecke:

Äner bremst, die annre rase
inenanner nin. Es knallt!
Glas un Blut o'm 'groh Asphalt.
Fejer! S'stinkt noh Qualm un Gase. *1991*

Blieskasteler Kindheit
Fred Oberhauser

Erinnern, wie das war, am Tag, als der Zeppelin kam, Sonntag im Frühsommer 33, zu dritt mit dem Vater unterwegs: Hinnereck, Han, Juddefriedhof, Wolfskaut, aufgereiht am Gollenstein mit den Fähnchen, der Zeppelin über dem Webenheimer Berg, von vorn wie ein Luftballon, sich längend über der Stadt, wie der fliegende Gollenstein über uns, Vater, der den Zug zog und Hurra rief, und wir die Fähnchen schwenkend, und nicht vergessen, daß er beim Heimgehen sagte, das sei eine historische Stunde.
... an den Schulweg, jahrein jahraus mit dem klappernden Ranzen, den Sommerweg, den Winterweg, in der Juddegaß wartete schon der Herbert, zwischen Schlangenbrunnen und Herkulesbrunnen durfte Benningers Schaufenster nicht übersehen werden, »Sämtliche religiöse Artikel für Kirche und Haus«, aber die Bücher interessierten mehr, nicht die Schulbücher und biblischen Geschichten, sondern Schwabs Heldensagen, »Rosa von Tannenburg« von Christoph von Schmid, vom »Verfasser der Ostereier« stand unter dem Titel, »Sigismund Rüstig« und »Heimatlos« von Hector Malot, den Schloßberg dann hochgestapft, lag im Advent nicht schon Schnee, »Tauet Himmel den Gerechten« sangen wir inbrünstig am Schluß des Rorate-Amtes, er hätte ja wirklich im Schnee kommen können, die Tage bis Weihnachten ruckten lang-

sam vor, wie der kleine Zeiger der Standuhr im Eßzimmer, das Vater am Tag vor Heiligabend geheimnisvoll abschloß.

... wie ich zum ersten Mal auf den Portalsäulen des »Kapellchens« auf dem Han die französischen Namen entdeckte, Jean (war hier), Nicolas und Pierre, in der Französischen Revolution, sagte der Lehrer, die Revolution war rot, nur Flammen und Blut, im Hinkenden Boten hatte ich es gesehen und im Pilgerkalender die Kapelle als Wachlokal und Pulvermagazin, nicht auszudenken, daß sie noch ohne Unsere Liebe Frau mit den Pfeilen war, vor der die Wallfahrer nun knieten mit ausgebreiteten Armen, »Schmerzensmutter«, »Maienkönigin« litaneiten wir mit und drängelten uns am Abend in den Klosteranlagen in die Schlange der Lichterprozession, aber der Schreck, wenn im Friedhof die lebensgroße Gruppe auftauchte. »Franziskus begrüßt den Bruder Tod«, war nicht wegzusingen.

... an den 2. August 1934 in Berlin, morgens um 9 Uhr bogen wir in die Wilhelmstraße ein, drei Erwachsene, zehn Kinder aus dem Saargebiet unterwegs an die Ostsee, Vater erklärte die Reichshauptstadt, hier die Reichskanzlei, da das Reichsaußen-, daneben das Reichsinnenministerium, und lief, als wir zum Reichspräsidentenpalais kamen, plötzlich über die Straße, dort war die Fahne auf halbmast gegangen, und kam langsam zurück, hatte den Hut abgenommen und sagte feierlich: Soeben ist von Neudeck die Nachricht eingetroffen, der Reichspräsident ist gestorben, wir standen da und schauten ihn mit großen Augen an, und auf einmal fing einer an zu weinen, ich werde es wohl gewesen sein, hatte schon immer nah am Wasser gebaut, erschrak aber wohl mehr, weil Vater hochdeutsch redete und nicht sagte, wie er es daheim getan hätte: de Hindebursch is dood, das schrieb ich dann aber nicht in den Hausaufsatz zum Thema »Eine Überraschung«, den wir nach den Ferien schreiben mußten, sondern hielt mich an Vaters hohen Ton, der kam besser an, mein Aufsatz sei der beste, sagte der Deutschlehrer, ich durfte ihn vor der Klasse lesen.

... daß der Paradeplatz einmal nur von Fackeln (mehr verdüstert als) erhellt war, und der Bürckel im Trenchcoat, Kragen hochgestellt, Hut in der Hand, vorm Kriegerdenkmal stand und schrie »Deutsche Mutter, heim zu Dir«, und alle sangen wir »Deutsch ist die Saar«, möglich daß in einer der darauffolgenden Nächte einige alte »Kaschtler« verschwanden, in der Parr über die Grenze hieß es später, aber Fanny Joseph, geborene Sinay, vergiß das nicht, ist geblieben und im April 44 in Theresienstadt umgekommen, ihr Schatten huscht manchmal über den Platz, wenn ich das Vergangenheitsspiel noch einmal spiele, am Abend, und auf die Stimme der Mutter warte, es wird dunkel, kommt heim.

... an einen Schulausflug, nach Böckweiler zum Alexanderturm auf dem Kahlenberg, der Blick ging weit, bis zur Haardt im Nordosten, bis zum Donon im Süden, es gab wirklich »kein schöner Land in dieser Zeit«, und wie es dann anders war, als man wiederkam, nach 50 Jahren, allein nun, mit einem vergilbten Foto in der Tasche, den alten Weg hoch vom Freishauser Hof her, der Turm nur noch ein Trümmerhaufen, im Dickicht verschanzt, noch einmal die Gesichter auf dem Foto, leise die Namen genannt, Kreuze gesetzt: gefallen, von Feindfahrt nicht zurückgekehrt, abgestürzt, vermißt, keine historische Stunde mehr, nur noch Erinnerung, für die es keinen Trost gab. *1994*

Schräg ab nach Herbitzheim
Gerd Meiser

Ein Begriff aus früher Kindheit hat sich eingeprägt: die Lache. Und die Lache ist verbunden mit Herbitzheim und Herbitzheim, das ist Stallgeruch, das ist das Kettenklirren bei den Kühen, unruhiges Gestampfe bei den Pferden, das ist der Duft von frischem Heu, das Gespür von glatten Ährenhalmen, das ist Erinnerung an sonnige Ferientage, an ellenlange Brotscheiben, die dick mit Butter und einem rahmigen Käse bestrichen sind, an einen Berg von Schinkenscheibchen, an »Pärsche« (Pfirsiche), an erste Liebe und andere Dinge, die eigentlich niemand etwas angehen.
Herbitzheim ist aber auch jener kleine Mann mit dem mächtigen Schnauz- und Kinnbart, der in Herbitzheim, wie der Vater erzählte, über vierzig Jahre Lehrer war und der Johann Lieser geheißen hat. Jener Johann Lieser war der Urgroßvater des Besuchers, seine Tochter die Großmutter, die vom Großvater 1912 zur Frau genommen wurde, der als Angestellter im Gersheimer Kalkwerk sein erstes Brot verdiente und aus Elversberg stammte. Beider Sohn, in Herbitzheim geboren, war dann der Vater des Besuchers, der sich erinnert.
Herbitzheim, das ist auch der Name Hittinger, ein drahtiger, braun gebrannter Mann mit kleinen blauen, aber sehr lebendigen Augen, der Bauer, der zuerst an einem Sportplatz unweit des alten Schulhauses wohnte und dann oben, auf einer Kuppe, auf einem Bauernhof mit mächtiger Scheune, mit Stallungen und einem kleinen, unverputzten Wohnhaus. Es war ein Erbhof. Albert, hieß der Herr Hittinger, vielleicht auch Johann. Die Erinnerung ist da nicht so gut, denn der Nesch, der sich da erinnert, war damals gerade mal acht, neun, zehn Jahre alt, als er 1949 und später, verhungertes Stadtkind der Nachkriegszeit, für ein zwei Wochen nach Herbitzheim gebracht wurde, »damit er etwas auf die Rippen bekommt«, wie die Eltern sagten. Dafür opferte der Vater seine wenigen Tage Urlaub als Hütten-

angestellter, half dem Hittinger beim Heu- und Kornmachen, während der Filius mit den Damen des Hauses, die wohl Edda und Marlenchen hießen, herumtobte.

Allerdings musste er, da meist große Ferien waren, mit den jungen Damen an jedem Ferientag in die Kirche nach Rubenheim pilgern, in die Messe, wo Edda und Marlene kleine Kärtchen ausgehändigt bekamen, die nach den Ferien dem Lehrer bewiesen, wie oft beide in den Ferien in die Kirche gegangen waren. Da der Neunkircher Bub ebenfalls solch ein Kärtchen erhielt, mussten die Bauernmädchen nicht jeden Tag zur Messe, weil sie die gesammelten Bildchen des fremden Buben einheimsten. Da war dann auch noch der etwas kräftige Pastor, Diehl hieß der (vielleicht?) und der gab schon mal einem Messdiener einen Klapps, wenn die Altardiener sich nicht schickten.

Noch immer muss der Besucher etwas schräg von der L 105 auf die Blies zu abbiegen, wenn er nach Herbitzheim will. So ging es auch früher erstmal bergab, wenn man vom Bahnhof nach Herbitzheim kam. Aber der Fluss fließt noch immer durch Herbitzheim, nur die Eisenbahn faucht nicht mehr durch das Bliestal. Stattdessen zieht sich der fünfzehn Kilometer lange Traum von Landrat Clemens Lindemann über den Bahndamm, ein Radweg. Verschwunden ist auch das alte Schulhaus, dafür aber hat Herbitzheim eine eigene Kirche, die sich in wagemutig geschwungener Linie gen Himmel erhebt. Heute brauchen die Herbitzheimer Katholiken den Kirchweg nach »Ruwwenumm«, wo sie als die »Ladainer« beschimpft wurden, nicht mehr gehen. Obwohl die Erinnerung dem Besucher sagt, dass er der Natur selten so nahe war, wie auf diesem Kirchweg über die Felder, frühmorgens, wenn der Tau an den Halmen perlte und die Lerchen tirilierten. Verschwunden aber ist leider auch der Brunnen vor dem alten Schulhaus, an dem die beiden Pferde des Bauern Hittinger an den Sommerabenden getränkt wurden. Und diese Aufgabe durfte der Stadtbub erledigen, allerdings belehrt, dass der graue Gaul ein »Vonderhand« und der Fuchs ein »Zuderhand« sei und man daher auf der Seite des Fuchses gehen solle. Auch ist der

alte Sportplatz verschwunden, an dessen nördlicher Seite ein Feuerwehrgerätehaus gestanden haben muss. Herbitzheim ist größer geworden, stattlicher. Inzwischen auch Teil der Großgemeinde Gersheim, die zwar kein Kalkwerk mehr besitzt, dafür aber eine Palette eindrucksvoller Industrien aufzuweisen hat. Dass die Industrieanlagen die Harmonie der Gaulandschaft stören, ist zu übersehen, denn Gewerbesteuer ist nun mal wichtig. Für Gersheim besonders wichtig aber ist der Gemeindeteil Reinheim mit seinem großen grenzübergreifenden Gluckloch in die Vergangenheit.
Ach ja, die Lache! Lache, das ist die Bezeichnung für eine Gemarkung. Sie liegt auf einem der beiden Hügel, zwischen denen Herbitzheim eingebettet ist; nach der Erinnerung auf dem Hannickel, während der andere Berg Hanock heißt, was sehr keltisch klingt, und alles aus Muschelkalk besteht. *2000*

Im Land der runden Türme
Arnold Rütter

Drei runde Türme stehen
im schönen Pfälzerland,
von wenigen gesehen,
den meisten unbekannt:

Es sind drei graue Vettern
aus dunkler Ahnenzeit,
sie trotzten Sturm und Wettern,
steh'n felsenfest noch heut.

Wozu die Veteranen
im Gau und an der Blies?
Erwuchsen sie den Ahnen
vielleicht zum Burgverließ?

Galt es den Feind zu melden?
Entstanden sie zum Trutz,
zum Grabmahl tapfrer Helden,
zum legionären Schutz?

Das alles liegt begraben
Jahrhunderte zurück,
den Spaten wir nicht haben
zu lüften das Geschick.

Wir sah'n die Götzen fallen,
die stolzen Römer flieh'n,
die Ruhm und Siegeshallen
in Feuerflammen glüh'n.

Da ist das Kreuz erschienen
mit ihm das Christentum,
es schuf die Turmruinen
in Kirchentürme um.

Ein Kirchlein dran sich schmieget
aus hartem Kalkgestein;
im Umkreis aber lieget
ein Gottesäckerlein.

Allda ward ausgesäet
die Auferstehungssaat,
und was der Tod gemähet,
dort Ruh' gefunden hat.

Sind's Römer, sind es Kelten,
die Stein auf Stein gefügt;
gleichviel. Die Türme melden:
Das Kreuz, es hat gesiegt! *um 1900*

Gaudabbesse, Graudscheißer, Greidskäbb und Gugugge
Bernhard Becker

Mit den Ortsnecknamen wurden früher zur Stärkung der eigenen Gruppenidentität andere Städte und Dörfer verspottet oder gar verunglimpft – so die Homburger als Blaschderschisser (Pflasterscheißer), die Aßweiler als Gnobbschdegge (Knopfstecken), die Biesinger als Gaudabbese (Gautölpel), die Böckweiler als Laaleläscher (Ladenlöcher), die Bruchhofer als Schemmerkäbb (Schelmenköpfe), die Erbacher als Messerschdescher (Messerstecher), die Erfweiler-Ehlinger als Windbeidele (Windbeutel), die Gersheimer als Saggsääscher (Sackpisser), die Herbitzheimer als Laddeiner (Lateiner), die Medelsheimer als Parrniggele (Pfarrnickel), die Niedergailbacher als Muuskäbb (Musköpfe) und die Ommersheimer als Sagg- oder Graudscheißer (Sack- bzw. Krautscheißer). Nicht immer sind diese »Nettigkeiten« zu erklären oder ihre Zuordnungen heute noch nachzuvollziehen. Gleichwohl waren solche Beschimpfungen gelegentlich willkommene Anlässe für wüste Schlägereien. Wer ließ sich schon gerne »schmeicheln« mit dem allseits verbreiteten Vers »Wiggewagge midde grumme Aarschbagge« (Altstadt, Altheim, Ballweiler, Bexbach) oder mit dem wiederholt vorkommenden Begriff Jochnäschel (Jochnägel), mit dem u.a. Alschbacher wie auch Einöder als besonders einfältige und störrische Zeitgenossen präsentiert wurden. Selbst heute noch sind sensible Reaktionen nicht auszuschließen. Besonders »stolz« können die St. Ingberter auf die Vielzahl ihrer Necknamen sein: Grumbeere (Kartoffeln), Grumbeersägg (Kartoffelsäcke), Beiregneedele (Bayernknödel), Ruusläscher (Rußlöcher), Abdriddslegger (Abtrittslecker), Schärmscher (Schirmchen), Glaasschbaddse (Glasspatzen).

Während dieses »Uznamen-Potpourri« Einblicke in die landesherrliche Zugehörigkeit und industrielle Entwicklung gewährt, fungierten häufig als kollektive Schimpfnamen lokalgeographische Eigentümlichkeiten sowie ortsspezifische Arbeiten, mit denen sich mitunter Sozialschwache allzu mühselig ihre Lebensexistenz sicherten: Bierbacher Käärbscher (Körbchen; Korbflechten), Bliesdalheimer Heggeschdordse (Heckenstümpfe), Heckendalheimer Heggeschdärdsel (Heckenstümpfe), Lautzkircher Bohnehiddschelscher (Bohnenstangen; Bohnenzucht) und Lumbesammler (Lumpensammler; Papierherstellung), Niederwürzbacher Bääsembinner (Besenbinder) und Jeddscher (Henriettchen; Besenverkäuferinnen), Ormesheimer Broodkurwele (Brotkörbchen), Rentrischer Holshauer (Holzhauer). Eine Sonderstellung nahmen die Walsheimer Bierfässjer (Bierfässchen) ein, was auf eine ortsansässige Brauerei Bezug nimmt, die freilich für ein leidliches Auskommen sorgte.

Auch Essgewohnheiten, die ihrerseits die ärmlichen Verhältnisse früherer Zeiten widerspiegeln, wurden »auf die Schippe genommen«: die Friehgrumbiere (Frühkartoffeln) in Hassel, die Meldeschdrebber (Meldenstehler) in Jägersburg, die Kärschdschesfresser (Bratkartoffelesser) in Limbach, die Gweggehagger bzw. Gweggeschnerres (Queckenhacker bzw. -schnurrbärte) in Mimbach sowie die Schdambesesser (Kartoffelbrei-Esser) in Rohrbach.

Auf die Brisanz einstiger konfessioneller Spannungen bzw. Diskriminierungen auch in der hiesigen Region verweisen die Uznamen Greidskäbb (Kreuzköpfe) für die Katholiken von Altheim wie umgekehrt Blookäpp (Blauköpfe) für die protestantischen Schwarzenbacher und Breitfurter.

Wenn man zahlreichen saarpfälzischen Dorf-Uznamen Glauben schenken würde, wären viele Ortschaften nicht von Menschen, sondern von Tieren besiedelt:

Besonders verbreitet sind die Haase bzw. Sandhaase (Sandhasen) – so in Altstadt, Blickweiler, Bliesdalheim, Breitfurt, Oberbexbach, Wolfersheim. Die Langohren bevorzugen offensichtlich den Sandboden. Die Rehbägg (Rehböcke) zogen Rentrisch vor. In Reinheim sind vornehmlich Oggse (Ochsen) anzutreffen, als besondere Spezies dieses Rindviehes hat sich in Niederbexbach der Malsoggs (Malzochse) durchgesetzt. Ob bei den Glääntirroolern (Kleintirolern) in Rubenheim Päär (Pferde) nur vor dem Pflug und nicht auch gelegentlich in der fünften Jahreszeit im Flur standen, ist bislang urkundlich noch nicht nachgewiesen worden. Im Nachbarort Gersheim dominieren Eesele, infolge spezieller Züchtungen sind als Sonderrassen in Oberwürzbach Maul-Eesele und im nahen Reichenbrunn Hegge-Eesele bekannt. In Blieskastel wurden Schdallbägg (Stallböcke) gezüchtet, in Frankenholz sind Dachkaarer (Dachkater) stark vertreten. Warum in Höchen Saunäwwel (Saunäbel) eine besondere Rolle spielten, ist noch zu klären.

Über diese Haustiere hinaus sind in unserer Region auch Vögel identifiziert worden, in Brenschelbach Koodhähne (Wiedehopf) sowie in St. Ingbert Glaasschbaddse. Weithin bekannt sind die Guggugge (Kuckucke) von Hassel, weniger geläufig ist, dass sich diese ihre eigenen Eier in fremde Nester legende Vogelart unter dem nur Ornithologen bekannten Begriff Gaugaug in Webenheim, wo die Graulen (derben Menschen) wohnen, durchgesetzt hat. Von dieser einheimischen Tier- und Vogelwelt grenzt sich Breitfurt ab, in welchem – seit wann auch immer – Affen leben. Warum diese exotischen Tiere, die bekanntlich gerne auch auf Bäumen leben, Breitfurt als europäische Lebensinsel ausgesucht haben, ist bislang ein Desiderat lokaler Geschichtsforschung.

Fraglos haben im heutigen Internet-Zeitalter die Ortsnecknamen im allgemeinen ihre ursprüngliche Brisanz verloren. So werden sie zuweilen in gewisser Selbstironie von Dörfern oder deren Vereinen – wie z. B. vom Karnevalsverein »Ommersheimer Sackschisser« – »adoptiert« und damit weiter gepflegt. Hin und wieder kommen gar neue Uznamen auf, die frühere überlagern. So nennen sich nunmehr nach ihren vielen Verkehrsinseln die Kirkeler Inselaaner: Neuerdings soll man dort den Bootsführerschein erwerben können. *2000*

Familjeläwe
Heinrich Kraus

Ich schaff in de Grub.
Noh meiner Schicht
un samschdahs
un alsemol sonndahs
gehn ich noch Wänd dabezeere,
so nebeher.

Mei Fraa butzt die Schul.
Samschdahs un alsemol sonndahs
traht se im Sängerheim off.
Do gibt's gutes Trinkgeld.

De Klän, unser Schorschl,
traht schon Zejtunge aus
un schiebt Reklame unner die Deere.
E werklich fix Kerlche!

Die Buddick halt uns die Oma
scheen in de Rejh.
Die butzt un kocht un kaaft in
un krieht noch Rente dazu!

So kommt man zu ebbes:
Mir han e Hejsje am Wald,
ich fahr e schnell Auto,
die Fraa hat e Belzmantel,
s'Schorschl e Rennrad,
die Oma hat Krebs.
Sie derf's bloß nit wisse. *1979*

*Und wollen
der Freiheit es weihen*
Zeitläufte

»Golden Stein« und »Crimen Spill«
Franz Carl Derkum

Kastel, castellum, Castellum ad Blesam, Blieskastel zeigt in seinem Namen, daß seine Entstehung römischen Ursprunges sei. In der letzten Hälfte des 5. Jahrhunderts ist dieses große Volk (der Römer) durch den Verfall seiner Sitten von den aus dem Norden und dem unbesiegten Deutschland hervorgekommenen Horden germanischen Stammes, der Vandalen, Gothen, Franken p. p. auch, aus den hiesigen Gegenden verdrängt und seine Niederlassungen zerstört worden…

Ich berühre gegenwärtig zuerst einen auf dem Berge bei Blieskastel gegen dessen nördliche Seite auf einer freien Höhe stehenden Stein, der wegen seiner kolossalischen Größe merkbar ist. Er besteht aus einem hiesigländischen rothen Sandstein aus einem Stück, ohne einen Aushau daran wahrzunehmen noch vermuten zu können – rauh, wie sein Zeitalter, in welchem er errichtet wurde. Derselbe mißt außer der Erde in französischen Schuhen in seiner Länge 21,5 und in der Erde 7,5, folglich in seiner ganzen Länge 29 Schuh.

Als Autor der »Sammlung derèn Vaterländischer Denkmäler im Kanton Blieskastel« machte sich Derkum als früher Altertumsforscher einen Namen.

Seine Gestalt scheinet mehr viereckig als rund gewesen zu sein. Desselben Breite und Dicke haltet 4 französische Schuh. – Der obere Kopfteil, welcher durch Wind, Regen und Frost angegriffen ist, scheinet in seinem Obersten verjüngt gewesen zu sein. In der Volkssprache heißt er »Golenstein«, weshalb einige dieses Wort von Gauloa irrig herleiten wollen. In den Urkunden heißt er aber »Golden Stein«. Ich füge eine Abbildung an.

Seine Errichtung bleibet dem Auge des Forschers aus Mangel der damaligen Aufzeichnungen verschlossen. Da noch einer seiner Gattung in dem hiesigen Kanton auf dessen Grenzen, und in ferneren Strecken dergleichen hier und da sich befinden, »so lassen die Vermuthungen solche bald zur Bezeichnung eines Grabmals, bald für Grenzsteine eines bestandenen Reiches dieser Völker, bald für Gerichtssteine oder Malstätten eines Gaues gelten.«

Ein anderer dieser so hoch aufgerichteten Obelisken kann als Bestattungsbrauch nicht leicht bestimmt werden. Die Steine nämlich, die die Dänen und die alten Sueben da und dort gesetzt hatten, und auch noch heute vorhanden sind, waren bestimmt zur Wahl der Könige, andere für öffentliche Gerichtsverhandlungen, andere zur Ausübung von Zweikampf oder Einzelkampf.
»Daß dieser Stein für kein Grabmal gedienet, hat dessen Aufgrabung erwiesen, welche zur Zeit der ehemaligen Landesherrschaft ungefähr im Jahr 1789 stat hatte; indem davon keine Spur zu sehen war. Für Grenzstein sind dieselben vielweniger zu achten, weil solche in sicherem Fortlaufen der Linien und zwaren auf Höhen nur denkbar wären; da doch dieselbe in Täler wie auf Höhen sich vorfinden lassen.«
Daher scheint die Meinung vor allen übrigen Glauben zu verdienen, daß sie zur Bezeichnung einer Gerichtsstätte — wie bei den Franken üblich, unter freiem Himmel zu richten — zur Haltung der Mal- und Schöffengerichte, der Rügen und Weißthümer gedient haben. Das Wort Malgericht ist fränkischen Ursprungs. Davon werden gewöhnlich abgeleitet die Worte Gerichtsmal, Malstatt, Malberg — daher aliquem malare, ad mallum manire, citare — einen vor Gericht berufen, vor Gericht erscheinen...
Von ihnen entstanden die Gloßae malbergicae oder die uralten »teutschen Erklärungen«, die man gleich anderen deutschen Gebräuchen im 5. Jahrhundert zu sammeln anfing und im 9. Jahrhundert niederschrieb. Herold aus der Fulder Bibliothek war der erste Herausgeber derselben...
»Der Spillenstein ist wie der vorige von hiesigländischen rothem Sandstein ohne merkbare Bearbeitung. Derselbe messet in seinem Umfang 14,5 Schuh, in seiner Höhe außer der Erde 15 und in seiner fortgehenden Länge unter der Erde 5 Schuh, zusammen 20 Schuh. Auch bei dessen Aufgrabung fand man nichts. Er befindet sich im Boden einfach eingesetzt.« Er steht in einem angenehmen, durch seine vielen Eisen-, Stahl-, Kohlen- und sonstige Werken bekannten Tale ohnfern dem Ort Rentrisch gegen St. Ingbert zu. Derselbe wird gewöhnlich nach der altdeutschen Sprache »Spilstein« oder kürzer »Die Spil« genannt.

Würde meine Vermuthung im vorigen Heft nicht einigen Grund haben, daß diese Steine für Gerichtssteine oder Malsteine zu halten seien, so würde dieser aus der Ursprache fortgepflanzte Name – Spiel/Spil – diese Meinung noch bestärken. Denn das Wort »Spiel« bedeutet im Altdeutschen eine Versammlung; daher das Wort Kirchspil p. Auch weißen dieses Urkunden älterer Zeiten nach. So heißt es in einem offenen Brief vom Jahr 1592: »Sind alle Gerichtsscheffen mit gelauter Klocken off de hiesig Rhatt- oder Spilhuß in der großen Stuben p. hinerfordert und beschieden pp.«...

Davon eben diesem auf dem Rentrisch stehenden Stein spricht der Bestätigungsbrief, den Kaiser Karl IV. dem Graven von Saarbrücken 1354 über das Geleitrecht ertheilte: »Sol das Geleite han, von dem ellenden Baum bi Mezze an – durch den farent unter Furpach hin gein Saarbrukken bis an den Stein, den man spricht Kriemilde-Spiel, das ist vorbesagte Spil pp.« In anderen Urkunden heißt er »Crimen-spill«. *um 1810*

Der Riese von Rubenheim
Ludwig Harig

Was hofften sie zu sehn, als sie die Buchen fällten?
Wir stehn im Gräberfeld und treten in den Riß,
den sie uns aufgetan in fernste Finsternis
der Zeit vor unsrer Zeit. Dazwischen liegen Welten.

Sie knien in Kalk und Lehm, und unter ihren Zelten
enthüllt sich im Skelett das Ziel der Genesis:
ein festgefügtes Bein, ein prächtiges Gebiß
das Knochenübermaß im Riesenleib des Kelten.

Die Einsicht allerdings aus Arm- und Schädelschäden
liest doppelt reziprok der Blick des Orthopäden:
das was ER einst verlor, ER nicht für uns gewann.

ER liegt auf seinem Kreuz, den Kopf gedreht nach
Osten.
Wer zahlt die laufenden, wer zahlt die Folgekosten?
ER prägt uns gratis ein das Los des Jedermann. *1987*

Reinheim-Bliesbruck.
Antiqua oder gallorömisches Delphi
Thomas Wolter

Sommer 1982 – knapp 2.000 Jahre nach »Asterix und Obelix«, auf der Grenzstraße bei Reinheim, in Sichtweite, liegt das »moderne« Bliesbrücken; ein kleines lothringisches Arbeiter- und Bauerndorf. Keine Anzeichen, keine Spur mehr von einstiger Pracht. Die Grenzstraße liegt genau über der Straße, wo noch vor vielen Jahrhunderten ungezählte, steinberäderte Holzkarren Zeugen eines lebhaften Handels waren. Direkt neben der Straße befindet sich das archäologische Ausgrabungsgebiet. Führer ist Jean Schaub, der Grabungsleiter, ein diplomierter Volkswirt und Jurist aus Saargemünd, seit etlichen Jahren bereits als Hobbyarchäologe in der näheren Umgebung seiner Heimat tätig. Der erste Weg führt zu den Relikten des Kultzentrums (unwissenschaftlich »Prachtzentrum« genannt), dem markantesten und wichtigsten Viertel der untergegangenen Siedlung.

»Die streng systematische Gliederung des antiken Bliesbrückens in drei Hauptbestandteile (Kultzentrum, Wohnviertel, Gewerbegebiet) ist eines der auffallendsten Kennzeichen dafür, dass es sich um eine Siedlung städtischen Charakters gehandelt hat«, meint Schaub. Im Mittelpunkt des Kultzentrums stand der mächtige Tempel. Heute überragen die Reste seiner Grundmauern, wie die aller anderen einstigen Gebäude auch, kaum noch die Grasnarbe. Aus ihnen kann man die auffällig ungleichmäßigen Proportionen des ehemaligen sakralen Bauwerks ersehen: Die Haupträume verhielten sich in ihrem Volumen wie 1:1,5, die Eckrisaliten (turmartige Anbauten an der Hinterseite) wie 0,25 und 0,75. Diese bemerkenswerte Bauweise beruht nach Ansicht Schaubs nicht etwa auf architektonischem Unvermögen, sondern wurde vielmehr bewusst angewendet; aus kultischen Gründen. Das größte Rätsel bleiben die sogenannten Opfer- oder Kultbrunnen. Die Bezeichnung »Brunnen« im herkömmlichen ist eigentlich falsch, da die Aushöhlungen ursprünglich keineswegs der Wasserförderung oder gar der profanen »Müllbeseitigung« dienten. Vielmehr handelt es sich hier um Gruben oder Schächte, die einzig zum Zweck der Götterverehrung angelegt wurden. Von »Opfergruben« spricht man nur, wenn man die ältere, einfache Species dieser Art meint (etwa aus der Zeit von 20-70 n. Chr.). Die durch ein ungemörteltes Kalksteingemäuer an der Innenwand stark modifizierten und verbesserten »Opferschächte« wurden ungefähr in der Epoche von 70-400 n. Chr. [Zerstörung der Stadt (?)] angelegt.

Das Besondere an diesen rituellen Ausschachtungen ist aber nicht ihre Bauweise oder ihre sonderbare Füllung, obgleich letztgenanntes Faktum allein schon gehörigen Anlaß zum Staunen gibt. Essensreste, in Form von Knochen oder unversehrten Fleischstücken, Holzkohle, gefüllte Tongefäße, Scherben, komplette Tierkörper und zwischendrin Schmuck (Fibeln), Kultgaben also, wurden nicht etwa wahllos in den Hohlraum geworfen – ganz im Gegenteil: Die Füllung dieser »Brunnen«, seien sie nun 50 cm breit und tief oder 250 cm breit und 200 cm tief, weist immer und überall eine streng gleiche Struktur auf. Die Aufklärung dieses Füllschemas setzt eine ganz besonders diffizile und zeitraubende Arbeit des Archäologen voraus. »Jeder der freigelegten ›Brunnen‹ wurde in Schichten zu je 10 cm Dicke abgetragen, der Inhalt dieser Schichten jeweils genauestens untersucht, klassifiziert und katalogisiert. Dann müssen präzise Querschnittskarten angefertigt werden, die die Lage der einzelnen Funde bis ins Detail dokumentieren«, erklärt Jean Schaub. Kein leichter Job, wenn man bedenkt, daß so eine Gruft an die 2.000 verschiedene archäologisch interessante Stücke enthalten kann.

Die Füllung ist aber, wie gesagt, nicht die eigentliche Besonderheit des Bliesbrücker Kultzentrums. »Brunnen« der gleichen

Machart findet man überall im Verbreitungsgebiet der Gallier, was allerdings erst seit kurzem bekannt ist. Das völlig Neuartige und Ungewöhnliche ist die große Anzahl der verschiedenen Gruben oder Schächte, die bisher noch nirgends in einem solch immensen Ausmaß entdeckt wurden. Man schätzt ihre Zahl auf mehrere Hundert. Die Frage, ob »Bliesbrücken Antiqua« – der tatsächliche Name ist nach wie vor unbekannt – ein »gallorömisches Delphi« war, regt Jean Schaub zum Schmunzeln an. »Sicherlich muß man davon ausgehen, daß jenes Kultzentrum eine ganz hervorragende Stellung eingenommen hat, aber man darf nicht gleich zu hoch spekulieren.«

Das rituelle Bad nahm ebenfalls eine ganz eminente Stellung im Kult der alten Bliesbrücker ein; wahrscheinlich wurde es vor dem Beginn des Festschmauses vollzogen. Die »bassins rituels« waren um den Tempel angelegt, der anscheinend nur barfuß betreten werden durfte, was aus dem guterhaltenen Zustand seines Fußbodens geschlossen werden kann. Die Gretchenfrage, welcher Gottheit oder welchen Göttern dieses Zeremoniell gegolten hat, ist nach wie vor nicht mit Bestimmtheit geklärt. Einzig ein Goldring mit der Inschrift »DEO MERCURIO« gibt ein wenig Aufschluß. Nur eines kann man über diesen Kult mit Sicherheit festhalten: Seine Wurzeln reichen weit bis in die prähistorische Zeit zurück. Er »war also eindeutig keine römische Erfindung«, aber auch nicht unbedingt eine der Kelten, obwohl er sich bei letztgenannten einer weiten Verbreitung und großer Beliebtheit erfreute. Nicht minder bemerkenswert ist das Gewerbegebiet. Reste von kleinen Schmelzöfen sowie zahlreiche Eisenerz- und Schlackenfunde belegen, daß sich die Bliesbrücker Gallo-Römer auf die Metallverhüttung und -verarbeitung verstanden haben. Neben Werkzeugen und anderen Gebrauchsgegenständen wurde auch Kunsthandwerkliches (Schmuck) produziert. Des weiteren bezeugen zahlreiche Funde (Reste der Brennöfen, Scherben usw.) eine entwickelte »Tonindustrie«. Hauptsächlich wurden wohl Vorratsgefäße für Nahrungsmittel (Amphoren) hergestellt. »Bei unserer Arbeit haben wir einen Lagerraum mit einigen Dutzenden völlig unbeschadeter Amphoren freigegraben. Dieser Raum war höchstwahrscheinlich während einer Hochwasserkatastrophe der Blies überflutet und sein Inhalt durch Schwemmsand bis auf die heutige Zeit konserviert worden, flickt Jean Schaub ein kleines, »pompejanisches« Kuriosum am Rande ein. Daneben gibt es auch deutliche Hinweise auf eine Textilerzeugung, was Entdeckungen von Spindeln und Webstuhlgewichten fundieren. Das Prinzip der römischen Fußbodenheizung kann man im ausgedehntesten Stadtteil, dem Wohnviertel, bewundern. Von einem außenliegenden Heizraum kommend, wurde heiße Luft durch Hohlräume unterhalb des Estriches und durch vier Röhren innerhalb der Ecken des Wohnraumes abgeleitet. Ein Konzept, das durch eine auch für heutige Verhältnisse sehr effektive Energieausnutzung besticht. Die Wohngebäude, größtenteils einstöckig mit Mauern aus rotem Sandstein, besaßen zudem oft noch einen Keller zur Vorratshaltung. Es waren in der Regel schmucklose Reihenhäuser, nur die Gebäude wohlhabenderer und angesehenerer Bürger (Häuptlinge, Druiden, Besatzer u.ä.) dürften individueller, prächtiger und größer ausgefallen sein. Die einfachen Wohnungen der Handwerker wurden gerne »kollektiviert«, wie auch die Werkstätten im Gewerbegebiet; d.h. einzelne Sippen besaßen aus mehreren Gebäuden bestehende Wohn- und Arbeitskomplexe, die durch einheitliche Portici zusammengefaßt wurden.

Die gesamte Fläche des antiken Bliesbrückens belief sich auf etwa 15 ha – zum Vergleich: die Erbauer des viel älteren Troja kamen mit 11 ha Baugelände aus. Die Gründung der Stadt läßt sich auf das Jahr 20 n. Chr. durch moderne Zerfallsmessungen zurückdatieren. Ihre Blütezeit dürfte sie zu Beginn des 2. nachchristlichen Jahrhunderts erlebt haben. Durch den Einfall »barbarischer« Horden der Franken und Alemannen wurde sie im 4. Jahrhundert völlig zerstört, ohne danach jemals wieder aufgebaut zu werden, was sich als ganz entscheidender Vorzug für spätere archäologische Ausgrabungsarbeiten herausstellen sollte.

Wie ist man eigentlich auf diese Stadt gestoßen, die so viele Rätsel stellt? Schon seit Jahrhunderten hatten Bliesbrücker Bauern bei der Feldbestellung Unmengen an Kleinodien (Fibeln, Münzen, Statuetten etc.) zu Tage gefördert. Noch im Jahre 1850 wurden Reste einer uralten Steinbrücke aus der Römerzeit urkundlich erwähnt, die damals die Blies überspannte – Daher der Name: BLIESBRÜCKEN!

Es war klar, daß hier unter der Erde »irgendetwas sein mußte!« 1974 begann ein Unternehmen mit dem professionellen Abbau des Kiesbeckens zwischen Reinheim und Bliesbrücken. Ähnlich wie bei der Entdeckung des legendären Reinheimer Fürstengrabes (beide Fundorte liegen im selben, zusammenhängenden Erdmaterial, nur etwa 500 m Luftlinie voneinander entfernt) war es ein Bagger, der die ersten handfesten Beweise für eine antike Siedlung freilegte.

Mauerwerk, Fußböden, ja sogar fast vollständige Gebäude, Vasen und die sagenhaften Opfer-»brunnen« wurden aus dem Schwemmsand der Blies geschaufelt und gleichzeitig zerstört. Zur selben Zeit erfuhr auch Jean Schaub in Saargemünd von dieser Entdeckung. Er zögerte keinen Moment. Ein mörderischer Wettlauf mit der Zeit entbrannte zwischen ihm und dem Bagger. Zuerst mußte der Unternehmer davon überzeugt werden, daß unwiederbringbare kulturelle Schätze zerstört wurden, ein Vorhaben, welches anfangs erfolglos blieb. Sobald Jean Schaub und seine Helfer einen Trakt ausgegraben hatten, waren auch schon die Maschinen zur Stelle, um ihn sofort zu Baumaterial zu verarbeiten. Erst durch die Finanzierung von Ausgrabungsgelände aus eigener Tasche und durch die nach langwierigen Bemühen erreichte behördliche Anerkennung konnten die Schaufeln allmählich zum Stillstand gebracht werden. Bis dato war aber schon viel hochinteressantes Bauwerk, darunter das rituelle Badebecken und das unversehrte Amphorenlager, fast dem Erdboden gleichgemacht worden, so daß heute nur noch Fotografien ihr einstiges Dasein belegen. Jetzt befindet sich an ihrer Stelle eine schroffe Mulde, dahinter ein Baggersee. Zunächst wurde die Ausgrabungsgenehmigung nur auf ein Jahr befristet, da ein Allerweltsfund vermutet wurde. In Frankreich spricht man in diesem Fall von einer

»Notgrabung«. Jahr um Jahr wurde die Erlaubnis durch zähes Ringen verlängert. Innerhalb dieser Spanne konnte Schaub genügend Material sammeln, um die staatlichen Stellen von der Bedeutung dieses Fundes zu überzeugen. Zustatten kam ihm dabei die Unterstützung Robert Pax's, des Bürgermeisters von Saargemünd. Mit seiner Hilfe erreichte er, daß das Departement Moselle am 21. Juni 1982 einen ersten Teil des Geländes aufkaufte. Ab Anfang 1983 wird die Fundstätte über die regionale Bedeutung hinauswachsen, dann nämlich ist sie das, was unsere Nachbarn eine »Nationalgrabung« nennen, eine unter Pariser Regie und Finanzierung geführte archäologische Arbeit. Damit hat Jean Schaub endlich das erreicht, wofür er jahrelang gekämpft hat.

Ein weiteres, scheinbar unbedeutendes Problem verbleibt aber noch: der Pflug. Die größten Teile des antiken Bliesbrückens liegen nach wie vor unter bewirtschafteter Erde. Durch wiederholtes »Bepflügen« zerstören die immer größer und ausgefeilter werdenden Ackergeräte wertvolles Mauerwerk. *1982*

Retrospektive Visionen im Blitztal
Waltraud Lindemann

Zum Glück hatten sie ihm viel Zeit gelassen, dem einstigen und heutigen Landpfleger der Region, damit er all seine Träume verwirklichen konnte. Nachdem er die Rekordamtszeit seines Vorgängers Chelius, der 37 Jahre regierte (1832-1869), knapp überschritten hatte, durfte er endlich seinen Amtssitz vom demokratisch durchwirkten Homburg ins sagenumwobene, keltenfürstliche Reinheim verlegen.

Dort war im Laufe der letzten zwanzig Jahre viel geschehen. Nachdem es immer wieder zu Streitigkeiten zwischen »Kelten« und »Römern« gekommen war und dies inzwischen sogar die längst beigelegten Grenzkonflikte zwischen Frankreich und Deutschland wieder zu entflammen drohte, entschlossen sich die Verantwortlichen auf beiden Seiten des unsichtbaren Grenzwalles bei der Gestaltung des Parks und den historischen Rekonstruktionen nun doch noch einen Schritt weiter zurückzugehen: in ein goldenes Zeitalter, in dem ein friedliches und weises Volk diese wunderbare Stadt mit den vielen Tempeln, das Atlantis an der Blies, besiedelte.

Für die Planung zog man moderne Druiden und Auguren zu Rate, um nicht von dem pedantischen und akribischen Realitätsfanatismus der Archäologen in den großen Würfen behindert zu werden. So entstand auf der Grundlage der archäologischen Forschungen, die natürlich auf und unter der Erde stattfanden, der geniale Aufbau eines ganzheitlichen Konzepts zur Darstellung einer allumfassenden Geschichte der Antike, und dies an einem einzigen Ort.

Bis auf den heutigen Tag kommen begeisterte Pilgerscharen zu Tausenden in die schöne Jupiterstadt im Blitztal, die die modernen Seher unter den Ausgrabungen entdeckt hatten. Sie war streng nach astronomischen Gesichtspunkten konstruiert und Jupiter oder einem seiner indoeuropäischen Vorgänger geweiht. Die alten männlichen Licht- und Sonnengötter, die zu Beginn der Bronzezeit den weiblichen Mondgöttinnen die Macht entrissen hatten, waren allesamt Blitzeschleuderer. Das besondere Wettergeschehen in diesem Tal war schon den alten Naturvölkern aufgefallen, und es erschien ihnen heilig wegen der häufigen Blitzeinschläge. Hatte sich doch auch die Spiritualität des alten Volkes im heutigen Namen erhalten: Blies-Bliez-Blitz.

Die Vision beruht auf Erkenntnissen, die Walther S. Arklund in dem Buch »Atlantis lag am Rhein - Das Rätsel der antiken Jupiter-Stadt« veröffentlichte.

Was erwartet den heutigen Besucher in diesem sensationellen Archäologiepark? Ein nie dagewesenes Kaleidoskop an sichtbar gemachter Geschichte über viele Jahrhunderte hinweg. Beginnen wir auf der französischen Seite: Da zum Zeitpunkt der neuen Pläne ein umfassender Rekonstruktionsabschnitt schon in vollendeter Form präsentiert wurde, nämlich der römische Vicus und die Thermen, konnten sich die Franzosen weiterhin auf die Darstellung römischer Kultur und Zivilisation konzentrieren. Wie hätte man auch darstellen sollen, dass diese Thermen ehemals ein astronomisches Observatorium der Priester und ein wichtiger Peilungspunkt vom Humarich aus waren?

Ein weiteres Problem bildete der Tempel der Weisheit mit dem unterirdisch bewässerten Garten auf dem Gelände vor den Thermen. Man einigte sich auf künstlerisch gestaltete Bildtafeln, auf denen die Architektur der damaligen Zeit nachempfunden wurde, umrahmt von einer wunderschönen gärtnerischen Gestaltung.

Da war es auf der deutschen Seite schon leichter, frei nach Druidensicht zu gestalten. Vor allem der Humarich lag noch gänzlich ungerührt in seiner erhabenen Position. Zwar wurden bei Ausgrabungen schon bronzezeitliche Funde entdeckt, doch war in der Folgezeit wieder Gras darüber gewachsen. So war alles wieder zugedeckt und einer rätselhaften Oberfläche überlassen worden, der man weder den Glanz eines Jupitertempels mit semiramisähnlich angelegten Gärten noch den Schrecken seiner späteren Nutzung als Galgenberg ansah. Nach zähen Verhandlungen mit den Eigentümern unter Einräumung zahlreicher Privilegien – u.a. ständiger Zugang zum Jupitertempel und wirtschaftliche Nutzung der hängenden Gärten – konnte mit der Rekonstruktion begonnen werden, und der heutige Zuschauer steht gebannt im Glanz des goldenen Bronze-Zeitalters, zu dem eigentlich nur das damalige Klima fehlt.

Vom Gipfel des Berges, auf dem der Tempel stand, gingen viele Peilungspunkte in alle Richtungen, einer davon zum Punkt der Sommersonnenwende, dem Kirchturm von Reinheim. Dieser Turm liegt auf der Nord-Süd-Achse, die mitten durch die römische Villa läuft und sich am Eingang zum Hofareal der Villa mit der Ost-West-Achse kreuzt. Die alte Straße, die auf dieser Achse verlief, ist wieder instandgesetzt, und so kann man auf geradem Weg direkt den Jupitertempel erreichen. Autos sind natürlich schon lange aus dem Park verbannt, aber für Besucher, die verwöhnt sind oder sich verwöhnen lassen wollen, stehen Sänften und Wagen zu Verfügung, selbstverständlich historisch genau rekonstruiert. Die Krönung der Fortbewegungsmittel, eine richtige Luxuskarosse, ist eine Nachbildung des Wagens des Fürsten von Hochdorf, deren Benutzung natürlich nicht im Eintrittspreis enthalten ist. Ebenso sind für die üppigen kulinarischen Genüsse der verschiedenen Zeitalter unterschiedliche Preise zu zahlen, wobei die römische Küche die meisten Sterne zählt.

Zum Glück hatte man die römische Villa noch nicht wieder aufgebaut, vielleicht ahnten damals schon vorausschauende Forscher, welch' prächtiger Palast anstelle des römischen Landhauses wiederentstehen könnte, der Palast der Fürstin, Priesterin der Göttin Rigani, die Reinheim ihren Namen gab.

Auch das Hofareal war zum Glück noch nicht mit römischem Kraut und Rüben bepflanzt, so dass die äußerst interessante Idee einer Druidenrennbahn verwirklicht werden konnte. Der in vier Bahnen aufgeteilte Hof ist heute Austragungsort für rituelle Wettkämpfe mit Streitwagen, Reitern und Läufern, eine der großen Attraktionen des Parks.

Die Gestaltung des Europäischen Kulturparks ist noch lange nicht beendet. Die Rekonstruktion dieser goldenen Bronzezeitstadt mit keltischer und römischer Vergangenheit wird wohl noch einige Generationen beschäftigen. Im Augenblick kann der Besucher die Vorbereitungen für die Anlage von Grabhügeln in der Nähe der ursprünglichen Fundstellen miterleben. Für welche Fürstin sie wohl errichtet werden? *2003*

Der Schwarzenacker Kentaur
Alfons Kolling

Zum zweiten Male innerhalb Jahresfrist gibt die Deutsche Bundespost eine Serie Sondermarken »Archäologisches Kulturgut« heraus. Sie soll für den Schutz von Funden und Vorgeschichtserzeugnissen werben. Aus sehr vielen der dafür vorgeschlagenen, erlesenen Bildmotive wurde ein Fund aus dem Saarland ausgewählt: der Kentaurenkopf von Schwarzenacker. Der grünspanige Bronzekopf, vorzügliches Werk eines mittelmeerischen Toreuten, ist in mancher Hinsicht geheimnisumwittert. Wie auch die im Vorjahr briefmarkenkundig gewordene keltische Goldschale von Nonnweiler-Schwarzenbach gelangte er bereits vor langer Zeit und auf Umwegen in die archäologische Welt. Die Entdeckungsgeschichte beginnt in den achtziger Jahren des 18. Jahrhunderts. Damals, als bereits die Französische Revolution wetterleuchtete, erbaute Herzog Karl II. August von Zweibrücken auf dem Karlsberg bei Homburg ein immens großes Schloß. Es glänzte innen und außen von Pracht. Erhalten geblieben ist nichts, es sei denn etwas Mobiliar, die nach München gerettete Gemäldesammlung – Grundstock der Alten Pinakothek – , römisches Steinwerk und der Kentaurenkopf von Schwarzenacker. Glückliches Geschick im Unglück! Von allem, was das Schloß an Antikem barg, ist der Kopf sicherlich das Kostbarste gewesen. Was aber macht ihn so kostbar? Ist es sein Alter, sein Kunststil, seine ikonographische Eigenheit, die Verbundenheit mit einer bestimmten Fundgegend? Natürlich ist es in der Kunst das Objekt an sich, welches besticht, die Qualität ist das Kriterium. Auf seine Fundheimat fällt nur ein Abglanz. Und doch, der Kentaurenkopf machte Schwarzenacker berühmt. Es gilt zu berichten, was die Ortskunde davon weiß ... Die Ortsnamen Schwarzenacker und Karlsberg tauchen als Fund- und Verwahrort von Antiken wiederholt im 18. Jahrhundert auf. Bedauerlich nur, daß die Fundumstände der betreffenden Objekte unbekannt sind und wohl auch unbekannt bleiben werden. Das gilt auch für den Kentaurenkopf. Gesichert sind nur die Ortsangabe und die Fundzeit. Schwarzenacker war unter den Humanisten des Westrich als Fundort von Raritäten des Altertums schon lange bekannt, und so war es auch nicht verwunderlich, daß Karl August, der auf Antiken versessen war und soeben sein Schloß ausstaffierte – Antikenkammern waren große Mode –, im Römerterrain seines Landes Ausschau hielt. Er schickte seinen kunst- und antikenverständigen Hofbeamten Johann Christian Mannlich – der war Maler und Architekt – nach Altertümern aus. Mannlich versprach sich etwas von Schwarzenacker und begann auf dem »Heidenhügel« eine recht aufwendige Ausgrabung nach Bildwerk und Urnen, fand letztere zwar in Mengen, aber nicht das ersehnte Bildwerk. Viele Skulpturen, Grabbeigaben in großer Zahl kamen zum Vorschein. Der Herzog »amüsierte« sich daran, nur Mannlich, seit seinen italienischen Lehrjahren auf Pompejanisches erpicht, wollte das alles nicht recht gefallen. Die Tongeschirre, und was sonst zur Totenmitgift gehörte, erschienen ihm einfältig und langweilig, so daß ihn der Herzog eines Tages von der Ausgrabung entband, »bei der doch nicht die geringste Hoffnung bestand, einen Laokoon, eine Venus oder Apoll zu finden« – so zu lesen in Mannlichs Lebenserinnerungen. Das ist längst vorbei. Heute wissen wir von besseren Grabungsresultaten in Schwarzenacker. Mannlich hatte den Spaten falsch angesetzt. In den neuen Grabungen wurde eine ganze Kollektion von bronzenen und steinernen Gottheiten, auch Apoll und Venus darunter, entdeckt. Es ist hohe Kunst vertreten. Die Statuette eines Genius ist ein Meisterwerk.

Und doch: Der Kentaurenkopf blieb berühmter. Niemand weiß, wer ihn gefunden hat. Mannlich sicherlich nicht. Ob ihn sein archäologischer Nachfolger, ein gewisser Creutzer – später ungetreuer Finanzminister am herzoglichen Hofe – entdeckte oder aufspürte? Ist er ein Zufallsfund, freigespült von einem Sturzwasser oder vom Pflug hervorgeholt? Wie auch immer, dieser Kentaurenkopf wurde berühmt und gelangte ins Herrenschloß. Die revoluzzerische Brandschatzung fand statt, und der Kopf gelangte wieder aus dem Schloß heraus, gestohlen wohl, und verschwand im Haus eines Untertanen von ehedem. Es verfloß ein halbes Jahrhundert, und der Kopf tauchte wieder auf. Das Speyrer Museum erwarb ihn. Man weiß nicht von wem, man weiß nicht das Jahr, man weiß nur: von Schwarzenacker und aus dem Herzogsschloß. Wiederum verging ein halbes Jahrhundert. Es geschah etwas Unwahrscheinliches. Ein Bürgermeister des Nachbardorfes Einöd gab in Speyer zu Notiz, der Kopf sei um das Jahr 1780 in der Flur »Auf der Ungnad« des Bannes von Schwarzenacker, und zwar im Acker Nr. 1428, gefunden worden. In Speyer schätzte man sich schon immer glücklich über die Erwerbung der sechziger Jahre des vergangenen Jahrhunderts. Dr. Harster, der seinerzeitige Konservator, war sich allerdings über das dargestellte Wesen nicht ganz im klaren. Er dachte an den Kopf eines Tritonen und kommentierte: »… eine der Perlen nicht bloß der Speyrer, sondern aller Altertumssammlungen«. Hildenbrand, der Nachfolger im Amt, wollte einen Gladiatorenkopf erkennen. Damals fiel jedoch auch schon das Wort »Kentaurenkopf«, und dieses erhärtete später der Archäologe von Duhn. Es blieb dabei. Wie anders wären die Pferdeohren zu deuten!

Über die besondere Art der Figuration kann man sich freilich streiten. Am Hals ist eine Bruchkante zu erkennen. Der Körper ging weiter. Wie weit? Aller Wahrscheinlichkeit nach handelte es sich nicht bloß um eine Büste, sondern um die volle Gestalt des mythischen Wesens: halb Mensch, halb Pferd, das Bild eines Naturdämonen, der durch die Bergwälder Thessaliens trabte und arme Landmenschen in Furcht und Schrecken versetzte. Das Werk stammt aus dem Süden, wurde sicherlich in Italien gegossen. Es verschlug den Kopf bis an die Barbarengrenze. Wesen und Herkunft sind erkannt. Nur über Kunstkreis, Stil und Entstehungszeit war man bis vor nicht langer Zeit geteilter Meinung. Diese letzte, das Werk ins rechte Licht rückende Phase der Forschungsgeschichte, begann Ende des vorigen Jahrhunderts. Damals, im Jahr 1892, weilte der Berliner Archäologe Adolf Furtwängler – der nämliche Gelehrte, der die Schwarzenbacher Goldschale deutete – in Speyer und war baß erstaunt, so weit von

Athen ein aus der hintersten Pfalz stammendes Sammlungsstück von so hoher Qualität vorzufinden. Noch im gleichen Jahr gab er den Kopf in einer eingehenden Studie der internationalen Gelehrtenwelt bekannt. Er sprach das Werk als griechisches Original an, setzte es in die Zeit des Lysipp (Anfang drittes Jahrhundert v. Chr.) und verglich es mit dem Pankratiastenkopf von Olympia: »Es ist wohl unstreitig das schönste Bronze-Original dieser Epoche, das wir besitzen.« Andere vom Fach, Neugebauer, Muthmann und Burschor, modifizierten die stilistische und chronologische Aussage. Sie sprechen ziemlich einhellig von einer leicht klassizistischen Kopie eines hellenistischen Vorbildes um 200 v. Chr., das wohl in der zweiten Hälfte des ersten Jahrhunderts v. Chr. gefertigt worden sei. Von Harster bis heute ist die bibliographische Spalte zum Schwarzenacker-Kentauren seitenlang geworden. Die Plastik ist, zumal wenn es um den expressiven Gehalt der Kunst des späten Hellenismus geht, ein Paradebeispiel für Studienseminare. Speyer kann sich glücklich preisen, sie zu besitzen, und das Museum in Schwarzenacker darf hoffen – herzliche Bitte nach Speyer – einen Abguß davon zu bekommen.

In Schwarzenacker ist ja auch mittlerweile der »Background« erforscht, und der ist immerhin ein illustrativer Rahmen zum vortrefflichen Bild. Schauen wir es uns etwas genauer an. Meisterliche Hände haben es geschaffen, und ein einfühlsamer Sinn fürs mythische Wesen ist bekundet. Das Gesicht spiegelt ein erregtes Gemüt wider. Die Augen – sie sind wie die Zähne in Silber eingelegt – blitzen wild. Der Haarschopf zerfällt zu krausen Locken. Aus der Miene sprüht cholerisches Naturell. Man darf sich eine nicht minder lebendig modellierte menschliche Brust und den muskelstarken Leib eines Rosses dazudenken. Der ganze mischgestaltige Rumpf ist bereits in antiker Zeit verlorengegangen. Es blieb bloß der Kopf übrig, und dessen bemächtigten sich respektlos die Händler: Man füllte Blei hinein, setzte eine Öse drauf, benutzte den Kopf fortan als Laufgewicht für eine Schnellwage und wog damit (4.040 Gramm) auf dem Markt von Schwarzenacker... Und ein Nachsatz sei noch erlaubt. Der Fund und seine Briefmarke belobigen Schwarzenacker und die heimische Archäologie. Die Landesarchäologen in unserer Republik und – dankenswerterweise – auch die Bundespost beabsichtigen jedoch mehr. Die Marke soll nämlich nicht nur an Schwarzenacker, sondern überhaupt mit zwei weiteren Wertzeichen an die bedrängte Situation der noch im Boden ruhenden Hinterlassenschaft des Altertums erinnern. Der Baggerzahn nagt nicht nur an Baudenkmälern, sondern auch, sehr viel heimtückischer, an den verborgenen Zeugnissen der Antike. Es gilt vorzusorgen und am Baggerloch zu retten, was zu retten ist. Dabei geht es nicht nur um Gegenstände vom Range eines Kentaurenkopfes. Auch einen vorgeschichtlichen Topf gilt es zu retten. Schon eine alte Scherbe, vom Passanten aufgelesen, kann Wissen über längst vergangene Zeiten vermitteln. *1977*

Der Stiefeler Fels
»Führer durch St. Ingbert«

Dies ist wohl das reizendste und interessanteste Waldtal der ganzen Umgebung St. Ingberts. Zur ersten Pflanzentriebzeit läßt der feuchte Boden überall Waldschlüsselblumen hervorsp.ießen. Bald färbt er sich mit allen Blumen- und Blütenfarben, einem buntgestickten Teppich vergleichbar, zu dem das Rotbraun der abgestorbenen Buchenblätter einen passenden Hintergrund gibt. Das Ensheimergeloöch bildet wohl den größten Anziehungspunkt der ganzen Gegend. Von diesem romantischen Tale steigen wir wieder auf den Staffel und kommen abermals nach Westen vorschreitend in den Forstbezirk »Engelter«. Hier befindet sich in einer Taleinbuchtung ein leider nur schwer zu findender Fels mit zwei reliefartig ausgehauenen Figuren. Beide sind mit einer römischen engen Tunika bekleidet. Man betrachtet den Felsen als römischen Altarstein und hält die dargestellten Götter für den Merkur und seine Gemahlin Maja oder Rosmerta. Ein Gipsabdruck des Reliefs befindet sich im historischen Museum zu Speyer. Im Volksmunde heißen die Figuren »Hänsel und Gretel«. Sehen wir dem Ausgang dieses Tales zu, so kommen wir in eine weit und breit ausgedehnte Wiesenfläche, das Grumbachtal, das von einem an Forellen reichen Bach durchflossen wird. An einer herrlichen Felspartie in diesem Tale befinden sich zwei miteinander verwachsene Buchen, die, wie zwei Pfälzer Wäldler entdeckt haben wollen, bequeme Sitzgelegenheiten bieten und fortan den Namen »Ludwigsstuhl« führen soll. Am Ostende des Tales liegt Sengscheid, ein ebenfalls vielbesuchter Ausflugsort, von Obstbäumen umgeben; die nördliche Abgrenzung des Tales bildet ein langgezogener Bergrücken, der »Stiefel«. Er sollte eigentlich »Stipel« heißen, denn der Name kommt her von stipes = Pfahl, weil die altgermanische Fliehburg oder auch die römische specula (Wartturm) von einer Pallisadenwand umgeben war. Wir besteigen den Berg von der Westseite aus, wo er allmählich sich erhebt. In einiger Entfernung vom Weg sehen wir bald aufgeworfene Sandhaufen und Steine. Beim Nähertreten erblicken wir die Grundmauern eines Baues, der aus mächtigen Quadern errichtet war. Mit Recht erkennt man hierin einen Rest römischer Ansiedelung. Neue Untersuchungen haben wahrscheinlich gemacht, daß die römischen Bausteine im frühen Mittelalter wiederum Verwendung für die Burg eines Raubritters gefunden haben. Zahlreiche Sagen, die noch der Sammlung und Sichtung bedürfen, knüpfen sich natürlich an diesen Ort. Sehen wir die ganze Länge nach Osten durch, so stehen wir auf einmal vor einem hohen vierkantigen Felsen, der säulenartig im Boden steckt. Von der Plattform der Säule aus hat man eine wunderbare Aussicht nach allen Richtungen. Die Herkunft des Steines ist rätselhaft. Noch rätselhafter ist ein zweiter Fels, der »Stiefel«, von dem der Berg nach Annahme anderer den Namen erhalten hat. Auf einem runden, mächtigen Felsstück, dem Absatz, ruht quergestreckt ein starker Felskeil, einer Fußsohle vergleichbar. Auch seine Bedeutung in alter Zeit ist nicht festgestellt. Die Vermutung, daß wir hier einen germanischen Opferstein vor uns haben, ist wohl zutreffend. Interessant ist an jenem Felsen eine eigenartige Einmeißelung, ein Zeichen, das von dem Forscher Mehlis als das altchristliche Christuszeichen gedeutet wurde, wie dasselbe von christlichen Soldaten im römischen Heere an den Götteraltären der Heiden des öfteren angebracht worden sein soll. *1908*

Geleitstraßen im Bliesgau
Albert Brunk

Schon seit den Zeiten der Römer standen die öffentlichen Straßen unter einem besonderen Schutz, der Friede auf ihnen stand unter Königsbann. Die Ausübung übertrugen die Könige als Lehen den Grafen und Adeligen, die dann für Unterhaltung der Straßen sorgen mußten und den Schutz der Reisenden übernahmen. 1319 berichtet Peter Durandi, der Einsammler der ausgeschriebenen päpstlichen Steuer: Als er von Metz nach Worms habe reiten wollen, habe er um das nötige Geleit nacheinander zwei Boten an den Grafen von Saarbrücken geschickt. Den beiden Boten habe er zwölf Silber Turonen geben müssen. Am Fest des heiligen Benedict (21. März) sei er unter Begleitung von Bewaffneten in drei großen Tagesreisen von Metz nach Worms geritten, durch sehr gefährliche Gegenden. Die Begleitung habe 52 dicke Tornosen gekostet.

Besonders gefährdet waren die Warentransporte der Kaufleute, die Raubrittern und ihren kleineren Kollegen immer reiche Beute brachten. Sie wurden von den Geleitsherren besonders geschützt – denn sie ließen sich den Schutz wohl gut bezahlen, aber sie hafteten auch für den Schaden. Vorbedingung des Schutzes war, daß die »Zollstraßen« benutzt wurden. Da sich aber fast an jeder Straßenecke eine Zollstelle befand (bei uns waren u. a. Limbach, Altstadt und Erbach Zollstellen) und die Zölle zu den Geleitskosten kamen, war dieser Schutz eine kostspielige Angelegenheit. Oft versuchten deshalb

Der Spellenstein in Rentrisch war im Mittelalter wichtige Wegmarke. Bis hierhin sorgten die Grafen von Nassau-Saarbrücken für den Schutz der Reisenden.

Kaufleute, diesen Lasten durch Benutzung von Nebenwegen zu entgehen; wenn sie dann aber überfallen und ausgeraubt wurden, hatten sie keinen Anspruch auf Schadenersatz.

Der Bliesgau hatte zwei große Geleitstraßen mit mehreren Abzweigungen. Die größte war die Kaiserstraße von Mainz nach Metz. Sie zog von Mainz-Oppenheim über Enkenbach nach Kaiserslautern, kurz hinter dieser Stadt teilte sie sich. Früher umging sie das Landstuhler Bruch und führte über Ramstein, Spesbach, Hütschenhausen, Miesau, Sand, Schönenberg, Kübelberg, an Waldmohr vorbei, wo sie an der Bardenfurt den Glan überkreuzte, über Jägersburg, Kleinottweiler nach Limbach-Altstadt.

Später wurde die Straße über Kindsbach, Landstuhl, Hauptstuhl, Bruchmühlbach, Vogelbach, Erbach verlegt. Das war, als in der Hohenstaufenzeit die Burgen Hohenecken, Nanstein (Landstuhl) usw. zum Schutz der Reichslande gebaut wurden. Im Schutze dieser Burgen und der Hohenburg fühlte man sich auf dieser Strecke sicherer. Die zweite Linienführung berührte das alte Limbach nicht mehr und das wird der Grund gewesen sein, daß ein Teil der Bewohner ihre Häuser auf die andere Seite der Blies baute, an die neue Straße, und dadurch aus dem einen Limbach zwei Orte wurden, nämlich Limbach und Altstadt. Weiter berührte die Straße Kirkel, dann St. Ingbert, Scheidt, St. Arnual und führte von dort weiter nach Forbach, Metz. In Kaiserslautern, Einsiedlerhof und Vogelbach waren Spitäler errichtet für Reisende, die unterwegs erkrankten.

Das Geleitsrecht dieser Straßen stand unter anderem zu: den Herren von Hohenecken, von Nannstuhl (Landstuhl), den Herren von Kirkel (von denen es später an die Kurpfalz bzw. die Herzöge von Zweibrücken-Bitsch fiel) und den Grafen von Homburg. Letztere hatten gemeinsam mit den Herren von Kirkel das Spital in Vogelbach erbaut – wie es Pflicht der Geleitsherren war. In Limbach zweigte eine andere Geleitstraße ab, die auf dem Höhenzug zwischen Blies und Prims nach Schengen an der Mosel führte und dort in die große Straße Flandern – Lombardei mündete. Letztere war die zweite große Straße, die den Bliesgau durchschnitt, aber unsere engere Heimat nicht berührte.

Bei Landstuhl zweigte eine weitere wichtige Straße ab. Sie führte über die Höhe, berührte Martinshöhe, Rosenkopf, Käshofen und Mörsbach, überquerte bei Ernstweiler das Schwarzbachtal, stieg bei Bubenhausen wieder auf die Höhe und führte weiter über Hengstbach, Böckweiler, Neualtheim, Seyweiler, Medelsheim und Erchingen nach Rimlingen. Bei Böckweiler, Neualtheim und Seyweiler heißt die Straße heute noch »Duserstraße«. Der Name ist uralt; die Straße wurde so genannt, weil auf ihr die Transporte des Salzes von Dieuze nach der heutigen Pfalz gingen. (Im 12. Jahrhundert wurde sie umgebaut, daß sie auch Zweibrücken berührte.) Daneben gab es natürlich noch kleinere Straßen, die aber für den großen Verkehr nicht in Frage kamen. *um 1930*

Der Hexenprozeß von Reinheim
Wolfgang Krämer

Anlaß dazu gab eine Klage wegen Hexerei gegen Anna, Hausfrau des alten Leiningischen Meyers, sowie Margarete, die Schweinsgret, und Peters Meitten. Unter den bei Festsetzung des Weistums gegenwärtigen Zeugen befindet sich neben dem Amtmann Johann Niger (Schwarz) zu Blieskastel auch Herr Rudgerus Lewenstein, Pastor zu Reinheim und Niedergailbach. – Weitere Nachricht enthält eine Supplik des Leyischen Meyers Hans Schwarz zu Reinheim wohnhaft, die an Herrn Georg v. d. Leyen, Herrn zu Saffig und trierischen Amtmann zu Andernach, wie auch an Herrn Johann Friedrich und Damian, Gebrüder v. d. Leyen gerichtet ist und zwar »wegen Abtragung der Unkosten so bey dem Prozeß einer von ihm angegebenen persona magica aufgangen« vom 27. Dezember 1595. Er erwähnt darin »den ohnruwigen Peters Hansen zu Reinheim wegen seiner Hausfrauen

Meieten so der hexerey vorlängst bezichtigt, in der gefänknis gestorben.« Peters Hansen erklärt den Angeber für einen »onredlichen man«, der nicht wert sei, daß ein redlicher Mann »mit ime esse oder trinke.« Er fährt fort: »Wan nun offenbar und genugsamb am tag, daß gedachte seine hausfrau Meiete, da sie noch im leben, nicht alleine sich selbsten verdächtig gemachet, sonderen auch durch ire mitgesellen und andere mehr, gröblich der hexerey besagt worden, also do sie gepürliche mittel rechtens ausgewartet hätte, pilligerweiß (wie iren mitgesellen geschehen) sie auch durch Ew. Gnaden befelch zweifelsohne were hingericht worden.« Er bittet seine Herren zu veranlaßen, daß er vonseiten Peters Hansen »deshalben ohngeschmehet noch molestiret werde.« Dann teilt der Angeber mit, daß er »als ich des Leininger Meyers Frau Meiete (im Weistum von 1593 wird sie Anna genannt!) und Margareten, die Schweinsgret, samt obgedachter Peters Hansen Frau Meieten dero Hexerey beschuldiget und angeben, gegen sie mit recht zu verfahren, die ganze Gemeinde zu Reinheim als Bürgen zu Recht angesetzt habe angesichten ihrer onthaten so offenbar, sie allesambt auch ohne schew vor mich zu sprechen sich guetwillig erpoten haben. Weilen aber zur rechtfirtigung und exekution bemelter böser weiber durch den wohlgeborenen Graven von Leiningen beschehene Inquietation (Inquisition?) dero hoh gerechtigkeit ein überschwenglicher kosten ufgewachsen, als wird derselbe von denen exequirten beeden personen nicht allein sondern auch von meinem geringen gut (soweit es gereicht) übrigen von der gemeinde zu Reinheim als bürgen zu bezahlen angewiesen. Dardurch ich an bedelstab und hochbeschwerd ins ellend zu ziehen getrieben werde.« Er bittet, daß der Peters Hans, der der Unkosten ledig ausging, »alles zue bezahlen und zue erlegen« angewiesen werden solle, der Oberherr aber solle ihn, den Hexenangeber, begnadigen »vermög Reichsconstitution und besonders Kaiser Caroli Quinti Halsgerichtsordnung am 204. Capitul.«

Die Antwort auf dieses Libell des Reinheimer Hexenbürgermeisters hat sich nicht erhalten. Aus ihm aber geht hervor, daß im

Jahre 1593 zwei Frauen von Reinheim wegen angeblicher Hexerei hingerichtet, d. h. lebendig verbrannt wurden und eine dritte im Gefängnis (wohl infolge »peinlicher Befragung«) starb.

Die Hinrichtung fand in Reinheim selbst statt; denn dieses Dorf hatte seit alters seine eigene Richtstätte, die Jurisdiktion hatten die Junker von der Leyen. Da die Richtstätte hart an der Niedergailbacher Banngrenze lag, beim sogenannten Herrenweg, wo die Bitscher Gerechtigkeit begann, erhob der Bitscher Sachwalter, sobald er von der bevorstehenden Hinrichtung erfuhr, durch Vermittlung des Ortspfarrers »Herrn Rüdiger [Löwenstein]« beim Leyenschen Befehlshaber Einspruch, der aber zurückgewiesen wurde. Er teilt seinen Bitscher Kollegen mit, »daß er von wegen meiner günstigen Junkeren von der Leyen vorhabens seie, zwo mißthetige weibspersonen bey dem Reinheimer Hochgericht begangenern Zauberey halber exequiren zu lassen.« Zwar sei der Gegenamtmann nicht gemeint dies zu gestatten, »da vermög Landweistums berührtes Reinheimer Hochgericht noch auf Bitscher Herrlichkeit stehe«, demgegenüber aber steht laut Weistum den Junkern v. d. Leyen im Reinheimer Bann das »Recht über Hals und Bein« zu. Das Reinheimer Hochgericht sei unter diesem Namen seit Menschengedenken in der ganzen Gegend bekannt und als es anno 1581 »altershalben umgefallen« haben es die Leyenschen Befehlshaber an nämlicher Stelle wieder aufrichten lassen »ohne daß sich die Inhaber der Herrschaft Bitsch jemals der geringsten Gerechtigkeit des Orts angemaßet.« Obschon er noch nicht weiß, »ob die eingezogene [Gefangenen] zum Tod verurteilt und welchergestalt sie volgendts nemblich mit feuer oder waßer mögten exequirt werden,« über die Jurisdiktion sei kein Zweifel. In der Tat war dies um so mehr der Fall, als außer den Herren v. Bitsch-Gentersberg auch die Grafen von Leiningen ein wesentliches Recht am Orte hatten und diese sich in einem besonderen Vertrage 1593 mit den Junkern von der Leyen dahin verständigt hatten daß »des dorfs Reinheim Ober- und Gerechtigkeit in criminalsachen« dem Leyenschen Hause allein zustehe. (1612 haben die Grafen v. Leiningen ihren halben Anteil

des Dorfes mit allen Rechten den Junkern v. d. Leyen käuflich überlassen. Das Leyische Haus war durch die Verbindung mit den Mauchenheimern, die bereits seit Mitte des 14. Jahrhunderts dort begütert waren, wohl 1456 in den halben Besitz des Dorfes gekommen.)
Aus dem Brief des Amtmanns Johan Niger geht hervor, daß im September noch kein Urteil gesprochen und daß man über die Todesart Verbrennung oder Ertränken unschlüssig war. Die Hinrichtung durch Feuer erfolgte im Dezember 1593. *1959*

Wie das Kloster Wörschweiler in Flammen aufging
Andreas Neubauer

Seit der Aufhebung wurde das Kloster von seinem Schaffner bewohnt, der es nicht nur mit der weit ausgedehnten Verwaltung zu tun hatte, sondern auch mit der Bewirtschaftung des unter und an dem Berge liegenden Grundbesitzes. Auch war seit 1588 eine Bierbrauerei im Kloster eingerichtet. So war das Kloster immer bewohnt und seine Gebäulichkeiten waren benützt.
Zwischen dem Grundbesitz am Fuße des Berges und der Ringmauer des Klosters befand sich viel Gestrüpp mit Dornen, Hecken und Unkraut, welches viel Ungeziefer beherbergte. Um beide, Gestrüpp und Ungeziefer, zu vertilgen, befahl der Klosterschaffner Johann Rotfuchs am 27. März 1614 dem Pförtner Stoffel, das Gestrüpp anzuzünden. Er selbst sah der Ausführung seines Befehles zu, bis das Feuer erloschen schien. Aber das Feuer sprang unbemerkt über die Ringmauer und schlug gleichzeitig aus der Schaffneiwohnung und aus zwei bis drei anderen Stellen der Klostergebäude empor. Zum Unglück waren die Knechte – es war an einem Sonntag – infolge Betrunkenheit zum Löschen wenig zu gebrauchen und zu noch größerem Unglück war der große Radbrunnen im Kloster schlecht und schadhaft. Darum konnten die zur Hilfe herbeieilenden Bewohner der Umgegend dem Feuer wenig wehren. Dieses verteilte sich nach dem Berichte des

Schaffners in alle Gebäude des Klosters samt dem Gartenhaus und legte alle bis auf das Bier-, Back- und Gasthaus an dem Ingebäude in Asche. Auch das Ingebäude und das Holzwerk in der Kirche samt Turm und Glocken und das Dachwerk über dem langen Speicher, auf welchem 100 Malter Korn lagen, verbrannten vollständig. Drei Tage noch glimmte die Glut unter der Asche und die Schuttmassen waren so groß, daß 198 Männer aus Bierbach, Einöd, Limbach und Niederbexbach in der Zeit vom 28. März bis zum 15. April mit der Wegschaffung zu tun hatten.

Die Folge dieses Brandes war, daß zunächst vieles zerstört blieb und anderes niedergelegt wurde, um es nicht wieder aufbauen zu müssen, aber auch weil es baufällig geworden war. Zu den Gebäuden letzterer Art gehörte das vom Feuer nicht berührte Gasthaus samt einer alten Scheuer, das sogenannte »bloohe« Haus hinter der Kirche im Garten und ein nicht weit davon stehender kleiner mit Ziegeln gedeckter Bau. Zum Wiederaufbau wurden bestimmt: zuerst die Wohnräume, Speicher, Stallungen, Pfortstube; später auch noch »die Kapelle gleich an der Kirche, als man vom Gartenhaus herüber zur Schaffnei gehet gegen dem Hofe zu«, das »Rebenthal« und zwei daran liegende »Gewölber im Creuzgang« (110 Schuh lang und 38 breit) und die Konventstube. Endlich suchte man durch ein Notdach von Stroh dem Verfall der Gebäude wie der Kirche usw. zu wehren, welche man nicht sofort wieder herstellen konnte.

Wie weit diese Wiederherstellungsarbeiten im einzelnen vorgenommen wurden, entzieht sich unserer Kenntnis. Die knappen Geldmittel der Zeit werden bloß die Wiederherstellung der Gebäude erlaubt haben, welche zur Verwaltung und zur Bewirtschaftung nötig waren. Im dreißigjährigen Kriege zog sich der Schaffner nach Zweibrücken zurück und blieb auch nach Beendigung des Krieges daselbst wohnen. Erst 1662 zog ein Hofman in die ehemalige Schaffneiwohnung, die mit ihren Speichern und Stallungen nun allein erhalten und gemeiniglich das Hofhaus genannt wurde. Alles übrige überließ man seinem allmählingen Zerfall und die Steine wurden zu anderen Bauten verwendet. Wer heute den sogenannten Klosterberg besucht, sieht nur das Hofhaus, die Grundmauern der Kirche und einen Teil ihres westlichen Giebels. An demselben sind die aufgefundenen Grabsteine aufgestellt. Diese kümmerlichen Reste sind heute noch die einzigen baulichen Zeugen der Vergangenheit des Klosters Werschweiler. *1921*

Nikolaus Pfeiffer, Postillon aus Rohrbach
Eugen Motsch

»Da wir uns gnädigst bewogen haben dem Gemeindsmanne Nikolaus Pfeiffer aus Rohrbach, Oberamts Zweibrücken, wegen seiner Unserer Höchsten Person mit Geringschätzung aller persönlichen ihm drohenden Gefahren gegen Ende des 92er und Anfang des 93er Jahres geleisteten höchst wichtigen Diensten ein dauerndes Merkmal Unserer besonderen Huld und Gnade zu ertheilen; Als verwilligen Wir demselben und dessen Ehefrau nicht nur die generelle sowohl Personal als real Freyheit von allen Abgaben mit Inbegriff der von denen von dermalen besitzenden Gütern zu entrichtenden Schatzung, sondern begnädigen gedachte Eheleute annoch außerdem mit einer lebenslänglichen Pension von 220 Gulden dergestalten, daß wann der Ehemann vor seiner Frau versterben sollte, alsdann dessen Ehefrau während ihrer Lebzeit dieses Gnadengehalt fortbeziehen soll, jedoch nach beiderseitiger Eheleuthen Ableben dieses Gnadengehalt sowohl als auch die denenselben blos für ihre Person verwilligten sowohl personal als auch real-Freyheit erloschen seyn, und befehlen unserer herzoglichen Rentkammer dieser Unserer Höchsten Willens Meynung die Behörden zu verbescheiden. Mannheim 1794«
Wahrlich, eine fürstliche Belohnung für den treuen Mann aus Rohrbach. Dazu kam die vollständige Befreiung von der Steuer, unter welcher der gemeine Untertan jener Zeit gewiß ebenso stöhnte wie Otto Normalverbraucher unserer Tage, oder noch mehr. Denn das System der Besteuerung war so raffiniert ausge-

klügelt wie heutzutage auch. Da gab es den Großen Zehnt, das heißt die Abgabe für Frucht, Wieswachs und Wein; sodann den kleinen Zehnt, d.i. Abgabe von Obst, Gartengewächsen, Hühnern, Kappen (Kapaunen), Gänsen; Rauchhaber, d.i. Abgabe für Weiderechte; Besthaupt, d.i. Erbschaftssteuer; Bußen, Gerichtskosten; Umgeld, das sind Abgaben vom Wein; Schatzung, d.i. direkte Kopfsteuer; Beden, d.s. aus dem Hörigkeitsverhältnisse fließende Leibsteuern; Schirmgeld wurde von den Ausländern und Juden für den obrigkeitlichen Schutz erhoben; Zinsen als Pachtgelder für Gelände, welches dem Herzog gehörte sowie Neubruchzinsen als Pachtgelder für urbar gemachtes Ödland. Man sieht daran, daß man es auch schon damals von den Lebendigen genommen hat.

Pfeiffers Urenkelin, die Bas Mariann vom Schulhiwwel, geboren am 22. Juli 1832,… bewohnte mit ihrem gleichaltrigen Ehemann, dem »Vetter Peter«, eines der ältesten Häuschen in Rohrbach. In diesem Häuschen war im Jahre 1805 das Schulzimmer untergebracht. Damals zählte Rohrbach 280 Einwohner mit 44 Häusern. Die Schul-Hiwwel-Bas Mariann hieß mit richtigem Namen Anna-Maria Gehring, geborene Weiland. Sie war die Enkelin von Pfeiffers Tochter Katharina, welche im Jahr 1854 verstarb. Beim Tode ihres Vaters war Katharina 12 Jahre alt.

Die Tat des Nikolaus Pfeiffer war, wie die Bas Mariann berichtet, lange noch in den Spinnstuben ein Hauptstück gewesen… Als der Herzog von Zweibrücken im April 1793 (die französischen Truppen waren vorübergehend zurückgeworfen worden) für einige Tage auf den Karlsberg zurückgekehrt war, besuchte ihn der Postillon. Der Herzog habe ihm leutselig auf die Schulter geklopft und gesagt: »Geh er nach Hause, für ihn wird gesorgt werden!«

Denn der Pfeiffer Nickel war in Not geraten. Die Grenadiere der Schloßwache auf dem Karlsberg hatten ihn an die Franzosen verraten, und diese, zornig darüber, daß ihnen der Herzog in letzter Minute entweichen konnte, suchten nach ihm. Er mußte sich versteckt halten, konnte seinem geregelten Tagwerk nicht mehr nachgehen und seine Familie kam in Not.

Vorher, so berichtete die Bas Mariann, die Großmutter hätte es ihr selber erzählt, da war der Pfeiffer Nickel ein Postknecht und fuhr die »Mall« (die Kutsche) nach Saarbrücken und nach Homburg. Sein Chef, der Posthalter Jacob, so wußte sie, stammte aus Theley. Aber der Nickel war ein gebürtiger Rohrbacher. In der Familie wurde das Leinenweberhandwerk getrieben. Nebenher wurde auch ein wenig »gebauert«, denn das sicherte ihnen erst den Lebensunterhalt. Alle Handwerker und Fuhrleute taten es auf diese Art und Weise, sofern sie ein bißchen Land hatten.

Im Februar 1793, so erzählt die Bas Mariann, ist plötzlich französische Kavallerie ins Dorf gekommen und hat an der Tränke zum Bleichgarten am Spieserweg (früher Bocksgärte genannt) abgesattelt. Sie war nicht über die Straße von St. Ingbert gekommen, sondern aus dem Walde von Spiesen her.

Unmittelbar neben dem Bleichgarten befand sich Pfeiffers Häuschen-Ecke des Spieserweges und der alten Neunkircherstraße – das erste Haus der »Schlawwerie«. Dieses Häuschen wurde erst 1898 abgerissen, um einem Neubau, der Wirtschaft »zu den drei Linden«, Platz zu machen. Die Linden allerdings sind in Wirklichkeit Roßkastanien. Nach dem 2. Weltkrieg ist die Wirtschaft geschlossen worden. Heute befindet sich dort ein Blumengeschäft.

Die französischen Reiter, weiße Chasseurs à Cheval, hatten, während die Pferde am Bleichgarten rasteten, nach einem Ortskundigen gefragt, der sie auf Umwegen nach dem Karlsberg bringen sollte, wo sie erst nachts einzutreffen wünschten. Pfeiffer, der sofort ahnte, was bevorstand, eilte als Bauer verkleidet auf den Karlsberg, wohin ihn sein Beruf als Postknecht ja schon oft geführt hatte. Da er aber diesmal nicht die taxissche Uniform trug, ließ ihn die Wache nicht passieren. Um nicht noch mehr kostbare Zeit zu verlieren, machte Pfeiffer einen Umweg und überkletterte die Palisaden der Schloßgärten. Im Schlosse kannte ihn jeder, und so konnte er bis vor die Gemächer des Herzogs gelangen. Hier endlich konnte er seine wichtige Kunde vorbringen. Als er dann auf dem Rückweg das Parktor und die Wache ungehindert

passieren durfte, war mittlerweile bekanntgeworden, was bevorstand. Die Grenadiere verrieten den bald anrückenden Franzosen, wer dem Herzog zur Flucht verholfen hatte.
Sofort sollte Pfeiffer zu Rohrbach aufgegriffen werden; ein Versteck im Keller bot einige Tage Schutz. Alsdann baute er sich eine Hütte im nahen »Mühlentalwalde«, der sich damals bis fast an Pfeiffers Haus erstreckte, und kehrte nur des nachts in sein Heim zurück. Später fand er Unterschlupf auf der Rohrbacher Glashütte und im tiefen Frankenwalde zwischen Neunkirchen und Rohrbach.
Sobald die Deutschen das Dorf wieder einnahmen, kam er alsbald nach Hause, mußte aber beim Wiedereinrücken der Franzosen immer wieder fliehen. Als die Franzosen dann dauernd Rohrbach besetzten, sei er ins Köllertal geflohen. Ob er dort Verwandte hatte, was wahrscheinlich ist, und ob er dort in der zumeist von österreichischem Militär besetzten Gegend sich etwa unter falschem Namen aufhielt, weiß die Bas Mariann nicht mehr anzugeben...
Angst, Sorgen und Entbehrungen warfen Pfeiffer aufs Krankenbett, und als es so nicht weiterging, begab sich Pfeiffers Frau Gertrude zum kommandierenden General, zu dem 1796 in Saarbrücken und St. Ingbert im Hauptquartier befindlichen General Vandamme, warf sich diesem zu Füßen und erreichte die Erlaubnis, ihren todkranken Mann nach Hause holen zu dürfen, wo er alsbald verstarb...
»Im Jahre 1796, den 14. Mai, versehen mit den Sterbesakramenten, verstarb in seinem Hause Nikolaus Pfeiffer, verheiratet mit Gertrude Gehring aus Rohrbach...«
Somit geht aus dieser Urkunde hervor, daß der Flüchtling Pfeiffer endlich in seinem Hause das Haupt zum ewigen Frieden niederlegen durfte. An Pfeiffers Bahre standen eine tiefgebeugte, leidgeprüfte Frau und fünf unversorgte Kinder; die Mutter ahnte wohl damals nicht, daß sie wenige Monate nachher wiederum an einer Bahre – an der des jüngsten Kindes Jakob – stehen würde.
Die Belohnung, die dem Pfeiffer Nickel versprochen war, ist nie ausgezahlt worden. *1991*

Die Gersheimer Zuflucht
Marianne von der Leyen

Der gute Pfarrer [von Rubenheim – die Hg.] sowie seine Schwestern begrüßten mich herzlich, sie umarmten mich vor Freude und beglückwünschten sich über meine Rückkehr als über die einer bereits verloren Betrauerten. Wie wohltuend war dieser tröstende Augenblick für meine vom Schmerz zerrissene Seele! Meine Reisegefährten verließen mich, und ich fühlte mich einen Augenblick beruhigter durch die liebevolle Sorge dieser guten, ehrlichen und feinfühligen Gastgeber. Aber kaum war ich am Abend zu Bett gegangen, so klopfte man an die Türe, um mir zu sagen, daß die beiden Reisegefährten schon zurück seien und mich aufforderten, wieder fortzugehen. Sie sagten, unterwegs hätten sie erfahren, mein Versteck wäre wiederum entdeckt und die Franzosen hätten einen Preis auf meinen Kopf gesetzt. Man stelle neue Nachforschungen an und man habe ihnen so beunruhigend davon gesprochen, daß sie nicht umhin konnten, mich zum Aufbruch zu drängen.

Man wollte unbedingt, daß sich aufstand, um mich auf den Weg zu machen, und schlug mir vor, zu einem anderen Pfarrer zu gehen, was mir aber zu nahe bei Saargemünd schien, um mir Vertrauen einzuflößen. Auch versagte meine Kraft zu dem neuen Unternehmen. Ich widerstand ihnen und schließlich gelang es mir, diese guten Leute zu überreden, heimzugehen, und ich dankte ihnen tausendmal für die Bemühung und den guten Willen, den sie zur Erleichterung meines Unglückes zeigten. Aber so tröstend diese Beweise der Anhänglichkeit gegen mich waren, so vermutete ich doch große Gefahren für die Entdeckung unserer wiederholten Märsche. Ich hielt es also für klüger, sogar diese Leute zu täuschen über meinen künftigen Zufluchtsort. Schon am nächsten Tag schrieb ich dem Jäger, ich sei krank und meine Gesundheit erlaube mir keinen weiteren Schritt; ich sei an einem unbekannten Ort versteckt, den ich niemandem nennen wollte. Doch versprach ich ihm, ihn zu benachrichtigen, sobald meine Kraft es erlaube. Unterdessen möchten sie sich in meinem Interesse ruhig verhalten. Ich selbst konnte an diesem Tage nicht beruhigt sein, auch nicht am folgenden, wegen der schlimmen Nachricht, die man dem Pfarrer brachte, daß nämlich die Franzosen neuerdings die Priester verfolgten, und daß man zwei derselben einige Wegstunden weit weggeführt habe, was in der ganzen Umgebung Schrecken verbreitete. Da mein Gastgeber diese Nacht nicht in dem Hause verbringen wollte, fand ich die Gefahr für mich um so größer, und aus Angst vor einem nächtlichen Besuch im Dorfe entschloß ich mich, die Nacht im Walde zu verbringen, wo ich unter einem Felsen, der eine hinter Brombeerhecken und Dornen versteckte Grotte bildete, ein Obdach fand; hier konnte ich mich verbergen und mich der Gefahr einer Nachforschung wohl entziehen. So verbrachte ich die ganze Nacht; bei Tagesanbruch schickte mir der gute Pfarrer den Bauer aus jener Hütte, wo ich zuerst in der Holzkammer untergebracht war, mit dem Auftrag, mir als Führer zu dienen, und zwar dahin, wohin ich gedächte zu gehen; aber ich muß gestehen, daß meine ermüdete und entmutigte Einbildungskraft mir keine Hilfsmittel mehr angab. Ich war sogar entschlossen, in meiner Grotte zu bleiben und dort mein Schicksal zu erwarten. Aber mein rechtschaffener Bauer widersetzte sich, er bat mich inständig, zu ihm zurückzukehren, bis uns der Himmel einen andern Gedanken eingäbe. Ich willigte also wieder in den neuen Marsch ein, und wir kamen zu seiner Frau, die mich freudig aufnahm und mir neuerdings alle Pflege und Hilfe ihrerseits anbot, wobei sie mir nicht verhehlte, daß man doppelt achtgeben müsse, die Sache geheimzuhalten, da durch die Verfolgung der Priester meine Lage noch kritischer geworden war in Anbetracht dessen, daß sich in dieses Dorf mehrere hingeflüchtet hatten. Ich mußte also daran denken, fortzugehen, doch fürchtete ich, wieder in Fallen zu geraten durch die Wahl eines neuen Zufluchtsortes. Die gute Frau, die über meine äußerste Verlegenheit gerührt war, vertraute mir an, daß seit einigen Tagen ein Müller ihrer Nachbarschaft jeden Tag zu ihnen käme, um über mein Los Nachricht einzuholen, und daß er am vorhergehenden

Tag zweimal dagewesen sei. Er habe gesagt, er und seine Frau würden ihr Leben hingeben, um mich zu retten, und wollten mit viel Geld den Vorzug bezahlen, mich wenigstens eine Nacht bei sich unterzubringen. Diese rührende Erzählung sowie die Versicherung, daß sich in dieser Mühle weder Kinder noch Dienstboten befänden, und daß die Mühle vor dem Dorfe Gersheim sei, veranlaßte mich hinzugehen. Und um zehn Uhr abends machten sich mein Gastgeber und ich, die ich immer noch als Bäuerin verkleidet war, auf den Weg, und nach zweistündigem Marsch kamen wir an dieser berühmten, an der Blies gelegenen Mühle, an. Nachdem mich diese neuen Gastgeber mit größtem Interesse und treuester Anhänglichkeit empfangen hatten, führten sie mich in ein Zimmer, das hinter dem ihrigen lag, und bewachten den Eingang zum Hause. Gleichzeitig wollte man mich mit dem tröstenden Gedanken beruhigen, daß der Müller mich im Fall einer nächtlichen Überraschung durch eine Geheimtüre auf eine kleine Insel der Blies führen könnte, wo man beim Ankommen das Boot verbergen und so die Verbindung verhindern könnte. In meinen Augen war das keine unbedingte Sicherheit, doch es war immerhin ein schwacher Trost für meine so sehr beunruhigte Seele und ließ sie wenigstens hoffen, im Fall eines überraschenden Angriffs ein Versteck zu haben. So konnte ich für einen Tag und zwei Nächte etwas Ruhe genießen, aber am zweiten Tag teilte mir die gute Müllersfrau mit, ein junger Mann wünsche mich zu sprechen. Natürlich war ich darüber sehr erschrocken, aus Angst, mein Zufluchtsort sei entdeckt. Ich dachte nach, ob ich ihn eintreten lassen sollte oder nicht. Da die Müllerin zum zweiten Male mit ihm gesprochen hatte, sagte sie mir, er sei von meinem Sohn geschickt, den er in Münchweiler aufgesucht hatte, um ihm von mir zu berichten und ihn um Zustimmung zu bitten, mir neuerdings als Führer dienen zu dürfen. Zu diesem Zwecke unterbreitete er mir einen selbstersonnen Befreiungsplan, an dessen Gelingen er nicht zweifelte.

1795

»Jagdopfer« des Herzogs
Samuel Christoph Wagener

Außer dem Schlosse selbst und außer den Wohnungen für den Hofstaat, für die Tiere aller Art, für die Sammlung ausländischer Familien und für eine außerordentliche Menge Katzenverpfleger, Hundejungen usw. war auch hier noch eine Kaserne für einige hundert Mann herzoglicher Truppen, welche die Grenzen und Eingänge des Karlsberges bewachen mußten. Schade, daß Schloß und Garten – ich will nicht sagen mit egoistischem Geize nach Alleingenuß, aber doch – etwas zu eigensinnig, gleich einem Serail, fast einem jeden verschlossen waren. Vielleicht hätte jener fürstliche Wahlspruch »Je veux, que mon plaisir soit le plaisir des autres« – angewandt auf den Karlsberg – die Stimmung der zweibrückischen Untertanen in Bezug auf den Prachtsitz ihres Landesherrn mildern, vielleicht gar dem Berge selbst bei dem Feinde einige Schonung bewirken können.

Mein Wirt, ein herzoglich rein ausgeplünderter Bauer, bei dem ich einquartiert war, erzählte mir bald nach dem Brande von der schrecklichen, sehr weit sichtbaren Flamme, welche den Karlsberg verzehrte. Zuletzt verglich er sein Schicksal mit demjenigen seines Landesherrn, und er setzte etwas bitter hinzu: »Es wundert uns nicht, daß der Feind einen Berg vernichtet hat, auf welchem manche Träne haftet, aber daß er auch meine Hütte nicht schonet, das wundert mich.« Die letzte Hälfte dieser mir anfangs nicht ganz deutlichen Äußerung war wohl sehr natürlich, da niemand gerne das Opfer solcher unvermeidlicher Kriegsübel ist, welche hie und da, jedoch fast immer wider den Willen des Heerführers, einzelne Einwohner treffen. Aber die erste Hälfte, welche einen Fürsten in ein zweideutiges Licht zu stellen schien, von dem mir bisher eben nichts Böses zu Ohren gekommen war, war ich geneigt, für verleumderisch zu halten. Ich faßte daher meinen Mann scharf ins Auge, konnte

Samuel Christoph Wagener nahm als Feldgeistlicher am Kriegszug des preußischen Leibkarabiner-Regiments gegen die französischen Revolutionsarmeen teil.

aber in der unbefangenen, schuldlosen Miene des guten Alten durchaus nichts Boshaftes entdecken. Um seine hingeworfene Äußerung verstehen zu lernen, mußte ich ihm daher näher auf die Zähne fühlen.

Ich: Aber sag er mir, guter Alter! Was hat er wider seinen Herzog? Ich glaubte, gehört zu haben, der sei kein übler Herr?

Er: O wider den Herzog hab ich nichts, der mag noch gut genug sein; aber seine Leute sind desto böser.

Ich: Also nicht der Herr, sondern seine Diener sind es eigentlich, die den Karlsberg mit den Tränen zweibrückischer Untertanen befeuchteten?

Er: Freilich wohl! Allein, da ich als Hausvater für die Vergehen meines Gesindes verantwortlich bin, so ist es, dünkt mich, auch der Herzog in Absicht seiner Dienerschaft. Er sollte die Schurken darunter zum Teufel jagen und seine Maitresse nicht in allem mit einreden lassen.

Dies ebenso freimütige als gesunde Urteil aus dem Munde eines Bauers war mir unerwartet und erwarb dem Greise meine Achtung. – Unsere ganze Unterhaltung, die ich Ihnen indessen nur auszugsweise mitteilen kann, überzeugte mich von der ungewöhnlich hohen Stufe der Geisteskultur, auf welcher die große Volksklasse zwischen der Saar und dem Rheine steht. Im Verfolg unseres Gespräches entfiel dem Alten bald ein Wörtchen von Tyrannei und Grausamkeit, deren sein Stand im Zweibrückischen ausgesetzt sei. Ich konnte ihm diese harte Beschuldigung noch immer nicht aufs Wort glauben. Denn schon oft habe ich in den verschiedenen Gegenden des Kriegsschauplatzes, die ich bisher durchzog, die Bemerkung zu machen Gelegenheit gehabt, daß die große Volksklasse, die allerdings von den unvermeidlichen Übeln des Krieges am mehrsten belästigt wird, eben darum auch ungeduldiger als sonst und im Beurteilen ihrer Vorgesetzten ungewöhnlich hart und lieblos ist. Eine zu seiner Kenntnis gekommene Schwachheit der Regierung oder des Landesherrn, die der gutmütige Bauer und Bürger sonst mit dem Mantel der Liebe zudeckte, wird in seinen Augen ein Verbrechen, wenn zahllose Lasten des Krieges sein Gemüt gleichsam verstimmt und seine Geduld erschöpft haben. – Ich bat nun den Alten, mir doch ein Beispiel anzuführen, wie der zweibrückische Bauer tyrannisiert würde, und er gewährte meine Bitte ohne Anstand: »Unser Herzog«, sagte er, »pflegt z.B. alljährlich eine große Jagd anzustellen, die gewöhnlich vierzehn Tage dauert. Jeder Hausvater vom Lande muß dazu eine Person zum Zusammentreiben des Wildes schicken. Die Hundejungen des Herzogs, denen um der lieben Hunde willen manches Bubenstück durch die Finger gesehen wird, mißhandeln dann unsere Kinder, die ihnen und den übrigen Wollüstlingen am Hofe nicht in allem zu Willen leben wollen, toller als ihre Hunde. Das ganze Jagdfest ist ein Fest der schändlichsten Sittenlosigkeit und Liederlichkeit. Am Hofe sieht man daher mit wollüstiger Freude, wir hingegen sehen mit ängstlicher Bangigkeit dieser alljährlichen Jagdzeit entgegen. Alle guten Sitten, alle Unschuld und Tugend, die wir Eltern und unsere Pfarrer mit gewissenhafter Sorgfalt in den Herzen unserer Kinder anzubauen suchten, gehen dann oft mit einem Male verloren. Jene vierzehn Tage streuen in den Gemütern unserer Kinder mehr bösen Samen aus, als wir das ganze übrige Jahr über zu vertilgen im Stande sind. Und wenn der Pfarrer kurz vor der Jagd unsere Töchter und Söhne von der Kanzel herab väterlich ermahne, sich in den bevorstehenden Tagen der Zügellosigkeit doch ja nicht verführen zu lassen, so zieht man sie sogar darüber wie über ein Verbrechen zur Verantwortung; wie es denn bei Gelegenheit der letzten Jagd u.a. auch unserem guten Herrn Pfarrer W. so ergangen ist. Und da es in allem Betracht toll auf dieser Jagd hergeht und ein Riß mit der Hundepeitsche dabei auch nichts Seltenes ist, so entsteht daraus das größte von allen Übeln für uns, dieses nämlich, daß man bei dem ohnehin großen Menschenmangel zur Zeit dieser Jagd nur selten für Geld und gute Worte einen auftreiben kann, den man an der Stelle seines Kindes dahin schicken könnte. So lange ich noch rasch auf den Beinen war, ging ich selbst, nachher mußte ich, da ich keinen erwachsenen Sohn hatte, eine von meinen Töchtern schicken. Sie dauerte mich, aber sie war so gut und so unverdorben, und ich faßte ein Vertrauen zu ihrer Unverführbarkeit. Aber auch sie wurde ein Opfer der Verführung, starb ohne Mann im Wochenbett und fluchte sterbend dem Jagdfeste.« *1795*

De Napoljon-Stehen uff em Schelmekobb
Willi Neumann

Uff em Schelmekobb – zwische Strooß un Bahn –
do steht e kleener Obbelisk,
so eenlich wie e steiler Zahn
un in Paris werrd der vermißt!

Napoljon, so heerd ma heit noch saan,
hät' denne Stehen erstelle losse,
wahrscheinlich is a do was draan,
dersell, der hot de Kobb voll Bosse!

Er war unnerwegs met seiner Truppe,
uff de Kaiserstrooß in Richtung Oschde,
do hat sei Frah, die Wiener Puppe,
e Sohn geboor – das war zum Proschde –!

Bonnapart, der kleene Korse,
hat's am Schelmekobb geheerd,
nedd per Telefon un Morse,
nee, dorch e Reiter met seim Päärd!

Es war achtzehn-hunnert-elf,
do hat de Kaiser sei Gehirn gewezzd
un noch schneller wie die Welf
e Geburts-Stehen dort owwe hingesezzd!

Das Denkmal uff de Schelmekopper Wies'
erinnert an Napoljons Thron,
an sei Frah – Marie-Luies –
un an ehr eenzicher, kleener Sohn! *1997*

Der St. Ingberter »Franzosenstein«
Gabriele Oberhauser

Am Eingang des Alten Friedhofs in St. Ingbert am Neunkircher Weg steht seit 1972 ein als knorriger Baumstrunk bearbeiteter rötlicher Sandstein, der sich ursprünglich im Park des nicht mehr existierenden Krämerschen Herrenhauses befand. Er erinnert an ein Ereignis in der St. Ingberter »Franzosenzeit« (zwischen der Französischen Revolution und den »Befreiungskriegen« 1789 bis 1815), als die Region an Saar und Blies als Teil des linken Rheinufers zu Frankreich gehörte. Napoleon, dem Helden dieser Jahre, sind in der Saarpfalz zwei Denkmäler gewidmet: der für den »premier empereur des Français« (erster Kaiser der Franzosen) 1804 errichtete Schlangenbrunnen in Blieskastel und ein Obelisk am Schelmenkopf in Bruchhof, der 1811 zur Geburt von Napoleons Sohn (»König von Rom«) aufgestellt wurde.
1806-1811 ließ Napoleon die große Heerstraße von Paris nach Mainz ausbauen. Sie heißt vielerorts heute noch, wie in St. Ingbert, Kaiserstraße. Wenn der Kaiser auf ihr vorbeifuhr, durch St. Ingbert gleich sieben Mal, läuteten die Glocken, und die Einwohner, geführt von Pfarrer und Bürgermeister, standen am Straßenrand und riefen: »Vive l'empereur!«. Anschließend ging es zum Festgottesdienst und ins Wirtshaus. Eine der merkwürdigsten Verordnungen aus dieser Zeit, den Kaiser zu ehren, war der Erlass des päpstlichen Gesandten Capera vom 26. Mai 1806, am 15. August das Fest des »Heiligen Napoleon Martyrers« zu begehen – es war Napoleons Geburtstag.
Stärker in Erinnerung blieben jedoch die Kleine-Leute-Geschichten: so die in zwei Versionen überlieferte von dem französischen

Soldaten unter der alten Buche im Krämerschen Park. Nach der älteren wurde dieser im September 1793 beim Vorrücken der Preußen unter Blücher, dem späteren »Marschall Vorwärts«, nach dem Gefecht »Am Franzosenkopf« bei Rohrbach auf der Schmelz in St. Ingbert tödlich verwundet und zu Füßen des Baumes begraben. Ehe er starb, hatte er mit seinem Messer in den Stamm die Worte geritzt: »Vive la République!«.
Die andere Version spielt zwanzig Jahre später, in der Zeit der »Befreiung« des linksrheinischen Territoriums im Winter 1814. Da nahm die Familie des Eisenwerksbesitzers Krämer einen auf dem Rückzug verwundeten Soldaten in Obhut und dieser blieb nach seiner Genesung als Gärtner hier in Dienst. Nach seinem Tod soll sich an der Buche die besagte Inschrift befunden haben. Als Anfang der 1860er Jahre der alte Baum zusammenbrach, setzte die Familie an seine Stelle einen Gedenkstein, in den ein sechsstrophiges Gedicht von Sophie Krämer (gestorben 1833) eingemeißelt war. Eine Tafel am jetzigen Standort des Steins auf dem Alten Friedhof zitiert die letzte, inzwischen verwitterte Strophe des Gedichts:
»›Vive la République!‹ So starb der Freiheitssohn – Die Buche ist gefallen – Stolz herrscht Napoleon!« *2000*

Die Höcher Forstfrevler
Philipp Jakob Siebenpfeiffer

So eben erhält man durch reitenden Boten von dem königlich preußischen Landrath zu Ottweiler die Anzeige, daß die Einwohner von Höchen seit mehreren Tagen in den benachbarten königlich preußischen Waldungen die grenzenlosesten Frevel begehen und meistens mit Feuergewehren versehen seyn sollen.
Das Bürgermeisteramt hat diesen Verheerungen, welche sehr bedenkliche Folgen haben können, auf der Stelle und bey schwerster persönlicher Verantwortung Einhalt zu thun; und da so eben die Anzeige geschieht, daß königlich preußische Unterthanen

ähnliche Verwüstungen diesseits bereits ausgeübt haben, so sind zu gleicher Zeit im Benehmen mit dem königlichen Forstbeamten die kräftigsten Maßregeln zu treffen, daß weiteren Einfällen vorgebeugt werde. Insbesondere sollen die forstbediensteten Feld- und Waldschützen Tag und Nacht patrouillieren, und wenn sie hierbey einer Unterstützung bedürfen, so sind die Sicherheitsgarden in Thätigkeit zu setzen. Jedoch ist hierbey mit jener Vorsicht zu verfahren, welche zur Erhaltung der freundschaftlichen Verhältnisse zwischen zwei benachbarten deutschen Bundesstaaten nothwendig ist. Man erwartet über die getroffenen Vorkehrungen und ihren Erfolg baldigsten Bericht. Die königliche Oberförsterey ist bereits hievon in Kenntniß gesetzt.

»Forstfrevel« war eine weit verbreitete Straftat. Nahezu jeder dritte Einwohner wurde alljährlich beim Sammeln von Holz im Wald ertappt und verurteilt.

1820

Polnischer Besuch im Homburger Pfarrhaus
Friedrich Aulenbach

Anfangs der Dreißigerjahre beehrte unser Haus ein seltener Besuch, und zwar in der Person eines polnischen Generals, des Grafen Haucke von Warschau, welcher sich als naher Verwandter meiner Mutter zu erkennen gab. Er kam in Begleitung eines alten, treuen Freundes unserer Familie, des hochgeehrten und gefeierten Landtagsabgeordneten und Vorkämpfers für Deutschlands Wiedergeburt Friedrich Schüler von Zweibrücken, dessen Schwester, eine Jugendgespielin meiner Mutter, damals bei uns wohnte, und wollte, von Metz kommend, an demselben Tage von Weißenburg nach Straßburg reisen, als er zufällig in Zweibrücken vernommen, daß im nahen Homburg noch eine Tochter des ehemaligen Pfarrers Schweppenhäuser von Sesenheim lebe, der in der Schreckenszeit unter Eulogius Schneider 1792 mit Frau und Kind über den Rhein flüchten mußte, was ihn sofort bestimmte, uns zu besuchen. Wohl wußte ich aus den Erzählungen meines Großvaters, daß eine Schwester von ihm, namens Marie, welche in

Darmstadt erzogen und gebildet worden, später in Warschau sich verehelicht und in glänzenden Verhältnissen daselbst gelebt habe. Zweimal hatte sie (1782 und 1796) ihrem Bruder geschrieben; dann schwieg jede Nachricht von ihr. Um so überraschender dieser unerwartete Besuch, der sich leider nur auf einige Stunden beschränkte.

Fast ein halbes Menschenalter ist seitdem mit seinen inhaltsschweren Ereignissen nahe genug an mir vorübergegangen, daß ich, durchdrungen vom Geiste der Zeit, sie unbeachtet lassen könnte. Auch ich wurde von jener gewaltigen Bewegung ergriffen, als das deutsche Volk den alten schönen Traum von seiner Einheit und Freiheit zu verwirklichen gedachte; auch mich hat die Zeit gehoben und ich bin der allgemeinen Begeisterung für das höchste Gut der Sterblichen nicht ferngeblieben; auch ich habe den edlen Männern, welche ihre Kräfte, ihre Zeit, ihre staatliche Stellung, ja selbst ihr Vermögen, ihr Leben einer großen Idee geopfert, meine Bewunderung nicht versagen können. *1874*

Wirth in Homburg
Michail Krausnick

In Homburg spitzen sich die Ereignisse zu, als am 7. März das endgültige Verbot der »Tribüne« bekanntgegeben wird. Die Wut und Erregung in der Bevölkerung ist enorm. Vor allem junge Menschen sind bereit, die »Presse des Volkes« gegen das Militär zu verteidigen. Wirth druckt am gleichen Tag ein Flugblatt, mahnt zur Besonnenheit und kündigt passiven Widerstand an:
»An die Bewohner Homburgs.
Die Regierung hat beschlossen, wider unsere Pressen Gewalt zu brauchen. Man wird also die Thüren unserer Wohnung erbrechen, um die Pressen zu versiegeln. Diese Handlung wird mit Hilfe des Militärs morgen vor sich gehen. Wir haben zur Zeit nicht die Absicht, die widerrechtliche Gewalt mit Gewalt zu vertreiben, sondern wir wollen die Thüren erbrechen lassen, um zu beweisen, daß es auch in Rheinbaiern keinen Rechtszustand gebe. Dann

werden wir die Staatsbehörde auffordern, ihre Pflicht zu erfüllen, und den Beamten, welcher zur Erbrechung der Wohnung den Befehl ertheilt hat, in den Anklagezustand setzen lassen...
Damit aber durch voreilige Handlungen nicht der Zweck gestört werde, bitten wir alle Bürger Homburgs, und vorzugsweise die Jugend, morgen bei der gewaltthätigen Einbrechung der Thüren unserer Wohnung sich ganz ruhig zu verhalten und jede Gewaltthätigkeit zu vermeiden.
Homburg, 7. März 1832
Die Redaktion der deutschen Tribüne.
Wirth.«
In der folgenden Nacht wird er um 1 Uhr plötzlich aus dem Schlaf geweckt. Drei Männer wünschen ihn dringend zu sprechen. Es handelt sich um gute Bekannte, »Männer der entschiedenen Opposition«. Sie haben erfahren, daß gegen Wirth ein Haftbefehl vorliegt. »Die Bürger von Zweibrücken haben uns abgesendet, um Sie an einem sicheren Ort zu verbergen. Die Kutsche wartet schon unten vor ihrem Hause!« erklärt der Wortführer.
Doch Wirth zeigt sich verwundert: »Ich soll entfliehen? Entweichen von dem Kampfplatz im entscheidenden Augenblick?«
»Die Anklage betrifft aber hauptsächlich Ihre Aufforderung zur Bildung des Preßvereins und kann gefährlich werden!«
»Deßhalb soll ich feig davon gehen, und so indirekt das Geständniß ablegen, daß der Verein verbrecherisch sei? Wie können Männer mir so etwas zumuten?«
Wirth lehnt alle Fluchtangebote entschieden ab. Selbst der Brief »eines der angesehensten Oppositions-Mitglieder« kann ihn nicht umstimmen. Mit dem Code Napoléon in der Hand fühlt er sich sicher.
»Bei Anbruch des Tages zeigte sich auf den Straßen der Stadt bald eine gewisse Unruhe, bis es hieß: ›sie kommen, sie kommen!‹ In der That ritten um 9 Uhr Eskadronen Cheveaux-legers in Homburg ein, und stellten sich vor der Druckerei auf. Unmittelbar nachher erschien der Landkommissär, umgeben von 12 Gensdar-

men, und forderte sehr höflich die Oeffnung der verschlossenen Wohnung zum Zwecke der Versiegelung der Pressen ... [Wirth] stand im Erdgeschoß am geöffneten Fenster ... Mit Ruhe erklärte er, daß die Versiegelung seiner Pressen eine widerrechtliche, und selbst strafbare Gewaltthat sei, daß er sohin die Thüren nicht öffnen lassen werde. Während der Landkommissär den Befehl zur Erbrechung der Thüren ertheilte, und vollziehen ließ, las [Wirth] mit erhobener, starker Stimme die Stellen des französischen Gesetzbuches ab, welche solche Handlungen unter strenger Strafe verbieten.«

Dies ist das Ende der »Presse des Volkes«. Wirths Verhaftung allerdings findet erst zehn Tage später statt. In der »Tribüne« vom 18. März meldet Georg Fein, der stellvertretende Chefredakteur, unter der Schlagzeile »Fortschritte der Reaction in Baiern«:

»Das Langerwartete ist geschehen; der verantwortliche Haupt-Verfasser unserer Blätter J.G.A. Wirth sitzt in peinlicher Haft. Freitags, den 16. März durch einen Gensdarmen vom Mittagessen weg vor den Untersuchungsrichter gebracht, wurde er unmittelbar von dort in's Gefängnis geführt. Die Regierung beschuldigt ihn, durch den Artikel ›Deutschlands Pflichten‹ in Nr. 29 der Tribüne, und durch alle nachfolgenden Artikel, welche von der Unterstützung des deutschen Vaterlandsvereines handeln, zum gewaltsamen Umsturz der baierischen Staatsverfassung aufgefordert zu haben. Mit einem Worte: die Regierung beschuldigt ihn des Hochverraths!«. *1997*

Bin ich so unabhängig als irgend Jemand!
Felix Villeroy

Herr Wirth, Redacteur der deutschen Tribüne!
Gutsbesitzer, – Landmann, – bin ich so unabhängig als irgend Jemand! – habe ich meine Steuern bezahlt, so habe ich mit der Regierung nichts mehr zu schaffen; ich erwarte von ihr keinen Vortheil, keine Gunst, ich begehre nur den Schutz, welchen die Gesetze allen Bürgern gewähren müssen. –
Macht meine Stellung im Staat mich unabhängig, so hat doch Niemand mehr als ich, Unordnungen und gewaltsame Störungen zu fürchten. – Der Gedanke beschäftigte mich; ich besorgte, Sie möchten von den wenigen Aufgeklärten mißverstanden werden, ich befürchtete freche Zügellosigkeit und ihre Folgen. – Aber die Verhandlung Ihres Rechtsstreits mit der Regierung und die von dem Staatsprokurator aufgestellte Lehre, haben über meinen Entschluß entschieden. Wenn die Regierung behauptet, das Recht zu haben, Ihre Presse zu versiegeln, den Backofen des Bäckers zuzumachen, was wird sie abhalten, auch meinen Pflug zu versiegeln und das Joch meiner Ochsen? – Und wenn die Presse mit Beschlag belegt oder gar von Amtswegen zerschlagen ist, an wen wird alsdann der Unterdrückte seine Klagen richten? – Ihm bleibt nichts übrig, als die empörende Rechtsverletzung im Stillen hinunter zu würgen, und den milden Herrschern zu danken, wenn sie in Gnaden der Knute ihn würdigen. – Belieben Sie mich auf die Subscriptionsliste der freien Presse mit 4 fl. 40 fr. einzuschreiben.
Rittershof, den 21. Februar 1832.

Fayoum, Napoleons Pferd, bekam auf dem Rittershof das Gnadenbrot. Felix Villeroy, der Verehrer des Kaisers der Franzosen war, hatte es erworben.

Von Homburg nach Hambach im Leiterwagen
Adalbert Dilg

In Homburg hatte sich eine Gesellschaft von etwa 80 Personen beyderley Geschlechts gebildet um an dem Hambacher Fest Theil zu nehmen. Dieselbe rüstete vier Leiterwagen zur Fahrt dahin aus, und ließ dieselben gestern Abend auf den hiesigen Marktplatz bringen, von wo aus die Gesellschaft um Mitternacht abfahren wollte. Da die Hauptstraße über den Marktplatz führt, und zu erwarten stand, daß in der Nacht mehrere Fuhren von Zweybrücken und der Umgegend hierdurch passiren würde, so lies die Reisegesellschaft an die Eigenthümer der auf dem Marktplatz stehenden Häuser eine Anzahl Lichter mit der Bitte vertheilen, solche vor die Fenster zu stellen, damit während der Nacht kein Unglück durch Zusammentreffen der Wagen entstehen möge. Den vertheilten Lichtern fügten die Hauseigenthümer freywillig noch mehrere bey, einige in der auf den Marktplatz führenden Straße wohnende Bürger ahmten das Beyspiel nach und so entstand in kurzer Zeit eine Illumination, welche begünstigt durch die milde Nacht, nicht verfehlte, die ganze hiesige Bevölkerung herbey zu locken. Die größte Ordnung herschte anfänglich bey dieser hier seltenen Erscheinung. Nach allen Richtungen bewegten sich die einzelnen Gruppen und nirgens war eine Verletzung des Anstandes sichtbar. Von den Knaben und Jünglingen wurden mitunter einige der gegenwärtig üblichen Lieder gesungen woran die Erwachsenen durchaus keinen Antheil nahmen. Gegen Mitternacht aber zog ein Haufen Burschen und Dirnen auf den Markt und richteten daselbst unter kurzem Jubelgeschrey einen Fichtenbaum auf, gleich darauf war jedoch alles wieder ruhig und der Baum verlassen...

Nach Mitternacht reiste die hiesige Gesellschaft ab, eine viertel Stunde darauf, fuhr auf drey Wagen die zu dem Feste sich begebende Gesellschaft von Zweybrücken, durch die Stadt, worauf hier alsbald die Menge sich nach Hause begab. Der gehorsamst unterzeichnete, welcher öfters den Marktplatz und die Straßen durchkreuzte, und mit dem Bürgermeister-Amte das Gemeindehaus erst nach eingetretener vollkommener Ruhe verlies, bemerkte nirgends eine Reibung, welche zu Raufereyen oder Beleidigungen einzelner Privaten hätte Anlaß geben können. Da durchaus kein Attentat auf die Sicherheit der Personen und des Eigenthums versucht wurde, so hatte die Polizeybehörde keinen Anlaß zu directem Einschreiten. *1832*

Der Deutschen Mai
Philipp Jakob Siebenpfeiffer
Gesungen nach der Melodie von »Schillers Reiterlied« von 300 Handwerksburschen zum Auftakt des Hambacher Festes am 27. Mai 1832

Hinauf Patrioten! Zum Schloß, zum Schloß!
Hoch flattern die deutschen Farben:
Es keimet die Saat und die Hoffnung ist groß,
Schon binden im Geiste wir Garben.
Es reifet die Ähre mit goldnem Rand,
Und die goldne Erndt' ist das Vaterland.

Wir sahen die Polen, sie zogen aus,
Als des Schicksals Würfel gefallen;
Sie ließen die Heimath, das Vaterhaus,
In der Barbaren Räuberkrallen:
Vor des Czaren finsterem Angesicht
Beugt der Freiheit liebende Pole sich nicht.

Auch wir, Patrioten, wir ziehen aus
In festgeschlossenen Reihen;
Wir wollen uns gründen ein Vaterhaus,
Und wollen der Freiheit es weihen:
Denn vor der Tyrannen Angesicht
Beugt länger der freie Deutsche sich nicht.

Die Männer strömen aus jeglichem Gau, –
Nur Brüder umfassen die Gauen –
Zu legen die Hand an den Wunderbau:
Ein Deutschland gilt es zu bauen;
Wo deutsche Männer, da sind wir dabei,
Wir erheben ein Deutschland, stolz und frei.

Was tändelt der Badner mit Gelb und Roth,
Mit Weiß, Blau, Roth Baier und Hesse?
Die vielen Farben sind Deutschlands Noth,
Vereinigte Kraft nur zeigt Größe:
Drum weg mit der Farben buntem Tand!
Nur eine Farb' und ein Vaterland!

Wenn Einer im Kampfe für Alle steht,
Und Alle für Einen, dann blühet
Des Volkes Kraft und Majestät,
Und jegliches Herz erglühet
Für ein einiges Ziel, für eine einziges Glut:
Es brennet der Freiheit, des Vaterlands Gut.

Drum auf, Patrioten! Der Welt sei kund,
Daß eng, wie wir stehen gegliedert
Und dauernd wie Fels der ewige Bund,
Wozu wir uns heute verbrüdert.
Frisch auf, Patrioten, den Berg hinauf!
Wir pflanzen die Freiheit, das Vaterland auf. *1832*

Über die »Excesse« in der Homburger Gegend
Johann Christian Chelius

Die politische Bildung emonierte bisher von einigen Wirtshaussitzern und sich selbst nicht verstehenden Zeitungslesern so, daß die absurdesten und irrigsten Begriffe der politischen inneren Rechtsverhältnisse der Einwohner zu dem Staate Eingang fanden ... Auf gleicher Stufe steht die wissenschaftliche Bildung ... Seit dem Monat Juli 1830, insbesondere aber in den Jahren 1831 und 1832 ist die gute Ordnung in einzelnen Gemeinden des Bezirks öfters durch einzelne Excesse gestört worden, welche durch künstlich hevorgerufene politische Aufregung veranlaßt wurden. Diese Excesse, in denen indessen die große Mehrheit keinen Anteil nahm, hören jetzt auf, immer gibt es indessen noch Leute, die durch physisch-moralische oder oeconomische Unbehaglichkeiten gedrängt, die ihnen selbst unklaren Ursachen ihres Zustandes der Regierung aufbürden, und andere sonst gleichgiltige Personen, zu Teilhabern ihrer Unzufriedenheit zu werben suchen. Afterpolitische Zeitungsleser auf dem Lande, Wirtshausgänger und Städte besuchende Faulenzer sind die Anreger und willigen Teilnehmer dieser Klasse der Unzufriednen. Es bedarf indessen nur einer consequenten von der richterlichen Gewalt unterstützten Festigkeit, um diese Menschen ohne große Mühe in Schach zu halten ... Im allgemeinen ist Ehrlichkeit ein Grund-Charakterzug der Bewohner des Land-Comm[issariats] und heftige Leidenschaften werden selten angetroffen.

... Der Handwerker, welcher sein Geschäft gut versteht und fleißig ist, findet ein Auskommen. Andere, welchen die Kunstfertigkeit abgeht und wieder andere bei denen die Betriebscapitalien nicht ausreichen, weniger ... Die bei weitem größte Anzahl der Dienstboten wird bei der Landwirtschaft verwendet. Ihre Sitten sind meist rauh und ihre Bildungsstufe sehr niedrig. Der Grund ihres Charakters ist jedoch Gutmüthigkeit und Ehrlichkeit, wenn

Johann Christian Chelius hatte unter allen Landräten in Homburg die längste Amtszeit. 37 Jahre lang stand er an der Spitze der Kreisverwaltung.

auch Ausbrüche roher Leidenschaftlichkeit keine zu seltenen Erscheinungen sind. Das in den Städten dienende Gesinde ist schon abgeschliffener, gewandter, allein auch viel verdorbener und mit den Unsitten und Lastern vertraut. Das ständige Wachsen der Bevölkerung führt zu immer zunehmender Armuth. *1833*

Ein Grab im Exil
Martin Baus

Ste. Ruffine ist ein kleines Dorf in Lothringen, im Département Moselle genauer gesagt. Hoch über der Mosel gelegen, bietet sich von dort aus ein herrlicher Blick über das Flusstal hinunter auf Metz, die uralte Metropole der Mediomatriker, eines Keltenstamms. Eine alte Kelter am Schulhaus, das gleichzeitig auch »Mairie« ist, Bürgermeisteramt also, erinnert daran, dass der Weiler mit seinen stattlichen Gutshäusern einst vom Weinbau geprägt war. Eines dieser Weingüter bewohnte Friedrich Schüler. »Advokat aus Zweybrücken« wurde er zeit seines Lebens genannt, obwohl er die meiste Zeit seines Lebens nicht in Zweibrücken weilte. Vier Jahrzehnte verbrachte er in Ste. Ruffine, seinem französischen Exil, und hier starb er auch, am 26. Juni 1873 im Alter von nächst 82 Jahren. Schülers Grab wurde erst kürzlich (wieder)entdeckt, Mitarbeiter der Homburger Siebenpfeiffer-Stiftung fanden es auf dem kleinen versteckten katholischen Friedhof an der Dorfkirche, die immer verriegelt ist. In Ste. Ruffine weiß keiner mehr etwas von Schüler, Bürgermeister Wannenmacher nicht und auch nicht Perle Mercy, die ältere, aber sehr agile Dame, die sich sonst so gut in der Lokalgeschichte auskennt. »Ancien Deputé de Bavière« steht dabei auf seinem Grabstein: Ehemaliger Abgeordneter von Bayern in der Frankfurter Paulskirche ist er schließlich gewesen, jenem ersten demokratisch gewählten Parlament von Deutschland gehörte er vom Anfang bis zum Ende an. In den Jahren 1848/49 formulierte diese »Nationalversammlung« eine demokratische Verfassung, die bis heute nichts von ihrer Aktualität eingebüßt hat. Um diese Verfassung durchzusetzen, riskierte Friedrich Schüler Kopf und Kragen, wurde für kurze Zeit sogar Deutschlands Innenminister. Seine ehemaligen Kollegen am Zweibrücker Appellationsgericht machten kurzen Prozess mit ihm, verurteilten ihn zum Tode. Bevor sie ihn aber auf dem Zweibrücker Marktplatz aufknöpfen konnten, war Schüler schon über alle Berge im sicheren französischen Exil. »Das laute Bekennen edler Grundsätze ist seltener eine Bürgschaft als ein Surrogat für die Anwendung derselben«, hatte Schüler am 27. April 1849 seine Kritik am widersprüchlichen, ja feigen Verhalten vieler seiner Abgeordneten-Kollegen ins Parlaments-»Stammbuch« geschrieben. Dass er aller Gefahr zum Trotz unbeirrbar an den demokratischen Forderungen festhielt, sollte sogar juristische Konsequenzen der besonderen Art nach sich ziehen. Während ausnahmslos alle bayerisch-pfälzischen Revolutionäre der Jahre 1848/49 zumindest theoretisch und zumeist auch praktisch in den Genuss der Amnestie kamen, zum Tode verurteilte und deswegen geflüchtete »Freischärler« nach ihrer Rückkehr in aller Regel postwendend von allen Vorwürfen freigesprochen wurden, hielt sich eine zornige bayerische Regierung in Sachen Schüler den Rücken frei und alle Optionen offen: Eine »Lex Schüler« wurde eigens erlassen, die jedwede Gnadenbezeugung oder jedweden Freispruch a priori ausschloss und auf jeden Fall den Vollzug der Todesstrafe einforderte. Dass er derlei Sonderbehandlung erfuhr, kam nicht von ungefähr, hatte er doch zuvor der bayerischen Regierung das Leben schwer gemacht. Als Abgeordneter im Münchener Landtag, ein Mandat, das er neben der Paulskirche auch noch ausübte, hatte er im Februar 1849 eine Rede über die Rechtsgültigkeit der Grundrechte gehalten, wobei er nach dem Augenzeugenbericht eines Zeitgenossen »die Argumente der Minister und übrigen Gegner der Paulskirchenverfassung zerbröckelte und zermalmte«. Die Minister erklärten danach ihren Rücktritt. Als er obendrein auch noch nachweisen konnte, dass Staatsgelder ohne Zustimmung des Landtages an Griechenland vergeben worden waren, löste der bayerische König Max II. kurz-

erhand den Landtag auf, um weiteren Prestigeverlust für die Regierung zu verhindern. Populär wie kein anderer war er nicht allein deswegen, zumal in jener Zeit im Vorfeld des Hambacher Festes 1832, als Zweibrücken für einige Monate plötzlich das pulsierende Zentrum der deutschen Demokraten war und Journalisten aus vielen deutschen Landen in die Westpfalz kamen, um die demokratische Feder zu führen. Das erste »Schülerfest« am 29. Januar 1832 sollte zur Gründung des »Preß- und Vaterlandsvereins« werden, jener überregional bald 5.000 Mitglieder zählenden Organisation, die sich den Kampf für Pressefreiheit auf die Fahnen geschrieben hatte. Immer kultartiger wurde Schülers Verehrung: Fortan tauften Zweibrücker Eltern ihm zu Ehren ihre Söhne Friedrich. Auf dem zweiten »Schülerfest« am 6. Mai 1832 wurde das Hambacher Fest, das drei Wochen später die Massen anzog, generalgeprobt. Ein »Ehrenbecher« wurde ihm bei diesem Anlass überreicht, ein prächtiger silberner Pokal, zu dessen Finanzierung die Bevölkerung zu Spenden aufgerufen wurde. Aber auch bei dieser symbolischen Aktion unter der Regie von Siebenpfeiffer wurde strengstens auf demokratische Grundsätze geachtet: Der Höchstbetrag je Spende wurde auf maximal sechs Kreuzer festgesetzt, damit möglichst viele an dieser Kampagne teilnehmen konnten. 2.000 Spender brachten schließlich die erforderliche Summe auf. In den Pokal war folgende Inschrift eingraviert: »Dem / Volks-Vertreter Schüler / die / dankbaren Verehrer / seiner Verdienste / 1832«. Das Objekt war 1993 aus langer Versenkung wieder aufgetaucht und antiquarisch feilgeboten worden. Wiederum zahlreiche Sponsoren sorgten dafür, dass der Kauf des »Ehrenbechers« zustande kam und dieser der Ausstellung auf dem Hambacher Schloss beigefügt wurde. Neben anderen einzigartigen »Reliquien« aus der Hambacher Zeit wurde der Pokal 1999 aus der neuen Ausstellung gestohlen und gilt seither als verschollen.
Der Großdemonstration von Hambach, zu der bekanntlich rund 30.000 Menschen auf die Burgruine bei Neustadt an der Weinstraße kamen, um Freiheit, Demokratie »und ein einig Vaterland«

einzufordern, stand Schüler persönlich reserviert und kritisch gegenüber – obwohl er zusammen mit dem vom Dienst suspendierten Homburger »Landcommissär« Philipp Jakob Siebenpfeiffer (1789-1845) und dem liberalen Journalisten Johann Georg August Wirth (1798-1848) das Ereignis vorbereitete und obwohl es seinem juristischen Sachverstand zu verdanken war, dass das anfängliche Verbot der Demonstration von Regierungsseite zähneknirschend wieder aufgehoben werden musste.

Geboren am 19. August 1791 im südwestpfälzischen Bergzabern, hatte Schüler in Straßburg und in Göttingen Jura studiert. Um das Jahr 1820 siedelte er nach Zweibrücken über, wo er als »Advokat« am besagten höchsten Gerichtshof der Pfalz tätig war. 1824 heiratete er – nicht in seinem Wohnort Zweibrücken, sondern in Metz – Anatholie Salmon, die Tochter eines wohlhabenden »Domäneneinnehmers« aus dem lothringischen Conflans-en-Jarnisy unweit Metz, eine Eheschließung, die ihm auch wirtschaftliche Unabhängigkeit brachte. Zwei seiner drei Töchter kamen zwar in Zweibrücken zur Welt, wo aber genau sich seine Behausung befand, ist bis heute ungeklärt. In der »Herzogsvorstadt«, in der eine ganze Reihe von Kollegen aus dem Juristenmilieu wohnten, jedenfalls nicht. Es war schon Mai 1832, als er in der oberen Vorstadt ein repräsentatives, ehemaliges Adelshaus erwarb. Aber bereits im Juni ergriff er die Flucht, sollte 16 Jahre lang Zweibrücken nicht mehr betreten. Das Haus gehörte ehedem dem pfalz-zweibrückischen Finanzminister von Creuzer, heute dient das Objekt in der Maxstraße als Jugendzentrum. Auch eine andere Immobilie nannte er sein eigen: den »Geistkircher Hof« nämlich, gelegen an der Kaiserstraße zwischen Rohrbach und Kirkel-Neuhäusel auf der Gemarkung der Gemeinde Hassel. Zu dem Gehöft gehörten Ackerland, Wald und weitere Güter mit einer Gesamtfläche von »1.630 Morgen«; vorheriger Besitzer war im übrigen kein Geringerer als Felix Villeroy (1792-1881), der fortschrittliche und liberale Landwirt vom Rittershof. Unmittelbar nach dem Hambacher Fest und der postwendend einsetzenden »Demokratenhatz« ergriff Friedrich Schüler die Flucht, um sich der absehbaren Verhaftung zu entziehen. Für gut

16 Jahre sollte es ihm von nun an verwehrt bleiben, deutschen Boden zu betreten. Die Zeit seines »1. Exils« in Ste. Ruffine über Metz war er indes alles andere als untätig, agitierte vielmehr als Dreh- und Angelpunkt der verfolgten deutschen Demokraten in Frankreich. So sagen es zumindest die Berichte jener deutschen Spitzel aus, die zu seiner Beobachtung abgestellt waren: »Schüler, der Repräsentant der französischen Partei für Rheinbayern und Rheinpreußen, der Befreundete fast aller Komiteechefs der geheimen Gesellschaften in Frankreich, ist fortwährend als antipreußischer und antibayerischer Agitator tätig. Sein Wirkunskreis ist der Patriotenverein in Metz, welcher auf die Umgebung und auch das Triersche und Rheinbayerische Einfluß ausübt. Dieser Patriotenverein hat seine Zweigstellen in einer Reihe lothringischer Orte, die ihrerseits in Verbindung stehen mit den pfälzischen und rheinpreußischen Grenzorten«, heißt es etwa in einem Agentendossier aus dem Jahr 1839. Nach 1849, in Schülers zweitem und nunmehr endgültigen Exil, finden sich derlei Meldungen nicht mehr: Offenkundig frustriert über die scheinbar unabänderlichen politischen Zustände lebte Schüler nun zurückgezogen auf seinem Weingut.

Rund um den Hambacher Platz sind die Zweibrücker Wegbereiter für Freiheit und Demokratie in Straßennamen vereint. Dass »Schülers Straße« ausgerechnet auf die »Galgenbergstraße« zuläuft, aber letztlich nicht dort ankommt, entbehrt angesichts dieser Biografie nicht einer gehörigen Portion Symbolik. »Der Mann unseres Vertrauens ist keinen Schritt zurückgewichen, so oft es galt, unsere Rechte zu vertheidigen. Er, mit seinen wackern Kampfgenossen, hat uns bewiesen, daß wir noch nicht an uns selbst verzweifeln dürfen und daß es noch Männer gibt, welche die Freiheiten des Volkes nicht um ein farbiges Kopftuch oder eine fette Pfründe verhandeln«, hatte Daniel Pistor, ein anderer »Hambacher« und später Begründer der Zeitung »Le Monde« in Paris, die unbeirrbare Unbestechlichkeit von Friedrich Schüler charakterisiert. Jahrzehnte des Exils und der Verfolgung hatte der Wegbereiter der Demokratie in Deutschland dafür in Kauf zu nehmen. *2003*

Der Böckweiler Jakob mit dem Heckerhut
Friedrich Daniel Vogelgesang

Als im Februar 1848 die Revolution in Frankreich ausbrach, pflanzte sich die revolutionäre Bewegung auch bei uns bis in die kleinsten Dörfer fort. Überall wurden Versammelungen gehalten, Blätter und Flugschriften gelesen, alle möglichen und unmöglichen Freiheiten verlangt. Das Militär sollte in Wegfall kommen, eine Miliz, eine Bürgergarde sollte das Land von der Regierung befreien und gegen den Feind schützen. Man nannte diese Zeit bei uns die Heckerzeit nach dem badischen Advokaten und Umstürzler Hecker. Es wurde wenig gearbeitet. Männer und Bursche[n] exerzierten wöchentlich ein paarmal, doch ohne Waffen. Sogar wir Schulknaben wurden von einem bankerotten Ackerer namens Georg Wolf draußen im Allmendsweg in Märschen und andern körperlichen Bewegungen geübt. So nahm die große Bewegung unter der Mehrzahl der hiesigen Bewohner zu. Es wurden auch Versammelungen im Schulhause gehalten, wobei die Lehrer Orschiedt von Hengstbach und Decker von Mitte[l]bach Ansprachen und Vorträge gegen die kgl. Regierung hielten. Der in seinen Vermögensverhältnissen zurückgekommene Ackerer Ludwig Brill 3. wurde zum Präsidenten, Heinrich Daniel Trier zum Bürgermeister gewählt, während bisher Famerii von Altheim der von der kgl. Regierung bestätigte langjährige Bürgermeister war. Unser alter Nachbar und Namensvetter Jakob Vogelgesang sagte damals zu meinem Vater, als er bei der Wahl nicht einmal Gemeinderate wurde: »Glücklich ist der Mann, der ohne Amt stirbt!«

Mein Vater und einige katholische Bürger blieben der bestehenden rechtmäßigen Regierung treu. Er hatte den großen Krieg unter Napoleon I. erlebt und sagte immer: Wenn nur 25 Mann reguläres Militär in ein Dorf einrücken, muß alles gehorchen. Auch um Gottes willen, wie schon sein Vater vor der großen Französischen Revolution, stand er fest zu dem bayer. Herrscherhause und bekämpfte den Umsturz in seinem Kreise, wo und wie er konnte. Als 1849 die Wogen der Revolution in der Pfalz und in Baden, auch im nahen Hornbach immer höher gingen, flüchtete der alte Staatsförster Seegmüller von dort hierher zu seinem Sohn, meines Vaters Schwiegersohn, in unser Haus. Da wegen Einsetzung der provisorischen Regierung in Kaiserslautern am 2. Mai 1849, wozu Daniel Trier und Jakob Wolf (Krüwell) von hier mithalfen, das königl. Schullehrerseminar geschlossen wurde, kam auch mein Bruder Jakob nach Hause. Er setzte mit einem Heckerhute namentlich die Mutter in Schrecken, als sie ihn damit ankommen sahe. Er und die beiden Seegmüller, welche Frau und Kind im Stich lassen wollten, machten Pläne zur Flucht ins nahe Frankreich. Das gab aber mein Vater nicht zu. Er sagte: »Mein Haus ist meine Burg!« Zwei Gewehre, mehrere Äxte und Heugabeln standen bereit zur Verteidigung gegen die Freischaren. Unser Getüch, Zinn und andere Wertsachen waren im Hehlloche zwischen Keller und Kammer im 2. Stock versteckt.

Via Bexbach marschierte am 13. Juni 1849 preußisches Militär in die Pfalz ein. Binnen vier Tagen wurde die »Pfälzische Revolution« niedergeschlagen.

Aus den beiden pfälzischen Festungen Landau und Germersheim entflohen auf die Verlockung der Volksverführer zahlreiche bayer. Soldaten mit Sack und Pack. Jakob Weinmann von hier, später langjähriger Polizeidiener hier, kam als Korporal im 6. bayer. Infanterieregiment aus Landau nach Hause; Christian Hunsicker von hier, Unteroffizier dort im 9. bayer. Infanterieregiment blieb aber fest, als ihn ein Offizier bei seiner Fahnenflucht mitnehmen wollte. Als dieser später reumütig zurückkehrte, sagte er zu Hunsicker: »Wäre ich bei ihnen geblieben.«

Als Aristokrat und Königstreuer war mittlerweile mein Vater der provisorischen Regierung angegeben und ein Verhaftsbefehl von derselben gegen ihn ausgestellt worden. Da rettete ihn eine ausbrechende Krankheit, eine starke Lungenentzündung, in welcher ihn Dr. Dick, Bezirksarzt in Hornbach, später Direktor der Irrenanstalt in Klingenmünster, erfolgreich behandelte. So konnte er nicht fortgeführt werden wie Steuereinnehmer Horn in Altheim, der aber unterwegs ausriß. Als er wieder gesund war, hatte sich die provisorische Regierung in alle Winde zerstreut. Als die Preußen in die Pfalz einrückten, tröstete er die sich vor denselben fürchtenden Bewohner mit der Versicherung: »Jetzt gibts wiede[r] Friede, Ruhe und Ordnung.« Bei Homburg am Gedünner trafen die von Neunkirchen einrückenden Preußen auf die Freischaren, welche vor ihnen ausrissen. Unter ihnen waren Herren aus Zweibrücken, wie Weinwirt Wildt an der Ecke der Fruchtmarkts- und Bergstraße und andere, welche sich über hier zu Fuß nach Saargemünd in Frankreich flüchteten. Die Heckerhüte und Blusen hatten sie abgelegt. An unserer Kirche links verfehlten sie den Walsheimer Pfad und kamen rechts auf unser Haus zu und fragten nach dem Weg. Ich als zwölfjähriger Junge zeigte ihnen denselben. Es war gut, daß unser Schmied Nehlig, ein Trotteler und Zauderer, wie Dichter Joh. H. Voß in der Luise sagt, die Spieße zur Volksbewaffnung nicht zur rechten Zeit fertig hatte, darum waren die hiesigen Bursche[n] zu Hause geblieben und nicht zur Volkswehr, wie anderwärts, eingerückt.

Als nach dem Putsch das bayer. Militär hier einrückte, flohen die Helden, die in Kaiserslautern waren, in das nahe Hinterrodenbühl. Nachdem die Soldaten vom Adjunkten G. Weinland, der auch wieder in seine Stelle einrückte, mit Wein regaliert waren, zogen sie nach Bliesdalheim, wo der Hauptschreier, Nagelschmied Coutourier, von ihnen mit Stockprügeln gestillt wurde. Später mußten alle Gewehre der Einwohner auf den Bürgermeisterei- ämtern eingeliefert werden. Als da der alte Johannes Schunck von hier, der die Schlacht bei Leipzig 1813 mitmachte, sein Jagdgewehr beim Einliefern durch das Dorf in der Luft herumschwenkte, rief er: »Jetzt Hepp, Schreiner, Greiner.« Diese waren nämlich Mitglieder der provisorischen Regierung der Pfalz. Sie hatten ›freiwillige‹ Beiträge und Zwangssteuern von den wohlhabenden Bürgern und Bauern erhoben. So ging die Bewegung vorüber und kam alles wieder ins alte Geleise. Mein Vater ging wieder in seine Schule, trotzdem man ihn hier durch einen hiesigen jungen Lehrer namens Philipp Trier ersetzen wollte. Er war damals in

Ixheim, später in Zweibrücken angestellt und wurde dort schließlich als Spitalschaffner pensioniert. Der Präsident Brill aber kam immer mehr in Vermögensrückgang, trotz oder vielmehr wegen Anwendung von Sympathie bei an der Fallsucht Erkrankten, so daß er viermal Grundstücke versteigern lassen mußte, bis alles fort war. Jakob Wolf mußte auch 1857 Schulden halber nach Nordamerika auswandern. *vor 1920*

Der Krieg 1870 an der westpfälzisch-französischen Grenze
Josef Weiß

Als der erste Schrecken der Bewohner Reinheims sich gelegt hatte und jedermann die »Häupter seiner Lieben« zu zählen begann, da zeigte es sich, daß im ganzen Dorfe trotz des unmäßigen Feuers nicht ein Huhn getroffen worden war, obwohl fast jedes Haus Kugelspuren aufwies und selbst über die Dächer hinweg bis über die Weinberge oberhalb des Dorfes Geschosse geflogen waren.
Das eingerückte französische Militär machte einen ziemlich malpropren Eindruck. Es bestand aus dem 61. Linien-Infanterie-Regiment (gegen 3.000 Mann) von der II. Brigade (Nicolas-Nicolas), der ersten Division Goze, des 5. Korps (Failly) und ungefähr drei Eskadronen (zu beiläufig 600 Mann) ausschließlich mit Schimmeln berittener Lanciers vom III. Lancierregiment der Brigade de la Mortière der Division Brahaut; vor dem Dorfe soll Artillerie aufgefahren gewesen sein. Die Eroberer lagerten sich genügsam auf dem Straßenboden und mit Vorliebe auf dem weichen Pfühl der vor den Häusern im Bliestal bodenständigen Misthaufen! Die Sonne brannte sehr heiß. Um die sengenden Strahlen von ihrem kriegerischen Nacken abzuwehren, hatten die Herren Offiziere ein weißes Tuch rückwärts unter dem Käppi hängen; eine Maßregel, die auch bei den Gemeinen vielfach Nachahmung fand vermittelst ihres bunten Taschentuches, oder,

feiner, eines weißen Fließpapieres. Die Tschapkas der Lanciers sahen aus, als wären sie in aller Eile mit weißem Zwirn zusammengeflickt worden. An allen Straßenecken standen Posten. Fortwährend schmetterten Signale oder zogen Ulanenabteilungen durch die Gassen. Ähnlich wie zu Saarbrücken bildete auch hier das erste ein Massenangriff auf alle Wirtshäuser, Bäcker und Fleischerläden, um ›einen Heißhunger zu stillen, der der namenlosen Erbärmlichkeit der französischen Intendantur entsprach‹. Dabei war die Haltung der Truppen jedoch, von verschiedenen Betrunkenen und Widersetzlichen abgesehen, im ganzen gut und es ergab sich kein schwerer Anlaß zur Klage. Gar mancher Soldat verkaufte oder verschenkte den großen runden Leib Weißbrot, den er auf seinem Tornister trug, oder tauschte ihn um gegen einen Bund Rollentabak zum Kauen oder zum Rauchen; hie und da erstand sich einer ein Geflügel, das er triumphierend an die Seite seines Tornisters wie eine Jagdbeute hängte. In den Wirtshäusern trank man fleißig »Kirsch« und »Quetsch« (Kirschen- und Zwetschgengeist). Mancher kam auf das Bureau meines Vaters, der Zolleinnehmer war und aus Fürsorge für die fiskalische Kasse das Amtsschild eingezogen hatte, und begehrte einen Brief zu schreiben, und etliche meldeten freudig nach Hause, daß sie nunmehr bald am Rhein seien.

Die Offiziere bummelten Arm in Arm lorgnettierend und Zigaretten qualmend durch die Straßen und verteilten aus ihren Taschen Süßigkeiten an die Straßenjugend oder ließen sich Zucker für ihre Pferde geben.

Das Benehmen der Bevölkerung wurde mißtrauisch überwacht und ein biederer Bauersmann, der zum Schutze gegen die glühende Augustsonne die Fensterläden geschlossen hatte, kam in die peinliche Lage, sich von dem schlimmen Verdacht einer absichtlichen feindseligen Kundgebung gegen die Sieger reinigen zu müssen. Als etwas sehr voreilig erwiesen sich verschiedene Bliesbrücker. Sie zogen – in Hausschuhen (!) hinter den Eroberern in Reinheim ein und bemühten sich, in allen Häusern die Unterwerfung unter Frankreich zu verkünden – »jetz binn Ihr wie mir« (= jetzt seid Ihr wie wir) – deß zu wahrer Urkund sie sogleich den bayerischen Grenzpfahl als Trophäe vorzeigten, den sie beim Herübermarsch ausgerissen hatten, sowie sie auch an der Blies bündelweise die Weiden abschnitten mit der stolzen Begründung: »Mir hann jetzt zwo Bänn«! (wir haben jetzt zwei Gemarkungen.) Wenn nun auch, abgesehen von kleinen Zwischenfällen, kein ernstlicher Anlaß zu Klagen über das Gebahren der Besatzung erwuchs und alles sozusagen im »schönsten Frieden« ablief, so war man doch trotzdem froh und atmete erleichtert auf, als auf einmal um 4 Uhr nachmittags plötzlich zum Sammeln geblasen wurde und der Rückzug nach Bliesbrücken in aller Eile erfolgte. So endete ohne Blutvergießen die Einnahme Reinheims. Die Jugend des Dorfes aber, welche sich am Vormittage schon als Bratenschmor zwischen den Zähnen der welschen Barbaren gefühlt hatte, verspeiste am Abend mit viel Behagen geschenktes französisches Weißbrot, Zwieback und französische Bonbons. Gar eine rauhe Kriegskost!

Gleichzeitig mit dem Vorstoß der Franzosen gegen Reinheim war weiter am untern Laufe der Blies ein solcher gegen Habkirchen erfolgt. Dort schiebt sich von Westen gegen Osten zwischen den beiden lothringischen Dörfern Folpersweiler auf der Höhe und Frauenberg im Tal ein Hügel vor, der jäh ins Bliestal abfällt. Unmittelbar an seinem Fuße, links der Blies, zieht sich das lothringische Dorf Frauenberg hin, rechts der Blies das pfälzische Habkirchen. Dieser Hügel, von Habkirchen etwa acht Minuten entfernt, bietet einen weiten Ausblick gegen Bitsch, nach Osten ins Bliestal, nach Norden gegen Ensheim in der Pfalz. Er ist zum Vorpostendienst wie geschaffen, und deshalb war auch daselbst gleich nach der Kriegserklärung ein französischer Vorposten aufgezogen, der einzige in der ganzen Umgegend. An jenem 2. August überschritt ein französisches Rekognoszierungskorps von etwa 8.000 Mann dort ebenfalls die Grenze und zog an Habkirchen vorbei, teils links nach dem pfälzischen Bliesmengen, teils geradeaus nach dem pfälzischen Bebelsheim bis halbwegs Wittersheim, teils auf den zwischen Habkirchen und Reinheim liegenden »Berg«. Ein Gersheimer Müller, der bei Bliesmengen Getreide gekauft hatte und auf dem Heimweg über den Berg begriffen war, geriet da mitten in den französischen Truppenteil. Er wurde vor einen Leutnant geführt, der ihn ausforschte und ihm unter Drohungen, daß sie alle Preußen massakrieren würden, erklärte: »Avant l'écoulement de huit yours vous serez citoyen francais! Il faut que vous preniez notre partie et que vous disiez la vérité!« (Vor Ablauf einer Woche werden Sie französischer Bürger sein! Sie müssen zu uns halten und die Wahrheit sagen.) Schließlich aber ließ man ihn seinen Heimweg fortsetzen. In Bebelsheim wurde an diesem Tage der erste französische Gefangene gemacht, ein französischer Infanterist, der beim Rückzug seiner Truppe nicht nachgekommen war. Der Straßenwärter Ludwig Ernst von Bebelsheim traf ihn an und beredete ihn, mit in die Dorfwirtschaft zu gehen, wo man ihn so lange hinhielt, bis die erwartete Patrouille vom preuß. Dragoner Regiment Nr. 5 von Blieskastel herzugekommen war, die ihn dann nach Blieskastel brachte, nachdem man ihm die Hosenträger von den Hosen genommen und die Knöpfe an diesen abgeschnitten hatte, »so daß er neben dem Dragoner hertrippelnd die Hosen mit beiden Händen zum Gaudium der Jugend, die ihm noch eine weite Strecke das Geleite gab, halten mußte.« Der Dragoner-Unteroffizier Peter Metzler aus Hattersheim erhielt für diesen Fang das Eiserne Kreuz.

Kaum waren die letzten Franzosen wieder über das Weichbild Reinheims hinüber, da erschienen von neuem – die preußischen Dragoner vom Vormittage und folgten in knapper Entfernung den Abziehenden. Sie waren, ebenso wie die ihnen nachrückenden Franzosen, mittags nicht weiter als über Gersheim hinausgeritten, auf eine Anhöhe hinauf, die mit Buchenwald bewachsen ist, in dessen Schatten sie Posto faßten und ungestört den ganzen Verlauf der französischen »Eroberung« beobachteten. »Sischtes, do sinn se schunn wirrer, die Deifinker! Sie ginn kä Ruh, bis se die Franzose nochemol erüwer locke!« (Siehst du es, da sind sie schon wieder, die Teufelskerle. Sie geben keine Ruhe, bis sie die Franzosen noch einmal herüberlocken!) So meinten ärgerlich die Reinheimer, als sie nach dem Abmarsch der Franzosen, um die Tageserlebnisse auszutauschen, vor den Häusern zusammentraten und die dreisten Reitersleute mit übermütigem Zurufe an ihnen vorbei dem Feinde nachtrabten.　　　　　　　　　　　　　　　　*1915*

Unter der Wittersheimer Friedenseiche
Jakob Ackermann

Am 12. März 1871 wurde das Friedensfest gefeiert. Am alten Schulhaus wurde die Friedenseiche gepflanzt, wobei der damals hier stationierte Oberförster Kaspar Mack die Festrede hielt. Auf dem Krähberg wurde bei einbrechender Dunkelheit das Friedensfeuer gebrannt, wobei unser Lehrer Ries mit uns Schuljungen die Gesänge und Vorträge leitete. Ich sehe uns noch heute unter seiner tüchtigen Leitung um das Feuer stehen und singen: »Lieb' Vaterland, magst ruhig sein ... « und das Lied »Hinaus in die Ferne ... «. Ich höre heute noch die Vorträge wie »Des deutschen Knaben Tischgebet«, welches er einübte, sowie seine begeisterten vaterländischen Reden und Aufmunterungen. Herr Lehrer Nickolaus Ries war ein tüchtiger, braver Mann. Mir ist er unvergeßlich. Als einige Tage die loth. Bauern mit Kohlen an der Friedenseiche vorbeifuhren, sagten sie: »So wenig, wie die wächst, bliwe mir ditsch!«　　　　　　　　　　　　　　　*vor 1937*

»Kind, spar Brot« - Erster Weltkrieg in Altstadt
Karl Germann

Es ist Juli 1914. Die Stimmung ist äußerst ungemütlich. Es liegt etwas in der Luft. Von dem sonst so üblen Gerede, mit dem man sehr oft seinem Ärger Luft macht, indem man sagt: »Ach, wenn es nur einmal losgehen würde« hört man jetzt nichts mehr. Das »Losgehen« scheint zum Greifen nahe. Mit Spannung erwartet man die Zeitungen. Man erkundigt sich über den Ursprung der umlaufenden Gerüchte. Die Militärpässe werden nachgesehen, Tag und Stunde des Gestellungsortes nochmals in das Gedächtnis eingeprägt. Auch werden sonst die Dinge geordnet, die sich nicht hinausschieben lassen. Wer erst am 10. oder an einem noch späteren Gestellungstag sich zu melden hat, wird ausgelacht. Aktiv, meint man, könne sich dieser am Krieg kaum noch beteiligen. Man hat so das Gefühl, daß es diesmal wirklich »losgehen« wird. In den Wirtschaften glaubt einer vom anderen erfahren zu müssen, wo man ihn wohl hinstecken würde, welche Aufgaben man ihm stellen mag. – All dies waren Dinge, die innere Unruhe hervorriefen. Einige Frauen ergänzten heimlich ihre Vorräte an Lebensmitteln. Einige Pfunde an Reserven sollten über die Kriegszeit und im Falle der Not hinweghelfen. In den Geschäften hörte man so, daß »Dieser« oder »Jener« stark gehamstert habe. Dagegen Schluß des Monats – Kriegserklärung und Mobilmachung. In einem großen Aufruf, der an vielen Stellen im Dorf angeschlagen wurde, hatte der König von Bayern zu den Waffen gerufen. »Heute erster Mobilmachungstag« verkündeten große Anschlagsplakate. Schon sind eine Reihe unserer Bürger zur Eisenbahn geeilt. Mit kleinen Paketen an Wäsche und etwas Eßbarem sah man sie die Straße ziehen. Kurzer Abschied von Frau und Kindern, Eltern und Geschwistern; man war ja sehr bald wieder zu Hause! Längstens bis Weihnachten sei der Spuk vollständig erledigt. Die nächsten Tage sahen unser ganzes Dorf auf den Beinen. Jeden Tag rückten mehrere Gemeindebürger zu ihren Truppenteilen. Kein Klagen und Jammern, nur ab und zu eine verstohlene Träne. Mut und Entschlossenheit auf allen Gesichtern. Es kamen jetzt die ersten Truppentransporte. Ein Transportzug reihte sich an den andern. Die Eisenbahn von Homburg nach Neunkirchen sowie diejenige nach St. Ingbert und Saargemünd war hochbeschäftigt. Der bisherige Personenfahrplan wurde nicht mehr eingehalten. Man erkundigte sich auf den Bahnhöfen einfach, wo dieser oder jener Zug hinfährt und stieg eventuell in diesen ein. Die Eisenbahn wurde bewacht. Diese Aufgabe erfüllte für unsere Gemeinde eine Gruppe alter Dorfbewohner. Ihr Kommandant war der Bergmann Peter Commercon. Als Wachraum diente der Wartesaal in der Eisenbahnhaltestelle. Hier hatten sich die alten Wachleute eine Ruhestätte zurecht gezimmert. Eine weitere Gruppe unter Führung des Bergmannes Wilhelm Scheidhauer bewachte die Telefonleitung. Fuhr irgendein Auto durch das Dorf, glaubte man schon an Spione. Nicht selten wurden die Wagen angehalten. Die durchrollenden Eisenbahnzüge waren mit zahlreichen Inschriften versehen. »Bei schlechtem Wetter findet der Krieg im Saale statt« – »Von Germersheim nach Paris« – »Neue Reisende werden hier nicht mehr angenommen« – »Nach Sedan« – und eine Menge anderer Aufschriften waren mit Kreide an die Wagentüren angebracht. Aber auch ernste Inschriften waren zu lesen. Da hatte ein junger Mann folgendes geschrieben: »Wir sind so jung und sterben so früh, mein Vaterland, vergiß uns nie.« Einige Tage später, im August, hörte man im Dorfe dumpfen Kanonendonner. Die Truppen waren anscheinend auf den Feind gestoßen. Der Geschützdonner kam aus der Richtung von Lothringen. Inzwischen wurde der Fall der Festung Lüttich bekannt. Lüttich aber lag doch in Belgien? Was hatte Belgien mit dem Krieg zu tun? All dies waren Fragen, die im Dorfe auftauchten. Man redete auch von einer großen Schlacht in Lothringen. Viele Tausende von Gefangenen seien gemacht worden, es seien aber auch viele unserer Brüder gefallen. Die als Soldaten im Felde stehenden Gemeindebürger konnten in den ersten Wochen des Aufmarsches mit ihren Angehörigen nicht in brieflichen Verkehr treten. So sehr sich auch die Heeresleitung bemühte, der

Bevölkerung klar zu machen, daß der Aufmarsch geheim gehalten werden müsse und man nicht ängstlich zu sein brauche, gab das Ausbleiben der Briefe Veranlassung zu Zweifeln und Ungewißheiten. Dieser Zustand aber dauerte nur kurze Zeit. Bald kamen die ersten Nachrichten. Nun war kein Zweifel mehr möglich. All, die aus dem Dorfe hinauszogen, lebten zu Ende des Monats August noch, aber sie, die bisher so friedlich im Dorfe zusammenwohnten, waren in diesen Wochen weit auseinandergekommen. Da stand einer mit seiner Truppe im südlichen Elsaß, ein anderer in Lothringen, andere waren durch Belgien gezogen, einige schrieben aus dem Osten und aus Österreich ...
Es kamen gegen Ende September 1914 die ersten Todesnachrichten zum Dorfe. Heinrich Weinland war bei St. Quentin in Frankreich gefallen. Die Teilnahme der Bevölkerung an dem Verlust dieses jungen Mannes war allgemein. Die einheimischen Zeitungen verbreiteten die Mitteilung der englischen Presse, wonach der Krieg jahrelang dauern könne. So etwas hielt man bei dem ständigen Vormarsch unserer Truppen für unmöglich. Wochen vergingen. Neue Ersatzreservisten wurden eingezogen. Neue Todesmeldungen kamen zum Dorfe. An Weihnachten 1914 war der Krieg noch immer nicht zu Ende. Es kamen jetzt und in den folgenden Monaten die Urlauber aus dem Felde. Der geschichtlich gewordene Bart des alten Kriegers erlebte eine neue Auferstehung. Der junge Mann, beim Auszug kaum Ansätze eines Schnurrbartes, kam jetzt mit einem ausgewachsenen Bart auf Urlaub in die Heimat. Gefangenenzüge fuhren auf den vorbezeichneten Eisenbahnstrecken. Viele unserer Dorfbewohner zogen nach Homburg, um auch einmal einen Kriegsgefangenen zu sehen. Neben diesen Transportzügen liefen auch die Lazarettzüge. Man hatte diese Wagenparks angestaunt. Die inneren Einrichtungen waren vorzüglich und entsprachen auch nach jeder Hinsicht den vorhandenen Bedürfnissen.
Man hat jetzt das Gefühl, daß der Krieg doch länger dauern könnte, als man erwartet hatte. Die Warenhäuser und Verkaufsstellen, die im August 1914 gemachte Bestellungen annullierten, wollten jetzt

von den Fabriken etwas geliefert haben. Ohne größeren Erfolg. Einteilen mußte man sich. Der Bedarf des Heeres mußte vorgehen. Die von den Hausfrauen im Juli vorsorglich eingekauften Lebensmittel und Gebrauchsartikel waren inzwischen doch zum großen Teil alle. Die Kinder kamen aus der Schule und hatten einen neuen Spruch gelernt. Gedankenlos sagten sie dahin, was man sie gelehrt hatte: »Es ist das erste Kriegsgebot – Kind, spar am Brot«. In demselben Augenblick aber verlangte man von der Mutter eine nicht schlecht gestrichene »Schmiere«. *1938*

»Christenkreuz oder Hakenkreuz«
Klasse 10c der Realschule Bexbach

»Für Märtyrer kein Platz«, »Schulstreik in Frankenholz«, »Kreuzgeschichte in Frankenholz«, »Streit um die Schulkreuze in Frankenholz«, »Christenkreuz oder Hakenkreuz«, »Kruzifix soll Nazisymbol weichen«, »Widerstand im Zeichen des Glaubens« oder ganz allgemein »Frankenholz«, »Schlußstrich unter Frankenholz« und »Vorgänge in Frankenholz« – diese Überschriften beschreiben und kommentieren alle das gleiche Ereignis.
Doch was verbirgt sich dahinter, was ging in Frankenholz vor?
Am 25. Januar 1937 wurden in der katholischen Schule in Frankenholz auf Anordnung des kommissarischen Schulleiters und evangelischen Oberlehrers Klein in den Schulsälen die Kreuze von der Stirnseite entfernt und über die Tür gehängt. An ihren angestammten Platz trat das Führerbild.
Frl. Betz, die Lehrerin der ersten und zweiten Klasse, ließ dies in ihrem Saal nicht zu, statt dessen wurde bei ihr das Hitlerbild unter das Kreuz gehängt. Ihr Klassenzimmer hatte im Gegensatz zu den anderen die Tür im Rücken der Schüler, so daß ihre Schüler das Kreuz nicht mehr gesehen hätten. Schüler der oberen Klassen haben die Umhängeaktion kommentiert mit dem Satz: »Wenn das Kreuz einmal über der Tür hängt, dann ist es auch bald draußen.« Auch die Leute im Ort erregten sich darüber, und der Pfarrer

sprach zuerst den Schulleiter darauf an. Dieser erklärte das Kreuzumhängen als Anordnung des Schulrates. Am Sonntag darauf informierte Pfarrer Layes alle Frankenholzer über die Vorkommnisse und kommentierte seinen Bericht mit den vorne erwähnten Schülerworten, die er an den Hinweis auf einen ähnlichen Vorfall im Oldenburgischen anschloß, wo der Protest von 500 Leuten dazu geführt hatte, daß die Kreuze an ihren ursprünglichen Platz zurückkamen. Zwei Tage später hängten nachmittags Schüler in zwei Schulsälen die Kreuze wieder an die alte Stelle.

Am 8. Februar, Rosenmontag, schickten viele Familien ihre Kinder nicht in die Schule. Noch für den Abend wurde eine Elternversammlung im Schulhaus anberaumt, zu der nicht nur die Eltern kamen, sondern fast ganz Frankenholz. Die Verwandtschaft begleitete besorgt die Väter und Mütter der schulpflichtigen Kinder. Der Schulleiter Klein ordnete an, sie, die Kinder müßten wieder in die Schule geschickt werden, das »Dritte Reich« ließ keinen Schulstreik zu. Er erhielt aus der Menge die Antwort: »Hängt die Kreuze wieder an ihren Platz, und wir schicken morgen die Kinder wieder in die Schule.« Der Schulleiter gab nicht nach und ließ sich zusammen mit den Lehrern unter Polizeischutz durch die Menge führen.

Die Schulbehörde in Saarbrücken ordnete daraufhin Schulferien an, um den Streik zu vertuschen. Frl. Betz wurde zunächst fristlos entlassen, später strafversetzt, zuerst in ein Dorf im Bliestal, wo sie nicht angenommen wurde, dann in die Gegend von St. Wendel, wo sie mit Spottliedern empfangen wurde. 14 Bergleute wurden ohne Arbeitslosenunterstützung auf Betreiben der Partei von der Grube fristlos entlassen. Drei Leute, zwei Männer und eine Frau, wurden verhaftet, von der Gestapo nach Saarbrücken gebracht und erst nach einiger Zeit wieder freigelassen.

Dem Pfarrer wurde mit dem KZ Dachau gedroht. Zudem hatte er nächtliche Gestapo-Besuche erlebt, er wurde mitgenommen und mußte Vorladungen zur Gestapo in Homburg, Neunkirchen und Saarbrücken, unter anderem wegen verschiedener Predigten, wahrnehmen.

Zahlreiche Frankenholzer wurden mit Geldstrafen von 20 bis 50 Reichsmark belegt, weil sie ihre Kinder nicht zur Schule schicken wollten. Die Höhe richtete sich nach der Begründung. Insgesamt wurden Strafen im Wert von 2.000 RM verhängt. Dieser Sachverhalt wird sowohl in der Literatur als auch in den Zeitungsartikeln leicht mißverständlich dargestellt, so als hätte die Einzelstrafe 2.000 RM betragen. Dabei sind 50 RM auch schon sehr viel, wenn man bedenkt, daß manches Monatseinkommen niedriger war.

Viele Leute wurden auch eingeschüchtert. Manche wurden gewarnt, daß ihnen Entlassung drohe, und sie schickten ihre Kinder vorzeitig wieder in die Schule. Mehrere Leute wurden über die Predigten des Pfarrers verhört. Während der ganzen Zeit unterrichtete der Pfarrer seinen Bischof in Speyer durch Kuriere. Diese sehr ausführlichen Darstellungen der Ereignisse liegen heute noch vor.

Damit hat er eine unvergleichliche Dokumentationsarbeit geleistet, so daß die Geschehnisse nicht in Vergessenheit geraten können. Pfarrer Layes wurde dadurch auch zu einem sehr guten Kenner der »Kreuzgeschichte in Frankenholz«, das ist die Bezeichnung, die er selbst den damaligen Vorgängen gibt.

Der Bischof reagierte vor allem durch ein Schreiben an die Gauleitung, in dem er die Frankenholzer und ihr Tun rechtfertigte, und durch zwei Hirtenbriefe: Einer ist wahrscheinlich auf den 21.02.1937 zu datieren, und der zweite hat das Datum vom 28.02.1937. Beide wurden von den Kanzeln des Bistums Speyer verlesen, der zweite am 07.03.1937. Bereits im ersten fordert er zu Sühneandachten wegen der Beleidigungen des Kreuzes und zu einer Liebesgabe für die von ihrem Arbeitsplatz Entlassenen auf. Diese Spendenaktion versuchte die Gauleitung zu verhindern mit der Drohung, daß Pfarrer Layes dann ins KZ käme. Der Bischof gab offiziell nach, konnte aber seine Pfarrer nicht mehr erreichen, wie es uns Pfarrer Layes beschrieben hat. Daß

Der Frankenholzer »Schulstreik« sorgte international für Aufsehen. Selbst der »Freiheitssender 29,8« in Spanien berichtete über die Vorfälle.

örtliche NSDAP-Stellen die Pfarrer informiert haben, kann man nachlesen in einem Schreiben des Pfarrers von Landstuhl an den Bischof, das dieser zusammen mit dem Geld der Sammlung in Speyer übergeben ließ. Er hat sie, wie die meisten anderen, doch durchgeführt; sie waren nämlich instruiert, bischöfliche Weisungen nur von Dr. Ludwig Sebastian, Bischof zu Speyer, entgegenzunehmen.

Die Bergleute und Frl. Betz wurden von der Kirche trotz Überwachung des Pfarrhauses finanziell unterstützt.

Die Kreuze kamen trotz des unerschrockenen, wagemutigen Handelns von Frl. Betz, der Leute von Frankenholz, ihrem Pfarrer und ihrem Bischof nicht an ihren ursprünglichen Platz zurück, denn die Partei schaltete auf kleinster Ebene bereits auf stur; und die hier durchgeführten Maßnahmen konnte man an höherer Stelle nicht ohne Gesichtsverlust zurücknehmen. Im Gegenteil: Kreis- und Gauleitung verschärften eher noch den Druck auf die Kirche auf die Bevölkerung und auf Frl. Betz.

Der Schulleiter schilderte die Ereignisse aus seiner Sicht in einem Schreiben, das u.a. an die Ortspolizeibehörde in Bexbach ging, aber auch an die Schulbehörde in Saarbrücken.

Der Gauleiter nahm die Angelegenheit nicht nur zum Anlaß einer wüsten Hetz- und Verleumdungskampagne gegen den Speyerer Bischof Dr. Ludwig Sebastian, sondern auch zur Einführung der Gemeinschaftsschule, die in gehässiger Weise ausgerechnet in Frankenholz mit der gesamten Parteiprominenz durch Gau- und Kreisleiter proklamiert wurde. Dies war, wie es die Saarbrücker Zeitung in ihrer Überschrift vom 24. März 1937 formulierte, der »Schlußstrich unter Frankenholz«. *1988*

Pogromnacht in Homburg
Jakob Konz

Unter der Überschrift »Die Homburger Synagoge angesengt« meldete die »Homburger Zeitung« vom 11. November 1938: »Die feige Mordtat des Judenbengels Grünspan an dem deutschen Gesandschaftsrat vom Rath setzte auch die Bevölkerung unserer Stadt derart in Erregung, die sich gegen das Geschäft Salmon und die Synagoge Luft machte. Eine große Menschenmenge verfolgte gestern die Zertrümmerung des Salomon'schen Ladens sowie der Synagoge, deren Inventar man den Flammen übergab. Einige ganz Beherzte kletterten auf das Dach und entfernten unter ungeheuerem Jubel das jüdische Symbol, den Judenstern.« ...
Die »Gruppe Aaron« begab sich vom Antreteplatz aus im Laufschritt zum nahegelegenen Geschäft Salmon. Dort angekommen, schlugen sie die Türe und die Schaufensterscheiben ein. Angehörige dieser Gruppe drangen in die Verkaufsräume ein, demolierten die Ladeneinrichtung vollständig, zerrissen und zerschnitten Stoffballen und warfen sie auf die Straße. Auf den heftigen Protest des im Laden anwesenden Geschäftsinhabers gegen die Zerstörung seines Geschäftes erklärte ihm der SS-Oberscharführer R., daß gegen die Aktion nichts zu machen sei, sie sei befohlen. Salmon solle sich zu seiner Familie in seine Wohnung nach oben begeben, wo ihnen nichts passiere, denn er, R., habe den Befehl, für ihre persönliche Sicherheit zu sorgen. Die Gruppe durchsuchte auch Salmons Wohnung, beschlagnahmte Schriftstücke und 20.000 RM. Unter Tränen bat Frau Salmon mit ihrem zwei Monate alten Kind auf dem Arm um Erbarmen, man möge ihr doch Geld zum Leben lassen und nicht alles wegnehmen. Nach längerem Hin und Her beließ man ihr 100 RM. Die beschlagnahmte Summe wurde der Kreissparkasse übergeben. Während der Aktion hatte sich vor dem Geschäft eine Menge Neugieriger angesammelt. Ein SA-Mann, ebenfalls in Zivilkleidung, hatte sich freiwillig dem SS-Trupp angeschlossen. In dem Geschäft hob er ein auf dem Boden liegendes Damenhöschen auf, hielt es vor

seinen Leib und machte zum Gaudi der Neugierigen Faxen dazu. Auch beteiligte er sich an der Hausdurchsuchung. Ein Gestapo-Beamter aus Saarbrücken trat während der Aktion dadurch in Erscheinung, daß er einen Film mit Aufnahmen beschlagnahmte, die von der Zerstörung des Geschäftes Salmon gemacht worden waren.

Nach Beendigung der Aktion übernahm die örtliche Polizei die Sicherung des durch Zertrümmerung der Eingangstür und der Schaufenster nunmehr offenstehenden Geschäftes. Tags darauf waren städtische Arbeiter zu den Aufräumungsarbeiten befohlen. Ein Homburger Handwerksmeister machte eine Fotoaufnahme von dieser Situation. Das Bild diente später als Beweismittel.

Die zweite Gruppe von SS-Männern zog zur Synagoge in der Klosterkirche nahe beim Marktplatz. Sie schlugen mit Äxten die Synagogentür und die Fenster zur Straßenseite ein und stürmten in das Gotteshaus. Hier zertrümmerten sie den Altar, die Orgel, die Bänke, die gesamte Inneneinrichtung, warfen die Trümmer im Kirchenraum auf einen Haufen und zündeten ihn an. Ein Mann, wahrscheinlich ein um sein Haus besorgter Anwohner, meldete der Polizei, daß die Synagoge brenne. Der Leiter der Polizei verständigte daraufhin die schon in Bereitschaft gelegene Feuerwehr. Bei ihrem Eintreffen am Brandort brannte im Innenraum der Synagoge der hochaufgerichtete Haufen aus der zerschlagenen Einrichtung. Er brannte nach Aussagen des Feuerwehrführers noch nicht in allen Teilen, sondern nur von unten her, jedoch schon so, daß die Flamme hochschlug. Der Feuerwehrkommandant hatte den Eindruck, daß Benzin, Öl oder ein anderer leicht brennbarer Stoff zur Unterstützung des Feuers verwendet worden sei. Eine Ausbreitung des Feuers auf das Gebäude mußte jedoch im Interesse der an die Synagoge anliegenden Häuser unter allen Umständen vermieden werden. Denn die Synagoge stand, und ihre Ruine steht heute noch, in engster baulicher Verbindung mit ihren Nachbarhäusern in der Klosterstraße.

1860 wurde die ehemalige Kirche des Franziskanerklosters zur Synagoge. Die jüdische Gemeinde in Homburg zählte damals mehr als 250 Mitglieder.

1989

Der Besuch von Fräulein Hesekin
Edith Aron

Meine Kindheit verbrachte ich an der Saar. Viel weiß ich nicht mehr von meiner Heimatstadt; denn noch während ich zur Volksschule ging, kam die große Veränderung. In Deutschland folgte Hitler auf Hindenburg, und an der Saar bereitete sich jeder auf das Plebiszit von 1935 vor. Während der Jahre 1933 bis 1935 herrschten an der Saar noch andere Verhältnisse als in Deutschland. Viele flüchteten über die Grenze zu uns. Meine Geburtsstadt war vor allem bekannt durch das Kreiskrankenhaus und die große Nervenheilanstalt, die etwas abseits in dem sehr großen Park des Landeskrankenhauses lag.

Meine Eltern wohnten in der Vorstadt. Der Fußweg von uns bis zum Krankenhaus führte durch einen kleinen Wald. Man brauchte im Spazierschritt an die dreißig Minuten. Des öfteren im Jahr 1934 kam Fräulein Hesekin zu uns. Sie war zur Erholung und zur Beobachtung im Nervenkrankenhaus. Ihr Fall war leicht, deshalb erlaubte man ihr, frei herumzugehen. Ihre Nerven waren gebrochen, weil man ihr in Deutschland all ihre Bücher, das einzige, woran sie im Leben hing, öffentlich verbrannt hatte. Sie konnte nicht darüber hinwegkommen.

Ich erinnere mich an einen Spätnachmittag, an dem sie bei uns war und sich bei meinen Eltern über die Zustände in Deutschland beklagte. Sie könne einfach nicht darüber hinwegkommen, wiederholte sie immer und immer wieder. An jenem Nachmittag hatte ich ordentlich Schelte bekommen. Ich hatte die schlechte Angewohnheit, mit meiner Hand durch den Gartenzaun zu langen, um beim Nachbarn Blumen und Erdbeeren zu pflücken. Die versteckte ich dann auf unserer Gartenseite unter einem Himbeerstrauch. An dem Nachmittag, als ich gerade wieder dabei war, die verbotenen Erdbeerfrüchte und Blumen zu holen, hörte ich ein undefinierbares Geräusch, das anscheinend aus dem Nachbargarten kam. Ich konnte aber niemanden sehen, fühlte mich sicher und schaffte wie immer die Blümchen in mein Versteck. Kaum war ich damit fertig, da ertönte ein fürchterliches Poltern, von einer wütenden Stimme begleitet. Herr Schüler, der Nachbar und Gartenbesitzer, näherte sich unserem Haus. Sofort erzählte er meinen Eltern, wie er mich auf frischer Tat ertappt hatte. Beschämt mußte ich allen mein geheimes Versteck zeigen. Ich wurde an jenem Nachmittag so schwer bestraft, daß ich heute noch daran denke. Man steckte mich in eine dunkle Kammer, wo schmutzige Wäsche aufbewahrt wurde. Dort sollte ich die ganze Nacht über bleiben.

Fräulein Hesekin, die gerade bei uns war und die Kinder sehr gern mochte, setzte sich bei meinen Eltern für mich ein. Man möge mich doch bitte wieder aussperren, ich würde das bestimmt nicht wieder tun, und sie sollten mir doch erlauben, sie ein Stück auf ihrem Nachhauseweg zu begleiten. Sie würde mir dabei ins Gewissen reden. Nach einigem Drängen gaben meine Eltern nach. Fräulein Hesekin war besonders erregt an diesem Nachmittag.

Ich war froh, Fräulein Hesekin begleiten zu dürfen. Wir gingen die Obere Alleestraße hinunter bis zum Lebensmittelgeschäft Laue. Dort bogen wir nach links ab und folgten einem Fußweg an der Straße, die hinauf zum Landeskrankenhaus führte. Die Straße endete an dem kleinen Wald, der zu dem Park gehörte, in dem das Landeskrankenhaus lag. Dort verabschiedete sie sich von mir. Ich rannte dankbar und froh nach Hause.

Am nächsten Tag war in der Zeitung zu lesen, ein Jäger habe die Leiche einer Frau gefunden, die sich an einem Baum in dem Wald, der das Landeskrankenhaus umgibt, erhängt hatte. *1989*

Ojczyzna – Der Tod der Sophia Btriamir in Oberbexbach
Klassen 4a/b der Grund- und Hauptschule Oberbexbach

Am Freitag, dem 27. September 1985, unternahmen wir einen Unterrichtsgang zum Oberbexbacher Friedhof. Wir, das sind die Schülerinnen und Schüler der evangelischen Religionsgruppe der beiden vierten Klassen aus der Grund- und Hauptschule in Oberbexbach. Wir sind sechs Mädchen und zehn Buben im Alter von neun bis zehn Jahren.
Wir hatten uns im Religionsunterricht über die kirchlichen Feiertage wie Allerheiligen, Totensonntag, Buß- und Bettag unterhalten. Am Kriegerdenkmal entdeckten wir an der rechten Begrenzungshecke ein einzelnes Grab, das sofort unsere Aufmerksamkeit erweckte. Die Grabinschrift lautete:

SOPHIA BTRIAMIR
1926-1944

Da das Grab etwas ungepflegt wirkte, beschlossen wir sofort, das Unkraut zu entfernen. Neben dem Grab saß ein älterer Mann auf einer Bank in der Sonne und schaute uns aufmerksam zu. Unser Lehrer, Herr Alsfasser, sprach ihn an. Er fragte ihn, ob er Näheres über dieses Grab wüßte. Nach kurzem Überlegen begann der Mann zu erzählen.
Augenzeugenbericht des Herrn Ludwig Schulz, Oberbexbach, Martin-Luther-Straße 3, 66450 Bexbach:
»In diesem Grab liegt ein polnisches Mädchen, das im Krieg bei einem Bombenangriff ums Leben kam. Sie arbeitete als Fremdarbeiterin auf dem Hof des Bauern Hennes in der alten Hauptstraße in Oberbexbach. Es war an diesem Tag im November 1944, als um die Mittagszeit vier englische Bombenflugzeuge im Anflug auf Neunkirchen waren. Ich arbeitete damals auf der Grube Dechen bei Neunkirchen und bekam den Fliegeralarm mit. Über Neunkirchen wurde ein Bomber von der Flak abgeschossen und ein weiterer angeschossen. Der öffnete über Oberbexbach seine

Bombenklappen, bevor er bei Waldmohr zum Absturz kam. Eine der Bomben fiel genau auf die Scheune des Bauern Hennes und tötete das Polenmädchen und einen französischen Kriegsgefangenen auf der Stelle.«

Dieser Bericht des Herrn Schulz war für uns Anlaß, dem Schicksal dieses Mädchens nachzugehen.

Sie starb in unserer Heimat, weit weg von ihrer Heimat!
1. Wie kam sie hierher?
2. Woher kam sie?
3. Wann kam sie?
4. Wie hat sie hier gelebt?
5. Wie kam sie ums Leben?

Mit den folgenden Berichten wollen wir nun versuchen, etwas Licht in das Dunkel um das Schicksal dieses Polenmädchens zu bringen. Wir erhielten alle von unserem Lehrer den Arbeitsauftrag, zu Hause nachzuforschen, ob irgendwer irgend etwas berichten kann. Die Schülerin Kirstin Commerçon wurde auf das katholische Pfarramt geschickt, um nachzufragen, ob sich in den Unterlagen zu diesem Fall etwas befindet.

Unter Sterbefall Nr. 22/1944 fanden wir eine Eintragung, an der uns einige Fehler auffielen:

1. Der Pfarrer verwechselte ihren Familiennamen
mit ihrem Geburtsort: Elibiethow statt Ptoiawie.
2. Ihr Name lautete hier ganz anders als auf der Grabinschrift:
Zofia Ptoiawie statt Sophia Btriamir

Wir besuchten nun die Stelle, an der sich das tragische Schicksal der Sofia Ptoiawie am 4.11.1944 ereignete. Von dem Sohn des Bauern Hennes erhielten wir ein Foto: Außerdem erklärte er sich auch bereit, uns vom Unglückstag zu berichten:

Frage an Herrn Hennes:
Wie war das an diesem 4. November 1944?

»An diesem Tag hatten wir Kartoffeln aussortiert. Der Vater war auf dem Feld zum Aussäen. Als es Alarm gab, rannten wir ganz gegen unsere Gewohnheiten in den Bunker an der Gärtnerei Fries. Herr Ullrich, ein Nachbar, sagte noch zu Roger und Zofia, daß sie schnell in den Stall gehen sollten. Damals meinten die Leute, im Stall wäre man vor Bomben sicher, weil über dem Stall das viele Heu lag. Es ging alles sehr schnell, die Bomben fielen und auch die Stalldecke stürzte ein, blieb aber auf den Futtertrögen liegen. Das Vieh lag nun eingequetscht darunter und schrie. Ganz schnell waren ca. 100 Leute da, die versuchten, das Heu wegzuschaffen, um an Roger und an Zofia heranzukommen, denn zu diesem Zeitpunkt wußte man noch nicht, daß beide ums Leben kamen. Allmählich fand man Kleidungsstücke und Körperteile der beiden Gefangenen. Eine Schwierigkeit war noch, daß damals nur ein Sarg vorhanden war. Der Onkel von mir, der damals Kämmerer der Gemeinde Höcherberg war, trieb schließlich in Homburg noch einen Sarg auf. Er ließ die Beerdigung aussetzen, bis ein zweiter Sarg vorhanden war. Tage später fand ein Franzose, der bei Fritz Pirrung arbeitete, noch einen Schuh von Roger, den er in eine Schachtel legte und in das Grab eingrub.«

Herr Hennes, was wissen sie aus dem Leben von Zofia?

»Ich selbst war damals erst sechs Jahre alt, weiß aber noch, weil wir später darüber sprachen, daß Roger und Zofia nicht freiwillig, sondern als Gefangene da waren. Da die Mutter des Mädchens deutsche Vorfahren hatte, konnte sich Zofia nach einem halben Jahr ganz gut mit den Leuten verständigen. Roger, der Sohn eines Hoteliers war, konnte oder wollte nicht deutsch sprechen.«

Haben die Gefangenen in einem Lager gewohnt?

»Die Gefangenen haben nachts in einem Lager drüben an der Ziegelhütte geschlafen. Jeweils eine Familie, die solche Gefangene als Knechte oder Mägde hatte, mußte abends die Leute dort abgeben und morgens dort abholen. Meinem Vater paßte das nicht und er setzte durch, daß Roger und Zofia bei uns im Hause schlafen konnten. Roger und Zofia aßen auch mittags zusammen mit uns am Tisch, genau das Essen, das auch meine Eltern und ich bekamen. Mein Vater sagte immer: ›Gleiche Arbeit, gleiches Essen.‹ Das war damals ganz gefährlich, weil man besonders die Polen als Untermenschen betrachtete.«

Da uns bisher niemand Auskünfte darüber geben konnte, unter welchen Umständen Zofia Ptoiawie nach Deutschland gekommen war, hatte unser Lehrer einen guten Einfall. Die Nachbarin in seinem Wohnort Ludwigsthal war eine gebürtige Polin und er meinte, bei ihr einige allgemeine Informationen über die damalige Zeit erhalten zu können. Ihr Bericht war ein ausgesprochener Glücksfall, denn das Schicksal dieser Frau enthielt sehr viele Gemeinsamkeiten mit dem Leben Zofias, so daß wir uns nach ihrer Erzählung ein recht genaues Bild von jenen Ereignissen machen konnten.

Bericht von Frau Janina Thäle, geb. Kowalska:

»Am 1. September 1939 hörten wir in unserem Heimatdorf Sosnowiec-Kattowitz gegen 8 Uhr morgens Granatfeuer. Polnische Kavallerie ritt durch den Ort und rief: ›Es ist Krieg‹. Gegen 10 Uhr marschierten die ersten deutschen Soldaten bereits durch unser Dorf, das ca. 20 km von der Grenze entfernt lag. Einige Monate später erhielten alle unverheirateten Frauen und Mädchen unseres Ortes eine schriftliche Aufforderung, sich auf dem Rathaus unverzüglich einzufinden. Dort teilte man uns mit, daß wir als Arbeiterinnen für die deutsche Rüstungsindustrie zwangsverpflichtet seien, und man transportierte uns sofort auf Lastwagen zum Bahnhof, wo wir in einen Güterzug verladen wurden. In einem Güterwagen waren etwa 50 Frauen und Mädchen untergebracht. Man nähte uns ein gelbes ›P‹ auf unsere Kleidung und schickte uns auf die Reise nach Deutschland. Aus meiner Familie wurden drei Mädchen zwangsverpflichtet; die jüngste war erst 13. Unser Ziel war das Reichsbahnausbesserungswerk Engelsdorf bei Leipzig.«

Wie sah Ihr Arbeitstag aus?

»Wir mußten dort harte Männerarbeit verrichten, 10 Stunden am Tag, zusammen mit Kriegsgefangenen. Kontakte zu Deutschen waren streng untersagt. Wir waren im Werk in Baracken untergebracht. Man zahlte uns ein Drittel des Lohnes, den deutsche Arbeiter und Arbeiterinnen erhielten.«

Hatten Sie besondere Erlebnisse in dieser Zeit?

»Im Mai 1944 erhielt der Bunker, in dem fast alle Fremdarbeiter vor Fliegerangriffen Schutz suchten, einen Volltreffer. 500 Menschen waren auf der Stelle tot. Ich hatte Glück, da ich an diesem Tag bei einer Freundin Unterschlupf fand. Man zählte mich ebenfalls zu den Toten, und ich konnte mich bei Bekannten bis zum Kriegsende versteckt halten. Nach Kriegsende heiratete ich meinen jetzigen Mann und blieb in Deutschland.«

Wir haben bei unserer Arbeit feststellen müssen, daß 41 Jahre eine lange Zeit sind und daß in dieser Zeit vieles im Gedächtnis verblaßt. Auch gab es einige unterschiedliche Aussagen über den gleichen Sachverhalt, was sich wohl nur durch den langen Zeitabstand zu unserem Ereignis erklären läßt.

Trotzdem hat uns diese Arbeit sehr viel Spaß bereitet, und wir hoffen alle, daß sich solche schrecklichen Dinge nie mehr wiederholen werden und daß alle Menschen zukünftig in ihrer Heimat leben und auch sterben dürfen. *1985*

Hamsterzeit im Bliesgau
Gerd Meiser

»Wir sind, wie viele andere damals auch, hamstern gegangen. Die Mutter reiste mit einem Rucksack voll Kohlen auf dem Rücken bis in die Ulmer Gegend, meine Schwester und ich wanderten in den Bliesgau zu den Bauern«, erinnert sich Marga Noll an eine schwere Zeit um und nach 1945. Den Bauern sei sie heute noch dankbar für das, was sie ihnen gegeben haben, sagt die Rohrbacherin.

Für ihre Generation ist die Kriegs- und Nachkriegszeit besonders prägend gewesen. »Ein Stück Brot und drei Kartoffeln reichten mal wieder für einen oder zwei Tage, an denen meine Schwester und ich dann wieder in die Schule gehen konnten.« Die Mutter Anna Noll musste, nachdem der Vater im Krieg gefallen war, drei Kinder in dieser Nachkriegszeit durchbringen. Das war eine bittere Zeit. In dieser Hungerzeit lastete auf der damals Zwölfjährigen und ihrer etwas jüngeren Schwester eine große Verantwortung. Sie mussten mithelfen, die Familie zu ernähren. An eine geordnete Schulzeit war nicht zu denken. »Hamstern« war damals das Zauberwort: Mit dem, was man aus dem eigenen Hausrat anzubieten hatte, reiste man zu den Bauern und tauschte diese Dinge gegen Nahrungsmittel ein. »Wir bettelten regelrecht!«, bestätigt Marga Noll, wenn sie zurückdenkt.

Aber schon vor dieser bitteren Hungerzeit, war die Familie gebeutelt worden. Die letzten Kriegsjahre mussten viele Rohrbacher Familien aus der Schusslinie. Die Front rückte näher. »Wir waren bei Nürnberg evakuiert«, berichtet die heute Achtundsechzigjährige. Dort starb eines der vier Kinder, dort erfuhren sie auch, dass der Vater gefallen war.

»Aber solche Schicksale haben andere doch auch erlebt«, lenkt Marga Noll ein. Der bescheidenen Frau ist das Zeitungsgespräch nicht ganz recht. Marga Noll aber steht für eine Generation, deren Jugend gezeichnet war von Krieg und Nachkriegszeit. Hunger herrschte. Nahrung und Kleidung mussten beschafft werden. Niemand konnte gerade mal eben Brot und Milch in dem Lebensmittelladen nebenan kaufen. Auch war keine Zeit, sich auf die Schule zu konzentrieren. Es war eine Gemengelage, in der es ums Überleben ging. Die nachrückenden Generationen können sich solch ein Leben heute kaum vorstellen.

Als dann die Zeit wieder geordneter wurde und die Schulzeit beendet war, wurde Marga Noll Verkäuferin. Ein Beruf, der damals einen höheren Stellenwert besaß als heute. *2000*

Soldate-Gedanke 1990
Heinrich Kraus

Was gibt's'n se verteidische? Mei Land?
S'geheert de annre. Die dun drin befehle.
Viellejcht mei Kinner? Lieber Gott! Ihr Seele
han längscht die, wo befehle, in de Hand.

Was gibt's'n se verteidische? Mei Haus?
Wenn's scheppert, wird kän Stän o'm'anner blejbe.
De nächschte Kriesch werd, was ich han, verrejbe.
Die annre werre rejch; mit mir i's aus.

Was gibt's'n se verteidische? Mei Art?
Do driwwer dun die annre jetz schon lache.
Nix isch se rette, wenn mol Bombe krache;
mei Volk, sei Geischt, das alles werd verscharrt.

Kän Lieherej kann Wohrhät meh verdecke:
Geht's los, noht bloß for annere se frecke! *1990*

*Und am Ende
    die Freundschaftsbrücke*
Grenzgänge

Der Reiz der Gegensätze
und die Kunst der Ausgleichungen
Fred Oberhauser

Zunächst einmal sind wir linksrheinisch. Die Pfalz steht noch ins Haus, Lothringen liegt vor der Tür. Auf dem Alexanderturm über Böckweiler sah man bis zur Haardt im Nordosten und bis zum Donon im Süden. 1934 sangen wir »Kein schöner Land« und 1935 »Deutsch ist die Saar«. Vier Jahre später wurde der Turm gesprengt. Er stand zu nahe an der Grenze. Wir sind im Westrich. »Hier wirkt der Reiz der Übergänge, der Mannigfaltigkeit«, sagen die Kulturgeographen, »der Reiz nicht großer Gesamtbilder, sondern einzelner Szenen und Gruppen, die im einzelnen genossen sein wollen.« Wir sind in der Saarpfalz.
Landschaftlich ist das ein buntes Bild: von der bewaldeten Kuppe des Höcherberges, mit 518 Meter die höchste Erhebung im östlichen Saarland, zu den Jägersburger Weihern und in die Heidelandschaft des Königsbruchs. Der Buntsandsteingürtel des St. Ingbert-Kirkeler Waldes darunter: der ›Stiefel‹ über St. Ingbert, die ›Hollerlöcher‹ bei Kirkel und im Homburger Schloßberg die Höhlen. Die Bliesgauschleife des Saarland-Rundwanderweges zweigt in Kirkel vom Hauptweg ab und führt durch den Wald auf den Hohberg über Blieskastel ins offene Land. Dort steht der Gollenstein und markiert 4.000 Jahre Geschichte. Und die Grenze zwischen Buntsandstein und Muschelkalk. In Richtung Süden dann Auzonen und flachwelliges Hügelland, die Dörfer der »Parr« und des Mandelbachtals. Obstbaumhaine umgeben sie, Orchideen blühen auf den Triften. Die Natur ändert sich nicht, wenn der Bliesgau französisch wird.
Der Reiz der Übergänge ... Das heutige Stadtgebiet von Blieskastel reicht bis an zwei Grenzen: die rheinland-pfälzische bei Zweibrücken und die lothringische am Rande des Bitscher Landes. Im 19. Jahrhundert waren dort an der Blies, an der Uhrigsmühle bei den »gar freundlichen Dörfern Bliesmengen und Bliesbolgen«, schon einmal »drei Reiche« zusammengestoßen:

Frankreich, Preußen und Bayern. Von Frankreich her wehte der Wind der Freiheit. Und die Residenzen Homburg und Blieskastel brauchten nach den Revolutionen wie überall im Land ein bürgerliches Jahrhundert Zeit, um es wieder zu städtischer Couleur zu bringen. St. Ingbert kam hinzu, vom Waldbauerndorf zum »Fabrikort« und zur siebtgrößten Stadt der Rheinpfalz angewachsen...»Es hat sich ein Leben und Treiben hier entwickelt«, notierte August Becker, »an das man in der Vorderpfalz noch immer nicht gern glauben möchte.«
Die Gegensätze hielten sich. Erst recht, als nach dem Ersten Weltkrieg dieses Stück Westpfalz, zusammen mit fünf preußischen Kreisen zum »Saargebiet« formiert, als »Saarpfalz« kreiert wurde. Für's erste schien's der Widerspruch an sich. (Warum hätte man sonst auch in Saarbrücken 1935 nach der Volksabstimmung geschrien: »Uff die Bääm, die Pälzer kumme ... «) Aber die Saarpfälzer, die sich auch nach der Grenzziehung von 1816 von der preußischen Nachbarschaft keineswegs ganz geschieden sahen, das zeigt (schon) die Durchsicht eines beliebigen Heiratsregisters, zwinkerten sich auch jetzt nur zu – formulieren wir es einmal so – und entwickelten aus dem »Reiz der Gegensätze und Übergänge« im Westrich im allgemeinen, in der Saarpfalz eine Kunst der »Ausgleichungen« im besonderen. Und aus den Widersprüchen zwischen Pfalz und Saar mit der Zeit Kompromisse, und aus den Kompromissen am Ende eine »Entente cordiale« der Widersprüche zwischen Pfalz und Saar.

In Hornbach war im frühen 16. Jahrhundert Hieronymus Bock zu Hause. In seinem »Kreütterbuch« fasste er die saarländisch-pfälzische Botanik zusammen.

Grenzgänge ... Nach Hornbach verschlägt's so leicht niemand. Und doch wollte hier im rauhen Westrich Pirminius, der »Vater der Klöster«, statt auf der paradiesischen Reichenau »das Ende seines Lebens erreichen, bis die Posaune des Herrn vom Himmel ertönt, und alle Toten auferstehen«. Er starb 753. Als man 1.200 Jahre danach sein Grab wiederentdeckte, war es leer. Im alten Grenzwinkel mäandern Bickenalb und Schwalb durch die Wiesen. Baumgruppen entfalten sich, im silbrigen Licht blitzen die Blätter.

Der Weg führt durch Pans Land. Pan hockt nur manchmal hinter den Bunkern. Der Simserhof gehörte zu den wichtigsten Forts der Maginot-Linie. Auf dem »Camp militaire de Bitche« spielt man noch immer den Krieg nach, allen Ernstes. Schroff ragt die Zitadelle – 40 Meter hohe Quadermauern auf gewachsenem Fels – über der Stadt Bitche. »Daß sie die Vogesen und Lothringen deren Feinden verschlösse«, wurde die Festung 1679 nach Plänen Vaubans ausgebaut, kurz darauf zerstört, 1714 wieder instandgesetzt. Nie ist sie im Sturm genommen worden. Im Lande honoriert man das mit dem Ehrentitel »La Pucelle«. Der Blick droben ins Waldland könnte friedlicher nicht sein.

Von den kühn auf die Buntsandsteinfelsen gesetzten 20 Burgen ringsum verdient der Falkenstein (12. Jahrhundert) die Drei Sterne. Aus Nancy kam 1866 Emile Gallé nach Meisenthal und lernte bei Burgun Schwerer & Co. die Chemie des Glases. Die Art nouveau hat hier ihre Wurzeln. Als nach dem Siebziger Krieg Meisenthal deutsch wurde, lieferte die Hütte über zwei Jahrzehnte weiter das Gros der weltberühmten Gallé-Gläser. Auf Grund eines Geheimvertrages. Eines der früheren Fabrikgebäude dient jetzt als »Maison du Verre et du Cristal«. Ein christianisierter Menhir, der Zwölf-Apostel-Stein, markiert über Meisenthal die elsässische Grenze und weist der Deutsch-Französischen Touristik-Route den Weg nach (deutsch) Lützelstein und (französisch) La Petite-Pierre. In der alten Bergfeste hat im Schloß über dem Dorf abermals die friedlichste Sache ihren Platz: das Zentrum des Naturparks der Nordvogesen. Im Chor der Mariä Himmelfahrts-Kirche im »Städtel« wächst im Gewölbe der Stammbaum Christi, der Baum wächst aus der Brust von Anna und Joachim, in seiner Krone steht in Blättern und Blüten Maria, die zweite Eva, und über ihr Christus am Baum des Kreuzes, der der Baum des Sündenfalls war, ein zweiter Adam.

Die Wanderer kommen aus dem Wald, besichtigen deutsch und gründlich Lützelstein und essen gut und französisch in La Petite-Pierre. Und für einen kostbaren Augenblick ist La Petite-Pierre das Paradies. *1992*

Das Flüßchen Blies
teilt hier Frankreich und Deutschland
August von Platen

Am 22. Juni 1815. Haubstuhl bei Landstuhl
Wir und noch zwei andere Compagnien sind hier in einem Dorfe an der Landstraße, in der Gegend von Homburg. Diese Orte im Zweibrückischen gleichen nicht jenen stadtgleichen Ortschaften bei Mannheim und am Rhein. Das Volk ist hier arm; sie haben keine Weinberge mehr, nur Kartoffelfelder; doch sind die Gegenden nicht häßlich; auch trifft man alte Schlösser.
Am 24. Juni 1815. Zweibrücken
In einem angenehmen Thale, zwei Stunden von Homburg, liegt Zweibrücken, das Vaterland unseres Königs. Die Stadt ist nicht schön, mehr aber die Vorstadt; die Straßen sind gleichwohl ziemlich breit. Man bemerkt bei jedem Schritte, wie sehr dieser Ort heruntergekommen. Das Schloß wurde zerstört 1792 durch die Franzosen. Es stehen nur noch die kahlen Mauern und hohlen Fenster. Vor diesem Schloße in einer Allee mußten wir heute nacht zwei Stunden wachen, wobei abgewechselt wurde. Es war von eins bis drei. Die Stadt und die Vorstadt sind durch ein Flüßchen geteilt, über das zwei Brücken führen. Ehe wir hierher kamen, passierten wir Homburg, eine ganz kleine und häßliche Stadt, doch hübsch gelegen am Fuß eines Hügels. Es regnete beständig; ich hatte die Arrieregarde und war fast immer gezwungen zu laufen ...
Unser Abmarsch von Zweibrücken war ziemlich feierlich; wir sollten nun betreten den feindlichen Boden, und gegenwärtig stehen wir bereits darauf. Diesen Morgen kamen wir durch viele Dörfer, wo ich unter anderen eine sonderbare Art Glocken bemerkte, die einer Guillotine glichen und an zwei errichteten Balken hängen, mitten auf der Straße. Bliescastel ist ein sehr hübsch gebautes Städtchen mit einer schönen Kirche in einer herrlichen Gegend zwischen Hügeln. Das Flüßchen Blies teilt auf dieser Seite Frankreich von Deutschland. Frauenberg liegt über

der Blies in einer hübschen Gegend, mit den Ruinen eines Schlosses am Berg. Auch auf der deutschen Seite liegt ein Dorf. Sehr viele bayrische Truppen passierten heute das Wasser. So war ich auch so glücklich, meinen Bruder zu sehen; doch konnten wir nur einige Worte zusammen sprechen, da er hinweg mußte; sein Regiment biwakiert beständig.

Ein großer Teil der hiesigen Einwohner haben ihre Häuser verlassen und sind auf die Berge geflohen; es gibt sehr viele Juden hier. Man spricht ein sehr schlechtes Deutsch hier und besonders keine Diphthongen aus; sie sagen Hus, Win etc. Aber obschon sie noch unsere Sprache reden, so sind sie doch schon ganz Franzosen in ihrer Gesinnung und selbst in ihren Manieren. So zum Beispiel ist der Herd fast der Erde gleich, sie gaben uns keine Messer bei Tische, haben kein Zinn, sondern Fayence, trinken den Kaffee nicht aus Tassen, sondern Näpfen usw. Ein Bauer wurde arretiert, weil man ein Gewehr und andere Waffen in seiner Stube fand. Dieser Ort liegt im Saardepartement. Die Grenze des ehemaligen Departements Monttonerre war zu Bliescastel...

Am 15. November 1815. Niedergailbach bei Saargemünd

Wir hatten diese beiden Tage, gestern und vorgestern, traurige Märsche, durch den beschwerlichsten Rot. Den ersten kamen wir nach Tiefenbach, mit dem Stab, ein kleiner, schmutziger Ort, wo ich ziemlich gut mit dem Hauptmann wohnte. Wir trafen bereits die deutsche Sprache und auch die deutschen Sitten. Alles schien umgewandelt. Gestern marschierten wir über Saargemünd, wo wir sehr lange auf die Garde warten mußten, passierten die Saar, die Blies bei Frauenberg, wo der Stab liegt, und kamen hierher, ein kleines, schlechtes Dorf, wo wir heute Rasttag haben. Wir sind bereits auf der deutschen Seite und haben Frankreich verlassen, in welchem Lande wir gegen fünf Monate zugebracht haben.

Am 17. November 1815. Krückenbach bei Landstuhl

Gestern morgen verließen wir Niedergailbach und gingen über das schön gelegene Bliescastel und Zweibrücken, eine halbe Stunde davon nach Unterauerbach, wo wir mit der 1. Compagnie waren. Der Marsch war zwar nicht sehr groß, allein durch den

Schmutz beschwerlich genug und durch die ausgetretene Blies. Unsere Station war ein elendes Dorf; ich wohnte mit Oberlieutenant Ganghofer. Meine Beschäftigung war Pope. An diesem Tage fiel der erste Schnee, als wir noch auf dem Wege uns befanden. Heute hat sich das Regiment nicht versammelt, und jede Compagnie begab sich sogleich in ihre angewiesenen Quartiere. Wir passierten sehr viele kleine Dörfer in wildromantischer Lage, der Charakter dieser ganzen Gegend, die durch die Schneedecke ein noch einsameres Aussehen erhält. Der Kot war unerträglich. Lieutenant Schneider liegt mit 60 Mann eine halbe Stunde von hier zu Linden (mir ein so unbekannter Name). Er ist jedoch noch nicht dort eingetroffen, da er schon gestern detaschiert gewesen, und nun früher abmarschierte, als wir die Order erhielten, die uns hierher bestimmte. *1860*

Napoleons Hinterlassenschaft: bayerische Saarländer
Fritz Jacoby

»Wenn wir nach Schürer Hütte wanderten, dann hatten sich im Nu die Erwachsenen in den Haaren, denn Schüren gehörte schon zur bayerischen Pfalz, dort war das Bier billiger und die Männer hatten früher als gewöhnlich ihren Durst gestillt und noch einen Kleinen darüber getrunken.« Der dies schreibt, Ludwig Harig aus dem ehemals preußischen Sulzbach, erinnert daran, daß sich einst Preußen und Bayern an der Saar begegneten. Und wenn in der Saarpfalz noch im Jahr 1986 ein Gesangverein in seinem Festprogramm zu einem »Bayerischen Abend« einlädt, dann darf man sicher sein, daß auch hier die ehemalige Zugehörigkeit zu Bayern im Spiel ist...
Am Anfang stand die Hinterlassenschaft des napoleonischen Frankreich, das das gesamte linke Rheinufer zum Teil eines einheitlichen wirtschaftlichen Raumes machte und politisch ein »modernes« Verwaltungssystem durchsetzte, das der durch Grundbesitz und Vermögen, aber nicht mehr durch Geburts- und

Standesvorrechte hervorgehobenen Notabelnschicht die Teilhabe am öffentlichen Leben vermittelte. Die Verwaltungsgrenzen dieser Zeit faßten mit dem Saar-Departement einen Raum zusammen, der sich auf die Hauptstadt Trier orientierte. Auf mittlerer Ebene erstreckte sich das Arrondissement Saarbrücken mit den Kantonen Blieskastel und Waldmohr bis hinein in die spätere bayerische Pfalz. In wirtschaftlicher Hinsicht entsprach dem Arrondissement die Entstehung eines durch Steinkohlenbergbau und Eisenindustrie frühzeitig geprägten Raumes. Beide Staaten, Preußen und Bayern, standen nach der Grenzziehung von 1815 vor dem Problem, die Rechts- und sozialen Verhältnisse der napoleonischen Zeit mehr oder weniger geschickt und behutsam in den Gesamtzusammenhang des jeweiligen Staates einzufügen; ein Problem, das insbesondere die bayerische Pfalz und die preußische Rheinprovinz betraf. Dagegen bezog sich das Problem auf wirtschaftlichem Gebiet vorrangig auf einen begrenzten Raum, der in etwa mit dem Arrondissement Saarbrücken übereinstimmte. Hier war es nötig, Lösungen zu finden, ohne die wirtschaftlichen Bindungen über die Staatsgrenze hinweg radikal zu unterbrechen. Die bayerische Politik ließ die Errungenschaften der französischen Zeit, die sogenannten »Institutionen«, d. h. Trennung von Justiz und Verwaltung, Schwurgerichte, endgültige Aufhebung der Vorrechte des Adels, um nur einiges zu nennen, unangetastet. Sie ließ auch im Landrat der Pfalz den Generalrat der französischen Departements wiederaufleben und bot damit der Notabelnschicht eine Möglichkeit, an Angelegenheiten des öffentlichen Interesses auf der Ebene unterhalb des Gesamtstaates mitzuwirken. Dennoch blieb diese Haltung im Zuge der inneren deutschen Entwicklung nach 1815 nicht unbestritten. Gerade Homburg als eines der regionalen Zentren der westlichen Pfalz war neben Zweibrücken Bühne der liberalen Bewegung, die 1832 im Hambacher Fest ihren Höhepunkt fand. Zwei führende Köpfe der Hambacher Bewegung, der vormalige Landkommissar von

Bis 1789 gehörte der heutige Saarpfalz-Kreis den Herzögen von Pfalz-Zweibrücken, den Grafen von der Leyen und den Fürsten von Nassau-Saarbrücken.

Homburg Philipp Jakob Siebenpfeiffer und der aus München zugezogene Journalist Johann Georg August Wirth, zogen die Aufmerksamkeit der Liberalen weit über die Pfalz und das Rheinland hinaus auf sich. Das Umfeld dieser liberalen Führer umfaßte eine ganze Gruppe von Mitstreitern und Mitläufern nicht nur in Homburg, sondern auch auf dem Lande, und die liberale Agitation für die Organisation des Preßvereins ging bis in die Kreise der Ackerer und Tagelöhner auf den Dörfern. Daß dabei auch die Grenze zum nahen Preußen überschritten wurde, ist sicher, wenn auch die Auswirkungen weniger intensiv und offen zu bemerken waren. So ist die Teilnahme von Saarbrücker Bürgern am Preßverein und am Hambacher Fest nachgewiesen, und die Schriften der Hambacher Bewegung gelangten auf dem Schmuggelwege auch ins preußische Saarland.

Allerdings blieben die Katholiken der Westpfalz im allgemeinen den liberalen Bestrebungen fern, ja standen ihnen vielfach ablehnend gegenüber, worin sich eine das ganze Jahrhundert hindurch anwachsende gegnerische Einstellung zum Liberalismus bemerkbar machte. In der zweiten Phase der Auseinandersetzung zwischen Opposition und bayerischer Staatsregierung in den Jahren 1848 und 1849 formierte der Katholizismus sich in etlichen lokalen Pius-Vereinen, die mit einer Ablehnung der revolutionären Bewegung insbesondere des Jahres 1849 weniger die Unterstützung der bayerischen Politik als vielmehr die Freiheit der Kirche von staatlichem Einfluß zum Ziel hatten. Daher ist die geringe Unterstützung der Bewegung des Jahres 1848, besonders in St. Ingbert, zu erklären, während die protestantischen Landstriche und ihre Zentren Homburg und Zweibrücken von Anfang an, 1849 mit zunehmender Radikalität, die Errungenschaften der 1848er Revolution begrüßten und zu deren Verteidigung erhebliche Unterstützung beisteuerten. Daß die Grenzziehung von 1816 niemals die preußischen und bayerischen Saarländer ganz voneinander getrennt hatte, zeigt die Durchsicht eines beliebigen Heiratsregisters. Insonderheit die Saarstädte Saarbrücken und St. Johann bewiesen schon früh ihre Anziehungskraft im Zuge ihrer

Entwicklung zum Mittelpunkt des entstehenden Saarreviers. Die familiären Beziehungen über die Grenze hinweg schlossen sowohl die wirtschaftlich führende Schicht ein als auch Handwerker und Tagelöhner, Dienstmägde und Knechte, kurz die Bevölkerungsschicht, aus der die Arbeiterschaft des Saarraumes entstand. 1987

Hasenschmuggel
Manfred Nagel

Folgendes trug sich an der bayerisch-französischen Grenze beim königlich bayerischen Zollamt zu. Bekanntlich war die Versorgung der Landbevölkerung in der guten alten Zeit gar nicht so gut wie wir heute annehmen. Daher suchten viele unserer Vorfahren in irgendeiner Weise ihren Speiseplan durch mancherlei Nebenerwerb zu bereichern. Hasen und Ziegen sowie Schweine wurden fast in jedem Haus gehalten. Unser Delinquent hatte sich auf Hasen spezialisiert und fast hundert Hasen in seinem Stall. Um der Inzucht vorzubeugen und besonders gesunde Hasen zu züchten, war es natürlich erforderlich, »fremdes Blut« in die Zucht zu bringen. Da unser Hasenfreund einen guten Bekannten in einem nahen lothringischen Grenzort hatte und dieser ebenfalls Hasen züchtete, lag es nahe, einen Austausch vorzunehmen. Diesem Unterfangen stand jedoch das bayerische Zollgesetz entgegen, das nur die Einfuhr toter Hasen vorsah. Als nun unser Züchter beim Zollamt ankam und ordnungsgemäß seinen mitgebrachten Rammler anmeldete, teilte ihm der königlich bayerische Zollbeamte mit, dass nur tote Hasen eingeführt werden dürften. Daraufhin kehrte unser Hasenfreund um und wollte den Rammler zurückbringen. Allerdings hatte er bei der Ausreise aus Frankreich vergessen, den Hasen beim französischen Zoll anzumelden.
Dort angekommen, wurde ihm der gleiche Sachverhalt eröffnet: Es dürften nur tote Hasen eingeführt werden. Nun stand der arme Mensch im so genannten Niemandsland mit seinem lebenden

Hasen. Doch man sollte die Schläue von Hasenzüchtern nicht unterbewerten. Glücklicherweise hatte dieser seinen Sohn zu der Hasenreise mitgenommen. Er schickte also seinen Sohn nach Hause und bat ihn, Karotten zu raspeln und diese mitzubringen. Er sollte jedoch nicht zum Zollamt, sondern an die grüne Grenze bei der Wiese seines Schwagers kommen. Unterdessen machte sich unser Hasenmann ebenfalls zu der bezeichneten Stelle auf und wartete auf seinen Sohn. Da er ein gottes- und gesetzesfürchtiger Mann war, wagte er es nicht, dort die Grenze mit seinem Rammler zu überschreiten. Als sein Sohn am vereinbarten Ort ankam, rief er ihm zu, mit den geraspelten Karotten eine Spur von der Grenze nach der Wiese des Schwagers zu legen. Daraufhin ließ er den mittlerweile hungrig gewordenen Rammler laufen, der sich sofort in Richtung Karotten bewegte und die Grenze überquerte, wo ihn der Sohn in Empfang nahm und nach Hause brachte.

Unser Hasenzüchter kehrte zum Zollamt zurück und überschritt ordnungsgemäß die Grenze. Dem verdutzten Zollbeamten teilte er mit, er habe den Hasen jenseits der Grenze einfach laufen lassen. Wie die ganze Sache herauskam, wie oft sich die Sache wiederholte und ob sich das königlich bayerische Amtsgericht damit befasste, ist nicht bekannt. *2002*

Ein Freitag an der Grenze
Gerhard Bungert

Es war an einem Freitag anfangs der zwanziger Jahre, als der evangelische Förster von Wiebelsweiler beinahe meinen katholischen Großonkel Alfons erschoß. Das kam so:

Aus irgendeinem Grund waren die Förster von Wiebelsweiler immer evangelisch. Sie waren korrekt und unbestechlich, sie tranken und lachten nicht, kurzum: Sie waren Preußen, immer bemüht, die Vorurteile der Katholiken von Wiebelsweiler zu bestätigen.

Förster Heyer zum Beispiel fühlte sich im Saargebiet nicht nur als »Wächter des Deutschtums in der Gefahrenzone Frankreichs«, wie er es auszudrücken pflegte, sondern auch als Hüter einer bereits damals bedeutungslosen Grenze zwischen Bayern und Preußen. Noch heute kann man einige Grenzsteine aus dem 18. Jahrhundert sehen, zwischen Wiebelsweiler, dem ehemals preußischen Dorf, und Ingbach, der ehemals bayerischen Stadt.
Wachen Auges pflegte Förster Heyer zwischen den Grenzsteinen einherzuschreiten, das linke Bein auf bayerischem Terrain, das rechte auf preußischem. Der dadurch notwendige Abstand seiner Beine war zwar seinem ansonsten stolzen Gang etwas abträglich, dafür verschaffte er ihm das Gefühl deutscher Stärke und Männlichkeit. Er sinnierte über den deutschen Geist, der beide Volksstämme vereint habe, der – allen Unterschieden zum Trotz – die Saardeutschen immer wach halte gegen die Verlockungen des welschen Auslandes, und bei all diesen vaterländischen Denkübungen vergaß Förster Heyer nicht seine Pflicht. Er war auf der Hut, nicht nur vor dem Ausland und den Roten, auch vor Wilddieben und Waldfrevlern.
Förster Heyer war die Wacht am Rhein, doch sein Rhein war der Ingbach. Der trennte an einigen Stellen die Gemarkung von Wiebelsweiler von der der Stadt Ingbach. Da war sein Platz. Germania in Grün. Und treudeutsch.
Daß die Grenze zwischen Bayern und Preußen so bedeutungslos sein sollte, irritierte ihn schon und ließ ihn in trüben Momenten an seiner selbst aufgestellten Aufgabe zweifeln. Er tröstete sich damit, daß Preußen mittlerweile auch den Bayern das echte, kernige Deutschtum beigebracht habe und daß die Grenze eine Erinnerung daran sei, daß es die Erben des Alten Fritz waren, die Deutschland zu dem machten, was es bis zum Weltkrieg war.
Und dann wurde Förster Heyer traurig. Und böse. Dolchstoß, die Roten, Versailles, die Saarfrage – dies ließ ihm die kleinen Äderchen an den Schläfen schwellen. Sofort ging er schneller und erhöhte seine Wachsamkeit. Es war ihm klar, daß es gerade jetzt, in schicksalsschwerer Zeit, auf Männer wie ihn ankomme.

Während er mal wieder vaterländisches Denken exerzierte, raschelte es neben ihm im Gebüsch. Ein Feind? – Durchladen! – Wer da? – Wer kraucht denn da im Busch herum? – Nein, es war nicht Napoleum. Kein französischer Agent, kein Landesverräter, noch nicht einmal ein Roter. »Ein Eichhorn«, sagte Förster Heyer, nicht »Eichhörnchen«, sondern »Eichhorn«, denn er konnte Verkleinerungen nicht ausstehen. »Aha«, und ängstlich schaute das deutsche Eichhorn zu dem beamteten Grün und verschwand in wenigen Sekunden in einem Baumwipfel. Förster Heyer rief ihm nach: »Den deutschen Wald, den macht uns keiner nach. Flora und Fauna, der Urgrund deutschen Gemüts.«

Stolz schritt er weiter, bis er an die Stelle kam, wo er seit Wochen seltsame Beobachtungen machte. Eine Feuerstelle, nicht allzu groß, vielleicht einen halben Quadratmeter. Merkwürdig nur, daß sie immer wieder benutzt wird ... Einfach seltsam! Und das keine zwei Meter von der ehemaligen Grenze entfernt, auf bayerischer Seite.

Er zückte sein Notizbuch, feuchtete mit der Zunge seinen Kopierstift an und begann, seine Beobachtungen zu notieren. Die Brandstelle hatte sich etwas erweitert: neue Fußspuren, einige Scheite halbverbranntes Holz. Seit Wochen bereits war er täglich zu der Feuerstelle gegangen und hatte selbst geringfügige Änderungen in Tabellen und Zeichnungen festgehalten, und abends, vor dem Einschlafen, hatte er sich bereits mehrmals ausgemalt, wie das wäre, wenn er einen Spionagering oder einen illegalen Treffpunkt der Roten ausfindig machen würde. Seine Beförderung zum Oberförster wäre ihm so gut wie sicher, und Förster Kleemann würde ganz dumm aus der Wäsche schauen, denn damit hätte er endgültig bewiesen, daß er, Förster Heyer, nicht übereifrig, sondern lediglich dienstbeflissen sei, was sein Erfolg ja bestätigen würde.

Es dauerte noch keine zwei Wochen, da wußte es Förster Heyer genau: Jeden Freitag wird an der Stelle ein Feuer angemacht, von drei Männern, die aus dem Preußischen kommen. Das war an den Fußspuren nur unschwer zu erkennen.

Am kommenden Freitag lag er dann endlich auf der Lauer. Er rieb sich die Hände und strahlte ob der bevorstehenden Jagd. Und tatsächlich, am Abend kamen drei Gestalten, zündeten das Feuer an, wärmten sich auf und – was Förster Heyer am meisten verwunderte – sie brieten irgendwas in einer großen Pfanne. Dabei sprachen sie von der Grube, von den Vorteilen der Frankenentlohnung, und sie schimpften auf die Christliche Gewerkschaft. Zuerst hatte Förster Heyer in seinem Versteck nur Satzfetzen verstanden, aber jetzt sprachen sie lauter. Einer von ihnen, ein auffallend großer Mensch, verschwand für einen Moment im Gebüsch. Zum Glück nicht in die Richtung, wo Förster Heyer hinter einem Busch kauerte. Er kam zurück mit einer ganzen Kiste Bier, und die beiden anderen vaterlandslosen Gesellen begrüßten ihn, beziehungsweise das Bier, mit einem kräftigen »Aaah«.

Sie tranken und schimpften, mittlerweile sogar auf die Generale des Weltkrieges. Förster Heyer konnte es kaum fassen, was er da an unpatriotischen Tönen zu hören bekam: Die deutschen Generale hätten sich in der Etappe einen schönen Lenz gemacht, während die Landser an der Front elend verreckt seien. Die Proletarier hätten die Knochen hingehalten. Für nichts und wieder nichts.

Förster Heyer wußte nun, mit wem er es zu tun hatte. Klar! Das waren Rote. Keine Vaterlandsliebe! Liebäugeln mit den Franzmännern. Demokraten. Also: Gefährliche Zeitgenossen.

Ihm könne man nichts erzählen, sagte der Große. Er habe es mit eigenen Augen gesehen, er, Alfons Backes, wie er da stehe. Wenn er daran denke, bekäme er jetzt noch die kalte Wut. Von wegen Erbfeind! Auf Arbeiter hätten sie schießen müssen, auf französische Bergleute. Damit müsse ein für allemal Schluß sein. Während ihm die andern zustimmten, packte er mit großer Geste ein Holzscheit und schleuderte es in die Büsche.

Förster Heyer war selbst nie Soldat gewesen, wegen irgendeines merkwürdigen inneren Leidens, aber er wußte, was jetzt zu tun sei; aufspringen, Gewehr anlegen und die Bande in Schach halten. Daß sich dabei ein Schuß löste, war wirklich ein Versehen. Das wollte er nicht. Auch nicht, daß die Kugel keine zwanzig Zentimeter an dem Kopf des Anführers vorbeizischte und in den Baum einschlug. Er mochte es aber auch nicht, daß ihn dieser schreckliche Mensch am Kragen nahm, schüttelte, ihn einen halben Meter hochhob und ihn dann urplötzlich unter dem Gelächter der anderen fallen ließ. Nein, das alles hatte er nicht gewollt. Förster Heyer wollte sein Gewehr wiederhaben, was die drei Roten offensichtlich als Witz auffaßten. Sie lachten herzlich und prosteten sich zu. Da mußte er rauskommen, heil, versteht sich, sonst ist nichts mit der Beförderung zum Oberförster, und Kleemann lacht sich ins Fäustchen. Am besten weg und nichts erzählen. Wenn er Anzeige erstattete, würde man ihm die Frage stellen, warum er die drei nicht auf der Stelle festgenommen habe. Schließlich sei er bewaffnet gewesen. Und dann das Mißgeschick eingestehen? Dann sich doch besser mit den Roten einigen. Zumal er nicht mit der Unterstützung allerhöchster Stellen rechnen konnte. Das Saargebiet war schließlich unter der Verwaltung des Völkerbundes, und der Einfluß der Franzosen war auch nicht gering. Nein, dann besser einlenken.

Die Roten nahmen die Patronen aus dem Gewehr, warfen sie lachend in den Wald und gaben Förster Heyer die Waffe zurück. Der stolperte von dannen, während sich die Männer wieder an ihrer Bratpfanne zu schaffen machten.

Zehn Minuten später, als sie wieder friedlich diskutierend um das Feuer saßen, aßen und tranken, hörte Alfons ein Geräusch. Die erste Vermutung, daß Förster Heyer wieder zurückkäme, erwies sich als falsch. Wachtmeister Fuchs war es, der Dorfgendarm, bekannt und gefürchtet für seine Strenge, gestraft mit einem Sprechfehler, der ihn zu einem Original machte. Wachtmeister Fuchs verdoppelte die Wörter, weniger aus Nervosität, eher aus Übereifer.

»Was ist denn hier, hier los?« fragte er.

»Habe Schuß gehört, Schuß gehört?«

Alfons ging ums Feuer. Er ließ sich Zeit. »Fuchs-Fuchs«, wie der Wachtmeister in ganz Wiebelsweiler genannt wurde, schaute ihm gespannt nach. Auf einmal blieb Alfons stehen, zuckte die

Schultern und sagte: »Ich weiß nicht. Wahrscheinlich hat Förster Heyer einen Fuchs geschossen.«

Großes Gelächter bei den Kumpanen, ungebremste Wut bei Wachtmeister Fuchs.

»Was machen Sie überhaupt hier, überhaupt hier? Was ist da in der Pfanne, Pfanne?«

Alfons setzte sich hin und erzählte ihm sinngemäß folgende Geschichte:

Es sei Freitag, und da dürfe man als guter Katholik kein Fleisch essen. So jedenfalls wolle es die Diözese Trier, die für den preußischen Teil des Saargebietes zuständig sei. Der bayerische Teil hingegen gehöre zur Diözese Speyer, und da gäbe es für Schwerstarbeiter, für Bergleute also, nicht dieses Verbot. Und deshalb würden sie jeden Freitag nach der Frühschicht nach Bayern gehen, in die Diözese Speyer, um dort ihr Fleisch zu braten und zu essen.

Die beiden anderen Bergleute nickten unterstützend. Sie würden vorher einen kleinen Umweg nach Ingbach ins Bayerische machen, weil dort außerdem das Bier billiger sei.

Als niemand mehr was sagte, auch Fuchs-Fuchs nicht, da meinte Alfons noch, so sei das mit den Grenzen. Dabei griff er mit seiner Rechten an den linken Unterarm, wo er vor Verdun einen Durchschuß bekommen hatte.

»Wenn das so ist, so ist...« stammelte Wachtmeister Fuchs, verabschiedete sich knapp und ging. Er registrierte noch nicht einmal, daß einer der Bergleute nochmals die witzige Bemerkung über den Förster Heyer, der einen Fuchs geschossen habe, wiederholte.

So jedenfalls berichtete es mir mein Großonkel Alfons, wenn er sich an den Küchenherd stellte und von damals erzählte, als er, der katholische Bergmann, einmal beinahe von einem evangelischen Förster erschossen worden wäre.

Seltsam nur, daß ich heute noch nicht weiß, warum er nun wirklich freitags ins Bayerische gegangen ist.

1986

Tage der Kindheit in Böckweiler
Oskar Denger

Eines Tages nimmt mich der Pat mit hinauf auf den Aussichtsturm. Für mich ist der Turm ein mächtiger Riese. Grau und einsam ragt er über die Wipfel des Hochwaldes empor. In die Rundmauer ist da und dort ein Fensterchen, ein Guckloch eingefügt. Und die Stufen da hinauf! Wie oft habe ich sie gezählt, wie oft habe ich unterwegs innegehalten, um in die Tiefe zu lauschen oder hinaufzuschauen, ob nicht bald die befreiende Helle käme ... Droben hebt mich der Pat hoch, setzt mich auf den inneren Rand der Plattform und zeigt über die Bäume hinweg auf das Land mit seinen Kornfeldern und Kleegevierten, seinen Dörfern und Waldstücken: »Siehst du, dort hinten liegt Güderkirch!«
Wirklich – ich sehe ein paar Dächer aus einer sanften Talmulde herausspitzen. Güderkirch. Es ist nicht weit bis hin. »Könnten wir nicht ... ?« »Nein, es geht nicht. Wenn du hinüberschaust, auf die helle Stelle dort, siehst du ein Haus mit einem roten Dach. Siehst du es? Das ist das Zollhaus, und dort ist die Grenze.« »Die Grenze, Pat, was ist das?« »Ach, Kind, ich will es dir später einmal gerne erklären. Aber schau jetzt einmal dort hinüber!« und er zeigt mit dem Arm auf die in der Ferne verblauenden Hügelketten. »Hinter diesen Höhen liegt die Stadt Metz. Und dicht dabei liegt Montigny. In Montigny bist du auf die Welt gekommen.«

»Schackemee« wurde der Bauherr des Alexanderturmes von den Bewohnern der umliegenden Orte genannt. Ihm gehörten die Höfe Kirchheim und Kahlenberg.

Ja, dort bin ich auf die Welt gekommen, im Jahre 1916, in Montigny in Lothringen. Unsere Familie hat dort gewohnt bis zum Ende des Krieges. Im Herbst 1918 sind die Eltern mit meinem älteren Bruder – der jüngere war damals noch nicht geboren – nach Zweibrücken übergesiedelt. Ich frage und frage. Nicht auf alles hat der Pat eine Anwort. »Das war damals«, sagt er und blickt mich gedankenvoll an, »das war damals, unter dem Kaiser.« Und, als er zu spüren scheint, daß ich ratlos bin: »Unter dem Kaiser Wilhelm ... Wie soll ich es dir nur erklären? Ich will dir daheim ein Bild vom Kaiser Wilhelm zeigen.« In der Wohnstube holt der Pat ein dickes Buch aus der Schrankschublade und setzt sich die Nickelbrille auf die Nasenspitze. »Schau her, das ist er, der Kaiser Wilhelm!« Ich blicke auf ein Gesicht mit einem sonderbar gesträubten Schnurrbart und zwei strengen Augen. Auf den blinkenden Kürassierhelm deutend, frage ich: »Und der Vogel da oben?« »Das ist ein Adler. Weißt du, wenn der Kaiser diese stolzen Soldatenkleider getragen hat, gehörte der Adler mit dazu...« Fragen über Fragen. Jahre danach auch diese: »Wer hat den Aussichtsturm gebaut?« Ich erfahre: Der Erbauer des Turmes war ein Franzose, dessen Name nicht leicht auszusprechen ist: Jacquemin de Malespine. Der hat in einem der vielen Kriege vor mehr als hundert Jahren seine Heimat verlassen und sich hier ein Hofgut gekauft. Unsere Gegend hat ihm so gut gefallen, daß er sich nicht mehr von ihr trennen wollte. Den Turm ließ er erbauen zum Zeichen ewiger Dankbarkeit...« Alt ist der Turm, hundert Jahre und mehr. Und ich erfahre weiter: Älter, viel älter ist die Kirche hinter dem Lindenbrunnen – tausend Jahre, wenn es reicht! Tausend Jahre – das ist eine Zahl, zu groß für den kindlichen Geist, wie soll er sich damit zurechtfinden? Mönche vom Kloster Hornbach haben die Kirche erbaut. »Sie war eine Tochterkirche von Hornbach; später wirst du alles genauer erfahren, du kannst darüber nachlesen in unserer Chronik.«

Die Jahre gehen dahin, unmerklich fast, und wenn ich in den Sommerferien für ein paar Wochen nach Böckweiler komme, suche ich von der Plattform des Turmes in der verdämmernden Ferne andere Ziele: Dort drüben müßte man den Rheinstrom sehen, dahinter den Schwarzwald und dort die Kämme der Vogesen. Wendet man sich ein wenig, so erkennt man ganz deutlich den Pirmasenser Wasserturm am Rande der weit gedehnten welligen Fläche des Pfälzer Waldes. Der Pat ist jetzt sehr alt. Er sitzt hinterm Haus und schaut mir nach, wenn ich durch die Bergwiesen hinaufschlendere zum Turm.

Einmal, gerade noch sichtbar im flimmernden Dunst des südlichen Horizontes, entdecke ich etwas wie eine schlanke Spitze

– es schwebt über der Niederung, verändert dann und wann seine Konturen, dann, allmählich, wird es eins mit dem Glast und verschwindet ganz. Ich merke mir die Richtung, sehe auf der Landkarte nach, berichte dem Pat davon. Er steht auf, geht ein paar Schritte im Hof hin und her, schaut zum Wald hinauf und bleibt vor mir stehen: »Du hast Glück gehabt! Du hast etwas Großartiges gesehen: das Straßburger Münster! Nur einmal habe ich dieses Glück gehabt – an einem Herbsttag, ich weiß es noch wie heute. Der Münsterturm hat sich ganz klar vor dem Himmel abgezeichnet.«...

Und weiter und weiter geht die Zeit voran. Ich brauche auf dem Turm keinen Kompaß mehr. Längst habe ich mir mit einem spitzen Stein Richtungspfeile eingeritzt – Pfeile, die mir nicht nur Namen und Orte, sondern auch Rufe des Herzens, Antworten des Schicksals bedeuten... Doch dann, eines Tages, vom Militärdienst auf Urlaub gekommen, stehe ich auf dem kleinen Dorfkirchhof an einem Grab. Erschüttert starre ich auf das hölzerne Kreuz. Einer der liebsten Menschen ist von uns gegangen – er, der mir diese Welt erschlossen hat, die Hügel, Wälder, Dörfer, Gehöfte, die Bachläufe, Gärten, Gewanne, die Straßen, die Gäßchen und Pfade, diese kleine überschaubare und doch für ein Kind unermeßliche, nicht auszulotende Welt auf der fruchtbaren Hochfläche zwischen Blies und Bickenalb, dieses Land, zu welchem die Lothringer Hügel herüberwallen. – Der Pat ist tot. Es ist ein Tag im späten Herbst. Ich gehe durch die Gräberreihen, lese die vertrauten Namen und ziehe die Kirchhofspforte hinter mir zu. Und nun hinauf zum Turm über Stoppelfelder und Wiesen, an bunt gefärbten Heckenwällen vorbei – der Weg führt gemächlich bergan. Ein Bussardpaar dreht im blaßblauen Himmel seine Kreise, feine gefiederte Wolken glänzen über dem Wald. Seit langem sind die Äcker leer. Töne von Ocker und fahlem Grün lassen die Steinmasse des Turmes deutlicher hervortreten als sonst. Ein Gedicht von Mörike fällt mir ein, als ich droben stehe und den verhangenen Horizont absuche nach den Bildern der früheren Jahre: »Bald siehst du, wenn der Schleier fällt, / Herbstkräftig die gedämpfte Welt / In warmem Golde fließen...« Lange sinne ich den Versen nach, nicht ahnend, daß ich zum letzten Mal hier oben stehe. Im Jahr darauf hat sich Welt mit einem Schlage verändert, verdüstert. Von einem auf den andern Tag müssen alle Dörfer, die vor der Bunkerlinie des Westwalles liegen, geräumt werden, auch Böckweiler ist von diesem Schicksal betroffen. Böckweiler im Vorfeld, im Niemandsland! Und als ich eines Morgens von der Wattweiler Höhe aus mit dem Doppelglas den Horizont absuche, während Granaten heulend übers Land hinweg ziehen und die Wälder von den Einschlägen widerhallen, entdecke ich wohl mit aller Deutlichkeit den Hochwald und die in die Ferne gestaffelten Lothringischen Hügel, nicht aber den Turm. Ich frage einen Kameraden, dessen Familie die Heimat hat verlassen müssen. Er blickt mich verwundert an: »Du weißt es nicht? Sie haben den Turm gesprengt.« »Den Turm gesprengt? Aber warum?« – Er zuckt die Schultern: »Wenn du schon einmal oben warst, kannst du es dir denken – einen besseren Aussichtspunkt gibt es im ganzen Land nicht; das gefundene Fressen für Artilleriebeobachter. So viele Ziele bis weit in unser Hinterland...«

Ja, so ist es: Ziele für todbringende Geschosse. Mars regiert die Welt, und er tut es mit der ihm eigenen Gründlichkeit. Doch je länger er herrscht, desto sehnsüchtiger verweilen die Gedanken bei den Stätten der Kindheit – bei dem alten weitläufigen Bauernhaus, beim Lindenbrunnen und der tausendjährigen Kirche. Denn bis in die Welt des Bewahrten, Erinnerten reicht die Zerstörungskraft selbst der tödlichsten Waffen nicht. Nicht vergebens haben Menschen der vergangenen Epochen der Welt, in der sie lebten, das Siegel ihres Geistes, ihres Willens aufgedrückt – seien es die Mönche des Klosters Hornbach, welche die Böckweiler Kirche erbaut haben, sei es Erwin von Steinbach, dessen herrlichen Münsterturm ich einmal als eine feine Silhouette gegen den Sommerhimmel abgezeichnet gesehen habe... Auch der aus Feldsteinen erbaute Aussichtsturm, der nur noch auf verblichenen Fotografien und im Gedächtnis älterer Menschen existiert, war und ist ein solches, wenn auch bescheidenes Zeugnis menschlichen Schaffens. Ein Franzose hat ihn droben am Hochwald erbauen lassen als ein Zeichen seiner Dankbarkeit dafür, daß es ihm vergönnt war, in diesem herben und schönen Lande eine neue Heimat zu finden. Für mich gibt der Turm in Gedanken noch immer den Blick frei in eine Welt, die sich diesseits und jenseits der Grenze ins Unermeßliche dehnt. *1920/40*

Evakuierung 1939
Willibald Stolz

Sonntag, 27.08.1939: Heckendalheim. Schon sieht alles nach Krieg aus. Vor ein paar Tagen bereits waren mitten in der Nacht die ersten großen Einberufungen. Damals, von Freitag zu Samstag, kam auch mein Bruder Otto nachts, um Abschied zu nehmen. Als am Morgen das Dorf vollständig von der Außenwelt abgeschnitten war, kein Mensch auf die Arbeit konnte, weil spanische Reiter und Drahtsperren in vielfacher Staffelung über die Straße lagen, herrscht doch schon eine mehr als gedrückte Stimmung unter den Leuten, die ja hier ganz genau wissen, was ihnen im Ernstfall bevorsteht. Es ist bereits alles geregelt für den Fall der Räumung. Daß es im Osten losgeht, ist sicher, die Frage ist nur noch: Wie stellt sich der Westen zum deutsch-polnischen Krieg? Der deutsch-russische Pakt hat eine ganz neue Lage geschaffen.
Heute arbeite ich. Am Abend tragen Johann und ich Essen zu den Soldaten. Die Pioniere, die am Hofer Berg Minen legen, sind eifrige Abnehmer. Als wir zurückkommen, steht alles gebannt vor dem Radio. »Es gibt keinen Krieg, Polen nimmt an« usw. Aber bald entpuppt sich das Gehörte als Irrtum. Trotzdem hofft alles. Selbst Vater, der in der Marschführer-Versammlung war, meint: »Jetzt könnt ihr die Sachen wieder auspacken.« Die Got war auch noch da, um seinen Bescheid zu hören. Heute erfolgen wieder neue Einberufungen. Bezugscheine werden verteilt.
Dienstag, 29. August. Seit gestern steht der Wagen fahrbereit im Hof. Die politische Lage spitzt sich immer mehr zu. Heute

morgen kommen die werdenden und die jungen Mütter mit den Kindern weg. Ist das der Beginn der allgemeinen Räumung? Fängt das Trauerspiel an oder ist es nur eine Vorsichtsmaßnahme? Schon sind Tränen genug geflossen. Die armen jungen Frauen fahren mit den Kleinen an der Hand oder auf dem Arm und mit viel Gepäck ins Ungewisse. Die Firmen machten bereits im voraus die Gehälter fertig. Die Akten sind längst weg.
Freitag, 1. September. Um halb fünf wird Vater zu einer Zusammenkunft gerufen. Man sieht es den Marschblockführern am Gesicht an: Das Schreckliche beginnt. Die Frauen mit Kindern unter zwölf Jahren müssen ab neun Uhr das Dorf verlassen. Nun geht schon aus jedem Haus jemand weg. Auch Mina muß fort mit den zwei Kleinen. Wie soll man es ihnen beibringen? Noch schlafen sie. Als Ewald es hört, ist er fast nicht aus dem Bett zu bringen. Mit Gewalt zerre ich ihn aus dem Schlafzimmer. Um neun Uhr beginnt der Abtransport mit einem holprigen Lastwagen. Das Ziel ist unbestimmt. Möglichst schnell muß alles gehen. Mittlerweile ist für zehn Uhr eine Reichstagssitzung angesagt. Nach dem zweiten Transport können wir die Übertragung hören.

Mit dem Überfall deutscher Truppen auf Polen am 1. September 1939 begann die Evakuierung der »Roten Zone«. Davon war auch der Bliesgau betroffen.

Das ist das Schrecklichste an diesem Tag: Männer, die in härtester Arbeit an der Feueresse, in der Grube standen, die den grausamen ersten Krieg mitgemacht haben, heulen, brüllen laut auf.
Der Führer redet: Seit den frühen Morgenstunden marschieren die deutschen Truppen, fliegen die deutschen Maschinen nach Polen. Im Westen ist es noch ruhig. Der Führer will keinen Krieg mit Frankreich, auch noch nicht mit England.
Am späten Nachmittag sollen auch Mutter und Alfred weggehen. Es ist das beste, daß sie zu den andern kommen, die in Eulenbis bei Kaiserslautern untergebracht sind. Als Mutter im Omnibus sitzt, verliert Lisbeth die Nerven. Schließlich gehen auch sie und Marie fort. Vater, Johann, Hermann und ich sind allein. Es ist zum Verzweifeln. Wir stehen auf der Straße und schütteln die Köpfe.

Keiner lacht mehr. Ein paar dumme Witze werden gemacht, und dann gehen wir ran an die Arbeit! Ich ziehe Maries Schürze an und wirke in der Küche.

Vielleicht darf man immer noch hoffen, daß alles nur eine Vorsichtsmaßnahme war. Wenn es so bleibt, dann halten wir es noch vier Wochen aus. Wir wollen gern schaffen wie die Pferde.

Als ich die Kartoffeln, die Mutter noch auf den Ofen gestellt hatte, auf den Tisch bringe und wir am Essen sind, werden wir ruhig, denn wir sind allein. Ganz plötzlich bemerke ich unser Alleinsein, als Hermann und ich mit der Petroleumlampe durchs Haus und nachher durch das dunkle Dorf gehen, um noch das letzte Bier zu trinken. Es ist unheimlich im Dorf. Keiner denkt ans Schlafen. Als wir uns nachher ins Bett legen, wollen doch die Tränen kommen über den 1. September 1939.

Samstag, 2. September: Eulenbis. Vaters Schritte auf der Straße wecken mich schon früh. Hielt er es auch nicht mehr aus? Doch raus, es muß gearbeitet werden, wird sind ja allein! Ich übernehme das Haus, Hermann den Stall. Auch die Nachbarschaft ist zu versorgen. Johann geht Gras mähen.

Da geht die Schelle, als ich gerade am Geschirrspülen bin: Um halb acht Uhr müssen sich alle Wehrfähigen versammeln. Nun geht's los! Mit unheimlicher Pünktlichkeit sind Johann, Vater und Hermann um dreiviertel neun Uhr marschbereit. Es ist nun Ernst, ja bitterer Ernst, als Johann zum letzten Mal die Pferde aus dem Stall führt, als die das Hoftor hinausfahren und sich unten ein letztes Mal umschauen. Ich stehe im Hof und heule wie ein Schloßhund. Darauf gehe ich noch einmal in den Stall zu jeder Kuh, dann von Zimmer zu Zimmer und heule.

Später verlasse auch ich Heckendalheim. In Niederwürzbach trennen wir uns von den anderen. Die Bilder sind nicht zu vergessen: Fahrräder, Handwägelchen, Pferdefuhrwerke. Hier irres Lachen vor lauter Weh, dort stumme Verzweiflung. *1939*

Heiligabend 1944 im lothringischen Erching-Guiderkirch
Anne Scheyer

Sonntag, 24. Dezember
Es ist Heiliger Abend! Zwar können wir kein Weihnachtsbäumchen mit den bunten Kerzen schmücken, die Tante Regina von Jahr zu Jahr, sorgfältig verpackt, in Zeitungspapier eingewickelt, in der Schublade der Kommode in ihrer Kammer aufbewahrt. Wir haben nichts, das wir einander schenken könnten als Weihnachtsgabe, wie das so üblich ist. Kein festlich schimmerndes Lichtlein leuchtet uns entgegen, und dennoch fühlen wir, trotz dem trüben Schein der stinkenden Petroleumlampe, daß es Heiliger Abend ist! Ja, wir sitzen in der Stube um den langen Tisch, trotz des Chaos', das überall herrscht. Mitten auf dem Tisch thront die Petroleumlampe, die der Possenreißer Erik zurückgelassen hat. Ein weißes Leinentuch bedeckt das etwas vom Alter dunkelgetönte Holz des Tisches, an dem ein Platz leer geblieben ist: Derjenige von Tante Regina. Keiner hat es gewagt, sich auf ihren Stuhl zu setzen.
Martha hat den Rest des Mehls aus dem Sack geschüttelt, es reicht gerade noch, um einige ungezuckerte Weihnachtsplätzchen zu backen. Die traditionelle Weihnachtsgans wird durch die Kartoffelsuppe ersetzt, denn es gibt kein Geflügel mehr auf unserem Hof. Dasjenige, das nicht im Bauch der hungrigen Landser verschwunden ist, ist dem Kriegsgeschehen zum Opfer gefallen. Das macht uns aber weiter nichts aus. Die Hauptsache ist, wir haben die Greuel des Krieges hinter uns gebracht, was ja das schönste aller Geschenke ist. Die Unterhaltung im Tischkreis ist fast fröhlich bewegt, man soll ja schließlich das Ungute ein wenig beiseite schieben, um so mehr, weil heute Nacht überall die Kanonen schweigen werden.
Es ist eine Tradition, alle Menschen wissen es, und es erfüllt die Herzen mit reiner Freude, allem Kriegsleid zum Trotz, daß in der Heiligen Nacht auf der ganzen Welt alle Waffen schweigen werden! Dieser Waffenstillstand in der Heiligen Nacht ist unantastbar. Selbst die Nazis haben an dieser Tradition in all den Kriegsjahren festgehalten.

Da höre ich schon wieder das dumpfe Grollen, es ist deutlicher als zuvor, geht aber unter in dem allgemeinen Gelächter, das um mich herum losbricht, als der Schoumichel sagt: »Anne hat den Festwein ganz allein getrunken, deshalb hört sie auch heute am Heiligen Abend die Kanonen donnern!«
»Laßt sie in Ruhe!« ereifert sich Martha. »Sie träumt von ihrem Erik, sie gehört zu ihrem Alter, diese Art von Träumerei!«
Dies ist nun aber doch zuviel! Tränen rollen über meine Wangen. Ich weiß nicht, wovon andere junge Mädchen in meinem Alter träumen, an diesem traurigen Heiligen Abend des Jahres 1944! Ich mit meinen 17 Jahren kann nur träumen, daß der Krieg schnell ein Ende nimmt, sehr schnell, ehe es für uns alle zu spät ist!
Ein gewisses Fröhlichsein, von dem ich mich ausschließe, herrscht am Tisch. Der kleine René scheint der Mittelpunkt davon zu sein. Diese Stimmung dauert aber nicht einmal die Zeit, die jeder braucht, um seine Kartoffelsuppe auszulöffeln. Plötzlich bricht die Hölle los. Zuerst ist es ein fernes Donnerrollen wie bei einem bösen Gewitter, die Teller klirren auf dem

Zum Jahreswechsel 1944/45 wurde die saarpfälzisch-lothringische Grenzregion für mehrere Wochen zum unmittelbaren Kriegsschauplatz.

Tisch ... dann ein Dröhnen und ein Beben, gefolgt von dem uns nur allzu gut bekannten Pfeifen und Jaulen, dann ein Krachen und Bersten, als ob das ganze Haus am Einstürzen wäre. Unsere Papierfenster fliegen fort, wie von einem gewaltigen Orkan mitgerissen ...
Alle rennen sie zur Tür und werden sogleich von einer schwarzen Rauchwolke verschlungen. Ein anderes Pfeifen zischt durch die Stube, begleitet von einem gewaltigen Luftdruck. In meinem wie vernebelten Zustand wird mir bewußt, daß ich auf dem Boden liege, neben der Haustür. Vor mir öffnet sich ein Krater, dort wo zuvor noch die sieben Sandsteinstufen der Haustreppe waren. Etwas weiter, auf der Straße laufen kleine schwarze Wolken, die sich in Richtung Obstgärten verziehen.
Alles fängt wieder von vorne an! Sie haben angegriffen, heute am Heiligen Abend! Sie haben die traditionelle Waffenruhe der

Heiligen Weihnacht gebrochen! Sie haben diesen Zeitpunkt ausgewählt, um den Gegner zu überraschen – und es ist ihnen gelungen! Jetzt ist alles verloren! Der Krieg, den wir zu Ende glaubten, fängt aufs neue an, einmal wird der Moloch Krieg uns doch noch verschlingen!

Die Amerikaner haben das Feld geräumt und uns im Unglück zurückgelassen, wo es doch für sie eine leichte Sache gewesen wäre mit ihren großen Wagen, uns zu evakuieren. Wenigstens die Verwundeten, die alten Leute und Kinder hätten sie mitnehmen sollen, nicht nur die jungen wehrfähigen Männer!

Ich höre Marcel rufen: »Anne, spring herunter! Schnell! Spring herunter, sonst bist du tot...« Schließlich begreife ich, daß ich nicht mehr länger hier oben stehen bleiben darf, als Zielscheibe für die Geschosse. Ich springe in das trichterförmige Loch hinunter.

Im Keller wird heftig diskutiert. Die einen sagen, dies wäre eine »fliegende Batterie« gewesen, die andern meinen, es sei eine Gruppe von Fanatikern gewesen, die auf den Heiligen Abend gewartet habe, um einen Überraschungsangriff zu starten.

Ich sage nichts und halte auch nichts von der ganzen unsinnigen Rederei. In mir ist eine Überzeugung, die mir keiner nehmen kann: Die Amerikaner sind fort! Die Nazis haben ihren Gegenangriff gestartet, und sie haben bereits einen Vorstoß gemacht!

Erik von Oppenfielden war der einzige, der uns die Wahrheit gesagt hatte, aber niemand wollte ihm glauben. Marcel sagt jetzt: »Mir scheint, als ob sich in unserem Raum die Front für die Winterstellung vorbereitet. Es wird schon so sein, wie ich es immer vorausgesehen habe: Die Front bleibt zwischen Maginot- und Siegfriedlinie hängen, den ganzen Winter über!« *1994*

Kaffee in Knickerbockern
Günter Wolf/Ute John-Wolf

Natürlich mußten alle Reisenden, die die saarländisch-deutsche Grenze in eine der beiden Richtungen überschreiten wollten, aus dem Zug aussteigen und durch eine Zollkontrolle gehen. Peinlich genau wurden dabei die Gepäckstücke auf verbotene Waren hin untersucht. Älteren Leuten fiel dieses Aus- und Einsteigen sowie der Fußmarsch sichtlich schwer, aber es half ihnen nichts, auch sie mußten dies über sich ergehen lassen. Die Reisedokumente waren schon vorher durch zugestiegene Beamte kontrolliert worden.
Unter solchen Reiseerschwernissen versuchten immer wieder »erfahrene« Saarländer, über die grüne Grenze »ins Reich« zu gelangen. Dies war zunächst relativ einfach und wurde nur deswegen unternommen, um der undurchsichtigen Verweigerungspraxis der französischen Behörden für Fahrten über die Landesgrenze hinweg zu entgehen. Später kam ein anderer Grund hinzu: Der illegale Transport politischer Schriften gegen die französenfreundliche Regierung Hoffmann ...
Es gab aber inzwischen einen neuen Grund, beim Grenzübertritt zu bangen: Es war dies die Beteiligung fast aller Reisenden am Schmuggel. In den Zugabteilen war es vor der Grenze immer besonders still. Dabei wurden hier keine großen Werte hin und her transportiert. Es waren nur Güter des täglichen Bedarfs: neue Mäntel und Schuhe aus der Bundesrepublik ins Saarland, bestimmte Lebensmittel in die umgekehrte Richtung. So hatte sich die Praxis bewährt, ohne Mantel in die Pfalz zu fahren, um dort einen neuen zu kaufen. Sorgfältig mußte zuhause aus einem alten Stück das (saarländische) Etikett herausgetrennt und vor der Rückreise in den neuen eingenäht werden. Selbstverständlich mußten die Sohlen der neuen Schuhe ordentlich abgewetzt erscheinen, und etwas schmutzig sollten sie auch sein, bevor man sich auf den Heimweg machte. Aber auch Zöllner lernten, dies zu erkennen, und das gute neue Stück wurde eingezogen. Daraufhin kam die Praxis auf, an einem solchen Mantel einige leichte

Flecken anzubringen, die daheim wieder einfach zu entfernen waren. Auch die Variante, in den damals beliebten Knickerbockerhosen etliche kleinere Päckchen Kaffee oder Tee aus dem Saarland herauszubringen, wurde angewandt, um bei den Verwandten »im Reich« begehrte Tauschwaren anbieten zu können. Sicher hat jeder solche Tricks gehört oder selbst ausprobiert. *um 1993*

Die Kußverwandtschaft
Wolfgang Ohler

Man schrieb das Jahr 1922, und die Geschäfte der ledigen Gewerbefrau Emma Süß gingen mehr schlecht als recht. Deshalb suchte sie einen Käufer für das Anwesen, das ihr Vater, der Landwirt Jakob Süß, 1890 in Zweibrücken gebaut und seiner Tochter, als er sich aufs Altenteil zurückzog, 1909 zu Eigentum überschrieben hatte. Trotz ihrer Geldnöte verlor die Tochter nicht den Überblick und wollte beides, Kapital und Sicherheit, denn die Inflation fiel gerade vom Trab in den Galopp. Deshalb verkaufte sie nicht zum höchsten Angebot, sondern wurde mit Hermann Worch, einem Maschinensteiger in Ruhe, handelseinig.

Der neue Eigentümer war mein Urgroßvater. Bis zu seiner Pensionierung wohnte er in einem Bergwerkhäuschen in der Nähe seines Arbeitsplatzes, der Grube Mellin in Sulzbach. Er war schon immer ein Kauz gewesen und hatte nun, im Alter, einen ganz und gar absonderlichen Wunsch, den ihm die große saarländische Familie kopfschüttelnd und schweren Herzens als Spätwirkung eines Grubenunfalls aus dem Jahr 1903 verzieh: Er wollte sich in der Ferne, weitab von Ruß und Rauch, drüben im Reich seinen Alterssitz einrichten. Auf der Suche nach einem passenden Plätzchen stand er eines Tages nach einer Visite im Zweibrücker Rosengarten, der gerade sein zehnjähriges Bestehen feierte, vor dem Anwesen der ledigen Gewerbefrau Emma Süß. Dies Haus und kein anderes!

Hermann Worch hatte schon immer den Banken mißtraut und nicht auf die Söhne gehört, die sich den Mund fusselig geredet hatten, daß er doch seine Ersparnisse von seinem Lohn aus vierzig Jahren und dem Erlös für einen Acker drüben in Schnappach gewinnbringend auf einem Konto anlegen sollte. Als es Frau Emma Süß kategorisch ablehnte, ihr Wohnhaus mit Waschküche, Hof und Nutzgarten für einen noch so stattlichen Betrag in dem nichtsnutzigen Nachkriegsgeld zu veräußern, schulterte der alte Bergmann zu Hause Spaten und Pickel, maß mit sicheren Schritten eine Strecke hinüber zur Halde am Mellin ab und fing an zu graben. Er grub nicht nach der Kohle, dem schwarzen Gold, das man dort förderte, sondern nach einer Truhe mit einem echten Goldschatz, den er vor den schlechten Zeiten, dem Krieg und den Ansprüchen seiner Frau und Kinder verborgen hatte. 20.000 Goldmark zählte dieser Schatz, und Frau Emma Süß war auf der Stelle bereit, sich dafür von ihrem Zweibrücker Haus zu trennen. In diesem Haus lebte der alte Kauz mit seiner Frau noch achtzehn Jahre. Die Fotos aus jener Zeit zeigen einen zufriedenen Mann mit verschmitztem Lächeln hinter dem stattlichen Kaiser-Wilhelm-Schnurrbart. Die kleine rundliche Frau an seiner Seite macht dagegen kein glückliches Gesicht; die Lippen zusammengepreßt, so schaut sie anfangs trotzig und später mit traurigem Blick in die Kamera. Sie hat ihre Heimat zwischen Sulzbach und Saarbrücken stets vermißt. Auf die Familie mußte sie dagegen nie ganz verzichten, denn das große Haus bot allen Platz und wurde zum Ausflugslokal für die gesamte saarländische Sippschaft, die sie mit Hingabe bewirtete und darüber manchmal ihr Heimweh vergaß. Nochmals zehn Jahre und einen Krieg später habe ich mit meinen Eltern in diesem Haus gewohnt.

»Wasch dir das Gesicht, die Kußverwandtschaft kommt«, sagte mein Vater. »Aber wasch es dir vorher und danach!«

Die Kußverwandtschaft, das waren die Tanten und Onkel aus dem Saargebiet, wie es nun wieder hieß, Ende der vierziger Jahre, aus Saarbrücken, Sulzbach und Bildstock. Nicht nur die Frauen umarmten und küßten sich, nein, auch die Männer, und das ist für einen Pfälzer schon eine bedenkliche, leicht ordinäre Chose. »Das Geschnuddel haben die von den Franzosen abgeguckt«, meinte er, schüttelte sich und wischte in Gedanken an die bevorstehende Schmuserei mit dem Hemdsärmel übers Gesicht. »Aber was kann man schon von Leuten erwarten, die sich löffelweise Zucker in den Kaffee schütten und die Kartoffelpuffer mit dem Kochlöffel umrühren«, fügte er schaudernd hinzu.

Meine Mutter, die den Bohnenkaffee gerne mit zwei Stück Zucker trank, verteidigte ihre saarländische Familie mit Leidenschaft: Das Küssen und Umarmen sei unter Verwandten das Selbstverständlichste auf der Welt! Die Saarbrücker Herzlichkeit sei ihr tausendmal lieber als die sture Pfälzer Sippschaft, die das Maul nicht aufbekäme, nicht zum Küssen und nicht zum Reden.

Wenn die Invasion von der Saar wieder abgezogen war, klemmte sich mein Vater zwei Franc-Stücke in die Augenhöhlen, spitzte den Mund und flötete mit Fistelstimme, er sei das küssende Saar-Ungeheuer. Meine Mutter fand es gar nicht komisch.

Ich stand zwischen beiden, sozusagen auf der pfälzisch-saarländischen Kußgrenze. Da stehe ich auch heute noch. Als gebürtiger Pfälzer trinke ich meinen Kaffee bitter, esse jedoch für mein Leben gerne Dibbelabbes. Wenn mich eine Saarländerin umarmt und küßt, habe ich nichts dagegen, ganz gleich, ob sie aus Saarbrücken, Sulzbach oder Bildstock stammt. Denn ich wohne noch heute in dem alten saarpfälzischen Refugium, das mein Urgroßvater, der pensionierte Maschinensteiger von der Grube Mellin, 1922 für 20.000 Goldmark im Reich erworben hat.

Ehrlich, das Haus ist sein Geld wert. *1992*

Karfreitag in der Parr
Heinrich Klein

Der erste arbeitsfreie Feiertag des Jahres zieht uns in die Parr, den südlichen Teil des Bliesgaues zur lothringischen Grenze hin. Vom Husarenberg her gesehen, dem Ausgangspunkt unserer Wanderung bei Medelsheim, liegt das Land übersichtlich ausgebreitet vor uns, ein bis zu den Buntsandsteinausläufern der Nordvogesen ruhig ausrollendes Muschelkalkmeer, in dessen Wellentälern sich Bauerndörfer ducken, die manchmal so klein sind, daß sie nicht einmal eine eigene Kirche haben.
Das frische Grün der Wintersaat färbt die Äcker zaghaft. Schaumkraut und Löwenzahn tupfen die Wiesen pastellfarbig. Apfel-, Kirsch- und Birnbäume setzen dazu an, ihre Blütenknospen zu öffnen, und das winterliche Grau der Wälder auf den Höhenrücken hüllt sich in einen zarten Grünschleier. Vereinzelt springen steinwurfweit Feldhasen aus ihrer Sasse und fliehen, eine Staubfahne hinter sich herziehend, mit angelegten Löffeln. Die Erde ist trocken. Es hat schon lange nicht mehr geregnet.
Über den Höhenzug zwischen Bliestal und Bickenalbtal führt unser Weg in Richtung Landesgrenze; an der Gemarkung Wolfsgalgen entlang durch Baumbusch und Mertzenwald, und damit ist der Boden, den wir treten, durch die Überschreitung einer gedachten Linie unversehens französisches Territorium geworden. Was Hüben und was Drüben ist, künden nur die mächtigen Sandsteinquader, die in Abständen von Sichtweite als stumme Wächter eine Grenze bewachen, an der sich heutzutage nur noch Fuchs und Hase gute Nacht sagen. Das war nicht immer so freundlich in dieser Gegend; die Granatsplitter und Gewehrkugeln, die man allenthalben als archäologische Relikte der letzten nachbarlichen Auseinandersetzungen auf den umgepflügten Äckern findet, sprechen eine andere Sprache. Und als am 8. Mai 1945 wieder Ruhe im Land einkehrte, lagen Nieder- und Obergailbach, Erching, Rimling, Ormesviller, Utweiler, Peppenkum und Medelsheim in

Schutt und Asche. Ein Gedenkstein zwischen Brombeerhecken am Feldwegrand nach Erching erinnert an die ersten Toten eines französischen Infanterieregiments in diesem Frontabschnitt des Jahres 1939. Standesbewußt unterscheidet die Inschrift zwischen Offizieren und Soldaten, als ob der Tod der Vorgesetzten mehr wöge als der der Untergebenen – ansonsten sprechen nur noch die Statistiken in den Archiven von den Menschenopfern dieser deutsch-französischen Auseinandersetzung.

Die groben Kriegsspuren sind beseitigt, überwuchert, verwachsen, die Dörfer – wenn auch häßlich – wieder aufgebaut, die zerschossenen Grenzsteine durch akkurat gehauene neue ersetzt, so daß keine Lücke ihre Reihe unterbricht.

Das Meßtischblatt vermerkt den kaum angedeuteten Feldweg zwischen der Anhöhe des Rehbrunnenwaldes und der Geländekuppe »Zitters« als »ancienne voie romaine«. Aber nur ein arg lädiertes Steinkreuz mit abgeschlagenem Korpus und bis auf die Jahreszahl 1746 unleserlicher Schrift liefert den Beweis, daß die fortlaufende Heckenreihe mitten im Feld eine ehemalige Straße markiert. Von galloromischen Relikten keine Spur.

Nach Westen hin fällt das Gelände ab in Richtung Obergailbach. Das Grenzdorf liegt in einer flachen Mulde, die der Gailbach dem Bliestal zu durchfließt. Die Rue Principale ist menschenleer, nur ein paar Hunde bellen unserer Ankunft aufgeregt entgegen. Nicht wenige der sandsteinfarbenen verputzten Häuser mit roten Ziegeldächern stehen mit heruntergelassenen Rolläden und verkrauteten Zugangswegen, also unbewohnt.

Eigenartig: Die Gebäude sind nicht alt und baufällig, sondern nach Erhaltungszustand und Erscheinungsbild kaum älter als 25 Jahre. Also müssen Landflucht oder Vergreisung der Bevölkerung oder beides zugleich Ursache dafür sein, daß diese Wohnungen aufgegeben sind. Wahrscheinlich suchen die Jungen ihre wirtschaftliche Fortune in den Industriezentren, etwa in Carling oder Thionville, die zurückbleibenden Alten sterben nach und nach aus und hinterlassen ihre Häuser unbewohnt. Eine niederdrückende Leere ist das, unterstrichen noch durch die bizarre Lustigkeit der bunten

Plastikgartenzwerge in den Vorgärten der bewohnten Anwesen. Der Versuch, mit Hilfe dieser Wichtelmänner »Gemütlichkeit« und »heile Welt« zu suggerieren, bleibt vor der ganz anders gearteten Wirklichkeit ein untaugliches Unterfangen.
Die Atmosphäre im deutschen Niedergailbach jenseits der Grenze unterscheidet sich nicht wesentlich von derjenigen auf der lothringischen Seite. Was an rustikaler Bausubstanz des 18. und 19. Jahrhunderts vorhanden war, hat den Zweiten Weltkrieg nicht überlebt. Was nach dem Wiederaufbau in den fünfziger Jahren an ihre Stelle getreten ist, verdient kaum der Erwähnung. Es ist landschaftlich nicht eingebundene Allerweltsarchitektur, die überall in der Bundesrepublik gleich aussieht.
Von der Verfolgung der napoleonischen Restarmeen aus Frankreich zurückgekehrt, lebte in diesem Dorf 1815 für kurze Zeit ein junger bayerischer Leutnant, der sich literarisch betätigte und in seinem Niedergailbacher Quartier eine Prosaerzählung mit dem Titel »Die Bergkapelle« vollendete. In seinen Tagebucheintragungen schrieb er: »Ein kleines schlechtes Dorf, bereits auf der deutschen Seite … (doch) keine rechten Deutschen mehr. Die gefährliche Nachbarschaft hat sie verdorben.«
Bis heute warten die Niedergailbacher auf eine Welle nationaler Empörung, die diese herbe Kritik in ihre Schranken verwiese. Vergebens: Was der Bayer damals leichtfertig mutmaßte, geht heute auch dem Rest der Deutschen flink von der Zunge, wenn von den »Saarfranzosen« die Rede ist. Die bekannte Anekdote über einen von ihnen, der tief drüben im »Reich« mit anderen Deutschen ins Gespräch kommt, läßt ihm gönnerhaft Anerkennung zuteil werden, wenn einer seiner Gesprächspartner verblüfft meint: »Für einen Saarländer reden Sie aber ein recht gutes Deutsch.«
Der damals gerade 19jährige junge Mann heißt August Graf von Platen und ist der Dichter der bekannten Ballade: »Das Grab im Busento«, die auf volkstümliche Weise den Tod des Gotenkönigs Alarich in Kalabrien besingt: »Und den Fluß hinauf, hinunter ziehn die Schatten tapfrer Goten, die den Alarich beweinen, ihres Volkes besten Toten. Allzufrüh und fern der Heimat mußten sie

ihn hier begraben, während noch die Jugendlocken seine Schultern blond umgaben.«

Hinunter ins Bliestal nach Reinheim wollen wir nicht. Also schwenken wir um nach Süden über die bewaldete Höhe des Bücher-Berges zum Feldweg, der von Bliesbruck in Richtung Rimling führt. Der alte Obsthain am Hang, der sanft zum Bickenalbtal hin abfällt, lädt zur Mittagsrast. Im Windschatten der Bäume und Hecken ist die Erde noch warm vom fast sommerlichen Wetter der vergangenen Tage. Nur ein paar Minuten gönnen wir uns ausgestreckt im gelben Vorjahresgras, dann gelüstet es uns nach einer Tasse heißen Kaffees. Sie soll nach dreistündigem Marsch die Kräfte wiederbeleben. Bis nach Rimling hinunter sind es noch wenige hundert Meter, und die altmodische Kneipe in der Grand' Rue ist offen.

Zwischen umgekehrt auf die Tische gestellten Stühlen hantiert die Wirtin kittelbeschürzt mit Schrubber und Abwischlappen und hält Osterputz. Feiertagsruhe?

Drüben wie hüben schert sich die katholische Bevölkerung einen Dreck um den Anspruch des Protestanten auf Achtung ihres höchsten liturgischen Festtages. Der Karfreitag bietet für die Katholiken seit eh und je die Gelegenheit, lautstark Holz zu spalten und die Felder zu bestellen, während die »Evangelischen« im schwarzen Anzug zum Abendmahl schreiten.

Für die grauköpfige Endfünfzigerin ist unser Besuch eine willkommene Abwechslung. Sie verschwindet hinter dem resopalbeschichteten Tresen in die Küche, um uns das begehrte Getränk zu bereiten. Während wir unseren grand café au lait mit viel heißer Milch aus braunen Glastassen trinken, zieht draußen die Dorfjugend mit lärmenden Holzklappern ihrer Wege und kündet anstelle der schweigenden Kirchenglocken, die über die Kartage nach Rom geflogen sind, im rhythmisch wiederholten Sprechchor, was die Stunde geschlagen hat. Zum Dank für diese Dienstleistung werden die Kinder am Ostersonntag von den Dorfbewohnern die bemalten Ostereier einsammeln und nach Hause tragen.

1986

C'est tout bon oder
Gründe für genüssliche Grenzgänge zu Cora & Co
Alf Betz

Am Anfang waren es Brot und Wein – Speis' und Trank in ihrer allerfranzösischsten Ausprägung erregten zuerst eine Liebe zu lothringischen Läden bei Einwohnern in der wechselreichen Region zwischen Blies und Saar, immer so nah und immer wieder, kürzer oder länger, doch so fern Gottes eigenem Land.

Dort lernen ja Kinder schon in der ersten Klasse rezitieren: »En France, on aime bien / le bon vin / et le bon pain.« Das reimt sich ausgesprochen exzellent, auch noch auf faim, diesen anscheinend qualitativ anderen Hunger der Franzosen.

»En France, tout est bon, / les fromages, / le saucisson.« So lernen die Kleinen es gleich in der nächsten Strophe und finden noch einen Vers weiter Geschmack an »poule au riz« und »pot-au-feu«. Das legendäre Stangenbrot, außen golden und knusprig, innen weich und weiß, und der Rebensaft erst einmal als rouge ordinaire: einfachster Vorgeschmack von jenem Savoir-vivre im anders gearteten Nachbarland. Es fängt auf der ganzen Welt ja vieles an mit Brot und Wein – auch in der saarpfälzisch' Weltgeschicht' der Appetit auf deutsch-französische Freundschaft bei Tisch. »Brot ist der Erde Frucht,... Und vom donnernden Gott kommet die Freude des Weins.« Was Hölderlin im langen Poem von Brot und Wein beschwor, ließ auch in den eher an Bieren reichen Gegenden zwischen Altheim, Homburg und Zweibrücken, St. Ingbert und Walsheim im Lauf der neuen Friedenszeit zwischen D und F einen Gourmetsinn gedeihen, der sich nunmehr, längst selbstverständlich, gern in Saargemünd und so bedient, an den Delikatessen-Theken und -Regalen der Etablissements à la »Cora« oder »Record«, »Super-U« oder »Intermarché«, wenn's mal »was Besonderes« sein soll.

Die wahre französische Lebensart ist vermutlich doch etwas anderes als das aufgetischte »Saarvoir-vivre«, wie denn auch die wenigsten Saarsassen und Bliesgauer überhaupt französisch parlieren und keineswegs mit Saargemündern und Bitscherländern in einen Topf passen, wie es manchmal scheint. Dabei waren die Ahnen im Altertum ein grenzenloses gallorömisches Volk.

Mund, Zunge, Gaumen erquickt haben im Zeitalter der scharfen Grenzen dann, als die evakuierten grenznahen Ortschaften sich wieder mit Leben über Trümmern füllten, die Saarkohle von Bexbach bis zum Warndt französischer Regie unterlag und die Saar-Region nach Osten gegen die Pfalz abgegrenzt wurde, innig süße Importe: In dieser Dattelära muss ein Nerv für künftige Geschmacksprägung getroffen worden sein. Kein Wunder freilich nach all der schwarzen Kargheit von Kommissbrot und gelber Bitternis von Maislaiben, nach Grumbeer, Grumbeer über alles, wurmigen Linsen und Eichelkaffee. Allmählich bekam das Land westwärts von Eichelscheid etwas ab vom lothringisch-französischen Tisch, der Tante-Emma-Laden hüben etwas von der Epicerie drüben.

Wohl dem, der von Generationen her noch Lothringer Sippschaft hatte, so dass, mon Dieu, eines Tages eine ferne Tante Anna aus dem Bitscherland kommen konnte mit Gaben wie sonst in dürftiger Zeit der Osterhase und der Lothringer Schutzpatron zusammen. Doch war's da weder Nikolaus-Tag und Advent noch Frühling, allerdings seit langem bittere Fastenzeit. Im Sommer mit einer Gartenfülle sind sie erschienen, die Tante Anna und ihr Emile, die daheim ein bisschen Land hatten und ein bisschen Vieh. Eier, Butter, Käse waren dann in ihrem Sack und Pack, Landbrot, auch ein selbst gebrannter Quetsch härtesten Kalibers.

Von solch bescheidener grenzübergreifender Versorgung en famille war's noch eine ganze Weile, bis drüben etwas zu holen war gegen Francs, noch viel Blies floss in die Saar bei Saargemünd, bis dürre Hungerleider der Saar- und Bliesgebiete über Wirtschaftswunder und Fresswelle, Volksabstimmung, Währungswechsel und Zollkontrollen sich endlich als Gourmets und Gourmands entpuppten. Dann aber ging die Lebenskunst saarfranzösischer Wunderkinder nach Brot, jenem langen dünnen, das die Erfinder so treffend »flûte« und »baguette« nennen und das, wird hart wie Kruste behauptet, »irgendwie anders« schmeckt als »Baquett« und »Flit« aus Homburg oder St. Ingbert, Gersheim oder Blieskastel, schon einfach pur und erst recht als obligatorisches Backbeiwerk zu allen Tafelfreuden aus Ackerbau und Viehzucht, von Feldern und Plantagen, von Bauern- und Schlachthöfen, aus Kellertiefen und Weinbergen, aus Lüften und Gewässern der douce france. Dieses sechseckige kulinarische Universum mit Spezialitäten und Sternen in jeder Provinz, wo eine Mahlzeit als Menü daherkommt, mit Amuse-bouche (-gueule) und Hors-d'oeuvre statt Vorsuppe als Entrée und Dessert statt Nachtisch als Finale.

Über Brot und Wein der frühen Jahre einer gallisch orientierten Schlemmerkultur also Erkundungen und Entdeckungen im Konsumkosmos von Monsieur Dupont und Madame Durand, ein Crescendo der Genüsse, Einsichten in Klüfte und Nuancen von Küche und cuisine, von Ernährung und Genuss. Was verspricht den absoluten Hochgenuss: Der Fischreichtum und all die Fruits de mer? Die Fleischtöpfe von Boeuf oder Porc oder Agneau? Der Geflügelhimmel voller Wachteln, Bresse-Huhn, Ente, Gans? Diese oder jene oder noch andere Pâté oder gar Foie gras? Die zu de Gaulles Verzweiflung mehr als dreihundert Sorten Käse? Champagner und Crémant, Rouge und Blanc als Bourgogne oder Bordeaux, Rhône oder Provence und was sonst noch auf der Landkarte als Weinkarte?

Der Geschmack an genüsslichen Grenzgängen zu Super- und Hypermarché hat natürlich seinen Preis, was diese üppigen Vorratskammern en gros unterscheidet vom Schlaraffenland. So soll mancher schon vom bloßen Schauen satt geworden sein. *2002*

Das Zollmuseum in Habkirchen an der Blies
Bernhard Becker

Zugegeben: Es wirkt sehr bescheiden, nahezu unscheinbar, das Gebäude, welches das heutige Zollmuseum in Habkirchen beherbergt. Aber: Es ist authentisch. Es war bis 1964 Zollhaus, dann wurde die Zollstation an die heutige Umgehungsstraße verlagert, die später dort errichteten Zollgebäude sind freilich seit einiger Zeit verschwunden, regelrecht dem Erdboden gleichgemacht. Mit dem Inkrafttreten des EU-Binnenmarktes zum 1. Januar 1993 verloren die einfachen Flachdachgebäude, in denen französische und deutsche Zöllner Dienst taten, ihre Funktion. In der Tat standen sie seither wie verloren an der Grenze, bis sie gleichsam zu ihrer Erlösung abgerissen wurden. Das vorherige Zollhaus jedoch steht noch, warum es nicht zwischenzeitlich abgerissen wurde, weiß man nicht. Vielleicht, weil es zeitweise als Magazinraum diente, vielleicht, weil es ganz einfach vergessen wurde. Vor knapp zehn Jahren wurde es freilich aus seinem Dornröschenschlaf geweckt. Der »Prinz« war Manfred Nagel, selbst Zollbeamter bis Jahresende 1992 und zudem einige Jahre Ortsvorsteher von Habkirchen, das nunmehr wiederum kein Grenzdorf mehr ist und hoffentlich auch keines mehr werden wird. Aber das hatte man in der Vergangenheit schon des Öfteren geglaubt – und sich geirrt. So auch nach 1871, als nach dem »erfolgreichen Krieg« gegen Frankreich Elsass-Lothringen als Reichslande dem neuen deutschen Reich zugeschlagen wurden. Damals bildete die Blies, die in der lothringischen Stadt Sarreguemines in die Saar fließt, keine Staatsgrenze mehr. Habkirchen, dessen Einwohner damals bayerische Untertanen waren, verlor seine Zollstation – aber nur für zwei Generationen.

Dörfer, die an Grenzen liegen, spüren die Schicksalsschläge der Geschichte deutlicher als Siedlungen in den Binnenräumen. 1781 wurde die Blies als Grenze erstmals vertraglich festgesetzt zwischen den Grafen von der Leyen und dem französischen König. Nur wenige Jahre später war sie, als französische Revolutionstruppen 1793/94 die linksrheinischen Gebiete der neuen Republik angliederten, bereits Makulatur. Aber auch diese »grenzenlose Zeit« an der Blies war wiederum von kurzer Dauer, setzte doch der Wiener Kongress 1815 die Blies als Staatsgrenze wieder ein. Ein Grenzstein von 1826, nahe der Bliesbrücke zwischen Habkirchen und Frauenberg, erinnert an die bayerische Zeit. Dieser Staatsgrenze war größere Dauerhaftigkeit beschieden, knapp zwei Generationen lang mussten Passanten sich hier ausweisen und je nachdem Zoll bezahlen. Nach dem deutsch-französischen Krieg wurde zum Jahresbeginn 1872 die Zollstation Habkirchen aufgelöst. Das amtliche »Auflösungsdokument« ist vorhanden. In dieser »grenzenlosen« Zeit waren nunmehr die Elsass-Lothringer Deutsche. Diese Situation kehrte der Erste Weltkrieg um, das Saargebiet wurde nämlich Frankreich angegliedert. Erst mit der »Heimkehr ins Reich« wurde die Blies 1935 wieder Grenze und Habkirchen Zollstation. Mit dem Einmarsch deutscher Truppen jedoch war Habkirchen bereits fünf Jahre später seine Zollstation wieder los und die Elsass-Lothringer erneut Deutsche. Mit der Niederlage Deutschlands im Zweiten Weltkrieg änderten sich wiederholt die Staatsangehörigkeiten. Erst mit dem politischen Anschluss des Saargebietes an die Bundesrepublik Deutschland im Jahr 1957 wurde die Blies wieder Staatsgrenze und Habkirchen wiederum Zollstation. Bis 1993 bzw. 1995, dann wurde der Schlagbaum zwischen den Grenzorten Habkirchen und Frauenberg ein weiteres Mal entfernt, dieses Mal jedoch als Novum der Geschichte friedlich, ohne Waffengewalt. Eigentlich wurde ein Zustand völkerrechtlich legalisiert, der schon seit Jahren existierte. Die Staatsgrenze trennte schon lange nicht mehr Deutsche und Franzosen. Ohne Zweifel hatte die deutsch-französische »Erbfeindschaft« auch im Grenzraum ihre Auswüchse erlebt, die Menschen dies- und jenseits hatten aber auch am meisten unter ihr zu leiden. Menschen verloren Arbeitsplätze, Unternehmen ihre Absatzmärkte. Ganz zu schweigen von den familiären Bindungen.

Dieses historische Wechselspiel mit dem Schlagbaum ist in dem kleinen Museum in Habkirchen anhand von Kopien, aber auch von Originalen dargestellt. Das älteste im Zollmuseum aufbewahrte Schriftstück, das das Jahr 1711 angibt, erforderte von Juden beim Grenzübergang in die damalige Reichsgrafschaft derer von der Leyen Geld: »Von eines jeden Juden Seel 1 Albus.« Der »Sonderstatus« der Juden wurde ohne Skrupel als Geldeinnahmequelle genutzt.

Allein schon die Vielfalt der in den Schaukästen präsentierten Ausweise und Pässe ist einen Besuch wert. Wer das Museum betritt, mag zunächst glauben, er befände sich nun in einer »realexistierenden« Zollstation: Der Tresen, die auf ihm befindliche Feinwaage, Stempel, die ja in keiner alten Amtsstube fehlen dürfen, unvermeidliche Formulare (z. B. »Berechnung der Eingangsabgaben zur mündlichen Zollanmeldung«) und nicht zuletzt eine uniformierte Puppe vermitteln diese Situation. Wer sich jedoch intensiver mit Zolldokumenten auseinandersetzen will, sollte eine Führung vereinbaren. Schließlich ist Zollstation nicht gleich Zollstation, nicht umsonst gibt es auch an der Grenze eine sorgfältig abgestimmte Hierarchie. So war Habkirchen in der königlich-bayerischen Zeit »nur« ein »Nebenzollamt 1. Klasse«. Und Karl Marx und Friedrich Engels waren schließlich auch schon da, am 7. April 1848 nämlich, weil sie die preußische Grenze »wegen eines vorliegenden Haftbefehls« mieden. *2002*

Die Blies
Heinrich Kraus

Wo de Heilische
Lämmer gehiet hat,
dort kommt se her,
mahn noff un laaft nunner,
fort aus de Alt Welt.

Nasewejsisches Wasser
gluckert hinner Hartfießler her,
wo hejt kän Pädcher meh trete,
ab zu de Grube,
wo kän Kohle meh spauze,
zum glierische Ejse,
wo kalt isch wie Ejs.
Bä, was e Ims: viel dreck
aus Fabrike, aus mensche ...

Dabber verschwindt se,
versteckt sich hinner römische Hiwwle
im fränkische Gau, wo e
jüdisches Mäde verehrt werd,
assumpta in caelum.

Do wo, garnit modern,
die nachtigall zwitschert,
krieht se e Kränzje aus Blume,
e langer Schleier aus Schilf,
eh se de Saar um de Hals fallt.

De beschte Wäh isch e Umwäh. 2003

*Jeder Mensch
lebt vom Werk*
Bauern und Bergleute

Was Noth thut
Philipp Jakob Siebenpfeiffer

Beziehen sich nachfolgende Bemerkungen und Vorschläge zum Theil auf unsre nächste Umgebung, so wird man doch anderwärts darin einen Fingerzeig, in andern die allgemeine Beziehung und Anwendbarkeit nicht verkennen. Doch wir eilen zur Sache; der Winter ist vor der Thüre, mit ihm eine sehr bedenkliche Aussicht.

Der Unbemittelten allerwärts sind dreierlei: 1) solche, die gern arbeiteten, welchen es aber an Gelegenheit fehlt; 2) solche, die arbeitsunfähig sind; 3) solche; die nicht arbeiten mögen. Wir wollen uns mit allen drei Klassen beschäftigen. Die erste Klasse ist am schwersten zu befriedigen, weil vermehrte Gelegenheit zur Arbeit nur eine Folge vermehrten Betriebs, des Verkehrs überhaupt seyn kann. Es ist unsre Absicht nicht, heute diesen so reichen und so vielfach behandelten Gegenstand zu besprechen. Was aber jedenfalls geschehen kann und ungesäumt geschehen soll, ist Anordnung nützlicher öffentlicher Arbeiten von Seiten des Staates und der Gemeinden. Straßen, Wege, Kanäle, Waldkulturen und dergleichen Arbeiten bieten reiche Erwerbsquellen für Arbeitsfähige und arbeiten Wollende. Handwerker und Ackerbauende sind kaum in dieser Gattung begriffen, aber die Mehrzahl der Taglöhner, und an manchen Orten die Fabrikarbeiter. Diese Leute leben von Tag auf den Tag: bringt der nächste keinen Verdienst, so ist auch kein Brod da; denn wenn auch ihre Art zu seyn einigen Vorblick in die Zukunft gestattete, so ist ihre tägliche Einnahme durch die vervielfachte Conkurrenz so herabgedrückt, und durch öffentliche Abgaben so geschmälert, daß ihnen kaum die Mittel zum dürftigsten Unterhalt bleiben, und an Ersparung für unvorgesehene Fälle nicht zu denken ist. Einzelne Familienväter aus dem Gewerbsstande können allerdings augenblicklich ins Gedränge kommen; diesen helfe man entweder durch Gelegenheit zur Arbeit, oder durch Vorschüsse, je nachdem es an jener oder an Geld zum Einkauf der Stoffe gebricht. Die Hülfskassen, welche unser König gestiftet, sind vortrefflich hierzu, im Rheinkreis aber ganze ohne Anwendbarkeit, weil man Hypotheken verlangt, die mit solchen Förmlichkeiten verbunden sind, daß der größte Drang sie nicht zu überwinden vermag: die wohlthätige Absicht des Königs ist vereitelt.

Die zweite Gattung, d.h. solche Arme, die wegen Alter, geistigen oder körperlichen Gebrechen arbeitsunfähig sind, hat gerechte Ansprüche, daß die Gesellschaft sich ihrer annehme. Man ist zwar heute so ziemlich einig darüber, und die Armentaxe in England zeigt es auf das Grelleste, daß Unterstützungen der Armen fast nur verderblich wirken, wenn sie nicht mit höchster Vorsicht und Zweckmäßigkeit vertheilt und angewendet werden. Daß man alle Arbeitsfähige ausschließen müsse, versteht sich von selbst. Wie aber mit den Beschränktarbeitsfähigen? Was mit solchen Leuten, die durch eigenes Verschulden um ihr Vermögen gekommen? Soll man durch ihre Unterstützung der Verschwendung andere Aussichten eröffnen? Hier kommt die Menschlichkeit mit den Forderungen der Staatswissenschaft in Widerspruch. Der oberste Grundsatz sey: Arbeit! Dann werden die öffentlichen Anstalten fast hinreichen; wo nicht, veranlasse man Subscriptionen bei den Vermöglichen, welche, wo nicht Christenpflicht, doch die Schwere der Zeit erkennen, und lieber einen Theil des Überflusses oder Überschusses entbehren, als sich, ihre Häuser, ihr Eigenthum der Gefahr aussetzen werden. Mit diesen Mitteln bezwecke man, je nach der Örtlichkeit, Sammelplätze, wo die Armen dieser Klasse ein gewärmtes Zimmer und eine kräftige Suppe finden; oder man bezahle ihnen Hauszins, Heizmittel und reiche ihnen Suppe. Fast allenthalben gibt es entbehrliche öffentliche Gebäude; wo nicht, miethe man eins. In beiden Fällen errichte man Wohlthätigkeitsausschüsse, welche Bedürfniß und Würdigkeit der Armen unparteiisch prüfen, Suppen aus getrockneten Früchten, Kartoffeln, Dörrgemüse u.s.w. bereiten und vertheilen mögen. Ein anderes wirksames Unterstützungsmittel ist, freilich nicht mehr für den nächsten Winter, aber für die Zukunft, in den Ländereien gegeben, welche die meisten Gemeinden besitzen: man vertheile sie, statt unter alle Bürger, blos unter die ärmere Klasse, mit der Bedingung, daß sie Kartoffeln für ihren Bedarf selbst pflanzen. Gegen die dritte Klasse aber, nämlich die welche arbeiten kann, aber Betteln, Herumschweifen, Diebstahl vorzieht, gehe man mit aller Strenge der Gesetze zu Werk, welche wollen, daß dergleichen Leute den Gerichten übergeben und nach bestandener Strafe der Verwaltung zur Verfügung gestellt, d.h. unter besondere Aufsicht genommen und zur Arbeit angehalten werden. Schade, daß der Rheinkreis keine Zwangsarbeitsanstalt besitzt, wozu der Landrath einen früheren Antrag der Regierung abgelehnt hat. Es gibt indes öffentliche Arbeiten genug, wobei solche Leute zu allgemeinem und ihrem eigenen Nutzen zwangsweise beschäftigt werden können. Nur eine Art Unterstützung und Beihülfe gibt es, die auch auf diese Klasse, zugleich auf beide vorige anwendbar ist, Unterricht und die Armkinderschulen. Für Volksunterricht im Ganzen hat unsre Regierung bis jetzt eifrig gesorgt, wofür ihr alle Anerkennung gebührt; auch den Unterbehörden, welche treulich dazu Hand geboten, noch mehr aber den armen Gemeinden, welche nicht selten ihr Bestes und Letztes dafür freudig hingeopfert, gebührt Dank, welchen sie in ihrem Bewußtseyn tragen. Doch von Armkinderschulen, einer Erfindung der Noth in England, wissen wir kein Beispiel bei uns zu nennen, so empfehlenswerth sie sind. Am einfachsten ließen sie sich hier oder dort mit den Warmstuben verbinden, welche wir oben für arme Hülfsbedürftige empfohlen haben; an andern Orten könnte man das Volksschulzimmer dazu benutzen, und die Frau des Schullehrers würde sich wohl um ein Geringes dazu verstehn, die Kinder armer Eltern, während diese außer dem Hause arbeiten, in Aufsicht zu nehmen. Wie manche Schulversäumniß würde weniger seyn, welche jetzt entsteht, daß ältere Kinder die jüngern besorgen müssen! Wie manchen Krüppel an Seele oder Körper würden wir weniger sehn, der jetzt das unvermeidliche Opfer der Abwesenheit oder Sorglosigkeit der Eltern ist. *1830*

Der Dung ist die Seele der Fruchtbarkeit
»Zweibrücker Wochenblatt«

Viele Wiesen haben schon den zum guten Wieswachs erforderlichen Grund, weder zu fest, noch zu locker, weil dieselben aber nicht oder nur zum Theil gewässert werden können; so ist ihr Ertrag an Heu oft nur mittelmäßig, Ohmet werfen sie selten ab. Solchen Wiesen wird aufgeholfen mit dem alljährigen oder allzweijährigen Düngen am Ende des Winters, im Hornung und März, damit man nebst Heu auch noch Ohmet erhalte.
Der Dung ist die Seele der Fruchtbarkeit bei Äckern und Wiesen, die einmal die rechte Mischung haben. Unter dem Dung, auch Mist, versteht man die Auswürfe aller lebenden Thiere von Tauben, Hühnern, Schafen, Schweinen, Eseln, Rindvieh, Pferden und selbst den Menschen. Moder, Asche, Blut, Klauen, Beiner, Hörner, Haare, wollene Flecken von Kleidern, alte verhackte Schuhe; der Abgang bei den Handwerkern der Gerber, Schneider, Schuster, Sattler, Kammacher und Dreher; die Asche des Ofens der Ziegler, Seifen-, Potaschen- und Salpetersieder, der Motthaufen, abgelaugte Asche der Wäscherinnen, Gerberloh, Rus aus den Kaminen; der Schlamm aus Bächen, Weyhern, Seen oder Tränken des Viehes (Hilben), Gassenkoth, Ausguß von Küchen, alte Kalck- und Leimwände oder Schutt von abgebrochenen Häusern und Scheuern; gebrannter Kalck und Leim, alte abgenüzte Backöfen, und Lehmwände u.s.w.
Alle diese Dinge sind zum verbessern der Wiesen vortrefflich, jedoch einige mehr, andere minder. Zu diesen gehören noch als die besten: 1) Der Gypsstein, klein zerstoßen im Frühjahre auf die Wiesen gestreuet, so wie man es über die Kleeäcker zu thun pflegt. 2) Die Asche von ausgebranntem Torf, oder die gelbe Wasenaschen, die bei Wiesen die Stelle des Gyps mit bestem Erfolge vertritt. 3) Das Pferchen mit einer Schafheerde, da, wo man Gelegenheit hat. 4) Der Urin des Viehes, den man entweder von dem Stalle beim herauslaufen in einer eingegrabenen Kufe, oder der nahe gelegenen Dunglege in tiefere, mit Letten ausge-

schlagenen Gruben auffasset, und zur Regenzeit (nur nicht bei heißer Witterung) in Fässern auf die Wiesen (auch Äcker) führt, mit Hin- und Herfahren den Platz begießt, und die Fruchtbarkeit vermehret.

Die oben angeführten Dünger sollen nicht gleich auf die Wiesen gebracht werden, sondern sie müssen vor dem Gebrauche der Düngung der Vermoderung und Auflösung der in sich habenden fruchtbarmachenden Theile ausgesezt werden.

Aus dieser Ursache hat der Landmann seine Dunglegen, worin das Stroh mit dem Abgange des Viehes die benöthigte Gährung erhält, und um diese besonders bei heißen Tagen im Sommer desto bälder zu bewirken, und damit der Dung nicht schimmle, so begießt er die ganze Lage öfters mit dem, aus den Ställen abgeloffenen Urin, oder in dessen Abgang mit anderm Wasser. In dergleichen Dunglegen werden obgenannte Abgänge, Auskehrig, wie nicht minder abgängige Pflanzen, Laub, Tannenreis, Wasen von eröffneten Gräben u.s.w. geworfen, um da die zum Düngen erforderliche Eigenschaften den Winter über die erhalten, und wenn dies erst so zu Werke gebracht worden, fährt man mit dem Dunge den Wiesen zu.

Mehr erdigten Dung, z.B. Schlamm-Schutterde, Leimwände, Gassenkoth bringt man mit gutem Erfolge schon im Herbste auf die Wiesen, den sogenannten Mist aber erst (wie gesagt) gegen den Frühling, wenn der Schnee abgegangen, oder dem Abgange nahe ist. Nachdem der Dung oder Mist im Frühjahre durch einige Regen abgewaschen worden, und die Wiesen schon eine grüne Farbe angenommen; so wird derselbe mit einem Rechen oder eine Gabel von seiner Lage gezogen, oder geschlagen, da er noch feucht oder benetzet ist, die Mistknorren werden dabei in kleinere Theile geklopft.

Nach Verlauf von einigen Wochen, ehe das Gras noch zu hoch herangewachsen, werden alle Überbleibsel vom Dung zusammengerechelt auf Haufen gebracht, und nach Hause geführt, dem Vieh, Pferden, Schafen unterstreuet, auch in die Dunglege, und Hofwege geworfen. Dies Gemenge wird bald zu einem guten

Dung werden, weil es meistens schon in etwas aufgelöset worden, und darauf erst erhalten ihn die Äcker, da man auf solche Weise doppelten Vortheil ziehet.
Landmann! verbeßre die Wiesen,
Dann wirst du in spate Zeiten gepriesen!
Wer nicht sein Gut verbessern mag,
Der ist vom faulen Baurenschlag. *1818*

Vom Obstanbau in Wittersheim
Jakob Ackermann

In den 1850er Jahren gingen einige weitsehende Männer dazu über, Zwetschgenbäume in Reihen auf offene, nicht gar so gute Grundstücke zu pflanzen. Dabei sind besonders zu nennen: Michael Rödel, Josef Langenbahn, Peter Deger, Jakob Ackermann I., Philipp Nicklaus, Peter Fries, die bald in ein paar Jahren sehr schöne, üppige und tragbare Obstbaumreihen dastehen hatten. Diese Pflanzungen fielen in ihrer Art auf, denn bis jetzt wurden die Zwetschgenbäume nur in den Wiesengärten um das Dorf gepflanzt. Damals fand die Zwetschge nur im eigenen Haushalt Verwendung zu Kuchen, Zwetschgenpfeffer, zum Dürren und der Rest zum Branntwein. In diese Zeit fällt das Aufblühen der Städte St. Ingbert, Saarbrücken, Sulzbach, Dudweiler usw., wo man die Zwetschgen so nach und nach, wenn auch nicht gut, in Geld, das ja immer fehlte, umsetzen konnte. Das Reihensetzen der Zwetschgenbäume fand allmählich seine Nachahmung. Im Weltkrieg und nach demselben wurden die Zwetschgen dank der Einkochapparate zu einem unentbehrlichen Nahrungsmittel der Familien und zu einem, man kann sagen, besten Einkommen unserer Dörfer. Bis zum großen Krieg mußte man sie auswärts fahren, was ja sehr mühsam war. Aber heutzutage kommen die Händler mit ihrem Auto in die Dörfer und kaufen, solange geboten wird. Somit ist der Zwetschgenanbau zu einer nie geahnten Blüte gelangt.
Aber mit den Äpfeln und Birnen will es trotz aller Vereinstätigkeit

nicht recht klappen. Schon gleich nach dem Erfrieren derselben im Jahr 1880 hatte der H. H. Pfarrer Arnold Ritter von Erfweiler einen Obstbauverein nicht nur für Erfweiler, sondern für die ganze Umgebung [gegründet]. Er schrieb ein Buch über Behandlung und Pflege der Obstbäume, hielt in den Nachbarorten Versammlungen ab und fand überall durch seine durchgreifenden Reden mit den Schlußworten »Auf jeden Raum pflanz' einen Baum!« begeisterten Anklang. Er besorgte junge Bäume und Poßruten, half persönlich mit und unterrichtete im Veredeln und Okulieren. Jeder konnte zu jeder Zeit zu ihm kommen und Rat holen nach Belieben. Aber die neuen Sorten Äpfel und Birnen entsprachen nicht alle unserem rauhen Klima. Andere dagegen gediehen sehr gut. Auch legte er großes Interesse auf die Anlegung von Zwetschgenbäumen, wofür ihm heute Erfweiler-Ehlingen sehr dankbar ist.

In den umliegenden Dörfern entstanden dann fast überall Obstbauvereine nach den Statuten des H. H. Pfarrer Ritter, so auch in Wittersheim unter der Vorstandschaft des H. Andreas Fries III. Es wurde hier sehr vieles geleistet, jedoch die Kernobstbäume aus der Baumschule von Jung, Ensheim, entsprachen wieder nicht den Hoffnungen, die man in sie setzte. Viele davon waren wieder zu zart für unser Klima. Andere dagegen, die Wintergoldpormäne z.B., sind sehr früh tragbar gewesen. Aber nach ein paar Jahren wurden die meisten krebsig und gingen ein, andere wurden umgeedelt, jedoch die wenigsten kamen tragbar davon. Zur Zeit steht der Wittersheimer Obstbauverein unter der Vorstandschaft des H. Andr. Feibel und genießt durch dessen Geschicktheit ein hohes Ansehen. Da, wie oben erwähnt, durch das Einführen der unbekannten Obstsorten alljährlich sehr viel Geld aus den Dörfern ging und fast keine Einnahme brachte, kam H. Feibel vor ein paar Jahren auf den Gedanken, eine Obstbaumschule anzulegen. Da der hiesige Schulgarten gerade frei war, nahm man denselben in Pacht. Man legte Hand ans Werk, die meisten Arbeiten wurden unentgeltlich geleistet. Die Gemeinde stellte die Pfähle zur Umzäunung, und man pflanzte denselben mit jungen Wildlingen an. H. Feibel übernahm das Veredeln und Pflegen der Bäume und dank seiner Bemühungen können in diesem Herbst schon pro Mitglied 2-3 junge Apfel- und Birnbäume unentgeltlich abgegeben werden. Dies ist ein sehr großer Vorteil für die Geldbeutel der Mitglieder. Wenn man bedenkt, was für Summen Geld alljährlich in den letzten 50 Jahren aus dem Dorfe auf Nimmerwiedersehen verschwunden sind, so kann man H. Feibel wirklich dafür danken. *vor 1937*

»Guk der Esel lest als noch« – Der Wodsacker Müller von Niederbexbach
Martin Baus

Der Schalk saß ihm mit Sicherheit im Nacken, jenem Eigentümer der Woogsacker Mühle, der 1842 das stattliche Gebäude an der Landstraße zwischen Altstadt und Niederbexbach neu errichtete. Balthasar Bach hatte die im Jahre 1340 erstmals urkundlich erwähnte Mühle von seinem Großvater übernommen. Dieser wiederum hatte die »Wodsacker Miel« (so heißt die Mühle im Volksmund noch nach dem ersten namentlich bekannten Besitzer Peter Wadsack) am 13. August 1807 von Heinrich Jakob Schleppi für 624 Gulden gekauft.

Über der Eingangstür zum Mühlentrakt kann man heute noch einen dreizeiligen Spruch lesen, der über den Charakter des Mühlenbesitzers Bach Aufschluß gibt. Buchstaben stehen auf dem Kopf oder sind in Spiegelschrift in den Sandstein gehauen, und nur schwerlich gelingt es dem Leser, der Inschrift Sinn zu geben. Mit viel Geduld und Ausdauer kommt der Betrachter zu dem Schluß, daß Müller Bach wohl viel Sinn für Humor hatte. Aus dem Tohuwabohu der Buchstaben und aus dem Gewirr aus Dialekt und Hochsprache läßt sich folgender Sinnspruch entziffern:
»Eingank zur Mahl-Miele
Due Recht und scheie Nimand
Guk, der Esel lest als noch.«

Bei einem Rundgang um die Mühle fallen dem Interessierten weitere bemerkenswerte Details ins Auge. Da ist beispielsweise der Türsturz über dem Eingang zur Wohnung, in dem neben den Insignien »BB« und der Jahreszahl 1842 der Name Elisab. Miller zu lesen ist. Welche Bedeutung dieser Name hat, ist bisher noch nicht geklärt. Ob dem Mühlenbesitzer Balthasar Bach wohl daran gelegen war, die älteste ihm bekannte Müllerin zu verewigen – ihr sozusagen ein Denkmal setzen wollte? Elisabeth »Miller«, richtig eigentlich Elisabeth Dahl, hatte am 15. Februar 1664 ihre Rechte auf die Mühle geltend gemacht, nachdem sie mit ihrer Familie während des 30jährigen Krieges von dort vertrieben worden war. Ob dieser Name über der Eingangstür in Verbindung mit dem humorigen Spruch über der Mühlentür steht, ob Bach mit dem gleichen hintergründigen Schalk im Nacken Interesse wecken wollte – wir wissen es nicht.

Auffallend sind schließlich noch die beiden Giebelfenster, die so ganz und gar nicht zum Baustil des 19. Jahrhunderts passen wollen. Und auch vom Aussehen der übrigen Fenster am Wohngebäude sind sie völlig verschieden. Sie erinnern vielmehr an Fenster, die in der Romanik üblich waren. Diese Ähnlichkeit verleitete Altstadter Heimatkundler zu der Hypothese, daß sie vielleicht von der alten Altstadter Martinskirche stammen könnten, die bekanntlich romanischen Ursprungs war. Diese Kirche war kurz vor der Neuerrichtung der Woogsacker Mühle abgerissen worden. Und wie aus alten Protokollen hervorgeht, wurden die Steine nicht nur zum Bau des Schulhauses benutzt, sondern von den ortsansässigen Bauern auch gerne zum Bau ihrer Häuser genommen. *1988*

Der Bauer auf dem landwirtschaftlichen Fest zu Medelsheim
Franz Luxenburger

Gute Morge, G'vatter! schon an der Arwed;
wie mög'ner Euch nur so quäle!
Do setzt Euch her uf die Bank,
ich will Euch emol ebbes neues erzähle.
Bin geschter in Medelsum gewen,
uf'm Fescht vum landwirtschaftlichen Verin;
Im Paradeus versicher Euch, kann's währlich nit pläsirlicher sin.
Mei ganz lewelang han ich nix schönn'res gesiehn;
uf Ehr, es wird Euch schier rühre,
Wann ich alles der Reih' no Euch ordentlich dhu expliziere.
Am frühe Morje wurde d'Häuser mit Blume gebutzt
dazu hann die Katzeköb gedunnert,
Uf die Ferrschte steckte man Fahne,
ich denk's ware meh wi fünfhunnert.
Drouse of der Feschtwies ware viel Hüttcher und klene Gezelte,
dorin war viel rares se sieh'n, natürlich aber nur um sei Gelde.
Do wurde verkaft Wein, Bier und Kaffee,
auch Salmiadworscht war se bekomme.
Mei Leibesse, ich hammer zwee Pund zum Morgeesse genomme!
Do ware Mordgeschichte, Maschine und Orjele,
dann unne newe de Schtänd,
E Drill mit Perdcher und Schöse,
Kasseroll wird's glab ich genennt.
Un Vieh von jeglicher Sort, es war e heller Spektakel –
's isch mer ball vorkumme wie e wahres Mirakel.
Das Gänsvolk elän war gar nicht vertrete, G'vatter!
Warum das? vielleuchter weje ihrem Geschnatter?
's allerschönscht war e Häusche mit Fahne gebutzt un Danne,
do druf ware vum Commite die Mitglierer geschtanne,
dös ware Herre aus alle Gejede,
vun verschiedene Gewärwe un Schtänne;

Die harre viel se rede,
geschtekelire beschtännig mit Füße und Hänne.
Zur Besichtigung hann sich de Herre vum Commite gedählt:
Die hann sich die Küh und die Schof,
die anre die Gäsböck gewählt.
Do ging's genau her! 's wurde geschriewe,
gerechelt un d'r G'meter mußte die Grenze abschtecke;
dös war gewiß recht,
nun kunnt Kener im Annere sei Schtand do nei recke.
Sogar, denkt Euch, G'vatter!
D'r Herr Viehdoktor mußte früh un schpät do verweile,
daß, werds'm e Stückelche Vieh üwel,
er gleich kunnt e Rezeptche verschreiwe!
No dem se alles gesiehn han gehat,
hann se sich wierer uf die Trichine gestellt,
's gebt mich nur Wunner,
wie mei Kob die fremde Wörter so behält.
Beim Commite schtande a Jungfere aus der Schtadt,
Fräulches hann se gesaht deht mer'sche nenne,
Awer G'vatter!
Trotz meiner Mriekätt muß ich Euch frei un offe bekenne:
Die hann Aue gehat, die hann d'r geglitzert,
die hann d'r gefunkelt,
Ich glab, wann die Sunn' unner gang wär,
's hät nit emol gedunkelt.
Mei Nochber, den frot ich, warum hann se nur die Schnubdücher
üwers Gesicht immer gehängt?
Hat der mir geantwort:
daß mer an ihre strahliche Aue sich 's Herz nit verbrennt!
Ich kunnt das nit begreife, er hat mich wohl e bische gefexirt,
's war a e sunnerbarer Kautz, ganz scheckig war er rausgestaffirt.
Newe d'r Trichin war die Holanermusik
vun Zweebrücke poschtirt,
die hand'r allerlei luschtige Stückel vor's Bublikum ufgeführt;
G'vatter, hötte irsch gehört, 's Herz hat'm wahrhaftig gebobbelt,

Vor purer Pläseer han die Märe immer de Suri gehobbelt.
No dem die Herre enig ware, kam d'r Herr Vorschtand
und hielt e langi Red':
Vor allem daß'n fräd, daß's mit de Boure so vor sich jetzt geht;
der hat uns gelobt, ich hann vor lauter Fräd gekreint und gelacht,
wie er hat erzählt,
daß bei de Boure die Landwertschaft so Fortschritt hat gemacht.
Zum End' hat er noch gesaht,
wanner euch gut ufführe un keh Zorn losse blicke,
wäre mer euch das Fescht noch dek
in die Landgemeene schicke;
dann dählte er selbter die Preus aus: Geld, Fahne,
Bücher un lauter schöne Sache,
wie se nur in d'r Schtadt die Künschtler kinne mache.
Denk d'r emol G'vatter:
zwe Schulmäschter han d'r jo a Preuse bekomme,
daß isch doch selde,
daß die vor anner Leut' a als ebbes bekomme.
Kurz, ich kann Euch heut nit alles verzähle,
was ich han dort gesiehn,
's näkscht Johr geh'ner mit mer uf die Fechtlichkät hin;
daß 'ner Euch emol die Auschtellung betracht
un wie die Buwe in Säcke dhue laafe,
un sich um die Werscht un die Weck noch tüchtig
uf'm Boden erum raafe.
'S Feuerwerk un de Ball, die hann ich läder verbaßt,
kunnt nimmeh dort bleiwe –
Ich hann halt e Brand krieht, der hat mich häme geduhn treiwe.
Mei Mriekätt hat zwar e bische gekrummelt,
weil ich nit hemkumme bin elän,
doch binn ich recht froh,
daß ich uf'm Medelsummer Fescht bin gewän. *1886*

Zum Abschied »Maxerl's« von Limbach
Louis Lehmann

Der Fassel »Max« von Limbach wird in München geschlachtet.

So leb' denn wohl, mein vielgeliebtes Maxerl,
Dir sei mein letztes Abschiedslied gezollt,
Du warst verkauft dem schönen Preußenlande,
Doch leider, ach, man hat dich nicht gewollt.

Nun ziehst du hin zum grünen Isarstrande,
Doch stirbst du nicht im Sanatorium –
Ein Lendenstück von dir am Spies gebraten,
Das wär' bei uns führwahr ein Gaudium.

Doch klopft mir heut' das Herz in raschen Schlägen,
Denk' ich an deine Preisbewerbung dort –
Dein Appetit war, Gott sei Dank, sehr rege,
Gar manches Meßchen Hafer ist nun fort.

So bist du uns ein »teurer« Freund gewesen;
Drum lieber Max, tu' deine Schuldigkeit –
Sieg und dann Tod, den ersten Preis erwerben
Und dann wird dir ein volles Glas geweiht. *um 1900*

Keine Kühe mehr
Gerd Meiser

Die Landwirtschaft hat sich verändert. Die Anforderungen an die Jung-Bauern sind groß. Viele Alt-Bauern haben sich aufs Altenteil zurückgezogen, wie Hedwig und Peter Müller aus Bliesdalheim. »Dalem« sagen die Bewohner des Bliestals und meinen Bliesdalheim. Und dieses Bliesdalheim war schon immer etwas Besonderes: Aus Dalheim bekamen die Mönche der Klöster Hornbach und Wörschweiler Zinsen. Doch die Klosterzeiten sind vorüber. Das bäuerliche Leben hat sich verändert. »Früher hat so ein landwirtschaftlicher Betrieb zum Leben einer Familie ausgereicht, heute aber nicht mehr«, sagt Hedwig Müller, Bäuerin auf dem Wittbaumhof. Das Gehöft liegt am Rande des Dorfes. Dahinter stehen die Obstbäume in Reih und Glied bis zum Waldrand. Unter hoch gewachsenen Silberpappeln gackern Hühner in einem Pferch. Der Hofhund bellt. Das Kettengerassel der Kühe in den Stallungen aber ist verstummt. Kühe und Pferde stehen nicht mehr in den Stallungen. In dem hohen Scheunenbau kauern landwirtschaftliche Maschinen wie Tiere aus grauer Vorzeit. Ein paar Spatzen turnen in dem Gestänge. Unter der dichten Wolkendecke des Herbsthimmels schreit ein Bussard. »Manchmal kommt der Marder und frisst aus dem Hundenapf«, sagt Peter Müller. Für die beiden 76 und 77 Jahre alten Bauersleut' Hedwig und Peter Müller ist der Aussiedlerhof nach einem arbeitsreichen Leben zum Alterssitz geworden. Die Ära der bäuerlichen Familie Müller geht zu Ende. Die beiden Söhne haben sich für andere Berufe interessiert und ihre Existenz außerhalb des Aussiedlerhofes aufgebaut. Ein Sohn nutzt mit seiner Familie den Hof noch als Wohnsitz. »Die Jungen hätten den Hof noch erweitern müssen. Die Preise haben den Spaß verdorben«, sagt Hedwig Müller.
Hedwig und Peter Müller hat der Besucher nach 50 Jahren wiedergesehen. Die Bäuerin führte Ende der vierziger Jahre als Tochter von Albert Hittinger den Erbhof in Herbitzheim. Und

Peter Müller, der noch die Folgen des Afrika-Feldzuges in den Knochen hatte, poussierte damals Hedwig Hittinger, die er dann auch später auf den Hof des Vaters Schorsch nach Bliesdalheim als Ehefrau mitnahm. Die Geschichte von Hedwig und Peter Müller ist die Geschichte vieler Landwirte nach dem Krieg. Aufbau eines eigenen Hofes, erfolgreiche, harte Arbeit und dann die Feststellung: »Eine weitere Bewirtschaftung ist nicht möglich. Heute bräuchten wir mehr Land, mehr Maschinen und viel mehr Hilfskräfte, um als Bauern zu überleben.«

Als Peters Vater Schorsch noch seinen Betrieb im Dorf führte, da war das ein Bauernhof, wie sich ältere Generationen heute noch einen solchen vorstellen. »Dorschenanna«, wie Hedwig Müller lachend feststellt: Pferde, Kühe, Schweine, Kleinvieh. Dazu Äcker mit Korn, Kartoffeln und Rüben sowie Wiesen fürs Heu: »Ein Mischbetrieb«, ergänzt Peter Müller. Vater, Mutter, Kinder und Knechte halfen damals kräftig mit. Und Urlaub oder einen Acht-Stunden-Tag kannten die Müllers nicht.

Alt und Jung lebten unter einem Dach, versorgten das Vieh, bestellten die Äcker, brannten Schnaps. Zunächst führten die frisch verheirateten Müllers den elterlichen Betrieb in Bliesdalheim mit »acht Kühen und vier Pferden, später einem Traktor und zwei Pferden«, wie Hedwig Müller erzählt. »In unserem eigenen Betrieb brauchten wir bereits zwei Traktoren«, fügt Peter Müller hinzu. Hedwig Müller ist mit ihren 76 Jahren noch eine hellwache, engagierte Frau, auch wenn ein Hüftgelenkleiden sie jetzt in den Rollstuhl zwingt. Peter Müller hat immer noch die lustigblitzenden Augen; und der Besucher erinnert sich, dass er Ende der vierziger Jahre, als er auf dem Herbitzheimer Erbhof durchgefüttert wurde, voller Bewunderung zu dem Afrika-Kämpfer aufgeschaut hatte. »Der war in Afrika«, hatte der Vater des kleinen Städters gesagt. Es lag viel Achtung in der Stimme.

Anfang der sechziger Jahre bauten die jungen Müllers mit der »Deutschen Bauernsiedlung« den »Aussiedlerhof« auf. »Zwanzig Kühe und Bullen hatten wir. Milchwirtschaft. Auch ein paar

Ferkel wurden gehalten, Bullen geschlachtet und ab Hof das Fleisch verkauft«, berichten die beiden. »Vierzig bis fünfzig Hektar eigenes, dazu noch gepachtetes Land wurden bewirtschaftet. Für uns reichte das aus. Heutzutage braucht einer 500 Hektar«, stellt Peter Müller fest. Maschinen wurden angeschafft, Schlepper, Güllefass, Melk- und Kühlanlage. »Immer hat es Geld gekostet.« Eine Brennerei haben die beiden auch besessen. Quetschen, Mirabellen, Äpfel und Kirschen wurden hier gebrannt.

Seit zehn Jahren haben die Müllers ihr Land verpachtet. »Bald werden aber auch die letzten Bauern in der Umgebung aufhören. Das wird dem Staat schwer aufstoßen, wenn die Kulturlandschaft nicht mehr bestellt wird. Dann muss der Kulturpfleger das Heu fressen«, lacht Peter Müller.

2000

»Guter rother 48er« Reinheimer
Dieter Hemmerling

Auf der Gemarkung Bliesransbach entstand 1822 sogar ein Weingut (Ritthof), welches ein Jahrhundert lang einen beachtlichen Weinhandel führte. Die Ritthofweine fanden guten Absatz in der näheren und weiteren Umgebung. Auch die Gemeinden Auersmacher und Kleinblittersdorf werden als »bessere Weinorte« genannt, wobei der »rothe von Blittersdorf« am meisten geschätzt war ... Der bedeutendste Weinort war Reinheim. Der rote und weiße Reinheimer Blieswein aus den Jahrgängen 1857, 1862, 1863 wurde wegen seiner vorzüglichen Güte und Reinheit und seines verhältnismäßig billigen Preises von einer Expertenkommission bestens empfohlen. 1867 schrieb der Ortsvorstand von Reinheim im Zweibrücker Wochenblatt, daß in Reinheim ein vorzüglicher Rotwein gezogen wird und sich dieser Ort vortrefflich als Traubenkurort eignen würde. 1849 stand in

»Im Ort Reinheim wird ein vorzüglicher Rotwein gezogen und würde sich dieser Ort auch als Traubenkurort vortrefflich eignen.« (Aus einer Annonce 1867)

Habkirchen ein Fuder »guter rother 48er Wein« zum Verkauf an. 1864 heißt es in einem Bericht in den Landwirtschaftlichen Blättern der Pfalz, daß der Weinbau in den sonnigen Lagen des Bliestales an Ausdehnung gewinnt und sich von Jahr zu Jahr vervollkommnet.

Trotz dieser rühmlichen Erwähnungen kann der Weinbau im mittleren Saartal und im Bliesgebiet nicht als eigentliche Erwerbsquelle angesehen werden. Die meisten Weinerzeuger betrieben den Weinbau nur als Nebenerwerb zu Feldbau und Viehwirtschaft. Die angebauten Flächen waren zu gering, um vom eigenen Weinertrag leben zu können, doch bedeutete dieser für viele die größte Bargeldeinnahmequelle. Wenn der schon erwähnte Ortsvorsteher von Reinheim schreibt, daß die ganze Bevölkerung des Bliestales sich »durchgehender Wohlhabenheit« erfreut, so ist diese »Wohlhabenheit« sicherlich auf die Nebenerwerbswinzerei zurückzuführen. In Bliesmengen-Bolchen wurde mit dem nebenberuflich betriebenen Weinbau sogar noch bis nach dem 1. Weltkrieg ein hoher Anteil der Lebenshaltungskosten bestritten ... Die Bauern ihrerseits waren auch bestrebt, einen billigen Haustrunk selbst zu erzeugen, denn sie benötigten für sich und ihr Gesinde ein bedeutendes Quantum, da damals Wein zur Tagesration der Feldarbeiter und Tagelöhner gehörte. Auch waren Bier und Branntwein zu jener Zeit im Verhältnis zu Wein hoch besteuert ... Zu Beginn der 90er Jahre begannen Peronospora (Blattfäule) und Oidium (Mehltau) die Weinberge von Bliesmengen-Bolchen, Habkirchen, Reinheim und Gersheim zu vernichten. Um 1900 mußten Reben zu Kleinblittersdorf ausgestockt werden, weil sie reblausverseucht waren. 1911 fand der Reblaussuchdienst in Auersmacher und Kleinblittersdorf kein Rebgelände mehr vor. 1916 forderte der Landrat für Bliesransbach und Rilchingen Hanweiler keinen Schwefel zur Schädlingsbekämpfung mehr an ... Am längsten hielten sich Weinberge in Bliesmengen-Bolchen. Hier waren 1894 noch 142 Weinbergsbesitzer zu verzeichnen und bis zur Jahrhundertwende kamen noch Neubestockungen vor... Das Ritthof-Weingut verzeichnete mengenmäßig sogar eine Rekordernte. Doch war auch hier bei der Einstellung der Weinerzeugung nach 1923 das Auftreten von Reblauskrankheiten mitverantwortlich. *1987*

Die ersten Lokomotiven
Wilhelm Molitor

O Dunst und Dampf, o Dampf und Dunst!
Wer hätt' das je geglaubet?
Der Gäule, Ochsen, Esel Kunst
ist der Kredit geraubet.
Da fliegt sie hin, die Eisenbahn
mit lautem Ungestüme;
das Feuerroß schnaubt wild voran,
ein grausig Ungetüme.
Selbst aus dem Westrich tief hervor
Repräsentanten rollen:
»Homburg« verläßt sein reizend Moor
und »Bexbach« seine Stollen,
»Zweibrücken« seinen Wiesengrund;
ja darauf kann man zählen:
wo's hoch hergeht und laut und bunt,
kann »Klein-Paris« nicht fehlen. *um 1850*

Von der Ludwigsbahn nach Bexbach
Von den Vortheilen der Eisenbahn
auf die inländische Industrie und Cultur

Die mit der raschen Zunahme der Bevölkerung in einer wahrhaft bedenklichen Weise steigenden Holzpreise müßten allein schon jedes Mittel höchst erwünscht scheinen zu lassen, das dazu gerichtet ist, den Bewohnern der Rheinufer die Benutzung der unerschöpflichen Steinkohlenlagern zu eröffnen, die von der Saar herüber in den Rheinkreis hereinziehen, und ihrer Qualität nach unter die besten auf dem Continente gehören. Eine Masse von Bewohnern, die sich bisher durch die hohen Holzpreise bedrückt fühlt, und die große Zahl der Feuerarbeiter, die sich durch jene Preise von der Concurrenz mit anderen Gegenden ausgeschlossen sieht, wird dieses Unternehmen segnen ...

Der Bexbacher Bahnhof ist der älteste im Saarland. Als er 1849 eingeweiht wurde, war er die Endstation der von der »Rheinschanze« kommenden Ludwigsbahn.

Hinsichtlich des inneren Verkehrs und des Transits ist die projektierte Bahn nicht minder von Bedeutung. Der Westen des Kreises bietet Holz, Steinkohlen, Eisen und Baustämme im Überflusse dar, er gebraucht immer aber an Cerealien, Handelskräutern und Wein. Der entgegengesetzte Fall tritt im östlichen Theile des Kreises ein. Die Erleichterung des Austausches ist demnach für die Kreisbewohner im hohen Grade wichtig. Was aus Frankreich dem Rhein, dem Main und Neckar zum weiteren Transporte zugefügt wird, und was auf diesen Flüssen mit der Bestimmung nach Frankreich und den südlichen Theilen von Rheinpreußen herunterkommt, wird die Eisenbahn benutzen, wie die Masse der Reisenden, die sich in dieser Richtung bewegt ...

Die Richtung der Eisenbahn

Die Richtung der Bahn entfernt sich von Saarbrücken aus nach Norden von der Staatsstraße nach Kaiserslautern, um die königl. preuß. Steinkohlengruben zu Sulzbach, Friedrichsthal und Wellesweiler so wie die privaten angehörigen Etablissements, nämlich

die chemische Fabrik zu Sulzbach, die Glashütte zu Friedrichsthal und das Eisenwerk zu Neunkirchen mit in den Bereich der Eisenbahn zu ziehen.
Da die Eisenbahn zunächst den Zweck hat, den Handel und den Produktabsatz zu befördern, so ist dagegen nichts zu erinnern ... Von Wellesweiler würde die Bahn zur diesseitigen Gemeinde Bexbach bey den königl. Kohlengruben vorbeyziehen, Homburg rechts liegen lassen und, auf der linksseitigen Begrenzung des großen Torfgebruches hinlaufend, Kaiserslautern erreichen.
Durch diesen Zug würden zwar die an der Hauptstraße gelegenen Gemeinden, namentlich St. Ingbert, Homburg und Landstuhl, an ihrer bisherigen Frequenz erheblich verlieren, allein darauf könnt wohl keine Rücksicht genommen werden, teils weil es überhaupt bedenklich erscheint die Eisenbahn in die Nähe der Hauptstraße zu bringen, teils weil der Übergang über den Torfgebruch sehr kostenspielige und zeitraubende Vorarbeiten erfordern würde.
Zudem ist die proponierte Richtung der Kohlenabfuhr günstiger, da dieselbe Bexbach unmittelbar aufnähme und mit der Kohlengrube bey St. Ingbert leichter in Verbindung gesetzt werden könnte als in deren Richtung der Staatsstraße, von der die letztere durch einen ziemlich hohen Bergrücken getrennt ist.«   *1836*

Der wichtigste Fabrikort der Pfalz
August Becker

St. Ingbert ist der wichtigste Fabrikort der Pfalz geworden. Vor wenigen Jahren noch ein Dorf ist es jetzt eine Stadt von 6.000 Einwohnern. Es liegt in der westlichsten Ecke der Pfalz. Die Landschaft ist rauh und wenig freundlich, aber belebt durch zahllose Gruben, Hütten und Eisenwerke, durch Fabriken und Manufakturen. Es hat sich ein Leben und Treiben hier entwickelt, an welches man in der Vorderpfalz noch immer nicht gern glauben möchte, und doch ist es gesellger, fröhlicher, heiterer und anziehender als in den meisten vorderpfälzischen Städten. Eine Menge

junger, gebildeter Techniker, Bergpraktikanten und Kaufleute geben der Gesellschaft geistiges Streben in dieser doch auf den Materialismus so sehr angewiesenen Fabrikstadt; der Fremde, der in St. Ingbert den »Onkel« kennen lernt, wird da unvergeßlich heitere Tage verleben, besonders wenn es gerade Kirchweih ist. Um einen Begriff von der Gewerks- und Fabriktätigkeit in St. Ingbert zu geben, erwähnen wir, daß sich hier die ergiebigsten Steinkohlengruben der Pfalz, dann Alaun-, Bittersalz- und Eisengruben, mehrere große Glashütten, drei Rußhütten, Eisenschmelzen und Hammerwerke, die Maschinen- und Dampfkesselfabriken von Lamarche und Schwarz, die Koksfabrik von Dürr und besonders noch die ungemein großartigen Eisengießereien, Walzwerke und Maschinenwerkstätten von Krämer befinden, anderer großartiger Etablissements nicht zu gedenken. Jährlich entstehen neue derartige Institute und die alten vergrößern und erweitern sich. Nun erhält St. Ingbert auch eine Eisenbahn, die sich an die große pfälzische bei Homburg anschließen soll. Wer genug technologisches Interesse mit sich bringt, wird in St. Ingbert reiche Nahrung für seine Neugierde und Wißbegierde finden ...
Rechts und links vom Wege bemerkt man Einsenkungen des Bodens und ziemlich tiefe Löcher, da wir bereits über den mächtigen Kohlenschachten wandern, die jene Einbrüche bei feuchtem Wetter veranlassen. Bald haben wir, unmittelbar auf der preußischen Grenze, die St. Ingberter Bergwerksgebäude erreicht, welche in langhingedehnten Gruppen im Tale liegen. Die hiesigen Gruben sind die ergiebigsten und besten des Landes. Ein Obersteiger steht dem Betriebe vor und das königliche Bergamt hat hier seinen Sitz. Eine Einfahrt in den Bereich des schwarzen Gesteins ist interessant genug, besonders auch für den Geologen, da oft verkohlte Palmbäume und Abdrücke unbekannter Pflanzen in dem Kohlenstein gefunden werden. Weiterhin liegen die »Rußhütten«. Ein reges unterirdisches Leben herrscht im Innern dieser schwarzen Berge, jährlich werden mehr als 300.000 Zentner Kohlen gewonnen.

Das schwarze Tal, welches dort die Grenze bildet, ist das schmutzigste und kotigste, das man treffen kann, aber auch eines der gewerbsamsten. Da liegen mehrere große Glashütten neben einander; darunter die Hütte »Marienthal« teils auf bayerischem, teils auf preußischem Gebiet, indem der durch ihre Gebäude fließende Bach die Grenze bildet.
Durch den schwarzen, fußhohen Kot watet man an zahllosen Fabrikgebäuden, Arbeiterwohnungen und Wirtshäusern vorüber bis nach dem preußischen Ort Sulzbach, wo die Industrie an allen Ecken und Enden ihren Wohnsitz aufgeschlagen hat. Der Ort ist bei unverstopfter Nase leicht zu finden, denn es befindet sich hier eine Salmiak- und Berlinerblau-Fabrik und faulende Tierleichname und Äser füllen die Luft mit mephitistischen Dünsten. *1858*

Glück auf, der Steiger kommt
Volkslied

Glück auf, Glück auf! Der Steiger kommt.
Und er hat sein helles Licht bei der Nacht
und er hat sein helles Licht bei der Nacht
schon angezündt
schon angezündt.

Schon angezündt. Das wirft sein Schein.
Und damit, so fahren wir bei der Nacht
und damit, so fahren wir bei der Nacht
ins Bergwerk nein
ins Bergwerk nein.

Ins Bergwerk nein, wo die Bergleut' sein.
Die da graben das Silber und das Gold bei der Nacht
die da graben das Silber und das Gold bei der Nacht
aus Felsgestein
aus Felsgestein.

Der eine gräbt Silber, der andere gräbt Gold.
Doch dem schwarzbraunen Mägdelein bei der Nacht
doch dem schwarzbraunen Mägdelein bei der Nacht
dem sein sie hold
dem sein sie hold.

Ade, nun ade, Herzliebste mein!
Und da drunten im tiefen finstern Schacht bei der Nacht
und da drunten im tiefen finstern Schacht bei der Nacht
Da denk' ich dein
Da denk' ich dein.

Und kehr ich heim zum Liebchen mein,
dann erschallet des Bergmanns Ruf bei der Nacht
dann erschallet des Bergmanns Ruf bei der Nacht:
Glück auf! Glück auf!
Glück auf! Glück auf!

Wir Bergleut' sein kreuzbrave Leut!
Denn wir tragen das Leder vor dem Arsch bei der Nacht
denn wir tragen das Leder vor dem Arsch bei der Nacht
und saufen Schnaps
und saufen Schnaps. *1531*

Kohlerausch auf Nordfeld
Martin Baus

Grenzen sind hier Geschichte und Gegenwart zugleich. Hier, wo der Höcherberghang noch immer gut 480 Meter hoch Meeresniveau überragt, berührt Bexbach, oder besser: berührt Höchen Lautenbach im Norden, Dunzweiler im Nordosten, Waldmohr im Osten. Katzensprünge reichen aus, Steinwürfe genügen, um die ohnehin nur gedachten, nicht sichtbaren Linien zwischen Orts- und Stadtteilen, Landkreisen, Bundesländern zu überwinden. Früher – früher war das ganz anders. Früher, da endeten hier Staaten oder fingen an, je nach Standpunkt. Wer sich etwa in Gedankenlosigkeit auf »Steppländer« erging, jener noch heute so genannten Gemarkung, auf der sich das »Jägerhaus Nordfeld« befindet, der lief Gefahr bisweilen bayerischen Boden mit preußischem Territorium zu verwechseln. Alte Steine, aus Sandstein gehauen, bemoost mitunter, markieren in diesem Wald nur noch die Vergänglichkeit von Grenzen, auch ihre Willkürlichkeit.
Bayern und Preußen. Noch heute hält sich hartnäckig die Mär davon, daß der eine dem andern nicht die Butter auf dem Brot gegönnt habe, hier am Höcherberg. Preußische Bürokratie, so heißt es noch immer, hätte nicht zugelassen, daß die Grenze zwecks Gewinnung von Bodenschätzen unterirdisch unterhöhlt wird; preußische Bergbehörden hätten partout nicht gemocht, daß die Kohle im tiefsten Innern des Höcherberges in ihrem Beritt abgebaut, dann aber in den unweiten bayerischen Gefilden ans Tageslicht befördert und, noch schlimmer, dort profitträchtig verkauft wird. Das Geschäft wollte man doch tunlichst wohl lieber selber machen: Dieses Gerücht, daß Preußen die Expansion des Bergbaues auf Steinkohle verhindert und damit dem Bergbau überhaupt den Garaus gemacht hat, hält sich, wie gesagt, hartnäckigst. Vielleicht aber war alles ganz anders.
Übrig geblieben ist von dieser kurzen, aber kostspieligen Episode nicht so arg viel. Der Grubenname »Nordfeld« allenfalls, ein paar Ruinen, verstreut, verfallend, versteckt im Wald und von

Gesträuch bewachsen, Geschichten – ja, natürlich. Geschichten davon, was um die Jahrhundertwende hier für eine betriebsame Geschäftigkeit zugange war, wieviele Menschen unterschiedlicher Herkunft herkamen, um im Bergbau ihr Glück zu machen, wie in der Landschaft östlich von Höchen plötzlich das Unterste zuoberst gekehrt wurde, weil unten, tief unten im Berg, Kohlen in rauhen Mengen vermutet wurden. Geld spielte keine Rolle, als binnen weniger Jahre die Grubenanlage mit Namen »Consolidirtes Nordfeld« hochgezogen wurde. Ganze fünf Pfennige zahlte der Bergarbeiter von seinem kärglichen Lohn am Wirtshaustresen für ein Glas Bier, astronomische 6.500 Mark wurden zwischen 1899 und 1903 in den Sand gesetzt, um mit Kohle Geld zu machen.

Moritz Rosenthal hieß der Kaufmann aus Leipzig, der die Steine ins Rollen brachte. Bereits 1887 war ihm unter dem phantasievollen Titel »Concordia« das Recht zugestanden worden, auf einem rund 800 Hektar großen Areal in den Ortschaften Brücken, Dittweiler, Kübelberg, Schönenberg, Waldmohr, Jägersburg sowie in Ober- und Niederohmbach eventuelle Kohlevorkommen ausbeuten zu dürfen. Rosenthal ruhte nicht. Ein Jahr später schon kam er in den Genuß einer Konzession von weiteren 800 Hektar Abbaupotential. »Grube Südfeld Unverhofft« wurden diese Gefilde, die bis ins Kleinottweilersche reichten, geheißen.

Es war eben eine Zeit, in der der Kohlerausch arg ins Kraut schoß: Weit und breit war kein Ort, an dem das schwarze Gold nicht vermutet wurde, kein Gebiet, für das keine Konzessionsanträge eingingen, kein Gelände, für das geologische Ratgeber nicht Auskünfte geben mußten. »Über die Aussichten, unter dem bunten Sandsteine bei Kirkel Kohlen zu finden«, wurde schon allein aus der Überschrift eines Aufsatzes offenkundig, daß die unterirdischen Kohlevorkommen nicht grenzenlos waren. Während aber die Kirkeler Unterwelt unbehelligt bleiben durfte, wurde in Höchen ernst gemacht. Als das »Königlich-Bayerische Bezirksbergamt« im Juni 1889 unter der Bezeichnung »Nordfeld« weitere

376 Hektar Bergfeld zuteilte und dieses dann auch noch mit der »Weißengrube« bei Dunzweiler vereinigt – »consolidirt« – wurde, gab es kein Halten mehr: Der Aufbau der Grubenanlage begann. Noch im gleichen Jahr wurde im »Pfaffenwald« nahe Höchen der erste Schacht mit dem verheißungsvollen Namen »Fortuna« niedergebracht, 1893 fanden sich die Bergmänner 628 Meter tief unter der Erdoberfläche. Auf Kohle war man unterwegs zwar gestoßen, deren Abbau jedoch schien nur mit erheblichem technischem Aufwand möglich. *1993*

Der lange Philipp von Limbach
Jörg Hugo Staab

Ein schöner Tag war's! Die freundliche Sonne lag strahlend über der hügeligen, waldreichen Landschaft des Westrichs, über unserem Heimatdorf Niederbexbach. Ich spielte mit den Nachbarskindern in deren Hof unterm Nußbaum. Der Hof lag offen, wie das so üblich im Dorfe, nicht eingezäunt, zwischen Straße und Haus.
So hatten wir Dorfkinder Gelegenheit, alles mitzuerleben, was die vorbeiziehende Straße uns zeigte. Die meisten Einwohner des Dorfes waren damals, um das Jahr 1880, Bergmannsfamilien, tapfer arbeitende Menschen, die neben ihrem schweren Bergmannsberufe auch noch Landwirtschaft betrieben.
Das Kommen und Gehen der Bergleute war für uns Kinder eine genaue Einteilung des Tages. Wie die Väter, Brüder und Onkel zur Arbeit gingen oder von ihr kamen, so waren bei den Arbeiterfamilien die Essenszeiten, die häusliche Arbeit und die Feierstunden im Tag verteilt.
Wir kannten alle die auf der Straße vorbeigehenden Bergleute, nicht nur die aus unserem Ort, sondern auch jene, die zu Fuß von Limbach und Altstadt durch unser Dorf zur Arbeit mußten. An jenem Vormittage nun, als wir mitten im schönsten Spielen waren, wurden wir auf eine Gestalt aufmerksam, die schwankend auf der

Straße von Mittelbexbach herunterkam. Wir erkannten gleich den »langen Philipp« von Limbach, der seinen Beinamen von seiner übermäßigen Körperlänge hatte. Einige von uns Kindern kicherten, und einer, der dicke Paul, meinte: »Gucken emol, der is jo vollg'soff!« – Es war nämlich nicht die Zeit der Heimkunft der Bergleute, und wenn ein solcher so mitten in der Arbeitszeit und noch dazu schwankend daherkam, so mußte man annehmen, daß er »bloo« – gemacht hatte, und »Bloomache« war bei uns Kindern gleichbedeutend mit betrunken sein.

Inzwischen war der lange Philipp an unseren Spielplatz herangekommen, voller Kohlenruß das Gesicht; da, wo der rinnende Schweiß den Ruß fortgeschwemmt hatte, trat in hellen Streifen eine gelbbleiche Haut hervor. Die Augen hielt er starr in die Weite gerichtet. Sein blauer, verwaschener Arbeitskittel war am rechten Ärmel und auf dem Rücken zerrissen, und sein Atem ging keuchend. Wir Kinder konnten uns das Wesen des langen Philipp nicht erklären, als er von der Straße abbog, in den Hof hereintrat und sich erschöpft an den dicken Stamm des Nußbaumes anlehnte.

Wir waren erschrocken zurückgewichen und begafften lautlos den langen Philipp, wie er nun mit geschlossenen Augen und schlaff herabhängenden Armen dort lehnte, als er plötzlich vom Stamme abrutschte und ohnmächtig seitlich hinschlug, so daß wir Kinder mit Geschrei auseinanderstoben und eines ängstlich die Nachbarsfrau aus dem Hause rief. Aus respektvoller Entfernung sahen wir dann zu, wie die Nachbarin, unterstützt von ihrem erwachsenen Sohne, den ohnmächtigen langen Philipp ins Haus schaffte.

Wir Kinder hatten das Vorgefallene bald vergessen und uns dem Spiele wieder hingegeben. Mittags erzählte mir mein Vater, welche Bewandtnis es mit dem langen Philipp hatte. In der Frankenholzer Kohlengrube war in der Nacht zuvor das große Grubenunglück geschehen. Eine Kohlenstaubexplosion, sogenanntes »schlagendes Wetter«, hatte furchtbar im Bergwerk gewütet. Achtundvierzig Knappen waren tot, verbrannt oder verstümmelt bis zur

Unkenntlichkeit, viele schwer verletzt und zum Krüppel geworden. Bei den Bergungsarbeiten war auch der lange Philipp als »tot« zutage gefördert worden.

Auf einer Bahre trug man ihn zum Frankenholzer Knappschaftslazarett. Auf dem Wege dorthin, in der frischen Luft, kam er nun plötzlich wieder zu Bewußtsein. Er war lediglich durch den Luftdruck eine Strecke weit durch den Stollen geschleudert worden, zum Glück aus dem Bereich der brennenden Gasschwaden, ohne eine ernstliche Verletzung erhalten zu haben.

Der furchtbare Schrecken der schlagenden Wetter hielt seine Gedanken noch verwirrt, und mit einem Sprunge war er von der Bahre herunter und seinen Trägern im Dunkel der Nacht entflohen. So eilte er befangenen Sinnes den weiten Weg von Frankenholz über Ober-, Mittel- und Niederbexbach seiner Heimat Limbach zu. Inzwischen war es Tag geworden. Die Nachricht von dem schrecklichen Unglück war in umliegende Ortschaften gedrungen. Wer Angehörige in der Frankenholzer Grube wußte, machte sich auf dorthin. So kam es, daß der lange Philipp das väterliche Haus leer fand, als er heimgelangte. Die Nachbarn sagten ihm, seine Eltern seien schon hinauf nach Frankenholz geeilt, in größter Sorge um ihn.

Grube Frankenholz war eine der unfallträchtigsten im Saar-Kohlerevier. Schlagwetterexplosionen forderten immer wieder viele Opfer unter den Bergleuten.

Nun machte sich unser Philipp nach kurzer Rast wieder auf den Weg nach Frankenholz, um seinen besorgten Eltern die Gewißheit seiner Rettung zu bringen. Als er nach diesem anstrengenden Marsche in Frankenholz ankam und nach seinen Eltern Umschau hielt, wurde ihm mitgeteilt, daß sie schon wieder nach Limbach zurück seien. Jetzt nahm der lange Philipp den Weg nochmals unter die Füße, kam aber diesmal nur bis Niederbexbach, wo er mitten in unserer Kinderschar ohnmächtig zusammenbrach.

Der lange Philipp schwor sich in den ersten Tagen nach dem Unglück, nie wieder ins Bergwerk zu gehen. Doch nach einem dreiwöchigen Erholungsurlaub fand er sich wieder als treuer

Knappe bei seiner Belegschaft ein. Wenn ich ihn von da an vor unserem Hause vorbei zur Arbeit gehen sah, unterbrach ich fast immer mein Spiel und staunte als zu einem Besonderen zu ihm auf. *1979*

Wir sind Maschinenanhängsel
Anton Betzner

Als Lucia vorgebracht hatte, was über Georg, Angelika und den alten Freis zu sagen war, daß sie eine Zuflucht suche für Angelika, meldete sich aus ihrer Dämmerecke als erste die Großmutter. Langsam und klar sagte sie: »Eine Sünde ist das, eine himmelschreiende Sünde. Wartet, der Großvater kommt jeden Augenblick.« Sie verfiel wieder in ihr Hindämmern, schreckte noch einmal auf und fragte ungeduldig: »Habt ihr den Flachs schon daheim? Den Flachs. Hört ihr nicht, wie es schon tropft?« Flachs? Nur der Vater wußte noch, was das war, und er wußte es auch nur aus seiner Knabenzeit. Was haben denn die Bergleute alles gearbeitet früher? Oft irrt die alte Frau durchs Haus und sucht nach Dingen und Geräten, deren Namen die Kinder schon nicht mehr kennen.

Der 1894 in Köln geborene Autor Anton Betzner lebte zeitweilig in Fechingen. Von ihm stammt der »Saar-Roman« »Die schwarze Mitgift«.

Sie sahen unwillkürlich hinaus. Sie sahen auf den Hügelrändern die beständige Rauchwand, das ferne Gruben- und Hüttengewölk. Sie fühlten sich mit der alten Frau überholt und verfallen. Die kaum überwundenen, unmenschlichen Schreckensjahre mit Brand und Ruinen lagen unwirklicher in ihnen, unfaßlicher, als was die Greisin aus ihrem Bilderwirrwarr hervorholte. Das mochte noch so unzusammenhängend, so vergangen sein, es war immer menschlich; überholt, aber menschlich. Ihre aufzuckenden Bilder waren jäh wieder niederstürzende Wahnbilder, die sie nie hatten fassen können. Sie fühlten es, einer wie der andere, wie Polarluft zwischen sich, den Zerfall zwischen Himmel und Erde und den Zerfall zwischen Menschenhaut und Menschenhaut. Liedfetzen, Tiefliegergeheul, Feuersturm, Menschenfackeln, endlose Jammertrecks, Bombenteppiche, Atombombenblitz: und die Menschen, die es anstellten und sich dumm stellen, dumm, kindisch, taub und blind und von lederner Haut. Und die nun glauben: der oben ist taub, blind und dumm. Er schläft, er ist nicht da, der Kinderschreck. Sie würden ihn im Panoptikum zeigen. Aber er ist ein Geist, unsichtbar. Sie könnten nur ein Nichts zeigen auf einem leeren Podest. Und da ist er, der Allgegenwärtige, in dem Nichts, in der Polarkälte zwischen ihnen, zwischen Himmel und Erde. In dem Nichts, das sie umtreiben, in dem sie sich umtreiben. Ihre Leere ist durch und durch erfüllt von ihm, dem Allerbarmenden. Lucia rückte noch näher an den Vater. Matthias ärgerte sich daran.

»Was kann der euch schon raten. Er legt den Kopf schief und horcht und sagt immer dasselbe. Ja, früher, wie ich noch Grubengänger war, im Schlafhaus, da, wo wir die Woche über geschlafen und gekocht haben, da konnte alles offen liegen und stehn bleiben. Da wurde nichts abgeschlossen. Da nahm keiner dem andern was weg. Nicht weil's verboten war, sondern weil wir zueinander gehalten haben. Weil wir alle gottesfürchtige Leute waren. Na, ist es nicht so? Sag doch was?«

Der Vater schwieg. Er sah vom Sohn nur den Gesichtsfleck. Sie saßen zu weit voneinander.

»Für Bergleute, stand da groß auf den vernagelten Personenwagen. Ihr habt euch in die Güterwagen gehockt, den Bergmannsstock in die Ecke gestellt, habt nach einem trockenen Fleck gesucht und dann in der Hocke euer Spielchen gemacht. Und zwischendurch von den tausend Gramm Brotzulage, dem Viertel Sonderbutter, von der Extrasuppe nach der Schicht und den Zulagezigaretten geredet. Stimmt's? Und dann seid ihr auf dem Prascheweg auf die Grube zugetrottet, die Fördertürme, die Berghalden, die Kohlenberge, die Förderbahnen, auf die Schlammteiche und die von

Grubenschäden schiefen Häuser, ein langes schwarzes Kohlental, talauf, talab. Aber die Seilscheiben drehten sich wieder. Birken und Weiden hatten auf den Halden aufgeholt. Aber es wurden auch die Gärtchen zwischen Halden und Dämmen wieder bestellt. Und aus den Hecken sangen die Drosseln immer noch. Und der Steiger verlas wieder eure Namen. Ihr konntet wieder einfahren. Sie poussierten euch wieder. Das Spektakel war aus. Kohle, Erz und Kalk, das Spektakel beginnt und ohne euch können sie kein Spektakel aufführen. Die gute alte Zeit ist wieder da. Kohle ist wieder eine Macht, mehr denn je. Aber es ist nicht mehr die gute alte Zeit. Eine einzige Untertag- und Übertagmaschine ist daraus geworden. Die Förderung muß steigen, die Macht will steigen. Wir sind keine Menschen mehr. Wir sind Maschinenanhängsel. Stimmt's? Unser Land ist ein einziger Bergmannszug samt den Halden und Wäldern, ein einziger Hüttenzug. Aber wo führt er hin? Na, jetzt sollst zu reden. Hier sitzen ein paar, die es wissen möchten.«

Er wußte, was er zu sagen hatte. Er sagte es ruhig. »Wir sind und bleiben alle Menschen. Und vor Gott ist keiner auch nur einen Kopf größer oder kleiner als der andere. Daran ändern auch die Maschinen nichts, und wenn schließlich die ganze Welt nur noch aus Maschinen besteht.« *1956*

Gersheimer Kalksteinbruch noch moderner
»Westpfälzische Rundschau«

Anläßlich der Jubilarfeier des Neunkircher Eisenwerkes unterbreitete Generaldirektor Dr. Schluppkotten umfassende, noch in diesem Jahr durchzuführende Modernisierungs- und Verbesserungsvorschläge für das Kalkwerk Gersheim den Werksangehörigen und der geladenen Öffentlichkeit. Es sollen im Gersheimer Untertagebau Transportbänder eingerichtet werden, die das Rohgestein von der Zentralstelle im Bruch bis zur Seilbahnstation befördern. Übertag ist eine neue Siebanlage geplant und eine

Bandtransportanlage, die das Kalkgestein anstelle der heutigen Seilbahn vom Steinbruch bis in das Werk, in dem auch einige Neuerungen durchgeführt werden, bringt. Durch die Modernisierung ist eine Produktionserhöhung zu erwarten, die sich in einer Verbesserung der Kalkqualität und im Absinken der Selbstkosten äußert und die Kalkerzeugung an den Bedarf der Stahlwerke anpaßt.

In weißem Bergmannsmantel mit den traditionellen schwarzen Knöpfen, hohen Gummistiefeln und weißen Metallhemden, die bei den Bergleuten durch schwarze Lederhelme mit Lampen ersetzt sind, fuhren wir auf einem der fünf modernen Autoschütter, von denen jeder fünfeinhalb bis sechs Tonnen Kalkgestein aus dem einen Kilometer im Berg liegenden Kalkbruch zu den Siebanlagen in den fünf Meter hohen Stollen befördert. Rund 180 mal fahren die Schütter in drei Schichten von der Bruchstelle zur Seilbahn, und dem Besucher kommt es fast unwahrscheinlich vor, daß diese Männer den richtigen Weg durch die vielen Gänge im Innern der Erde – der Untertagebau liegt 45 bis 50 Meter unter der Erdoberfläche in Richtung Bebelsheim – ans Tageslicht zurückfinden.

Im September 1960 wurde der Handbetrieb, der bis dahin im Kalkwerk Gersheim vorherrschend war, durch moderne technische Anlagen abgelöst. Aus den Stollen wurden Schienen, auf denen die Loren rollten, um das Gestein aus dem Berginneren zur wartenden Dampfmaschine zu bringen, entfernt. Sechzig Arbeiter kamen – durch die Modernisierung frei geworden – in das Homburger Werk. 213 Arbeiter sind zur Zeit im Gersheimer Werk beschäftigt. Als Bohrkolonnen, Schütter, Schießhauer und Verbauer verrichten sie ihr schweres Tagwerk. Meistenteils sind die Bergleute aus der »Parr« und den nahegelegenen Ortschaften an der Blies, auch Gersheimer arbeiten in dem heimatlichen Bruch. Die restlichen Beschäftigten – arbeiten im Kalkwerk Gersheim 213 Mann – sind in den Werksanlagen untergebracht, aus denen der gebrannte Kalk in Spezialwaggons der Deutschen Bundesbahn nach Neunkirchen verladen wird.

Ohrenbetäubender Lärm herrscht an der Lademaschine. Es ist dunkel, aber die Luft ist gut. Von Dieselabgasen ist nichts zu spüren. Der Wetterschacht mit einem Ventilator, der pro Minute 2.500 cbm Frischluft ansaugt, sorgt für die richtige Luftzirkulation. Fünf Riesenlöffel voll Kalkgestein und der Schütter ist beladen und kann den gewohnten Weg zurück zum Tageslicht antreten. Wir lassen uns indessen von Meister Graus aus Ballweiler, der schon seit 1945 in Gersheim und vorher ab 1915 in der geschlossenen Kalksteingrube Blickweiler im Untertagebau tätig ist, weiter durch die Gänge führen. Schon 37 Jahre ist er Meister, wir sahen ihn übrigens zum ersten Mal in Neunkirchen, als er für seine 45jährige Dienstzeit beim Eisenwerk geehrt wurde. Wie kein anderer kennt er sich Untertage aus.
Die Gersheimer Kalklagerstätte ist sehr ergiebig. Das Kalkgestein des oberen Muschelkalkes wird als Trochitenkalk bezeichnet, und diese Ablagerung erstreckt sich im Erdinnern über Auersmacher, Bübingen, Hemmersdorf, wo sich Kalkgruben anderer großer Hüttenwerke befinden, bis hinüber ins Französische. Obwohl der Kalk oft im komplizierten Geschehen eines Hüttenwerkes als das unwichtigste bezeichnet wird, kann doch kein Stahl ohne seine Mithilfe erzeugt werden. Die Entwicklung würde beim Roheisen stehenbleiben. Deshalb sorgen die Hütten dafür, eine ausgiebige Kalklagerstätte in Besitz zu kommen, um von Preisschwierigkeiten verschont zu bleiben. Je nach Größe des Werkes werden täglich 250 bis 600 Tonnen Kalk zur Stahlerzeugung gebraucht.
In der weiten Umgebung des Kalkwerkes ist die sonst rote Erde des Saarlandes weiß bestäubt, wie die Männer, die beim Schichtwechsel den Stollen verlassen. Noch ist die Tagesarbeit für diese Menschen nicht abgeschlossen. Meist wartet zuhause noch die Feldbestellung in der kleinen Landwirtschaft. Und das Tagwerk auf dem Feld in Sonne und Wind ist ihnen ein schöner Ausgleich für die acht Stunden harter Arbeit im Dunkel des Berges. *1961*

Induschtriestadt
Heinrich Kraus

Jedi Strooß geht zum Werk.
Jedes Haus hengt am Werk.
Jeder Mensch läbt vom Werk
un sterbt... un sterbt...

Die Unnerluft trejbt de Raach,
Gestank iwer dunkele Dächer.
Wie se huuschte un workse
in blackische Better!
Lejs rieselt Ruß.

Grohe Qualmfahne hißt de Dah.
Riesefackele schlenker die Naacht
un luht aus glierische Aue
off Schlackebersche, wo wachse un wachse,
off rote Wolke am sternlose Himmel.

Laut krejscht de Stahl.
Balaawer von Ejse off Ejse.
Maschine mache ihr Mussik,
wo nimmand gär heert.
Noht, endlich, jomert die Tut.

Schicht: e Gewussels von Lejt,
wo lärisch komme un dotmied gehen.
Autos un Busse verschwinne... irschendwohin,
wo bloß de Kippe noch glieht
un de Brand aus Flasche gelöscht werd. *1991*

Gläserne Rosinen aus St. Ingbert
Adolf Müller

Durch die Straßen der Stadt Nairobi in Kenia (Ostafrika) bummeln hochgewachsene, schlanke Negerinnen und betrachten interessiert die Auslagen der Läden. Die Schaufensterscheiben beachten sie nicht. Weshalb auch? Selbst wenn ein Markenzeichen eingeprägt wäre oder irgendwo »Made in St. Ingbert« in kleinen Buchstaben stünde – wer kümmerte sich darum? Weder in Ostafrika noch in Algerien, weder in den USA noch in Mexiko oder Costa Rica weiß der Durchschnittsbürger, wo dieser Ort St. Ingbert liegt, in dem die Schaufensterscheiben gezogen wurden. In Pfalz und Saarland sind dem Kenner die Vereinigten Von Vopelius-Wentzelschen Glashütten in der aufstrebenden Stadt am Südrand des Kohlengebietes dagegen ein Begriff. Das Werk ist weit und breit die einzige Flachglashütte. Sie blickt auf eine lange Tradition zurück. Seit 1722 verbindet sich der Name Wentzel hier mit der Glasfabrikation, seit 1810 der Name Vopelius. Beide Betriebe schlossen sich später zusammen. Die reichen Fichtenwälder und die Sande bildeten damals die natürliche Grundlage. Sie lieferten Holzkohle und Pottasche, Quarzsand wurde gegraben. Inzwischen hat sich die Hütte von den heimischen Rohstoffquellen im wesentlichen trennen müssen. Der Standort ist jetzt hauptsächlich durch die Tradition bedingt, die Entwicklung in gewissem Umfang dadurch, daß die gerade gegründete Hütte im ersten Weltkrieg stärker gefördert wurde, als es in Zeiten einer normalen wirtschaftlichen Kalkulation der Fall gewesen wäre.
Die Kriegs- und Nachkriegsverhältnisse ließen zweimal das Werk die Außenseiterrolle spüren. Es liegt gewissermaßen am Rande – sowohl für den deutschen Markt als auch für den benachbarten französischen. Außerdem verfügt die Glasindustrie häufig über eine gewisse Überkapazität. Das kann zur Folge haben, daß sich Firmen untereinander absprechen und ihre Produktion freiwillig beschränken. Ein so straffer Markt ist für einen Außenseiter nur schwer zu erobern.

So sahen die St. Ingberter schon früh darauf, daß sie erstens einmal rationell arbeiteten, um die Gestehungskosten so niedrig wie möglich zu halten, und daß sie außerdem den Markt pflegten.

In der Betriebsrationalisierung haben die Vereinigten Glashütten bereits einen Stand erreicht, der schwerlich zu überbieten ist. Die Rohstoffe werden fast vollautomatisch aus gewaltigen Bunkern gefördert, mechanisch abgewogen, gemischt und zum Ofen weitergeleitet. Eine Arbeit, die früher Dutzende kräftiger Männer wirklich schaffen mußten, bewältigt heute ein einziger, der in einem großen Raum viele Schalttafeln an der Wand aufmerksam beobachtet und nur notfalls einen Hebel bedient, wenn im Automatismus einmal ein Vorgang versagen sollte.

Auch die Glaserzeugung im engeren Sinne ist weitgehend von harter körperlicher Arbeit befreit. Die brodelnd heiße Glasmasse wird mechanisch zwischen Walzen zu einer schnell erstarrenden, endlos langen Schicht gepreßt. Glasschneider auf Gleitschienen teilen das Band zu Scheiben der gewünschten Höhe.

Die Hütte erfüllt auch die zweite Grunderfordernis für einen Betrieb, der sich auf die eigene Kraft besinnt – die Marktpflege. »Wir behandeln den Markt immer sorgfältig«, hebt Direktor Adolf Schulthess hervor. »Die Jahre des Wirtschaftswunders im Bausektor werden früher oder später zu Ende sein. Die Flachglaserzeugung ist ja direkt an das Baugeschäft gebunden. So lassen wir auch weniger rentable ausländische Märkte nicht links liegen, wenn wir sicher sind, daß, auf Zeit gesehen, dort etwas zu erreichen ist. Wir sind weit davon entfernt, etwa um kurzfristiger Vorteile willen sozusagen die Rosinen aus dem Weltmarkt-Kuchen zu picken.« Frankreich und Deutschland nehmen heute vier Fünftel der Produktion ab. Der Rest – fast 100.000 Quadratmeter – wird exportiert. »Weltmarkt-Rosinen« gibt es unbestritten ...

Inzwischen haben Polen und Tschechen die Qualität der Ware erhöht. Der Wettbewerb aus dem östlichen Mitteleuropa steigt. Dennoch bewahrt die Leitung der St. Ingberter Glashütte einen gemäßigten Optimismus. »Wir haben keinen Grund, pessimistisch in die Zukunft zu sehen«, betont der Direktor, »unsere Ware ist sauber, der Betrieb durchrationalisiert und die Leute unseres Betriebes können so viel wie die anderen auch!« *1959*

Ein guter Brauer und Wirt, aber ein schlechter Kaufmann
Karl Uhl

Als ob man der Quelle nicht gleich anmerkte, daß es sich bei ihr nicht um eine Wiesen- oder Waldquelle handelte, von deren Naß einem die Därme blau werden könnten, steht groß und breit über die fünf Fenster neben der Einfahrt hingezogen: »Alte Brauerei Becker«. Das sieht sich an, als ob das zu Urväterzeiten nicht anders gewesen sei. Wohl war es vor 90 Jahren schon dasselbe Haus und auch schon Brauerei, aber es war dazumal die Brauerei Groß, deren Besitzer neben der Biererzeugung mit seinen Angehörigen die Wirtschaft selbst führen konnte, zumal sein Kundenkreis nicht sehr groß war.

Er soll ein rechtschaffener Mann gewesen sein, dieser Herr Groß, wie es unser Landsmann, der Dichter Karl August Woll (der in dem Bäckerhause gegenüber geboren und erzogen wurde), in mehreren Gedichten bezeugt. Der mußte es ja wissen, weil er schon als Bub mit seinem Vater dort aus- und einging und vielleicht dabei war, wie Herr Groß beispielsweise den Ausspruch tat: »Wer morjets sauft, das isch e Lump!«

Jedenfalls wußte der Dichterchronist auch davon, daß Herr Groß – trotz seiner Gicht –, kapabel war, einen Radaubruder auch einmal vor die Tür zu setzen. Auch wußte der Dichter um das Gejammer, als es dem armen gichtigen Manne so in den Gliedern riß, daß seine Frau, von dem Geheul irre gemacht, ihm statt das kranke das gesunde Bein in den heißen Umschlag wickelte. Merkwürdigerweise liest man in dem Woll-Buche keine Silbe von der Geschichte mit den zwölf Gänsen, obwohl das eine nette Ballade gegeben hätte. Besagtes Gänsedutzend begrüßte allmor-

gendlich seinen Herrn mit lautem Geschnatter, wenn es in den Großbach marschierte. Eines Morgens jedoch, als es so unheimlich still um den Gänsestall war, merkte Herr Groß mit Schrecken, daß von dem Dutzend nur eine einzige – und diese noch nacktgerupft – ihm entgegenkam. Um den Hals hatte sie ein Schnürchen mit einem Zettel, worauf zu lesen war:
»Guten Morgen, Herr Groß!
Ich komme nackig und bloß!
Verloren hab' ich meine Kameraden,
Weiß nicht, sind sie gesotten oder gebraten.«
»Der Teufel hat seine Hand im Spiel und verlangt sein Opfer«, dachte der Bestohlene und stellte abends die gebratene Gans seinen Stammgästen auf den Tisch nebst drei Runden Bier. Und – o Wunder! Am nächsten Morgen schnatterten ihm elf Gänse wieder entgegen.
Bitte, diese Sache nicht weitererzählen, weil der Polizeier Schaller zur Stammtischrunde gehörte und daher den »Höbelserschneider« nicht arretierte, der die Geschichte ausgeheckt hatte.
Herr Groß, der Spaß verstand, ein guter Brauer und Wirt, aber ein schlechter Kaufmann war und dazu mit der leidigen Gicht nicht fertig wurde, mußte es erleben, daß sein Anwesen im Jahre 1877 zwangsweise den Besitzer wechselte. Steigerer waren die Gebrüder Becker, bei denen der neugestaltete Brauereibetrieb ganz anders »fluppte« als bei ihrem Vorgänger. Der erste der Brüder, der langbärtige Fritz, verstand es als erfahrener Braumeister, seinem Gebräu die delikate Würze zu geben, daß ein Bier daraus wurde, mit dem er nach und nach den übrigen Brauereien der Stadt die Biertrinker entwöhnte. Für fachgemäße Abfüllung und Lagerung sorgte der zweite, der Küfermeister Schorsch Becker, während der dritte, der kaufmännisch beschlagene Karl, den Einkauf des Materials und den Absatz des immer größer werdenden Ausstoßes regelte. So gesellte sich bald zu dem einen Pferdchen mit dem kleinen Bierwagen ein zweites und drittes, bis der eingebaute Stall vollbestellt war mit den Lieblingen der »Höfcher« Buben, die ab und zu auf ihnen in den Großbach reiten durften. Das »Parfüm«

des Hofes, der Pferdegeruch, war im »Hofbraustübchen« wie in der Wirtschaft sozusagen zu Hause. Schon in den ersten zwanzig Jahren erwies sich die Brauerei – obwohl ein Teil davon mit der Küferei in die »Grüne Laterne« verlegt war – als viel zu klein, und so entstand 1897 auf dem Rande des oberen »Hobels« die weiträumige Vorläuferin der heutigen Großbrauerei, der 1927 der hohe Sudhaus-Turm gegeben wurde. Damit wurde in unmittelbarer Nähe der Burg des mittelalterlichen Ortsadels das Beckergebäude – neben der St. Josefskirche – zur weithin sichtbaren Burg der Neuzeit. Die »Quelle« beherbergte nun hinter der Wirtschaft die Unterkunft der zahlreichen Pferde. Von den Wirten, die vor und nach der Jahrhundertwende an der »Quelle« zapften, war vielleicht das »Hänsche«, das heißt der Bergmusiker Andreas Schmitt, der populärste, weil er mit seiner Hauskapelle (Trompete, Geige und Klavier) seine Gäste unterhielt und sein Sohn Andreas 1909 den Fußballclub »Viktoria« mitgründete. *1963*

Eine Bittschrift der Walsheimer Frauen an den Gauleiter Bürckel

Gefolgschaft der Walsheim-Brauerei in Walsheim/Blies
Walsheim, den 6. Dezember 1941
Herrn Gauleiter und Reichsstatthalter Bürckel
Saarbrücken
Betrifft: Walsheim-Brauerei
Die Gefolgschaft der Walsheim-Brauerei erlaubt sich Ihnen persönlich folgendes zu unterbreiten: Vor dem Kriege haben wir in der Walsheim-Brauerei Arbeit und Brot gehabt und konnten unsere Familien ordentlich ernähren. Am 1. September 1939 haben wir nach einem höheren Befehl unsere Heimat verlassen und fanden im Innern des Reiches Unterkunft. An Weihnachten 1939 haben Sie uns allen einen Brief zugehen lassen mit der freudigen Mitteilung, daß nach Beendigung des Krieges wir wieder in unsere Heimat kommen und die Heimat schöner werden soll, als sie

vordem war. Im Winter 1940/41 konnten wir wieder in unsere Heimat zurückkehren. Zu Hause angekommen, konnten wir die freudige Feststellung machen, daß überall mit der Wiederinstandsetzung begonnen und auch die Instandsetzung der Brauerei bereits in Angriff genommen war. Wir Soldaten-Frauen und -Familien konnten unseren Vätern und Männern von dieser Feststellung Mitteilung machen, wodurch jede Sorge für die Zukunft behoben war. Leider wurde diese Hoffnung durch die Absage der Genehmigung für den Wiederaufbau der Brauerei zunichte. Unsere Männer und Väter haben diese Nachricht mit großem Erstaunen aufgenommen und alle wollten wissen und könnten heute noch nicht fassen, warum diese Entscheidung gefällt wurde. Sie können sich heute noch nicht beruhigen, daß sie nach Beendigung des Krieges heimkehren und da ihren alten Arbeitsplatz nicht mehr vorfinden sollen. Das ganze Dorf mit seinen Einwohnern und Umgebung ist mit der Brauerei verwachsen, weil in dem seit 100 Jahren bestehenden Betrieb schon die Vorfahren, Väter und Brüder Arbeit und Brot hatten. Die meisten Gefolgschaftsmitglieder hatten mit Rücksicht auf den sicheren Arbeitsplatz sich in Walsheim ein eigenes Heim geschaffen und neben ihrem Berufe in der Brauerei auch noch etwas Landwirtschaft betrieben. Durch diese Verhältnisse waren alle mit der heimischen Scholle verwachsen und haben damit den Bestrebungen des Reiches vollauf Rechnung getragen. Von den heute noch rund 100 stehenden Wohnhäusern gehören 50 den Gefolgschaftsmitgliedern der Brauerei. Aus diesen Zahlen ist ganz besonders der Einfluß der Brauerei herauszulesen. Soll die Brauerei hier verschwinden, dann werden die Gefolgschaftsmitglieder mit ihren Familien in die Stadt gezwungen und wird dadurch der Landflucht Vorschub geleistet. Alle waren stolz, daß sie in der Walsheim-Brauerei gearbeitet haben, da die Biere schon vor dem großen Völkerringen Weltruf besaßen und überall das Walsheim Bier Anklang gefunden hatte.
Wir finden es als eine große Härte, wenn Ihre Entscheidung wahr bleiben soll, denn der größte Teil der Gefolgschaftsmitglieder war

schon 13 bis 20 und sogar schon 40 Jahre in diesem Betrieb tätig. Die älteren Männer, die einen größeren Anteil der Gefolgschaft ausmachen, werden schwerlich in einem anderen Betrieb Arbeit finden. Viele müßten einige Stunden für die Hin- und Rückfahrt verschwenden, um den entlegenen Arbeitsplatz zu erreichen. So waren alle bei ihrer Arbeitsstelle und haben den langen Zu- und Abgangsweg gespart. Verschiedene ältere Gefolgschaftsmitglieder haben eine andere Arbeit bei dem Wiederaufbau angenommen, die wohl eine Ersatzarbeit ist, aber kein Ersatz gegenüber dem Lohn- oder Gehaltsbezug in der Brauerei. Das Einkommen als Bauhilfsarbeiter beträgt im günstigsten Falle monatlich 120 RM gegenüber einem Vor-Kriegseinkommen von 200 RM und noch mehr. Viele finanziellen Verpflichtungen müssen zurückgestellt werden, weil das geringe Einkommen knapp zum Unterhalt der Familie ausreicht. Von keiner Stelle wird diesen hart getroffenen Gefolgschaftsmännern ein Ausgleich gezahlt.

Durch die geschilderten Verhältnisse und durch unsere Unterschrift erlauben wir uns den Herrn Gauleiter auf die schwere Entscheidung aufmerksam zu machen. Wir haben alle die feste Zuversicht, daß in dieser Sache noch nicht das letzte Wort gesprochen ist, und wäre es das schönste Weihnachtsgeschenk unseres Gauleiters, die 1939 gemachten Zusicherungen an Weihnachten 1941 in die Tat umzusetzen.

Zum Schluß richten wir an den Herrn Gauleiter die Bitte, unser Anliegen wohlwollend zu prüfen und zu entscheiden.

Heil Hitler!

Bis zur Rückgliederung des Saargebietes an Deutschland war die Walsheim-Brauerei ein florierendes Unternehmen, das vor allem für Frankreich produzierte.

1941

Homburger Dosenbier in der Wüste Sahara
Adolf Müller

Die Homburger Karlsberg-Brauerei zählt zu jenen vielen Firmen des Saarlandes, die aus der Grenzlage das beste machen mußten. Es war nicht einfach, wie sie – gleich mehrfach in den gut achtzig Jahren ihres Bestehens – mit den Schlagbäumen nur wenige Kilometer ostwärts Homburgs fertig wurde. Sie hat es aber geschafft. Die wirtschaftspolitische Zwitterstellung der Saarfirmen bringt jetzt auch ihr Gutes: Alle deutschen Brauereien außerhalb des Saarlandes liefern heute nur doppelt so viel Bier nach Frankreich wie die Homburger allein. Sie ist damit diejenige Brauerei in Pfalz und Saarland, die den höchsten Export aufweist.

Die Bierströme nach Westen setzten 1949 ein. Die Grenzziehung 1945 hatte den Homburgern einen wesentlichen Teil ihres Absatzgebietes genommen, nämlich die Pfalz. Es blieb der Geschäftsleitung nichts anderes übrig, als an der Saar die Bemühungen um die Kundschaft zu verstärken und gleichzeitig den Verkauf in den französischen Wirtschaftsraum, dem die Saar damals angeschlossen war, nach Kräften voranzutreiben. Ein Umstand kam dem Homburger Unternehmen dabei zugute. Es konnte gewissermaßen das Erbe der Walsheim-Brauerei antreten, die durch die Kriegsverhältnisse die Produktion hatte einstellen müssen. Walsheim liegt im südlichen Teil des Landkreises Homburg, nur wenige Kilometer von der französischen Grenze entfernt. Man hatte hier vor dem letzten Krieg bereits einen erheblichen Absatz nach Frankreich aufbauen können. Die Abnehmer suchten nach dem Krieg einen Ersatz und nahmen die Verbindung mit der Karlsberg-Brauerei auf. Ergebnis: Homburg braute »Walsheim-Bier«.

Das Weinland Frankreich fand zunehmenden Geschmack daran. Das Geschäft ging nicht schlecht. Das blieb so, bis Firmenchef Dr. Paul Weber sich bei einer Auslandsreise davon überzeugte, daß Bier in Dosen tatsächlich nichts verliert – eine Erfahrung, die die

Amerikaner schon lange zuvor gemacht hatten. Dr. Weber ließ im Sommer 1953 einen Teil der Produktion auf Dosen umstellen. Einfach war das nicht. Die Dosen müssen einen bestimmten Druck aushalten können, und der Inhalt darf nicht mit dem Metall in Berührung kommen. Sie müssen also innen mit einem Speziallack ausgekleidet werden. Die Amerikaner hatten solche Dosen längst entwickelt. In Deutschland gab es nur eine Firma, die mit amerikanischen Maschinen die ein Drittelliter fassenden Metallbehälter herstellte. Deutschland war damals aber Zollausland.

Die Karlsberg-Brauerei wurde die erste im französischen Wirtschaftsraum, die »Karlsbräu-Export« in Dosen anbot. Für den Export ergaben sich damit neue Chancen. Die Verpackung ist leicht, denn zwei Dosen wiegen knapp so viel wie eine Flasche. In den heißen Ländern ist es überdies günstig, daß sich Dosen rasch kühlen lassen. Sie sind monatelang frisch, ein Pfand entfällt – alles Vorteile, die sich günstig auswirkten. Die französischen Überseegebiete waren damals, 1954, noch gute Abnehmer: Die nord- und zentralafrikanischen Besitzungen, Madagaskar, Neukaledonien (eine Inselgruppe östlich von Australien), Indochina, die Französischen Antillen (vor Mittelamerika). Das beste Geschäft sei Indochina gewesen, sagt Dr. Paul Weber; denn die französischen Fremdenlegionäre erhielten einen passablen Sold und zahlten umgerechnet fünf Mark für die Dose Bier. Die Fremdenlegionäre, besonders die deutschstämmigen, waren überhaupt gute »Vertreter«. Sie machten das Getränk bekannt. Nicht minder zahlungskräftige Konsumenten waren in jenen Jahren die hochbezahlten Prospektoren, die in der Sahara nach Öl suchten, und die Scharen von Technikern, die in ihrem Gefolge kamen.

Der Depositor auf der Antilleninsel Martinique – die Insel ist durch den Ausbruch des Mt. Pelee 1905 bekannt – nutzte die leeren Dosen auf seine Weise. Er klebte andere Banderolen auf, ließ sie mit neuen Deckeln versehen – und verkaufte den Kaffee von eigenen Plantagen in Dosen. Mit Homburg wollte er ins Tauschgeschäft kommen. Es zerschlug sich aber rasch.

Die wachsenden Erfolge – auch im außerfranzösischen Raum, etwa Spanien, Chile, Iran – ließen die Carlsberg-Brauerei in Kopenhagen auf den Namensvetter in Homburg aufmerksam werden. Das Gericht wurde bemüht, darüber zu entscheiden, wer in Frankreich als »Karlsberg« beziehungsweise »Carlsberg« verkaufen darf. Der Prozeß begann im Frühsommer 1955. Wenige Tage nach der für Frankreich ungünstigen Abstimmung über das Saarstatut erging das Urteil. Die Homburger verloren. Begründung: Die Dänen hatten bereits 1889 bei der Weltausstellung in Paris ihren Namen eingetragen lassen. Die etwas andere Schreibweise fiel dagegen weniger ins Gewicht.
Homburg reagierte zweifach. Es nannte sein Erzeugnis im außerdeutschen Raum von nun an »Karlsbräu«. Für die Franzosen war das eine ungewohnte Buchstabengruppierung. Die Aussprache schwankt zwischen Karlsbro und Karlsbröj – immerhin ein deutsch klingender Akzent, auch französischen Ohren auffällig, und da deutsches Bier ohnehin geschätzt ist, hatte die Namensänderung weiter keine nachteiligen Folgen. Der zweite Schachzug der Homburger: Für den deutschen Raum machten sie den Dänen den Namen »Karlsberg« streitig. Die Dänen ließen es nicht auf einen Prozeß ankommen. Dr. Weber fuhr nach Kopenhagen, man verglich sich – und spülte den Ärger über die Anwaltshonorare mit Carls- und Karlsberg-Bier hinunter.
Inzwischen ist – dem politischen Rückzug entsprechend – die Geschäftsverbindung mit den französischen Überseegebieten zurückgegangen. Dafür zieht Homburg jetzt aus den Saarabmachungen Vorteil. Die Brauerei kann Rohmaterialien aus Frankreich beziehen (dort sind Hopfen und Würze etwas billiger) und unter günstigen Zollbedingungen Bier nach Frankreich ausführen. Solche Vorteile sind gerade für das Braugewerbe nicht niedrig einzuschätzen. Zu der starken inländischen Konkurrenz stößt der wachsende Wettbewerb jener Brauereien, die sich in den Exportländern selber entwickelten. Das Beispiel Afrikas mag das illustrieren. Dort sind in den letzten Jahren eine größere Anzahl von Brauereien entstanden, wie Dr. Weber sagt, da die wohlhaben-

den Eingeborenen rasch auf den Bier-Geschmack gekommen sind. Es ist nicht ausgeschlossen, daß die eine oder andere Brauerei in Afrika dabei jene Kredite in Anspruch nahm, die Westeuropa aufgebracht hat, etwa die Bundesrepublik. Die Kredite wurden aus Steuermitteln bereitgestellt, und diese Steuern hatten – unter anderem – auch die deutschen Brauereien zahlen müssen. *1961*

De ledschde »Schmelzer-Schorschde« fallt oder immer wenicher se schaffe
Manfred Kelleter

De ledschde Schmelzer Schorschde fallt
vor leere Walzwerkshalle.
Bevor er off de Werksborm knallt
vasucht er sich se kralle.
Doch alles Kralle nutzt dem nix,
es Pulver wird vaschoß
on schmeißt das alte Ungetiem
von seinem hohe Roß.
So fallt das lange Laschder
langsam off's Walzwerkplaschder.
Das rombst on gebt viel Staab on Dreck
de Schorschde es for emmer weg.
On aus de leere Walzwerkshalle
duhds Echo von seim Sterwe schalle.
Do leit er jetzt, e haufe Schutt.
Er war halt pletzlich nemmeh gutt,
wie manches en de heidisch Zeit.
Maschine, Schorschde – sogar Leit
loßt mehr heit änfach falle,
doch meischdens ohne das se knalle,
damet's die Omwelt net so heert,
weil das de Arwedsfriede steert.
So e Schorschde is, obwohl er hohl
for onser Zeit halt e Symbol.
Gar viel, was hunnert Johr gehall
kommt heitsedah ganz schnell zu Fall.
Kann das off Dauer dann so bleiwe,
wie die's heit mit de Schorschde dreiwe? *1981*

*Die Welt gleicht
einer Opera*
Kunst und Kultur

**Ein schöne Fraw und ein schöns Pferdt
sollen in vier stucken gleich sein**
Theobald Hock

Orlando ritt ein gefligelts Roß,
Das Hippogriffus hieß so groß,
Spatzieren auch uberal,
Im Lufft durch Berg und Thal,
Der Perseus ritt gleicher weiß
Ein Pferdt mit Fligln, thet mit fleiß
Andromedam weg führen,
Die wunde schöne Diern,

Die Roß sein alle gwest vor lengst,
Jetzt ubertriffts ein Ritters Hengst,
Wie ich gesehen je,
Ein freyers Pferdt allhie,
Gott gab seim Herrn glück allzeit,
Daß er sein Dama druff ereit,
Und von ihr ein Fauor,
Bekombt baldt per Amor.

Ein schöne Frawe ein schönes Pferdt,
Sagt man solln haben wohl bewert,
Ein schönen langen Man,
Ein breite brust so schon,
Ein stoltzen gang und noch darbey
Solln gern lassen auffsitzen frey,
Das sein die Schönheit vier,
So haben solln die zwey Thier.

Doch solln die beyde auch mit fueg,
An eim Breidter haben genug,
Wie Alexandri Roß,
Niembts auffließ sitzen bloß,

Als seinen Herrn außerwöhlt,
Wer sein Pferd und sein Weib wohl helt,
Ein Cavaglier sein muß,
Zu Roß und auch zu Fuß. *1601*

Einladung aufs Land
Johann Nikolaus Götz
An den Herrn Rektor und Professor Crollius zu Zweybrücken

Entflieh dem Rauch der Stadt, geliebter Freund, und rette
Dich zu mir auf das Land! Zerbrich einmal die Kette,
Womit dein Fuß gefesselt ist!
Die Wiesen lachten stets gesitteten Gemütern:
Mein Wieschen lacht auch dir, wo du bei fremden Gütern
Dein eigner König bist.
In ungestörter Ruh wird alles deine Sinne
Vergnügen, was ich aus der Erde Schoß gewinne,
Was mir die große Mutter schenkt,
Die gütige Natur, die mit den besten Gaben
Zwar auch Dynasten pflegt zu laben;
Doch lieber an die Schäfer denkt.

Der Lenz hat Florens Rock voll Veilchen und Narzissen
Mutwillig ausgeschüttelt, hat ein buntes Kissen
Daraus gemacht, das er dir selbst zum Lager beut.
Und nun kommt Ceres her, die Äcker zu besehen,
Ob sie genug voll Ähren stehen,
Ob Flora nicht zuviel Cyanen eingestreut.
Die Freuden, die wir hier auf Hornbachs Flur genießen,
Sind wie die Lüfte rein, die unser Haupt umfließen;
Die Unschuld führt sie an, wie zu Asträens Zeit.
Wir hören kein Geräusch, als nur vom Wasserfalle;
Fern von der Trommeln Lärm und der Trompeten Schalle,
Fern von der Krämer Schwur und der Gerichte Streit.

Komm, komm, geliebter Freund, zu unsern Schäferreihen,
Fortuna weiche hier mit ihren Gaukeleien,
Hier weiche Cypris und ihr Kind
Der sanften Tugenden, die uns vor allen Schätzen
Des goldenen Paktols ergetzen,
Und weisen Seelen mehr, als Paphos Töchter sind. *1785*

Das Leben
Johann Nikolaus Götz

Die Welt gleicht einer Opera,
wo jeder, der sich fühlt,
nach seiner lieben Leidenschaft,
Freund, eine Rolle spielt.

Der eine steigt die Bühn' hinauf
mit einem Schäferstab,
ein andrer mit dem Marschallstab
sinkt ohne Kopf herab.

Wir armer Pöbel stehn
verachtet, doch in Ruh',
vor dieser Bühne, gähnen oft,
und sehn der Fratze zu.

Die Kosten freilich zahlen wir
für's ganze Opernhaus,
doch lachen wir, mißrät das Spiel,
zuletzt die Spieler aus. *18. Jahrhundert*

Die Wetterwolke – Eine Impression aus dem Bliestal
Ludwig Scharf

Hinten am Horizont
Steht wie ein ungeheures Schreckbild
Eine schwere schnaubende Wolke.
Heißer glühender Sand
Fährt in die Pausen
Sengend durch die Luft.

Was willst du hier und woher kommst du?
Aus welcher Gegend hast du dich verirrt
In meiner Heimat stilles Wiesental,
wo klein und unscheinbar die Blumen stehen
und die friedlichen Obstbäume blühen,
denen du bange machst?

Was willst du hier, du Wüstengeist?
Willst du Feuer niederregnen
Auf dies blühende Eden meiner Kinderträume,
daß die grünen Halme verdorren
und ihre Würzlein sich zum Tageslicht kehren?

Duckt euch, ihr Blumen und Pflanzen all
Und du buntes Getier!
Werft euch zu Boden und haltet den Atem an,
wenn es vorüberzieht,
das fremde feindliche Ungetüm!

Mag es die Meere aufwühlen,
daß die Bronnen der Erde rauchen!
Denn dort steht Kraft gegen Kraft
Und die Kräfte sind gleich!

Aber du, mein Tal,
wo die Zufriedenheit wohnt,
halte den Atem an,
daß du den Gluthauch nicht spürst,
bis es vorrüber ist –
bis die Rosenwölkchen der Abendsonne
deinen Himmel verklären! *1927*

Das alte Taubenhaus von Gräfinthal
Karl Kupfer

Ein Taubenhaus, das durch seine Größe und sein Alter beachtenswert ist, steht im westlichen Winkel unseres Pfälzerlandes unter den Überresten des ehemaligen Klosters Gräfinthal unweit der Blies. Auf vier Steinsäulen, die man etwa als toskanisch bezeichnen mag, ruht ein viereckiges, aus Steinwerk gemauertes Häuschen. Es kann nur durch eine Leiter erreicht werden und ist somit vor Raubzeug völlig geschützt. Von den Fenstern ist eines als Flugloch verwendet. Ein stumpfes, mit zwei Knäufen geziertes Pyramidendach schließt das Häuschen gefällig ab. Der ganze Bau hat die stattliche Höhe von acht Metern. Das Innere ist eingeschossig, an den Wänden finden sich etwa 200 Fachwerke aus Lehm (je 20 cm breit und hoch), die zu Nestern dienen. Vor Kriegsbeginn nisteten ungefähr 400 Tauben darin, doch hätten noch weit mehr Platz. Nach der Jahreszahl 1766 auf der Deckplatte einer Säule beträgt das Alter des Häuschens gerade 150 Jahre. Es ist ein Überrest von den Wirtschaftsgebäuden des ehemals blühenden Klosters, das 1785 vollständig aufgelöst wurde, nachdem es längst vorher in Verfall geraten war.

Bei dieser Gelegenheit mag auch auf die eigenartigen Taubenhäuser im Niltal hingewiesen werden. A. Kirchhoff schreibt: »Kein Geflügel hält man in Ägypten so häufig als Tauben, deren Mist als Dünger benützt wird.« Deshalb finden sich dort die Taubenhäuser in beträchtlicher Anzahl und Größe. Eigenartig ist ihre Form:

Auf einem turmartigen Rundbau aus Ziegelwerk sind zahlreiche kleinere Türmchen aufgesetzt, die fast den Stalagmiten einer Tropfsteinhöhle gleichen; jedes hat Fluglöcher für die Tauben, die hier in großer Menge nisten können. *1917*

Im Schloß zu Blieskastel
Nikolaus Lauer

Das Gefährt rollte schwerfällig durch ein enges Tor und bog dann gen Osten in die tiefen Wälder des Pfälzer Westrich ein; erst bei St. Ingbert, dem ersten Dorf, wo das Leyen-Wappen an Rathaus und Kirche prangte, gewannen sie freies Gelände. Doch der Ort schien verstört und ausgestorben; die wenigen Menschen, die am Wege waren, sahen dem Gefährt mit großen, erschrockenen Augen nach. Vom Kirchturm aber drang ein seltsames Läuten, wie es weder Sebald noch Christoph in ihrer Heimat je vernommen hatten: In kurzen, harten Stößen schlug die große Glocke dreimal an, dann folgte wiederum in drei harten Stößen eine hellere Glocke nach; erst wenn dies Zeichengeläut verklungen war, setzte der Chor der Glocken ein. »Was soll dies bedeuten, Christoph?«
Aber Christoph wußte es auch nicht, und der Kutscher fuhr immerzu, kam an dem langen Weiher von Würzbach vorbei, ließ Dörfer und Höfe zurück und eilte, vor Nacht und Dunkel im Schloß zu Blieskastel anzukommen. Seltsam war, daß von überall her das eigenartige Geläut zu ihnen drang, die kurzen harten Glockenschläge, als stieße einem Menschen, das Herzweh auf; daß man kein Lachen hörte, keinen Schalmeienton, wiewohl es für die Hirten längst an der Zeit war, mit ihren Herden heimzufahren. Wo ein Mensch um die Ecke huschte, starrte er dem Gefährt eine Weile nach, und wo eine Kapelle am Wege stand, hörte man das Gebetsgemurmel von vielen Menschen, dumpf und gedrückt.
Das Städtlein Blieskastel lag bereits im Dämmergrau, undeutlich hob sich auf einem breiten, hohen Felsen über dem Häusergewirr

die schwere Masse des Schlosses ab. Eine einzige Kutsche kam ihnen entgegen, darinnen saß, auf einen goldenen Stock gestützt, ein älterer Herr in schwarzem Staatskleid, allein und stumm. Als das Saarbrücker Gefährt zu der steilen Schloßstraße einbog, um die Höhe und den Hof des Schloßes zu erreichen, preschten livrierte Reiter wie hastende Schatten an ihnen vorüber, die strebten nach allen Richtungen hin. Was war hier geschehen?

Mühsam gewannen die Pferde den steilen Hang, nun mußte die Einfahrt zum Schloßhof sich auftun. Zwei trübe Lampen brannten an den Pylonen, daneben wuchteten die Mauern von Schloßkirche, Konvent und lateinischer Schule empor: Da trat ein Gardist auf das Gefährt zu und fiel den Pferden in die Zügel: »Zurück!«

Zurück! Warum? Hundert Schritt vom Ziel, nach dieser langen Fahrt? Sebald will fragen, aber der Gardist gebietet mit stummer Geste Schweigen, und zugleich hebt vom Turm der Schloßkirche das seltsame, abgehackte Läuten an, und aus den Tälern kommt von West und Süd das Zeichen wider; mitten in der Nacht!

Und horch! Jetzt singen sie sogar irgendwo; es ist die schwere, klagende Weise des »Miserere«. Mit einemmal werfen Fackeln einen blutroten Schein, das Licht geistert über blanke Waffen, die Garde ist im Schloßhof angetreten, die Einfahrt zum Schloßbering ist schwarz von Menschen, und nun wird das Räderknarren eines Wagens laut.

Christoph und Sebald stehen am äußeren Tor und starren genau so schweigsam wie alle die vielen hundert Menschen um sie her. Trommeln wirbeln in langsamen Takt, das »Miserere« hallt von den Mauern zurück, die Fackelträger bewegen sich, die Garde präsentiert das schwere Gewehr, und langsam, von sechs schwarzbehangenen Pferden gezogen, bewegt sich ein Totenwagen vom Schloß zur Kirche hin, ein schwarzer, prunkvoller Wagen, an dem die erzenen Beschläge matt glänzen. Ein Herold mit goldenem Stabe, florumhangen, eröffnet den Zug, es folgen Herren in weißen Perücken mit Trauermänteln, darauf die Mönche von Gräfinthal, deren fahle Habite wie Leichenkleider im Licht der Fackeln erscheinen. – Die Pferde gehen in langsamem Schritt, der hohe Wagen erscheint wie ein düsteres Ungetüm: In seinem Innern schimmern die Silberbeschläge eines braun-schwarzen Sarges. Die Menge schluchzt, die Frauen knien am Wege nieder, Offiziere mit gezogenem Degen gehen rechts und links, ein zweiter Wagen folgt, in dem eine junge Frau, tiefverschleiert, in ein weißes Tüchlein weint ... Der düstere Zug schwenkt zur Schloßkirche ein, ihre hohen Portale sind plötzlich weit aufgetan, drinnen steht im Licht von hundert Kerzen ein wappengeschmückter, hoher Katafalk, gerade vor der neuen Gruft, die Franz Carl, Reichsgraf von der Leyen, dort hatte ausbauen lassen.

Der Wagen hält vor dem offenen Portal, die schwarzverhüllten Pferde des Wagens lassen die Köpfe hängen. Sechs Männer lösen sich aus der Menge und heben den Sarg herab. Und während die grauen Mönche das Kirchenportal umsäumen, tragen die sechs den schweren Sarg in die nachtdunkle Kirche hinein und stellen ihn behutsam auf den Katafalk, und die Mönche beginnen die Totenwache.

Franz Carl, Reichsgraf von der Leyen, war am Morgen dieses Tages, erst 39 Jahre alt, an einem hitzigen Fieber, gegen jede menschliche Erwartung, plötzlich aus dem Leben abgeschieden. *1951*

»Ich hätte am liebsten das Schloß selbst weggeschafft«
Johann Christian von Mannlich

Ein Schreinergeselle vom Karlsberg, der lange bei der Artillerie gedient hatte, zielte so genau mitten in ein Gros der feindlichen Kavallerie, und die Hessen gaben zu gleicher Zeit eine so mörderische Salve auf die Heranstürmenden ab, daß sie diese in Verwirrung zurückdrängten, und unser Schreiner mit seiner Amüsette, die er noch auf die längs der Landstraße in die Ebene Flüchtenden spielen ließ, nahm ihnen die Lust an einem weiteren Angriff. Zoller sprengte Szekuly mit verhängtem Zügel nach, um ihm den glücklichen Erfolg seiner Amüsette zu melden. Dieser schickte unverzüglich eine Eskadron ab, die sich in der Homburger Ebene tummeln sollte, was so trefflich wirkte, daß die Feinde nicht mehr in Homburg zu verweilen wagten, sondern es vollständig räumten, um die Nacht unter den Waffen in den Straßen Zweibrückens zu verbringen.

Die österreichische und preußische Armee hielt sich, zu einem wirksamen Vorgehen zu schwach, in Erwartung von Verstärkungen in der Defensive. Es schien uns, als würde die preußische zuerst anrücken. Sie hatte einige Vorposten weggenommen und sich in Homburg und auf den Höhenzügen in der Richtung nach Zweibrücken festgesetzt. Das beunruhigte unsere Franzosen, und obgleich sie Verschanzungen auf allen die Stadt beherrschenden Hügeln aufgeworfen hatten, indem sie die Gärten und die besten Felder aufwühlten, glaubten sie den Platz unhaltbar, räumten ihn und zogen sich plötzlich in großer Hast, nachdem sie die Brücken abgebrochen hatten, auf die Hornbacher Höhen zurück, wo sie sich verschanzten.

Nun hatte ich freies Feld bekommen, und so begab ich mich unverzüglich nach dem Karlsberge, um die Galerie und die übrigen Sammlungen in Kisten verpacken zu lassen. Das Siegel der Republik wurde weggerissen. Dreißig Handwerker waren Tag und Nacht an der Arbeit. Dann kam die Bibliothek an die Reihe. Das ganze wurde auf Wagen geladen und vorläufig nach Kaiserslautern gebracht. Das Naturalienkabinett nahm weit mehr Zeit in Anspruch. Ich wollte auch die herrlichen Wandschränke, deren Vorderseite einen Siegel aus einem Stück aufwies, fortschaffen lassen. Jeder Vogel mußte an seinen Zweig angebunden und angeklebt werden, und da zwölfhundert aufs trefflichste ausgestopfte Gattungen (ohne die Abarten) vorhanden waren, so erforderte diese Arbeit einen beträchtlichen Zeitaufwand.

Einige Wochen vor dem Abzug der Sansculottes aus Zweibrücken konnte man eines schönen Morgens beobachten, wie das Haus des Ministers v. Esebeck von Soldaten umstellt wurde. Diese Leute Robespierres nahmen sogar von meinem Hause Besitz und ließen sich auf den Mauern meines Gartens nieder, um dem Minister jede Möglichkeit des Entkommens abzuschneiden. Er verbarg sich nicht. Einige Minuten darauf sah ich ihn mit seinem Sekretär Ringel (jetzt Geheimer Rat in München) einen Wagen besteigen und hatte nur so viel Zeit, ihm zum Abschied mit der Hand zuzuwinken. Er fuhr sogleich – Sansculottes vor und hinter ihm bildeten seine Eskorte – in die Gefängnisse von Metz ab, von wo er in jene von Paris verbracht wurde, aus denen man täglich eine bestimmte Anzahl (die den Neuangekommenen Platz machen sollten) herausschleppte, um sie der Guillotine zu überliefern. Ich glaubte ihn verloren, meinen alten Freund Ludwig, und beklagte ihn bitter. Jede Korrespondenz war untersagt, und so wußte ich lange nicht, welches sein Los gewesen war.

Die mannigfachen Verpackungsarbeiten hatten häufige Fahrten nach dem Karlsberge zur Folge, dessen Besatzung inzwischen eine beträchtliche Verstärkung durch die Preußen erhalten hatte. Diese fanden es höchst lächerlich, daß ich mich mit dem Wegschaffen der Gegenstände so sehr beeilte, da doch alles unter dem Schutze ihrer Waffen stünde. Das änderte jedoch meine Absicht nicht, und ich hätte am liebsten das Schloß selbst weggeschafft, wenn es möglich gewesen wäre. Abgesehen von einigen Infanterie-Regimentern, hatte man das der Wolfrath-Husaren geschickt. Ihre Vorposten standen am Kreuzberg, der den Teil der Stadt beherrschte, in dem mein Haus lag. Von da aus schickten sie oft Patrouillen zur Beunruhigung des Feindes und zur Auskundschaftung seiner Bewegungen aus. Dieser tat desgleichen, so daß die feindlichen Patrouillen oft in der Stadt selbst aufeinanderstießen und sich bis aufs Blut bekämpften.

Bei der Rückkehr des ersten Patrouillenrittes der Wolfrath-Husaren nach dem feindlichen Lager spazierte mein kleiner Karl in seinem Soldatenanzuge als Schildwache vor unserer Haustür auf und ab. Der Unteroffizier, ein gutmütiger und lustiger Bursche, sagte zum Leutnant: »Wir wollen sehen, ob der kleine Geselle Mut hat,« und er stürmte, sein Pferd tummelnd, gegen Karl vor, mit dem Säbel in der Hand. »Ha, Königsmörder, verteidige Dich!« rief er ihm zu. Diese Worte und der Lärm der Pferde ließen uns glauben, daß man sich schlage, und das Geklirr der blanken Waffe bestärkte uns darin. Trotz ihrer Furchtsamkeit lockte die Neugierde meine Frau an das Fenster. Aber wie erschrak sie, als sie ihren Vielgeliebten von Husaren umringt sah, deren einer auf ihn eindrang, als wolle er ihn durchbohren. Obgleich sie wohl wußte, daß es nur ein Spiel sei, so geriet sie in ihrer mütterlichen Zärtlichkeit beim ersten Blick nichtsdestoweniger in Angst und stieß einen Schrei aus, der die Schlacht beendete.

Ich freute mich meinerseits sehr, zu beobachten, wie der Kleine, weit entfernt zu fliehen, seinen Blechsäbel zog, nachdem er das Gewehr weggeworfen, und sich tapfer schlug, trotz dem Vorteile und der Überlegenheit der Angreifenden. Sein Kopf war so rot wie ein Hahnenkamm und er wich um keinen Schritt zurück, bis durch den Schrei seiner Mutter der Unteroffizier den Säbel senkte und sagte: »Ich bin verwundet und ergebe mich; ich bin Ihr Gefangener, und Sie können mir befehlen, was Sie wollen.« »Nun gut,« sagte der Junge mit fester Stimme, »ich will auf das Pferd steigen.« »Auf das meinige,« sagte der Leutnant, setzte ihn vor sich auf und kehrte in die Stadt zurück, wo er ihm bei einem Konditor zwei große Tüten Bonbons kaufte und ihn uns dann wie im Triumph nach Hause brachte. *um 1815*

Scheneral Hüüüh-Hott-O-Haar
Karl Uhl

Die Leute, die am ersten Oktobersonntag des Jahres 1797, morgens um 10.00 Uhr zum Hochamt in die Engelbertskirche wollten, stauten sich um die seltsame Tribüne, die wie über Nacht hingehext auf dem Kirchplatz stand. Das fratzige Kuhkopfwappen, ein Erzeugnis bäuerlicher »Heraldik«, und die fünfstreifigen Fahnen, die mit ihrem Braun, Grün, Weiß, Rot und Schwarz aussahen, als hätte man Zebrafelle zum Trocknen aufgehängt – und vor allem die zwei absonderlich aufgeputzten Männer, die davor standen – , veranlaßten den zuletzt hinzukommenden Schlossermeister Jäb Ochs zu der Frage, seit wann die Fastnacht in den Oktober falle. Wenn sich auch die beiden Boozen taub stellten, schallte um so lauter das Gelächter der Kirchleute, bis es dem Pastor zu dumm wurde und er herauskam, um für die Säumigen hier außen seine Strafpredigt zu halten, mit dem Ergebnis, daß im Nu der Platz leer war. Nun standen die Männer noch allein da. Der ältere, mit der roten Jakobinermütze auf der vornehmen Beutelperücke, trug einen Degen, den er als Klaviermacher und Großbauer nicht brauchte, aber als gewesener Maire und werdender Präsident beanspruchen zu müssen glaubte. Der vor ihm stehende junge Bursche war der Fuhrmann Hansjörg Anheiser, der eine arg verschandierte Preußenmontur und den Sabul des Büttels anhatte.

Als die Preußen das fünfte Mal hier waren, hatte sich Hansjörg, weil er das Bauern ohne Land satt war, als Musketier anwerben lassen, ist aber, als die Preußen nach acht Wochen mit Sack und Pack nach Kaiserslautern »desertierten«, wie sich Hansjörg ausdrückte, als der standhafteste von allen allein hiergeblieben – war es nun, daß er das Blasen überhörte oder weil ihm sein Lenchen gestand, daß es den Narren an ihm gefressen habe und er folglich nicht fort könne.

Weil er nun zu der Montur die Kenntnisse, einen selbstgeschnitzten blechernen Stern und die von seinem Lenchen aufgenähten Scheneralsstreifen an der Hose hatte und die sanktingberterische Armee des Präsidenten Henrion einen Scheneral brauchte, tat er dem künftigen »Landesoberhaupt« den Gefallen und seinem Lenchen wie seiner künftigen Schwiegermutter die hohe Ehre an. In drei Tagen war die Armee zusammengetrommelt und gedrillt, so daß der General dem Präsidenten eben melden konnte, das dieselbige marschbereit am Großbach stehe. »Laß er sie anmarschieren, Scheneral«, befahl der Präsident. »Zu Befehl, Herr Präsident«, erwiderte der Scheneral und verschwand hinter dem Schulhaus.

Als in der Kirche noch wacker präludiert und gesungen wurde, ersteigen nach Henrion auch die Minister Gress und Bastian, die eben sich eingefunden hatten, die Tribüne. Sie freuten sich offenbar darüber, auch einmal auf die großen Bauern heruntergucken zu dürfen. Vor der Tribüne hatten sich die beiden Königinnen des Tages, das Lenchen und seine Mutter, die resolute Wirtsfrau vom »Lamm«, aufgepflanzt, als auf das »Deo gratias« a tempo die Kirchtüre aufsprang und die letzten, die hineingegangen waren – getreu dem Bibelwort –, als die ersten herauskamen und den Platz füllten. Dem Präsidenten und seinen Ministern, vor allem aber dem Lenchen und seiner Mutter wäre es lieber gewesen, wenn der Ochs Jäb und der Schmied Seel zu ihrem Frühschoppen gegangen wären; aber die blieben stehen, wenn auch ganz hinten, und das war ein böses Zeichen... zu allem Überfluß gesellte sich den beiden noch ein zerlumpter, unrasierter Fechtbruder mit einem dachlosen Hut, einem mageren »Berliner« und zerrissenen Schuhen. Es war, als hätte er die Montur mit auf die Welt gebracht, denn er war beträchtlich über deren Maße hinausgewachsen. Das Hervorstechendste an ihm war – abgesehen von dem weithin riechbaren Schnapsdunst – ein keckes, fast herrisches Gesicht, das am Kinn eine Längsnarbe – wie von einem Degenhieb – aufwies, was bei einem Fechtbruder, der gewöhnlich ohne Degen das Fechthandwerk ausübt, wie ein Rätsel anmutet. Auf dem Kirchplatz wurde es bald noch lebendiger, als ein Pfeifen und Trommeln vom Großbach her immer näher kam – und als die Spitze der »Armee« sichtbar wurde, brach ein Lachsturm los, der sich zum Orkan auswuchs, als mit gezogenem Sabul der Scheneral im Steigschritt vor seiner Truppe daherstolzierte, die aus einem Trommler, einem Pfeifer und fünf Burschen mit Holzsäbeln und geschulterten Klafterprügeln bestand.

Auf einen solchen Empfang war der Scheneral nicht gefaßt und wurde weiß wie ein Leintuch. Wenn er zuerst noch sein Zittern mit einem ins Krampfhafte gehenden Schneid verdecken konnte, mußte er, von dem frivolen »Jüh« des Fechtbruders schwer getroffen, seine letzte Kraft aufbieten, um seine Kommandos herauszustoßen. »Jetz bleiwe stehn« – »Jetz drehe euch noo rechts« – »Jetz drehe euch noo links« – »Jetzt drehe euch im Ringelrum mit'm

Gesicht zu mir.« Kaum, daß er es heraushatte, holte ihn der Fechtbruder noch unverschämter ab. »Mensch, das heißt noch all dein Lebtag hüüh hott o haar! Hott erum o haar.« 1963

Erinnerung an Albert Weisgerber
Theodor Heuss

Die erste Begegnung – ein Faschingsabend in München 1905. Wer dazu einlud, weiß ich nicht mehr. Das Ganze war auf heitere Parodie eines »Vereinsfestes« abgestellt, es gab einen sentimental-pathetischen Einakter, den Thoma für den Abend gedichtet hatte, schließlich ein wunderschönes »lebendes Bild«, das Anton von Werner verulken sollte. Thoma hatte sich eine Bismarck-Maske zurechtgemacht, Weisgerber war der heimkehrende Krieger. Mit unverdrossener Ausdauer sang er durch Stunden Soldatenlieder. Die Ausgelassenheit des Naturburschen, die im kaum bemerkten Übergang aus der gespielten in die echte Sentimentalität glitt, tritt zuerst in das Gedächtnis. Der Maler war damals 27 Jahre alt; ein paar große Portraits, die noch von den dunklen Tönen der Stuck-Schule bestimmt waren, aber alles bewußt Dekorative in einer sehr freien Haltung abgestreift hatten, trugen damals den Ruhm einer jungen Meisterschaft. Wohin würde der Weg gehen? Illustrationen, Karikaturen für die »Jugend«, die in ihrer festen, manchmal groben Linie schmissig erschienen, aber mühsam erarbeitet waren, deuteten auf den Graphiker; die repräsentativen Plakat-Konkurrenzen jener Jahre wurden selbstverständlich von ihm gewonnen. Doch die

Weisgerber wurde 1913 zum Präsidenten der Künstlervereinigung »Neue Münchener Secession« gewählt. Zwei Jahre später kam er im Ersten Weltkrieg ums Leben.

Besuche in dem Atelier, die jener fröhlichen Nacht folgten, vertraute Gespräche über Heimat, Leben, Beruf und Berufung, die stille Gegenwart bei der Arbeit, erschlossen den Mann, der sich seines Könnens recht wohl bewußt war, aber von einer inneren

Unruhe umgetrieben wurde. Er zeichnete, um Geld zu verdienen, aber das Zweckhafte der Bindung und des Auftrags störte ihn. 1906 ging er nach Paris. Es war keine Notwendigkeit, aber eine Art von Kraftprobe. Wir sind damals ein paar Wochen lang, in einem unvergeßlich heiteren Frühsommer, durch Ateliers und Museen gelaufen, haben ganz brav Barbizon und den Wald von Fontainebleau besucht, dessen Bäume ihm so schrecklich »historisch« vorkamen – sein Zustand war der allersonderbarste, heute entzückt, morgen bedrückt, Hingerissenheit und Katzenjammer wechselten –, die Begegnung mit der geschlossenen malerischen Tradition der großen Franzosen hatte ihn umgeworfen, doch wollte er von ihr nicht unterworfen werden; es konnte geschehen, daß er sich polemisch absetzte und auf Meier-Graefe zu schimpfen begann, dessen dickes Werk damals die Kunstdebatten alimentierte. Natürlich hat er auch an solchen Diskussionen teilgenommen, etwas ungelenk, wenn auch gelegentlich im Ausdruck von konkreter Drastik; das Theoretisieren war nicht sein Teil, obschon er es für notwendig hielt, um einen Weg oder ein Ziel zu klären. Da mochte er dann verstummen oder weglaufen, arbeitswütig, kratzte unzufrieden ein Bild ab, ging mit pastosem Auftrag über eine Skizze hinweg. Es war ihm unbehaglich, wenn die historisierenden Kunstgespräche ihn irgendwo einzuordnen suchten, etwa in der Aufhellung der Farben seine Verpflichtung an die späten Impressionisten sahen. Ein paar Jahre danach, da die Bemühungen um die zeichnerische Struktur der Fläche deutlich wurden, schob man ihn in die Kategorie des jungen Expressionismus. Das war ihm nicht geheuer. Denn er selber, der eine leidenschaftliche, ja ehrgeizige Vorstellung von großer Kunst besaß und gegenüber dem eigenen sicheren Könnertum eine heimliche Skepsis nährte, wußte sich in einer ewigen Spannung.

Die Pariser Zeit, die mit Unterbrechungen wohl etwa zwei Jahre währte, konnte nur Durchgang sein. Was Weisgerber ihr dankte, ist die Selbstbehauptung und der hohe Anspruch. Einfluß, wenn man so will, gewann Cézanne doch nicht, indem der Deutsche sich in eine Abhängigkeit begab, sondern indem er sich in freiem

Bemühen mit ihm auseinandersetzte, seiner Farbigkeit, seinem Bildgerüste. Das Illustrative in der eigenen frühen Arbeit mochte dabei auf charakteristische Weise dienlich sein, die freie malerische Verfügung in das große kompositionelle Wollen zu zwingen. Wohl treten in den späteren Münchener Jahren Landschaften stärker hervor, die ehedem fast ganz fehlten, Vorstadtrand, Hügelwelt, Motive des bäuerlichen Lebens, eine Heuernte, ein Bauernreiter. Aber wenn ich ihn, im Abstand von ein oder zwei Jahren, bei Besuchen in München wiedersah, waren es die Sebastian-Bilder, waren es biblisch-religiöse oder mythologische Stoffe, die ihn reizten, nein quälten, bewegten, begeisterten; in wieviel Studien oder farbigen Skizzen mühte er sich um eine Amazonenschlacht – jene sichere Naivität der geistreichen frühen Portraits war dahin, aber das Kraftgefühl nicht zerfasert, sondern heftig ausstoßend in einem suchenden Ungenügen.

Damals war Albert Weisgerber der Führer der »Neuen Sezession« geworden. Wie mochte das sein, da er doch keine Doktrin anzubieten hatte, die für irgendeine neue Gruppierung von Künstlern unentbehrlich scheint? Man mag zweifeln, ob ihm solche Rolle auf die Dauer gelegen hätte; denn er war keine intellektuell scheidende oder programmatische Natur, sondern frei von aller Selbstgerechtigkeit, duldsam, verständnisvoll, dankbar – fast nichts, so muß man denken, hat etwa Franz Stuck diesem seinem Schüler auf der Akademie mitgegeben, man mag dessen Weg als einen Weg der Befreiung aus dunklem Ton und kunstgewerblicher Dekoration begreifen. Doch sprach der Schüler von dem Lehrer nicht anders als in dankbarem Respekt. Die junge Führerschaft in der Münchener Kunst, die an ihn herankam, galt natürlich auch der Leitung, aber wohl mehr noch dem freien, tätigen, tapferen und noblen Menschentum.

Die wir ein Stück des Jugendwegs mit ihm gegangen sind und in der Erinnerung selber weggesunkene Zeiten beschwören, sehen ihn nur in der Luft jener Jahre, heiterer Übermut des Jünglings und strenge Zucht einer erobernden Männlichkeit. Als er mit dem Regiment List in den Krieg ging, war er ganz Soldat, wie seine

Kameraden bezeugen ein ausgezeichneter, tapferer Soldat, ehrgeizig, unternehmungslustig. Von Kunst wollte er jetzt nichts wissen und nichts hören. Stift und Pinsel blieben zu Hause. Er ließ sich auch in den Tagen der Ruhe nicht zur Kunst führen oder verführen. Der Krieg forderte den ganzen Mann, die Kunst aber nicht weniger. Er wußte den Punkt, an dem er jetzt angelangt war, und die Zielsetzung beim Weiterschreiten schien ihm gesichert. Am 10. Mai 1915 fiel er an der Spitze seiner Kompanie, als er im Handstreich von den Engländern ein kurz zuvor verlorenes Grabenstück zurückgewinnen wollte. *1938*

Der Maler aus Ballweiler
Luise Gleißenberger

Meine frühesten Kindheitserinnerungen sind unvergeßlich verbunden mit dem Namen und der Person dieses so bekannt gewordenen Kunstmalers. Um aber ein klares Bild zu geben über den eigenartigen Schicksalsweg, der immerhin grundlegend für die Entfaltung dieses Künstlers war, muß ich weit nach rückwärt ausholen. Es war anfangs der achtziger Jahre, als mein Vater (Vorstand des Vermessungsamtes Simbach am Inn) anläßlich einer Dienstreise nach München um die Mittagszeit den Hofgarten durchquerte und auf einer Bank einen bleichen, dürftig aussehenden jungen Menschen regungslos liegen sah. Um festzustellen, ob es sich hier um einen hilfsbedürftigen Schwerkranken handelte und ob in der steif und starr wirkenden, mageren Gestalt überhaupt noch Leben war, ging mein Vater rasch entschlossen hin, und als er sah, daß der Mann noch atmete, fragte er, ob er ihm irgendwie helfen könne, da er offenbar sehr krank sei. Der Angesprochene richtete sich auf und bekannte auf gütiges Zureden, daß er ein armer Lehrersohn aus der Rheinpfalz sei und Kunstmaler werden wolle. Er arbeite in der Akademie der bildenden Künste in München. Aber er besitze keine Geldmittel mehr und habe den dritten Tag schon nichts mehr gegessen. Kurz, er wußte nicht mehr weiter und war total erschöpft vor Hunger. Mein Vater nahm ihn mit in das nächste Gasthaus zum Mittagessen und machte ihm dann den Vorschlag, als Gast unserer Familie auf vier bis sechs Wochen mitzufahren nach Simbach, um sich erst einmal zu erholen, und dann werde man weiter sehen. Um nicht etwa ein peinliches Gefühl zu haben, daß er Almosen nehme, könne er ja so nebenbei meiner Mutter, die ein großes Zeichentalent habe, ein paar Malstunden ab und zu geben.

Becker-Gundahl war sofort einverstanden, und mein Vater brachte zur Überraschung seiner Familie den wildfremden jungen Menschen als Gast ins Haus. Aus den vorgehabten vier bis sechs Wochen wurden zwei Jahre. Meine Eltern richteten Herrn Becker, wie alle ihn nannten, im großen Mansardenzimmer über unserer Wohnung ein Atelier ein, kauften ihm Leinwand, Farben, Pinsel, Staffelei, kurz, alle Malutensilien und haben ihn die zwei Jahre gekleidet, ernährt und wie einen eigenen erwachsenen Sohn neben uns drei Kindern in die Familiengemeinschaft aufgenommen. Natürlich hatte er dabei volle Freiheit und bekam pro Tag eine Mark Taschengeld für Zigarren, Bier oder Wein, denn in den achtziger Jahren war eine deutsche Mark viel Geld.

Becker wurde bald heimisch in Schloß Osternberg bei Braunau, wo der mit uns befreundete Kunstmaler Hugo von Preen mit seiner Gattin lebte und wo sich allmählich jeden Sommer eine kleine, aber bedeutende Künstlerkolonie zusammenfand, an deren einzelne Mitglieder und an deren fröhliches Treiben ich mich haargenau erinnere. Denn meist am Donnerstag war die ganze Corona bei meinen Eltern Gäste zum Abendessen. Professor Herterich, von Stuck, Spring, der Tiermaler Hubert von Haydn, Röbbekke und Schlitt, der humorvolle Zeichner für die »Fliegenden Blätter«, sodann von Berlepsch, lauter Mitglieder der berühmten Münchner Künstlergesellschaft »Allotria«.

Becker hat uns im Laufe der zwei Jahre seines Aufenthaltes bei uns in Lebensgröße porträtiert. Meine sehr schöne Mutter, meine beiden Brüder und mich. Nur von meinem Vater malte er ein Brustbild. Dabei ereignete sich folgendes: Meinen bildhübschen, damals dreijährigen Bruder Julius malte er als kleinen Pagen im schwarzen Samtanzug mit großem weißen Spitzenkragen und die goldblonden Haare tief in die Stirn und lang bis auf die Schulter hängend. Meine Eltern waren begeistert von dem idealschönen und sprechend ähnlich gelungenen Porträt. Zu ihrem maßlosen Erstaunen und Schrecken nahm Becker plötzlich eine Schere, und ehe es jemand verhindern konnte, zerschnitt er das Bild von oben bis unten, wo die Kinderfüßchen auf einem Samtkissen standen, und erklärte den Eltern, das Ganze sei falsch gemalt. Alle Einwände meiner Mutter waren erfolglos. Das schöne Porträt lag zerstückelt am Boden, und Becker porträtierte den Dreijährigen neuerdings, wozu ihm abgetragene Alltagskleidchen angezogen werden mußten. Und es entstand sein »erstes realistisches« Bild, das wir alle kopfschüttelnd betrachteten, denn es war eben nicht mehr der kleine Julius.

Damals kam, gerade sich durchsetzend, die realistische Malerei in Mode. Becker war mit bei den Bahnbrechenden für die folgende Zeit der Sezession. Ein riesiges Bild, das eine ganze Wand einnahm und das Becker den Raumverhältnissen halber in Schloß Osternberg malte, betitelt »Der Austräglerin Ende«, begründete seinen Aufstieg und Ruhm. Es zeigte eine alte Bäuerin, die soeben gestorben, auf ihrem elenden Lager in ärmlicher, lichtloser Kammer liegt. Ein kleiner magerer Hund, als einziges Wesen, das um sie trauert, sitzt auf dem Bett, und man sieht ihn förmlich heulen vor Schmerz um die Tote. Das Gemälde erregte Aufsehen, und Defregger kaufte es ihm für viertausend Mark ab – eine damals bedeutende Summe. Becker bekam ein Stipendium nach Rom und hat in namhaftesten Ausstellungen der deutschen Großstädte mit Erfolg ausgestellt. So war auch mein Kinderporträt sowie das meiner Mutter im Münchener Glaspalast zu sehen. Meines hatte eine so glänzende Rezension, daß Becker es für auswärts erbat. So war es fast zwei Jahre unterwegs auf Ausstellungen in Berlin, Köln, Düsseldorf usw. In einem Heft »Velhagen und Klasing« ist es damals lobend erwähnt worden, und zugleich stand dabei zu lesen, daß Becker der Großherzigkeit einer edlen Beamtenfamilie die Begründung und materielle Sicherung seiner Laufbahn verdanke. Leider haben meine Eltern keinerlei Wert darauf gelegt, sich jenes Velhagen-Heft zu kaufen. Später, als wir Kinder erwachsen waren und uns um Erhalt dieser Nummer bemühten, war sie nicht mehr aufzutreiben. Daß dieser hochbegabte Künstler, je bekannter sein Name und Ruf wurde, immer seltener nach Simbach kam, ist wohl selbstverständlich, denn einerseits war er doch als Familienvater gebunden, und die Restaurierung der Kirchen und Dome führte ihn weiter fort, auf Monate hinaus. So fehlte der persönliche Kontakt mehr und mehr mit Ausnahme kürzerer Briefe an meine Eltern. *1955*

Hans Dahlems Blieskasteler Skizzen
Fred Oberhauser

Halbwegs Schloß-Berg war der Schloßberg nur halbwegs, in der Mitte. Am Ende war er Dorfstraße. Am Anfang saßen die Handwerker. Im September 1865 kam Victor Hugo und notierte: »Quelques vieux hôtels dans une rue montante ... Au haut de la rue une église ... étrange et riche.« Die Fassade allein schon, aus der verkürzten Perspektive, widersprüchlich und vielgestaltig, mit der doppelten Blendarchitektur vor Portal und Giebel, mit Gebälk und Gehänge, Doppelsäulen, kantigen Schnecken und bauchigen Vasen, den Medaillons, Cäsar darauf und Vercingetorix, und Sebastian in der Nische darüber, und über Sebastian das Doppelwappen der Leyen, unter der Laubkrone, vor dem Mantel, den wie einen Vorhang die Genien halten. Hugo kam von Annweiler (»Les rochers ressemblent aux donjons, les tours ressemblent aux pics ... «) und reiste weiter nach Trier (»Saint-Mathias ... c'est un étrange chaos ... «). Blieskastel lag dazwischen und war ebenso »seltsam«. Am Schloßberg wurden die Übergänge sinnfällig. Die Residenz brauchte im anderen, im bürgerlichen Jahrhundert ein Jahrhundert Zeit, um es wieder zu städtischem Couleur zu bringen. Erst allmählich rückten die aus dem Tal den Schloßberg hoch und besetzten die Hofratshäuser. Die (architektonische) Grenze bildete Haus Nr. 36: ein Palazzo; toskanische Säulen, die den Balkon tragen; Bossenwerk auf die Geschoßteilungen und die Eckbänder gesetzt; die dritte Fensterreihe bereits den Fachwerkgiebel des alten Schulhauses darunter überragend. Es wirkte düster. Aber der Demuth Jean stand auf der Treppe und sagte jedem, der es wissen sollte, stolz, das sei sein »groß sonnich Haus«.

Richard Dahlem steht hinter dem Ladentisch, schüttelt den rechten leeren Ärmel und zählt mit der Linken: 1908 der Arthur, 10 er, dann der Otto, 15 's Frieda, 18 der Erwin, dann »unser« Selma, 24 der Willi und 28 der Hans. Die Dahlems wohnten 1928 am Schloßberg. Das Haus, Nr. 24, liegt halbwegs zwischen den Hofratshäusern und dem »Hinnereck«. Von den Hofratshäusern hatte es H.D. vor allem das klassizistische von 1776/77 angetan. (Dr. Kiefer wohnte darin; über die Großeltern war man sogar verwandt.) Schon früh zeichnete er es in Front, die wohlausgewogene Fassade: die doppelläufige Treppe, Girlanden und Medaillons auf den Fensterstürzen, das gewalmte Mansarddach, ins flirrende Licht setzend. Und als diese Ansicht keinen Platz mehr für den Himmel ließ, holte er den von der Kehrseite ins Bild, Ansicht vom Garten her, Wolken nun über den First gestülpt: »Ich hatte damals ein Faible für Wolken.« Das »Hinnereck« entdeckte H.D. wohl erst später richtig. Als er in den »Malerwinkeln« der Alten Pfarrgasse vor allem das graphische Skelett der spitzen Winkel sah. Und sie in Farben ausmalte, daß die Malerwinkelmaler giftig wurden. Woher er überhaupt das Talent hatte? Richard schupft die Achsel. Der Vater war jedenfalls Bergmann. Die Mutter? Stammte aus Idar-Oberstein ... 1978, anläßlich der Hommage à Hans: Erinnert, daß mir dort einmal ein Schleifer, anhand der Zeichnungen der Lagen in den Drusen, die Bezeichnungen der

Achate erklärte: Band-, Ruinen-, Stern- und Wolkenachate, sagte er. Ich kannte sie alle schon: aus der Dahlemschen »Kosmogonie«. Bildbeweise sammeln ... Merkwürdig, daß es in den Ölbildern der fünfziger Jahre wenig (Ein-)Heimisches von H.D. gibt. Dafür: Blaue Stilleben (mit obligater Flasche); ein Posten Flaschen, aber keine Flaschenpost(en); in flaschengrünen Prismen eine Blieslandschaft (die Ausnahme, welche die Regel bestätigt?); jurassische Veduten, die Architektur kubistisch kompakt, aber in Farben bereits, als stünde sie unter Wasser; die großäugigen Harlekins schließlich, wie sie der andere »Hans« in Paris schier manisch noch immer malt: Jean Schuler. Überhaupt: war H.D.s »Blieskasteler Zeit« nicht eigentlich eine Saarbrücker und Pariser Zeit? Was das – zwischen Grundlehre und Ecole: zwischen Kleint und Kunz und »Beaux Arts« und »Grande Chaumière« – auch immer heißt. Hier fühl' ich mich sicher, sagte er erst später ... Aus der Hommage à Hans: Daß »mein« Blieskasteler Bild dennoch nicht aus der »Blieskasteler« Zeit stammt und nur in der Phantasie sich topographische Bezüge zum Schloßberg schafft, hängt mit Victor Hugo und Jean Demuth zusammen. Als ich dieser Tage vor der »Paysage II« von 1972 in der Modernen Galerie stand (der rostroten Ruine mit der eulenäugigen, flügelgeschwänzten Brut, links neben dem »Toten Kardinal«), sah ich verblüfft, daß der Palazzo am Schloßberg zu meiner und Hansens Zeit genau diese vertrackte Farbe hatte, die Jean Demuth platt mit »sonnich« meinte, und Victor Hugo, auf das Phantastische hinter dem Anschein erpicht, »étrange«. *1982*

Blieskastel
Johannes Kühn

Auf einer Spieluhr abgebildet
soll es stehn in meinem Zimmer,
schön im Licht,
besonders am Abend,
angeleuchtet von der Lampe,
ein Kleinod.

Die Fürsten
bauten es an den Berg,
nah an der Wellen Spiegel
im schönen Land.
Immer gewanden es die Wetter,
bringen hell zu Glanz,
wie ein Juwel,
den gebauten Stein,
wie alt ist er schon.

Der Bliesfluss
zeigt viele Reize,
lädt uns ein zu einem Ufergang.
Stille weht von den Straßen nicht her,
wohl des Lebens Lärm.

Tagtraum
war es, dass ich sah, die Gasse
kam ein hoher Herr daher und fragte:
Was suchst du hier in meiner Stadt?
Und zur Antwort gab ich,
leis:
Einatmen will ich alte Zeit
ohne Nebel,
ohne Kriegsqualm. *1999/2003*

In der Altheimer Schulstube
Maria Bauer

»Sie haben als Aushilfelehrerin den zum Kriegsdienst einberufenen Hauptlehrer Krennrich von Altheim ab sofort zu vertreten. Ihr Gehalt beträgt 82 DM monatlich.« Dies gibt mir die geistliche Schulbehörde in Kusel Ende August 1917 bekannt. Mit Geige und Köfferchen geht es, fiebernd vor Tatendrang, ins Unbekannte. Nie hörte ich bis jetzt den Namen des kleinen Dörfchens, eine gute Wegstunde vom Bahnhof Hornbach entfernt. Es ist ein heißer Sommernachmittag. Die Bauern sind bei der Ernte. Altheim taucht auf, zwischen Wiesen und Feldern. Drüben der viereckige Bau mit hoher Freitreppe ist gewiß die Schule. Totenstille über der im Sonnenlicht gleißenden Hauptstraße. Kühl der saubere Gang im Pfarrhaus. Breit schattet der Kirchturm herüber. Mein Vorgesetzter erwartet mich. Gütige, helle Augen hinter goldumrandeten Brillengläsern. »In Ihrem Zeugnis hier steht« – ich habe es erwartungsvoll hingereicht – , »daß Sie zwei Jahre Orgelunterricht genossen haben. So werden Sie hier auch den Organistendienst für unseren im Feld stehenden Lehrer übernehmen.« Ich erschrecke, es ist blutwenig, was ich kann.
Zunächst brauche ich aber nun eine Unterkunft. Der Pfarrherr geht mit mir zu einer Familie, deren Ältesten er für das Gymnasium vorbereitet hat. »Herr Pastor«, wendet die stattliche Bäuerin – mit aufgekrempelten Ärmeln aus dem Stall kommend – ein, »wir haben soviel Arbeit. Wir sind beim ›Kasteln‹ des Weizens. Ja, das gute Zimmer oben hätten wir schon frei. Und unser Ellichen geht in die erste Klasse und kommt zu dem neuen Fräulein. Wir wollen es dann versuchen.« Mein kleines Köfferchen beruhigte sie. Die Großmutter – mir erscheint sie uralt – kommt an die Küchentür. Sie wird jeden Abend die Kartoffeln in Butter braten, aus der Truhe, in welcher auch der große, weiße Brotlaib verwahrt wird, den Tonkrug mit Sauermilch auf den Tisch stellen, sonntags vom Metzger und wochentags irgend etwas vom Räucherfleisch und den Bohnen erzählen. Artur, der elfjährige, spannt seine

geliebten Pferde an den Wagen. (Niemand ahnt, daß er, als er 1945 heimkehrt, von dem schönen Bauernhof kaum noch die Grundmauern vorfinden wird und sich eine neue Heimat in der Schwäbischen Alb suchen muß.) Das zutrauliche Ellichen, braune Ringellöckchen um das Gesichtchen, gibt mir die Hand. Oft wird sie mir dann im Jahreslauf Blümchen bringen, das Kind, dem es bestimmt ist, 25 Jahre später mit den eigenen drei Kindern und mit ihrer Mutter im Bunker in Homburg durch eine Luftmine getötet zu werden.

Die Kollegin weist mir die Unterstufe zu und übernimmt die Großen des Lehrers. Fräulein L. hat eine eigene kleine Wohnung bei ihrer Schwester im Dorf. Diese ist Kriegerwitwe und hat einen Sohn.

Ich bestaune die Kollegin ehrerbietig. Sie kennt alle Familien mit den sonderbaren Vaters- und Großvatersnamen, mit Vieh und Feldern und Vorfahren. Sie ist leicht angegraut, auch etwas kränklich, wie sie sagt, doch sie bändigt die großen »Sonntagsschüler«, die mein Schrecken sind. Sie fehlt in keinem Gottesdienst, bei keiner Beerdigung und Kindtaufe, sie besucht alle Armen und Kranken des Dorfes, die letzteren besonders, wenn sie sich fertig machen, »himmeln« zu gehen. Ebenso bewundere ich eine zweite Kollegin. Sie wohnt auch in Altheim und läuft jeden Morgen den Berg hinauf ins nächste Dorf, um dort zu unterrichten. »Sie wohnen ja in meiner nächsten Nachbarschaft«, lädt sie ein. »Kommen Sie doch herauf zu uns, wenn es Ihnen langweilig ist.« Ja, bei F.'s ist es nie langweilig. Auch dort ist der Vater, ein Spengler mit landwirtschaftlichem Betrieb, im Krieg verstorben. Sechs Kinder sitzen um den Tisch, zwei besuchen in der Stadt die Höhere Schule. Eine tatkräftige Mutter wirtschaftet mit den Großen in Laden und Stall. Eine lustige, verhutzelte Großmutter stellt eine Schüssel voll Äpfel neben die Karbidlampe auf den Tisch. Dann putzt sie ein Regiment größerer und kleinerer Sonntagsschuhe. Meine Kollegin packt überall mit an, beim Kochen, Flicken und Erziehen.

Meine Schulstube schaut hoch über das Dorf. 20 bis 30 kleine Buben und Mädchen, die Lesen, Singen, Rechnen und Schreiben bei mir lernen wollen, klettern in die feststehenden alten Holzbänke. Ich stehe erhoben auf dem Katheder, neben mir die Rechenmaschine, im mächtigen Schrank waren Tintenflasche und Rohrstock. Nun, wir haben ja gelernt, wie man Schule hält. Manchen Rat geben mir auch die Kolleginnen; doch weder sie noch die Altheimer zweifeln jemals an meinem Können. Das hübsche Idchen mit seinen dunklen Augen wartet eines Tages nach dem Schlußgebet auf mich: »Schönen Gruß vom Vater und der Mutter und der Goot, und Sie sollen doch auch einmal zu uns zum ›Maien‹ kommen. Wir wohnen gleich dort unten in dem kleinen Haus.« Vier Mädchen, von denen drei nach und nach vor mir in den Schulbänken sitzen, ein kleines Brüderchen im Korb, die zwei Frauen in Stall und winziger Küche tätig, der Vater, helläugig und von heiterer Ruhe, auf der Schusterbank hämmernd: So treffe ich es dort an. Der Vater kann philosophieren und Witze machen. Da er in der Kirche seinen Platz auf der den Männern vorbehaltenen Empore hat, aber nicht bei den Sängern ist, kann er mein Tun beobachten. Manchmal hat er etwas Helfendes oder Anerkennendes zu sagen. Im Herbst, wenn die Dickrüben abgeladen sind, wobei wir alle geholfen hatten – mit Ausnahme des kleinen Hugo im Körbchen –, macht die Goot das Türchen am Küchenherd auf. In die im Feuerschein leuchtenden Gesichtlein erzähle ich Märchen. *1971*

Studentin in Homburg
Regina Paquet

Wie aber ging das vor sich? Wie wurde man Student in Homburg? Als allererstes mußten wir Studienaspiranten sämtliche erforderlichen Unterlagen – Reifezeugnis, Geburtsurkunde, polizeiliches Führungszeugnis, Curriculum vitae – ins Französische übersetzen und die Übersetzungen auf dem französischen Konsulat gegen Gebühr bestätigen lassen. Mit Originalen und Übersetzungen bewaffnet durften wir dann nach Homburg fahren und uns auf einem dort im Landeskrankenhaus eingerichteten Sekretariat einschreiben lassen. Die Einschreibung erfolgte ausdrücklich in die Register der Universität Nancy, als deren Dépendance das Homburger Institut uns vorgestellt wurde. Sodann bekamen wir Quartiere in einigen pavillonartigen Gebäuden am Rande des LKH-Geländes angewiesen. Im Parterre »meines« Pavillons befanden sich beispielsweise Laboratorien. In kleinen Dachzimmern darüber hausten wir. Ein größeres Zimmer am Treppenaufgang wurde von einer Lehrkraft bewohnt, die gleichzeitig eine gewisse Aufsichts- und Ordnungsfunktion hatte. Andere Studierende wurden auch zu viert oder fünf in großen Räumen untergebracht, wie sie eben als Krankenstationen üblich waren. Als Mobilar wurde jedem ein eisernes Bettgestell mit Matratze sowie ein Spind, ein Tisch und ein Stuhl aus Wehrmachts- oder Krankenhausbeständen ausgeteilt, soweit der Vorrat reichte. Er reichte nicht. Ich hatte noch wochenlang kein Spind und keinen Stuhl. Auch war meine Zimmertür ohne Schloß und Klinke, so daß ich sie nachts mit einem Strick zuband. Gegessen wurde im Parterre eines der Krankenhausbauten. Für Unterrichtszwecke gab es einen sehr großen Raum, das ursprüngliche »Casino«, und mehrere kleine Klassenzimmer, über diverse Gebäude verstreut.

Als Auftakt wurde für uns alle eine Prüfung durchgeführt, die den Stand unserer französischen Sprachkenntnisse feststellen sollte. Nach dem Ergebnis des Tests wurden wir in vier Gruppen eingeteilt. Die Gruppen 1 und 2 wurden von Monsieur Calame, die

Gruppen 3 und 4 von Monsieur Giacometti in französischer Sprache und Literatur unterrichtet. Von Calame hieß es, er sei »Agrégé«, von Giacometti wußte man nichts Näheres. Ersterer ist später im ersten Saarbrücker Vorlesungsverzeichnis als »Chargé de Cours« bezeichnet, letzterer als »Lecteur«. Alle Studierenden der Faculté ès Lettres mußten grundsätzlich Lehrveranstaltungen in allen Fächern besuchen. Unterrichtet wurden die Fächer Französisch, Deutsch, Englisch, Geschichte, Geographie, Latein und Philosophie. Für jedes dieser Fächer war eine Lehrkraft verpflichtet worden, darunter die beiden hervorragenden saarländischen Oberstudiendirektoren Dr. Schnur (Neunkirchen) für Geographie und Dr. Schindler (St. Wendel) für Latein. Außerdem gab es einen Oberstudienrat Dr. Dick (Völklingen) für Englisch, einen »Professeur agrégé« Rudolf aus Metz für Geschichte, einen Privatgelehrten unklarer Provenienz. Dr. Pfeiffer für Deutsch, eine junge Französin, Mlle Simon für Philosophie. Leiter des ganzen Instituts war ein Monsieur Guinet, über dessen Herkunft und Qualifikation wir nichts erfuhren und der, soviel mir erinnerlich, auch nur Verwaltungsaufgaben wahrnahm. Nach der Übersiedlung nach Saarbrücken ist er aus unserem Gesichtsfeld verschwunden. Da aber sein Name noch jahrelang im Vorlesungsverzeichnis auftaucht, muß es ihn wohl noch gegeben haben. In Homburg war er wichtig. Denn sein Name stand unter allen Anordnungen und Bekanntmachungen am Schwarzen Brett. *1996*

Das Gespenst vom Ritthof
Alfred Döblin

Wie des Karl Völkers Sohn Johann vom Ritthof herunterging, wo er den heißen Nachmittagskaffee getrunken hatte, rieselte am Wege nach Fechingen etwas Wolkigblaues, Niedriges von Menschengestalt an ihm vorbei. Er verfolgte den Schatten, träumend: »Dich kenn ich, oh, wir haben uns schon gesehen.« Die Haare der Gestalt wurden von dem Märzenwind lang und waagerecht ausgezogen, sanft lief sie und bewegte kaum die Füße und die Arme, als wäre sie mit Bändern umwickelt. Sie mußte von der Gegend der Fähre herkommen; gleichmäßig lief sie über das dünne Grün der Wiese wie aufrechter Rauch. Über den Bühlbach floß sie; er suchte lange, bis er eine schmale Stelle fand. In weiten Sätzen machte er sich hinter ihr her. An der Holzbrücke vor dem Dorf drehte sie sich, rechts, links. Da hatte er sie aus den Augen verloren.

Dicht am Eingang zu Bliesschweien, dem Dorf, wehte das Fähnchen vom Wirtshaus. Dort trank Johann Völker in der niedrigen langen Stube ein Glas gelben Saarwein. Und als er eine Viertelstunde am Kieferntisch gekaut hatte, kam ein scheues, bäurisch gekleidetes Mädchen ohne Hut zur Tür herein, das einen Eimer und ein Tablett mit leeren Weinkaraffen trug. Sie bewegte sich, als sie den Eimer neben dem Schenktisch abgesetzt hatte, blaß und erschrocken zwischen den dicht belagerten Tischen herum, warf die Augen auf Johann. Er fragte sie, indem er das leere Glas von sich schob, ob sie mit ihm trinken wolle und warum sie so erschrocken sei. Ach, lächelte sie, das sei nur, weil er eine blaue Mütze trüge, die stünde ihm so gut, darüber habe sie sich gefreut. »Wir wollen zusammen essen«, schlug Johann mit der Faust auf die Holzplatte, da er das Mädchen immer schöner fand. Aber sie zwinkerte mit den Augen, kniff ein verschmitztes Grübchen in die Wange, kicherte ganz hoch in der Kehle mit geschlossenen Lippen, ließ die Karaffen füllen.

Johann blieb die Nacht über in dem fremden Wirtshaus. Tags drauf und öfter begegnete er dem Mädchen mit dem Eimer; sie war die Tochter des Schmiedes Liewennen und hieß Kätti. Er wanderte mit seiner blauen Mütze, in dem jungen ebenmäßigen Gesicht die randlose Brille, an den dünnen langen Beinen Radfahrhosen und braune Segeltuchschuhe, wanderte zwischen der Schmiede und der Schenke des Nikolaus Schlöser her und hin. Sie freuten sich miteinander den ganzen Sommer.

Alfred Döblin, im Ersten Weltkrieg Militärarzt in Saargemünd, kehrte unweit Bliesmengen-Bolchens gern im Ritthof ein, der Weingut und Ausflugslokal war.

Sein Vater wußte nicht, wo er hauste, glaubte, Johann hätte eine Reise wieder über den Ozean auf einem Frachtdampfer oder auf einem Segelschiff angetreten.

Im August quartierten sich vier lustige Herren aus Trier beim Nikolaus Schlöser ein. Mit denen ritt Johann auf die Hühnerjagd; sie knallten den halben Tag über, abends warfen sie sich in der Laube neben der Bliesbrücke auf den Rasen, stießen den Gartentisch um, pflanzten eine brennende Kerze in die Erde und spielten Karten, bis die Hühner krähten. Kätti hörte nichts von Johann. Feine Mädchen brachten die Trierer Herren in die Laube und zum Schlöser. Johanns Gesicht wurde vom Trinken und Lumpen dick. Statt der leichten Füße in Segeltuchschuhen scharrten die Latschen eines Jungen zur Schmiede herüber; er brachte Grüße und ein Bündel Rosen von Herrn Johann Völker.

Aber sie war schlauer als er hinter seiner gläsernen Brille. Sie ging in die Honoratiorenstube, wenn die fremden Weiber mitpokulierten, sangen und kreischten, ließ sich verschämt bei der Hand fassen, ihre hochausgeschnittenen Augen wanderten: Den Fingern, die nach ihren Zöpfen tasteten, wich sie aus; sie warf sich dem schmunzelnden Johann, zwischen Tischkante und Stuhl sich einzwängend, brustabgeschmiegt auf den Schoß. Und als sie ihn mit der Eitelkeit gefangen hatte, kicherte sie eines lärmenden Abends, während er im Korridor ihren Kopf heben wollte: »Guten Tag, Johann, lebwohl«, hing sich an den Arm des spitzbärtigen

Jägers aus Trier, der eben in grünen Wickelgamaschen, geschniegelt, gescheitelt, keck aus seiner Stube spazierte und im Vorüberziehen, elegant fußscharrend, Johann mit einem Finger auf die zuckende Schulter tippte.

Das war an einem Sonntag. Karl Völkers Sohn vergaß den Tag nicht. Und im Moment, wo sie vorüber waren, fühlte er einen Zwang, aus dem Flurfenster nach der Brücke hinzusehen, und wie er sich abwandte und nach unten vor die Haustür blickte, da hatte sich die Liewennen, – im sauber gewaschenen weißen Kleidchen hüpfte sie hinter einer kleiderrauschenden Dame in das Kabriolet, – da hatte sich die Liewennen verändert. Über ihrem gebügelten Rock lag es, der Rock dampfte; steifig, der Länge nach war er tausendfach gefältet; von dem rosenblumigen Hut, den sie sich eben weit in den Nacken stülpte, goß sich ein Staub, ein feiner Ruß, der um ihre Schultern schwelte.

Johann verließ seine Stube nicht; eine höllische Wut und Raserei nahm ihn gefangen. Er berührte keine Flinte; die Karten, die man mit rotem Wein begossen zu ihm hinaufschickte, streute er auf den Flur vor die Stube der vier. Dann machte er sich verbissen hinter der Schmiedstochter her. Er sah, er übersah dieses Flüssige, Dünne, Zittrige, das sie umgab, das aus ihren Kleidern, von ihrem freudevollen Gesicht wie der Dunst aus warmem Wasser aufstieg. Es beunruhigte ihn nicht. Er brütete, war der Spürhund hinter ihr, haßte sie. Aber so oft er sich auch in der Stube einschloß und den Federhalter zur Hand nahm, er konnte sich nicht entschließen, dem alten Karl Völker im Hessischen zu schreiben, daß man mit der Schiffahrt mal ein Ende machen müsse; im Mittelmeer sei es jetzt sehr heiß, sein Kapitän wolle nach Rumänien, um Petroleum zu laden, und das könne er nicht mehr riechen. Er kaufte sich einen grünen Jägerhut, ließ sich die Haare bis auf den Wirbel scheren, frech wuchs auf seiner Lippe ein blondes Schnurrbärtchen. So ritt er und schlampte mit den Tieren, den wilden Vögeln. Seine schlanken Rennerbeine zitterten und wackelten wie einem Greis, wenn sie Arm in Arm auf den finsteren Kuckucksberg seitlich von Ransbach schlenderten und Speere warfen nach einer

angebundenen schneeweißen Geiß, die ängstlich meckerte, Blut spritzte, unter Gebrüll zertreten wurde. »Aas!« keifte Hannes Völker heiser, zog sich die rotbefleckten Schuhe aus und hackte tobend dem verreckenden Vieh rechts und links in das Maul auf die Zähne; Gras und Erde stopfte er in den Schlund hinzu, während die anderen vier ihre Eisenstäbe gegen die entzündeten übernächtigen Larven drückten, vor Lachen den Buckel krümmten.
Des Schmiedes Liewennen Kätti mied das Wirtshaus; es hieß, der Pfarrer habe mit ihr gesprochen. Aber das stillte seine Wut nicht. Im bäurisch weiten Rock, mit bewußt armloser Taille trug sie ihrem Vater vom Brunnen die Wassereimer Tag für Tag; schon wurden die Blätter an den Bäumen bunt; warm und traurig hielt sie das Gesicht gesenkt, wenn der lange Hesse ihr über den Weg stolperte. Wenn sie lief und die Eimer schwappten über, sah er ihr nach, und da liefen doch zwei. Gedoppelt lief es, machte ihn eine Minute stumm, hielt sein Herz an. Zweimal waren es bloße Arme, zweimal schoben sich zwei Füße eng nebeneinander vor; ihr Kopf hatte hinten dicke, festgesteckte und bebänderte Flechten, der andere war glatt, er schwankte bald rückwärts bald seitwärts von ihrem, und wenn sie ihren auf die Brust legte, so stand der andere dünn in der Luft da, gegen dunkle Baumstämme hob er sich hell ab; so glattgestrichen war er von allen Seiten. In einem dunklen Grimm duldete er den Anblick: »Das ist das Zeichen; daran sollst du sie erkennen.« Sie blieb eines Mittags, ohne die Eimer abzusetzen, vor dem Denkmal des heiligen Quirin auf dem Dorfplatz stehen neben ihm und flüsterte rasch, das schräge Hütchen kleide ihn nicht gut, er solle sich die Haare waschen lassen und die blaue Mütze aufsetzen. Johann schnalzte verächtlich mit der Zunge, daß es über den Platz knallte, schleuderte mit einem stolzen »Juhu« das Hütchen an der Krempe in die Luft, fing es auf, während er ein Bein hochzog, wie ein Storch auf einer Spitze stand. Die Eimer schlugen ihr gegen die Hacken, das Wasser spritzte gegen ihren Rock, rasch lief sie.
Und eines Sonntags fuhr ein Wandertheater auf den Marktplatz vor das Gemeindehaus mit drei grünen Wagen, schlug seine

Bretterbude seitlich vom heiligen Quirin auf. Da brachte der geschminkte Ausläufer des Direktors dem Hessen ein Billett, das habe, so erwähnte er mit graziösem Hin- und Herwinden und süßem Gurgeln vor dem Herausgehen, eine bekannte unbekannte Person bezahlt, beglichen, honoriert. Das Schicksal der Kaiserin Dorothea von Byzanz würde nach dem Gottesdienst die Bewohner von Bliesschweien erschüttern, auch viele Nachbarorte seien voll Teilnahme, kein Auge würde tränenleer bleiben.

Der Hesse nahm ein rotes Taschentuch und legte es auf seinen Platz, erste Bank vor der Bühne, stellte sich an sein Fenster, um das rote Taschentuch und den Nachbarplatz zu beobachten. Nun sollte die Liewennen bestraft werden für ihren Verrat. Das Theater begann. An dem Haustor des Bäckers, im Schatten, spielte Kätti mit den Kindern, in ihrem weißen bauschigen Kleid; sie warf von Minute zu Minute einen Blick gegen das Seil am Denkmal, wo die Billettabnehmerin auf einem Stuhl schlief. Dreiviertel des Stückes waren zu Ende, längst ging keiner durch die Billettsperre, schon wanderten ältere Leute zurück, um noch vor Nacht ihre Dörfer zu erreichen oder sich einen Platz in der Schänke zu sichern. Die Liewennen kletterte auf den kleinen Tritt, lugte vorgebeugt, an der mörtelstreuenden Wand sich haltend, über das leinwandumspannte Karree; ganz leer die erste Bank, aber auf einem Platz sorgfältig hingebreitet ein rotes Taschentuch.

Sie fühlte einen Stich im Herz, vorsichtig, blaß stieg sie den Tritt herunter, dann rasch zum Seil über den leeren heißen Platz, scheuchte die Kinder zurück, die weinten und mit hineinwollten; gleich wäre sie wieder da. Das Gedränge im Gang; »ach, bitt euch, mein Platz ist vorne, laßt mich durch.« Nun saß sie vorn, drückt zitternd das Tuch gegen ihre weiße Bluse, wagte nicht, von allen Seiten beobachtet, unter dem Rollen der Bühnenrhetorik, den roten Stoff zu entfalten, das Zettelchen zu lesen, das wohl drin lag. Schon waren oben die vier Anstifter und Mörder der gottesfürchtigen Kaiserin handelseins; wieder drängte ein Ehepaar heraus. Die Liewennen, glühend, kopfgeduckt, schob sich hinter sie, wie ein Hähnchen unter die Flügel der Henne. Aufgeschreckt rückte die

hutzlige verschlafene Frau, die Billettabnehmerin, mit dem Stuhl nach rechts. Die Liewennen rannte an den jauchzenden Kindern vorbei; »Kättchen«, riefen sie, »komm her; hier sind wir ja, hier.« In die Blindgasse des Fuhrherrn Bell floh sie; nichts in dem Taschentuch; ein blaues Zeichen, J.V. Da knüllte sie in dem kühlen Gang vor ihrem gespitzten Mund zusammen, weinte und hatte den Wunsch, das Tuch sich über die Stirn, die Augen zu legen, über den Kopf zu breiten.
Plötzlich hörten die Kinder auf zu kreischen. Hinter ihr, neben ihr bewegte sich der verlumpte Hesse in rosa Hemdsärmeln, hatte die Brille auf die Stirn geschoben und stierte sie mit wasserblauen Blicken über ihre Schulter an; sein Atem strich an ihrem Hals entlang. »Für wen willst du dich mit meinem Taschentuch putzen?« Sie zuckte mit lautem Aufweinen nach dem roten Lappen auf ihrem Haar, stopfte ihn in ihren Brustausschnitt, hatte die Hände frei, tastete flehend nach seinem Ärmel.
»Wen willst du mit meinem Taschentuch locken?«
Es lag ihm nichts an ihr. Nun sollte sie gerichtet werden. Sie war ihm gleichgültig wie die abgebrochene Deichsel zu seinen Füßen. Er bedauerte sie, während er nach ihr griff. Als das Mädchen mit heißem Wimmern über ein Rad in die Knie stürzte, fuhr eine ungesehene Hand vor seinen Hals, schnürte seinen Hemdkragen zusammen. Das Gespenst drängte sich, während er torkelte, in seine leer rudernden, schlingenden Arme, mit roten Äderchen überzogen wie ein angebrütetes Ei. Zwischen zwei Ställe schob ihn die bewegungslose, wie auf Rädern gleitende Gestalt, rammte ihn gegen einen Pfosten. Er rang mit ihr keuchend, sie zu bewältigen, sie totzumachen, wegzuwischen. Als er ihren Kopf zwischen den Handtellern einspannte, wollte er ihr ins Gesicht speien. Aber sie, ohne die Miene zu verziehen, machte langsam langsam eine Bewegung von unten herauf mit beiden Mittelfingern, eine Bewegung, die er nicht verstand, wiegte ihren Kopf aus seinen nachgebenden Händen rückwärts. Schamlos grinste sie lippenwulstend und kam näher. Sie strich dicht, Nase an Nase mit ihm, kitzelnd unter sein Kinn, unter seine Achseln. Und ihr Gesicht, –

er konnte aufseufzend nicht sagen, wie es aussah. Es war ihm bekannt, so bekannt, so unheimlich vertraut. Er wollte, das Kinn andrückend, die gelähmten Arme von ihrem Hals sinken lassen, da hatte er dicke Beulen auf der Stirn; seine Weste war aufgerissen und es klatschte gegen seine Brust. An die Hand faßte sie ihn und warf ihn mit einem Schwung herum, über die Beine der winselnden Liewennen, durch das offene Tor, in den Pferdestall zwischen die Pferde. *1915*

Sylvester auf Burg Kirkel
Martin Bettinger

Orgeln aus Eiszapfen und Zweige mit Pelzen aus Reif, die Geheimschrift gefrorener Pfützen und Atemfahnen wie weiße Fanfaren. Wir waren lange gewandert, über harte Waldwege und über sprödes, knisterndes Gras, als wir gegen Abend die Burg erreichten. Eigentlich war es nur ein Turm mit einigen Steinen drumrum, ein Schild wies trotzdem »Zur Burg«. Die Häuser, die sich zu ihrem Fuß an die kleine Anhöhe schmiegten, schienen nicht viel jünger zu sein. Kleine Hütten, an denen alles aus dem Lot gegangen war. Mauerwerk klaffte, Regenrinnen hingen herunter, und falls eine Front irgendwann verputzt worden war, blätterte sie. Burg hin oder her, der Fleck würde kein Touristentreff werden. Es sah auch nicht aus, als hätte jemand Interesse daran. »Zum Lottchen« stand auf der Bierreklame über einem Lokal, wir gingen hinein.
Es war nicht viel los. Einer hing über dem Flipper, einer saß, ein Bein hochgelegt, vor dem Fernseher, zwei waren an der Theke mit Karten beschäftigt. Auf einem Hocker neben der Kasse saß eine Frau und löste Kreuzworträtsel. Ihr an den Hüften schon stark über die Ufer tretendes Fleisch hatte sie in rote Leggings gegossen, ich nahm an, sie hieß Lottchen. Vera fragte nach etwas zu essen. Heute nicht mehr, sagte die Frau, es sei schon zu spät. Sie bot uns Chips an oder zwei Brezeln.

»Habt ihr nicht'n paar Würstchen?«
Sie schaute mich an, als wolle sie fragen, wieso redet jetzt der Chauffeur.
»Wiener mit Brot oder so.«
Sie schaute auf die Uhr an der Wand.
»Könnt grad noch gehen. Zu trinken?«
Wir bestellten Getränke.
Lotte rutschte vom Hocker und fing an zu zapfen. Dabei warf sie mir noch einmal einen Blick zu. Es war kein sonderlich großer Blick. Sie schaute aus asphaltgrauen Augen, als hätte sie zwischen Bombay und Kiel schon alles gesehen. Möglicherweise war sie ihr Lebtag aus diesem Kaff nicht herausgekommen, sie hatte trotzdem alles gesehen. Auch Paare wie Vera und mich. Wir setzten uns.
Ich hatte meinen ersten Krug Bier hinter mir, als die Tür aufging und ein Pärchen eintrat. Die Frau hatte eine seltsame Figur. Ihre Hüften waren wie bei einem Jungen so schmal, dafür war ihr Busen um so mütterlicher geraten. Als reiche das nicht, hatte sie das Gewoge fast bis zum Kinn hochgezurrt. Entsprechend grub sich ihr Büstenhalter so tief in den Rücken, daß über und unter den Gummis kleine Höcker entstanden. Der Mann war normal gebaut. Er hatte die Haare stark pomadisiert, so daß die Schraffur des Kamms nicht mehr wegging. »Zwei Bier«, sagte er an der Theke. »Mir auch«, sagte die Frau. »Scheiße, jetzt tilt er!« Der Kerl am Flipper schlug mit dem Handballen an das Gerät. »Halz Maul!« Der an der Fernbedienung drückte den Fernseher lauter.
Die Tür ging wieder auf, und eine Dürre auf Absätzen hoch wie Stelzen tackerte herein. Dicht dahinter eine eingesunkene Alte mit dem Handtaschenriemen quer über dem Leib. »He, Hilli«, grinste der vom Fernseher rüber, »du brauchst dich bei uns nicht anzuschnallen!« Die Alte kaute etwas zurück. »As un' Schnaps!« sagte einer der Kartenspieler an der Theke, sie zogen Asse um Schnäpse. Die Tür ging jetzt gar nicht mehr zu, Schlag auf Schlag kamen sie. Parfumwolken, Lackschuhe, falsche Perlen, echte Perücken. Ringerohren, Trinkernasen, einer mit der gepunkteten Binde am Arm und einer mit den gesammelten Wanderabzeichen an seinem

Hut. Der zweite Zapfhahn wurde herausgeklappt, der dritte, plötzlich standen vier Leute hinter der Theke, dann fünf, und zwei wurden wieder nach vorne bugsiert – Freibiergesichter. Die Tische füllten sich, die Fensterbänke, Stau vor der Theke. Eine Musikbox sprang an, ein Schifferklavier pumpte dagegen, jemand drückte den Fernseher aus. Gelächter, Grölen, Zigarettenqualm wuchs, und der erste fiel die zwei Stufen zur Tür »Toilette« hinunter.

Vera staunte. Und schaute, als säße sie vor einer Vitrine mit der Aufschrift »Bestiarum humanum«. Eine so wilde Entschlossenheit, einen draufzumachen, hatte sie wahrscheinlich noch nicht gesehen. Auch wenn hier vielleicht niemand annahm, daß das neue Jahr besser würde, jeder war bereit, das alte mit einem rauschenden Tritt in den Arsch zu verabschieden. Ich hielt mich zurück. Ich war selbst nicht weit weg von der Sorte und konnte Veras Beobachterfreude nicht so souverän teilen.

»Würstchen kann ich jetzt nicht mehr machen.« Lotte sägte sich mit einem Tablett voller Krüge an unseren Tisch. »Eßt Brezeln«, sie legte uns zwei Salzbrezeln hin. Vera nahm ihre und ließ sie gleich wieder fallen. »Was ist denn das?« Ihre Brezel war rundherum naß. Ich schaute zu Lotte, die sich mit ihrem Tablett weiter durchs Menschenvolk wühlte. Sie hatte die Brezeln unter der Achsel gehabt. Meine war an einer Stelle noch trocken, ich verzichtete trotzdem darauf.

Der nächste stürzte die Stufen zu den Toiletten hinunter, weiter vorne wurde inzwischen getanzt. Sie hüpften und kreisten und schoben sich rum. Vera stand schließlich auf und zog mich in dieses Karree. Groß tanzen konnte man nicht, doch man konnte sich festhalten und zwischen all den Ellbogen und Hintern versuchen, mehr Schwinger auszuteilen, als man einstecken mußte. Es war ein bißchen wie Autoscooterfahren, Vera steuerte mich. Zwischendurch kämpften wir uns immer mal an die Theke und kippten noch was. Dann schwoften wir wieder. Die Bude war wirklich am Dampfen. Alles stampfte und grölte, als warte man nur darauf, daß das Flugzeug abhob oder zusammenbrach. Als noch ein Trupp

Feuerwehrleute hereinkam und ein Lied singen wollte, sagte Vera: »Ich muß an die Luft.«
Ich war nicht besoffen, aber jetzt kam mir alles noch schiefer vor. Die Dachbalken, die Simse, sogar der Pfosten Halteverbot hatte seinen Schlag abbekommen. Vielleicht waren es Grubensenkungen, vielleicht war ein gewaltiger Sturm über die Häuser gegangen, vielleicht wollten die Leute es so.
»Mann, ich kühle gar nicht mehr ab!«
Vera hielt ihre Jacke auseinander, um frische Luft darunter zu kriegen. Dann machte sie einen Hüpfschritt.   *1998*

Nachtigall
Ludwig Scharf

Wenn ich zur Nacht aus dem Wirtshaus hinke,
Wo ich Geld und Verstand vertrinke,
Wie meine Mutter und teure Magen
Mir des öfteren belieben zu sagen:

Dann hör ich wohl auch, wie Tausende schon,
Der Nachtigall lüsternen Klageton:
Das zittert so hell aus lauterer Kehle
Und dringt so hinein in die Menschenseele.

Da steh ich auf altem Paradeplatze,
hängenden Schweifes schleicht eine Katze –
Und ich denk an mein weibliches Ideal,
Das aus hundert Weibern zusammen ich stahl –

Und denk an die Esel vergangener Zeit,
An des Glückes notorische Schlüpfrigkeit
Und mir ist, als könne ich da unten auf Erden
Noch einmal riesig glücklich werden.   *1894*

Die Vorteile des Bleigaus
– Ein saarländischer Science-fiction
Gerhard Bungert

(Minister Plump hält eine Ansprache)
Liebe Bauern aus dem Bliesgau!
Als Schutzpatron und Schirmherr des Webenheimer Bauernfestes möchte ich Ihnen, liebe Bauern aus dem Bliesgau, recht herzlich die Grüße unserer Landesregierung überbringen. Wir haben uns in den letzten Jahren sehr viel geleistet... Entschuldigung!...Wir haben uns in den letzten Jahren sehr viel geleistet. Das kann ich hier in aller Bescheidenheit einmal feststellen. Erinnern wir uns doch einmal, wie es früher auf dem Webenheimer Bauernfest aussah. Da gab es – die Jüngeren werden sich das kaum noch vorstellen können – da gab es Pferderennen. Wir lächeln heute darüber.

»Ich kann mich noch genau erinnern, wie skeptisch viele Bliesgauer waren, als es uns gelang, die Weltmeisterschaft im Formel-1-Rennen in den Bliesgau zu bringen. Als wir die Rennstrecke bauten gab es sogar Bürgerinitiativen. Sicher, die Barockbauten in Blieskastel mußten geschleift werden. Wo hätten wir denn sonst die Ostkurve hinbauen sollen? Und wir hatten auch Mut zu der unpopulären Entscheidung, den Kirkeler Wald abzuholzen. Aber ich frage Sie: Wieviele Leute kamen früher in den Kirkeler Wald, und wieviele kommen heute zu der Formel-1-Weltmeisterschaft?

Der Bau eines »Blei-Akku-Werkes« nahe der Grenze bei Saargemünd in Lothringen sorgte zu Beginn der 1980er Jahre für Proteste von Umweltschützern.

Wir haben mal wieder Recht behalten. Außerdem haben wir etwas für die Schaffung und Erhaltung von Arbeitsplätzen getan. Ein Formel-1-Rennen bringt im Schnitt zwei Todesfälle. Das haben Statistiker errechnet. Die Auftragslage unserer heimischen Bestattungsunternehmen verbessert sich also. Letztens gab es leider nur einen Toten, aber immerhin: Kleinvieh macht auch Mist. Die Chancen erhöhen sich, daß im saarländischen Bestattungsgewerbe, ein solider Zweig der mittelständischen Industrie,

vielleicht in Jahren ein neuer Arbeitsplatz geschaffen wird. Vor allem, wenn man bedenkt, daß sich die Zahl der Bleivergiftungen im Bliesgau doch wesentlich erhöht hat. Manche mögen das bedauern. Aber wir dürfen die Frage des Umweltschutzes doch nicht zum alleinigen Maßstab unseres Handelns machen. Wir müssen auch die andere Seite sehen: die Arbeitsplätze. Das ist es, was die Arbeitnehmer von uns verlangen.
Es hat sich einiges geändert, seit das Bleiwerk in Saargemünd in Betrieb ist, und seit in Cattenom endlich das Atomkraftwerk in Betrieb gesetzt wurde. Vor allem die Landwirtschaft profitiert davon. Durch die Bleiablagerungen auf den Kartoffeln hat sich deren Gewicht fast verdoppelt. Der Absatz ist zwar nicht gestiegen, aber der Umsatz. Und das ist ja das wichtigste. Eine einzige Kartoffel aus dem Bliesgau wiegt ein ganzes Pfund. Und diese neue Sorte, die Bleigauer, ist eine Attraktion aus dem Saarland, eine Spezialität.
Vor dem Bau des Atomkraftwerkes in Cattenom waren die Tomaten klein wie... wie... eben wie Tomaten. Und heute? – Kürbisse, rote Kürbisse. Und das allertollste: Die Tomaten strahlen. Man kann sie sogar nachts ernten. Das heißt Arbeitsplätze rund um die Uhr.
Ich danke Ihnen für Ihre Aufmerksamkeit und erkläre das Webenheimer Bauernfest für eröffnet. *1980*

Kääner Häärd
  noogehn
Von Mund zu Mund

St. Ingbert un sei Muttersprooch
Karl August Woll

St. Ingbert un sei'n scheeni Schprooch,
Die schprecht hie nit e jeder nooch,
'S muß eener hie gebertig sinn,
Wann er dorin will fertig sinn.
M'r hann kee richt'ge Dialekt,
Die Ursach hann ich ufgedeckt:
Es sinn viel Sorte Minsche hie,
Baßt nor emol uf, wie schpreche die:
D'r Een sa't: Hob ich g'sogt, ihr Herre,
Do meecht m'r jo des Deiwels werre.
E ann're kann's uns gar nit sage,
Wie scheen bei ihne sei die Sprache.
Gar viel sinn hie, die heert m'r prahle,
Die sinn dort unne aus Westfale,
Dann hott m'r noch so große, dicke
Aus St. Johann un aus Saarbrücke.
Das Ensh'm ich noch nenne muß,
Die sa'n: »Geh nus us unserem Hus.«
Na, korz, aus aller Herre Länner
Do hocke hie die Deiwelsbänner.
Bei dem Gewortschtel jede Dag
Gedeiht keen richt'gi Muttersprach...
Die Muttersprooch, die muß m'r ehre,
M'r hann jo all noch Dingmert gere,
Un wann m'r aa e bische schtaxt,
M'r red't wie äm de Schnawel gewachst:
Am letzschte Owed, am Sylveschter,
Gehn Vatter, Mutter, Bruder, Schweschter
Vun Hasel, Rohrbach, hinnerm Berg,
Zur Andacht in die Owedskerch.
E Johr isch lang, 's bringt Luscht un Schmerz,
Wohl jeder het was uf'm Herz,

Die Kerch isch heit de Leut ihr Ziel,
Was kummt do for e Minscheschpiel!
Die, wo e bische ängschtlich sinn,
Die hucke e Schtunn vorher schun drin,
Die Beichtschtühl sinn all angeschwoll,
Die Borkerch iss geschtoppte voll,
Dort, wu mer a noch singe soll.
Der Orgelischt mit truckener Gorgel,
Der find't kaum Platz uf seiner Orgel.
Fabrikrät hann ihr Platz im Chor
Un endlich kummt der Herr Paschtor.
Jetzt klinge die Orgelregischter all,
Vum Torm ertönt de Glockeschall,
Un nooch eme korze Grußgebet
D'r Herr Paschtor zur Kanzel geht,
Der bringt dann alles deutlich vor,
Was vorgang isch im alte Johr,
Daß jeder jetzt mit neuem Mut
Getreu sei' Kirche-Pflichte duht.
Das riehrt die Große un die Kleene,
Manch armi Fraa vergießt jetzt Träne,
Ihr Mann war vor'm Jahr noch im Haus,
Jetzt ruht 'r uf'm Kerchhof draus,
Der Herr Paschtor, der preddigt scheen
Am Schluß bet er for die Gemeen,
For's Vaterland un for de Keenig,
Ja, sellmol war die Schtadt noch eenig,
Un hott sich am Gebet erlaabt
Un alles hott an Gott geglaabt. *1868*

Wullewullegänsje
Klaus Stief

Wo bleibt die Gans? – Die Gans isch fort.
De Mond geht off. Die Gans isch fort.
Die Mamme ruft: »Hans, laaf,
Hans spring, laaf Hans, un suuch die Gans!«

»Wullewullegänsje!« ruft am Bach es Hänsje,
»Wullewullegänsje, wo treibsch'de dich eromm?
Wullewullegänsje, isch ball voll dei Pänsje?
Alleehepp, 's werd Naacht, komm scheen, komm!«

Wo blejbt de Hans? – De Hans isch fort.
Die Gans isch do, de Hans isch fort.
Die Mamme ruft: »Hans komm,
Hans komm, komm Hans! – Do isch die Gans!«

»Wullewullegänsje, saa, wo blejbt mei Hänsje?« –
Wullewullegänsje saht kä Wort.
Es täppert mit'm Fiessje, es wackelt mit'm Schwänzje,
Un das hääscht: De Hans isch fort.

Wo isch'r dann? – Am Wiesepahd
Huckt'r un sahd: »Du bischt mei Mahd!«
Un kisst e Mädche – sakradiss! –
Wie schmackt so e frisches Schnuutche siess!

»Wullewullehänsje!« ruft im Stall das Gänsje,
»Geckisch, dorisch Hänsje, wo trejbsch' de dich eromm?
Stripp d'r noch e Kissje von demm Zuckerschnissje,
Alleehepp, 's isch Naacht, komm scheen, komm!« *1964*

Mei Heimat
Lotty Faber

Die Saarpalz is mei Heimatland.
– Deels an de Blies – net unbekannt.
Es is jo kleen; doch mer gefallt's;
– 's war frieher bei de freehlich Palz! –
Wie lieblich is das weite Dal,
Die sauwre Örtcher iwwerall! –
De »Schtiewwel« lockt de Wannersmann;
Zum Karlsberg steit mer froh bergan,
Die Kirkler Burg, – die alt Ruin
Vun Werschwiller, das muß mehr siehn!
Dezwische Wiese, Feld un Wald,
Wo luschdig manches Liedche schallt.
Viel Sunneschein huscht driwwer hin,
Die Römer hann's schun ger' gesiehn.
Un glei sich e Kaschtell errricht
Bei »Kaschtel«! – Das hat sei Geschicht!
Un schpäter ersch im schtolze Schloß,
Do herrscht die Reichsgräfin, die Groß!
Die »von der Leyen« sinn bekannt,
Hann viel gedun for Stadt un Land;
Die Gräfin hat fascht iwwer Nacht
»Kaschtel« zum Schmuckkäschtsche gemacht! –
Un heit noch hann die Leit ihr Freed
An der barocke Herrlichkeet,
Besiehn die Gasse eng un krumm,
Gehn um die alte Brunne rum;
Hann se genug, geht's uff de »Han«,
Das is kee Vieh, kräht niemand an.
Das is e großer Landkomplex
Met Bääm un sunschtigem Gewächs,
Met Gäärte, Ruhebänk un Wee;
Schpaziere kann mer ganz allee,

Doch wann mer will, aa met seim Schatz;
For jeden is geniegend Platz. –
Un dorch e Anlag wunnerscheen
Kummt ball mer an's Kapellche kleen,
Wo's Gnadebild, das alte, steht.
– Do hat mei Mutter schun gebet,
Drum geh aa ich so gere hin –
Kann's traulicher dann sunschtwo sinn? –
Jetzt meent mer, ich hätt iwwertrieb.
Na ja, mer hat sei Heimat lieb.
Un was mer liebt, is immer scheen –
Ihr kenne jo mol gucke gehen! 1976

Herbscht-Endregg
Manfred Kelleter

Braunes, gäles on rodes Laab
fallt jetzt en Putsche off de Borm.
Schdirmischer Wend treibt die Blärrer
peifend vor sich dorch die Schdrooss,
jäht se em Veitsdanz hoch dorch die Luft,
dass se Borzelboom schloon,
schirrelt die Äscht en de Bääm bes se breche.
Manch dorrer Knorze muss so dron glawe,
knallt wie e Beitsch off es Plaschder
on brecht dort en Hurrel on Fetze.
Ään Glick, dass dort nemmand laaft.

On drowe am Schdiwwel henge die Wolge
wie Näwwel on Watt off em Kreschtboom.
Alles es feicht on es drebbst.
De Nieselrään wäächt alles of.
Awwer es esch noch net kalt.

Doch irjendwie speert ma de kommende Wender,
on ennwänzisch läärich dass Herbscht esch,
ons Johr ball eromm.
Viel Leit, wo ma drefft,
hann deswäh aarich die Flemm. *1979*

Wer isch glicklich
Heinrich Kraus

Glicklich sin die, wo arm sin wolle;
die sin emol Rejche im Himmel.

Glicklich sin die Lärische;
die werre getreescht.

Glicklich sin die Gutmietische;
die kriehn mol es Land iwerschrieb.

Glicklich sin die, wo noh Gerichtischkät gammere;
die werre mol satt.

Glicklich sin die, wo gär ebbes hergebe;
dene wird a ebbes geb.

Glicklich sin die, wo inne drin anstännisch sin;
die dirfe mol de Herrgott angucke.

Glicklich sin die, wo Ruh und Friede han meechte;
iwer die saht ma mol, sie wäre dem drowe sei Kinner.

Glicklich sin die, wo ungerechterwejs gepärdst werre;
dene dut mol de Himmel geheere.

Glicklich sin die, wo wäh mir veruuzt werre,
wo wäh mir gescholl kriehn, Gerätschs heere misse.

Sin froh und juxe! Ejer Lohn isch groß im Himmel.
So wie hinner ejch ware se hinner Prophete schon her,
die wo frieher geläbt han. *1980*

Mundarten im Saarpfalz-Kreis
Edith Braun

Fragt man einen Bewohner des Saarpfalz-Kreises, welche Mundart er spricht, so wird er antworten: Meer schwäddse wie uns de Schnawwel gewaggsd ésch (Wir sprechen wie uns der Schnabel gewachsen ist). Die wenigsten werden sagen, dass sie saarlännisch schwäddse, denn es hat sich in den letzten Jahren herumgesprochen, dass es keine saarländische Mundart gibt. Die meisten wissen, dass sie pälsisch redde (pfälzisch sprechen). Fragt man dann weiter, woran man die Pfälzer Mundart erkennen kann, dann wird man belehrt: Ei, in de Pals gehd de Parrer mid de Peif in die Kersch (In der Pfalz geht der Pfarrer mit der Pfeife in die Kirche). Es gehört aber noch ein bisschen mehr dazu, die Eigentümlichkeiten der pfälzischen Mundart zu erklären. Darum erweitern wir den obigen Satz zu folgendem kleinen Dialog:
»In de Pals gehde Parrer midde Peif ónn drei Äbbel in die Kersch.«
»Das däär das daarf!«
»Das glaabschde awwer!«
»Dò halle sisch jò die Meis de Bauch vòòr Lache.«
Nun lassen wir vier benachbarte Nichtpfälzer die gleichen Sätze in ihren vier verschiedenen – nichtpfälzischen – Mundarten sprechen:
»In der Pfals gehder Pfarrer midder Pfeif unn drei Äpfel in die Kersch.«
»Dat däär dat daarf!«
»Das glaabsde awwer!«
»Dò halle sisch jò die Mies de Buch vòòr Lache.«
Wenn wir nun die »unpfälzischen« Laute herausoperieren, dann

erhalten wir im ersten Satz: pf statt p und bb (in Pfals, Pfarrer, Pfeif, Äbbel); im zweiten Satz: t statt s (in dat); im dritten Satz sd statt schd (in glaabsde); im vierten Satz ie und u statt ei und au (in Mies und Buch). Für diese Kennzeichen der pfälzischen Mundart haben Fachleute als Beispiel die Wörter Abbel, das, feschd und Haus gewählt.

Diese vier Merkmale bilden gleichsam die vier Grenzlinien des pfälzischen Mundartraumes, zu dem auch der Saarpfalz-Kreis gehört. Es ist Ihnen aber nicht entgangen, dass es innerhalb dieses Raumes eine Ausnahme gibt. Wir wissen, dass in einigen Orten des Saarpfalz-Kreises die Fremden gewarnt werden: »Gehn enus us minem Hus, min wisser Schbidds bissd och!« (Geht hinaus aus meinem Haus, mein weißer Spitz beißt euch!). Diese Mundart, die alemannische Elemente aufweist, wird noch von der älteren Generation in Bliesmengen-Bolchen, Bliesransbach und einigen anderen Orten gesprochen. Sie unterscheidet sich kaum von der Mundart der grenznahen lothringischen Orte. Nach den oben zugrunde gelegten Kriterien passt sie nicht in den Rahmen der pfälzischen Mundarten.

Nun werden Sie einwenden, dass auch in unserem pfälzischen Sprachraum die Mundarten oft von Ort zu Ort verschieden sind. Das ist richtig. Wir werden uns einige dieser Verschiedenheiten näher betrachten, wir wollen aber nicht aus den Augen verlieren, dass diese örtlichen Mundartvarianten immer in den Grenzen der vier Linien (Abbel – das – feschd – Haus) bleiben.

Am besten informieren wir uns an Ort und Stelle. Denn die Bewohner der verschiedenen Gemeinden haben ein feines Ohr für die Unterschiede in ihren Mundarten, die sie als verbale Grenzen empfinden und manchmal in Merksätzen festmachen.

Nehmen wir den deutschen Satz: Peter, mache den Laden zu, es gibt ein Gewitter! Er wird dann in dem einen Ort zu: Peeler, mach de Laale zu, es gidd e Geweller!, im Nachbarort hingegen zu: Peerer, mach de Laare dsuu, es gidd e Gewerrer! Im ersten Beispiel wird der intervokalische d-Laut (= der d-Laut zwischen zwei Selbstlauten) als l-Laut gesprochen (Lambdazismus), im zweiten Beispiel als r-Laut (Rhotazismus).

Unterschiede gibt es auch zwischen den Vokalen: Das Kinderwägelchen heißt bei den einen Scheeseweensche (...wee ...), bei den anderen Scheesewäänsche (...wää ...). Die einen raufen sich die Hoor, die anderen die Hòòr. Die einen sagen zur Mutter Módder, die anderen sagen Modder, wieder andere Mudder. In dem einen Ort heißt das Huhn Hinggel, im anderen Hénggel. (Um die Unterscheidung zwischen den o-Lauten zu kennzeichnen, schreibe ich den langen offenen o-Laut mit òò, den kurzen geschlossenen o-Laut mit ó, den kurzen geschlossenen e-Laut mit é. Die deutsche Schriftsprache, die diese Laute nicht kennt, hat dafür keine Buchstaben.)

Weniger Unterschiede zwischen unseren Ortsmundarten gibt es in der Grammatik. Wir finden überall die von der deutschen Schriftsprache abweichenden Artikel für manche Mundartwörter. Beispiele für männliche Hauptwörter: de Dorschenanner (das Durcheinander), de Bódder, de Worschd (die Butter, die Wurst); weiblich: die Zoll (der Zoll); die Bach (der Bach), die Schaal (der Schal), die Frollein (das Fräulein); sächlich: es Bladds (der Platz), es Schärds (die Schürze), es Schoosee (die Chaussee).

Unterschiede im Wortschatz, soweit es sich um typische Mundartwörter handelt, gibt es in den verschiedenen Orten kaum. Überall im Saarpfalz-Kreis isst man gern Beddsääschersallaad (Löwenzahnsalat) und Dibbelabbes (eine Art Kartoffelschmarren). Überall ärgert man sich über die Freggerde (Lausejungen), wo nédd siehn ónn nédd heere ónn kääner Häärd nòògehn (die nicht sehen und nicht gehorchen und keiner Herde nachgehen, d.h. sich in keine Ordnung fügen). Wer ein seelisches Tief hat, hat die Flemm und muss froh sein, wenn er sich nicht noch die Fregg (eine Erkältung) holt. Besonders hart trifft es die Iwwergänger (alte Junggesellen), weil die nirgends ein richtiges Geheischnis (trautes Heim) haben. Fast überall kennt man auch es Hisje (den Gerichtsvollzieher) noch vom Hörensagen.

Es gibt Mundartwörter, für die die deutsche Schriftsprache keine Entsprechung hat und die deshalb einer längeren Erklärung bedürfen. Wie beispielsweise das Wort gunschele = auf dem Stuhl sitzend hin und her schaukeln, wobei die beiden vorderen oder hinteren Stuhlbeine vom Boden abheben. Oder die Broodkorwel = runder, flacher Weidenkorb zur Aufnahme des vorgeformten Brotteiges.

Von den unendlich vielen Redensarten und Sprüchen, die es in den Mundarten des Saarpfalz-Kreises gibt, seien hier stellvertretend nur drei zitiert: Sénner noch äänisch odder hanner schónn gedääld? (Seid ihr noch einig oder habt ihr schon das Erbe geteilt?); Pedds emòòl eme Oggs éns Horn! (Kneife einmal einen Ochsen ins Horn!, d.h.: Spare dir deine Bemühungen!); Isch wéll der mò was verdsehle vón de ald Baas Beele, wann se kämmeh Grómbere hadd, dann kann se aach känn scheele (Ich will dir mal was erzählen von der alten Frau Beele, wenn sie keine Kartoffeln mehr hat, dann kann sie auch keine schälen).

Das Pfälzische hat in manchen Varianten ein einfacheres Lautsystem als die deutsche Schriftsprache. So gibt es in den Mundarten des Saarpfalz-Kreises keine Umlaute, kein ö und kein ü, und es gibt nicht den Zwielaut eu/äu. Das führt dazu, dass viele Wörter zwar gleich klingen, aber unterschiedliche Bedeutung haben können (Homonyme). Beispiel: LEISCHD/LEIHSCHD kann bedeuten: Leiste, Leiche, Leuchte, leicht, liegst, leuchtest, leihst. Das verlangt vom Hörer schnelles Denken und Hinhören auf den Textzusammenhang. Eine weitere Folge dieses einfachen Lautsystems sind viele Wortspiele wie zum Beispiel: Wann de misch nidd leide kannschd, dann kannschde misch bämbele. Das kann man wörtlich übersetzen als: »Wenn du mich nicht leiden kannst, dann kannst du mich bimmeln« (d.h. mit kleiner Glocke läuten) oder: »Wenn du mich nicht läuten kannst, dann kannst du mich bimmeln«. Weil es sich aber – wie bei allen Wortspielen – um eine oft wiederholte Redensart handelt, braucht der Hörer nicht lange zu überlegen. Er weiß, dass damit gemeint ist: Du kannst mich gern haben!

Besonders gern werden Ausdrücke französischen Ursprungs als typisch mundartlich betrachtet. Da ist beispielsweise die Rede vóm Blaffong ónn vón de Lambrie (vom Plafond und von der

Lambrie), vóm Schoosee ónn em Schooseebòòm (von der Chaussee und dem Chausseebaum). Doch diese Wörter sowie andere Wörter französischen Ursprungs findet man auch in deutschen Nachschlagewerken. Hingegen ist in keinem meiner deutschen Wörterbücher der Fluch Saggernundidjee! verzeichnet. Dass auch dieses Wort aus dem Französischen kommt, nämlich von sacré nom de dieu!, ist kaum noch jemand bewusst. Es gibt aber auch andere Wörter aus dem Französischen, die nur in unserer Mundart vorkommen. Dazu gehören: Buddee (Blutwurst ohne Speckgrieben, frz. boudin); Aanduddele (eine Art Wurst, frz. andouille); Fissääl (Schnur, Bindfaden, frz. ficelle), Kombäär (Genosse; Kerl, frz. compère); Poodegießer (Kesselflicker, frz. potier); Poddschamber (Nachttopf, frz. pot de chambre); brofforsch (gewaltsam, frz. par force).

Ähnlich wie mit den Wörtern französischer Herkuft verhält es sich mit den Lehnwörtern aus dem Jiddischen. Viele davon gibt es auch in deutschen Wörterbüchern. Dazu gehören Mischpooge (Mischpoke = Verwandtschaft, üble Gesellschaft, jidd. mischpocho); achele, achiele (acheln = essen, jidd. achlen); Dòòges (Tokus, Hintern, jidd. toches); e Rochuss hann (einen Rochus haben, jidd. rochus, rauchus). Zu den Wörtern, die es nur in unseren Mundarten gibt, gehören Wörter wie: baddersch (schwanger, jidd. pattersch); beschasgeld (betrunken, zu jidd. schasjenen = trinken); Dòògesmaggaier (Lehrer; Zusammensetzung aus jidd. toches (Hintern) und makeinen (verprügeln).

Um alle Besonderheiten der Mundart im Saarpfalz-Kreis zu beschreiben, würde es einer umfassenderen Darstellung bedürfen. Die hier geschilderten Merkmale sind, wie bereits gesagt, nicht auf den Saarpfalz-Kreis beschränkt. Es ist eine schöne Illusion, wenn manche Mundartsprecher glauben, bestimmte Wörter und/oder Redewendungen gäbe es nur in der Mundart ihres Ortes. Ein Blick in das neunbändige Pfälzische Wörterbuch zeigt, dass fleißige Sammler vergangener Zeiten längst die Ernte auf dem Feld der Pfälzischen Mundarten eingebracht haben. (Dort fehlen allenfalls moderne Wörter wie Gräämschniddsche für den Renault

4 CV der 50er Jahre). Das sollte uns aber nicht daran hindern, uns unsererseits mit der Dokumentation unserer Ortsmundarten zu beschäftigen. Denn eines ist sicher: Die Mundart eines jeden Ortes, sei es im Saarpfalz-Kreis oder anderswo, ist in ihrer Zusammensetzung einmalig und einzigartig. Sie ist die Identitätskarte, die uns von höherer Instanz unter die Zunge geheftet wurde, damit wir nicht verloren gehen können. *2003*

Von de Schul
Eugen Motsch

Mei Lehrer, achtzehnneinzich geboor
Hat en Frankreich sei lenkses Bähn valoor
S war vor Verdun, on er kriet es Brodees,
Doch iwwer Franzose schwätzt er nor bees.
– Die wäre feisch on grausam gewähn
On ausserdämm Schuld an seim abbene Bähn.

Mei Sohn, der hat von seim Lehrer vazehlt
Es hättem sei rächtser Arm gefählt.
Er hättne, bei Scharkoff, glaawich, valohr
– Von rohde Paddissahne abgeschoss wohr.
On halt er, (Laut Schdonneplohn) Geschichte,
Iwwer Rußland kanner nex Guhdes berichte.

Wann nor mol mei Änkel e Lehrer kräht
Däm wo känn Arm on känn Bähn fähle däht,
On hätt a känn Grond, iwwerhaupt känner, gelle!
Iwwer annere Mensche em Ausland se schälle.
Egal wie se hääsche, die Natzjohne
– Ob se rächts odder lenks nähwe ohn ons wohne. *1985*

Von Mickenicks und Teischeln
Martin Baus

Das waren noch Zeiten, als »Scheck« und »Bleß« den mit Heu vollbeladenen Leiterwagen nach Hause zu Scheune und Stall zogen. Die Heufracht auf dem Fuhrwerk wurde vom »Wiesbaam« zusammengehalten, nachdem dieser vorher »met de Winnleffele« auch ordentlich festgemacht worden war. »Hoi« hieß es dann, und von der Wiese aus ging es gemach zurück. »Oha«, »haar« und »hott« waren unterwegs immer wieder zu hören, denn schließlich galt es den Wagen samt Fracht sicher zum Ziel zu lenken.

Diejenigen, die dabei waren, die den bäuerlichen Alltag noch hautnah mitgemacht haben, die wissen, um was es geht. Den Kindern des Computer- und High-Tech-Zeitalters aber dürften all diese Ausdrücke und noch viele andere mehr jedoch äußerst spanisch vorkommen.

Aber wen wundert das schon. Schließlich verändert sich Sprache ständig, denn wenn sich die alltägliche Arbeit der Menschen ändert, dann ändert sich mithin auch deren Wortschatz. Und als die Motoren Einzug in der Landwirtschaft hielten, natürliche Pferde- und Kuhstärken verschwanden, da gingen nicht nur »Leeder-, Dummel- und Purlwaan« verloren, sondern auch die Vielzahl jener Begriffe, die fest an diese althergebrachten Gerätschaften gebunden waren.

»Mickanick«? – Das meint nichts anderes als jene mechanische Bremsvorrichtung, die für jeden Wagen unabdingbar war. Das Wort ist den benachbarten französischen Mundarten entlehnt und in unserem rheinfränkischen Dialekt vielfältig umgestaltet worden. So sind gerade aus dem saarpfälzischen Raum, von »mechanique« her kommend, unter anderem die Begriffe »Meckanick«, »Mickanick«, »Mickenick«, »Micknick« und, in aller Kürze und Bündigkeit, sogar »Mick« für die Bremse zu finden. Einfach war das Anhalten des schwerbeladenen Wagens im übrigen nicht. Ein Helfer mußte nämlich ständig hinterherlaufen, und wenn es bergab ging und der Wagenlenker vorne die Order »Dreh zu!«

gab, dann hatte der Bremser am Wagenende alle Hände voll zu tun, um die hölzernen Bremsbacken zum Greifen zu bringen. Aus Birkenholz waren diese Klötze, denn das konnte die bei der Reibung aufkommende Hitze am besten verkraften und entzündete sich nicht.

Der Wagner von anno dazumal verwendete als »Baustoffe« aber vornehmlich Eiche und Buche. Zudem schnitzte er »Teischel«, »Silschäht«, »Heileeder« oder »Reihschäht« in ziemlicher Grobschlächtigkeit. Für Metallbeschläge, Metallreifen und besagte »Mickanick« war in früheren Zeiten der Schmied zuständig. In Gebrauch war der Leiterwagen früher übrigens praktisch das ganze Jahr über. Wenn, wie es im Volkslied so schön heißt, »im Märzen der Bauer die Rößlein einspannt«, um zu pflügen, dann wurde der Pflug mit dem Leiterwagen zum Acker gebracht. Im Juni galt es damit, die Heuernte einzufahren, im Juli und August das Korn. Und nicht lange danach wurde »Grummet gemacht«, der zweite Grasschnitt eingebracht. Gegen Ende des Sommers wurden die Leitern gegen die »Dummel« ausgetauscht: Statt der Leitern grenzten nun große Holzdielen die Ladefläche des Wagens ein. »Krommbeere«, »Rummele« und »Riewe« sowie im Winter Kohlen und Holz wurden mit dem »Allround-Wagen« herangefahren. Zur Not bestand dann auch noch die Möglichkeit, die »Uffsteller« darauf zu setzen, dann konnten noch größere Mengen transportiert werden. Und nach der Ernte wurde aus dem »Dummelwan« der »Purlwaan«. Mit dem »Purlfaß« wurde die Jauche zur Düngung der Felder und Wiesen hinausgebracht. Gezogen wurden die Fuhrwerke von Pferden oder von Kühen – je nachdem, wie der jeweilige Bauer situiert war. Bei den reicheren waren es die Gäule, bei den nicht so sehr begüterten die Kühe. Und wer noch ärmer war, der hatte statt zweier Kühe und der Teischel lediglich eine Kuh, die den Wagen »in de Schär« hinter sich her zog.

Abschließend sei noch darauf hingewiesen, daß die Gerätschaften landauf, landab im großen und ganzen wohl die gleichen waren. Daraus darf nun aber nicht der Schluß gezogen werden, daß auch die damit zusammenhängenden Bezeichnungen für Maschinen und Tätigkeiten überall gleich lauten. Im Gegenteil: Wie das Beispiel »Mickanick« gezeigt hat, können sogar auf engstem lokalen Raum viele verschiedene Ausdrücke auftauchen. So haben die hier aufgeführten Fachtermini exakt in diesem Wortlaut wohl nur für den engsten saarpfälzischen Raum Geltung.   *1989*

Kleines Vokabular der Mundart-Ausdrücke, die im Text auftauchen und die nicht erläutert sind:

Scheck, Bless: Häufig verwendete Namen für Kühe;
Wiesbaam: Lange Stange, mit der das Heu auf dem Wagen befestigt wurde;
Winnleffele: »Windelöffel«; mit ihrer Hilfe und mit einem Seil wurde der »Wiesbaam« Stück für Stück fester auf das aufgeladene Heu gedrückt;
hoi!: Order an die Zugtiere, loszugehen;
oha!: Order an die Zugtiere, stehenzubleiben;
haar!: Order an die Zugtiere, links herum zu gehen;
hott!: Order an die Zugtiere, rechts herum zu gehen;
Dummel: Wagenaufbau mit großen Holzdielen;
Purl: Jauche;
Teischel: Eine Art Lenkstange am zweispännigen Wagen, »Deichsel«;
Silschäht: Das Scheit am Wagen, an dem die Zugtiere angespannt waren;
Heileeder: Leiterartige Vorrichtung, an der der »Wiesbaam« befestigt wurde;
Reihschäht: Vorrichtung zum »reihe« (lenken) des Wagens;
Krommbeere: Kartoffeln;
Rummele: Runkelrüben;
Riewe: Rüben;
Uffsteller: Holzvorrichtung, mit der die Ladekapazität des Wagens vergrößert werden konnte;
Schär: Lenkstange am einspännigen Wagen, aus zwei parallel laufenden Holzstangen bestehend.

Lautzkirchen diwwert jenisch
Martin Baus

Schauplatz St. Ingbert: eine Marktszene irgendwann in den 1920er oder 30er Jahren. Die Markthändler kommen aus der näheren Umgebung, aus dem Bliesgau beispielsweise. Obst und Gemüse werden lautstark angepriesen. Doch an einem der Marktstände spielt sich Merkwürdiges ab, einem Stand, an dem vornehmlich schöne Bohnen feilgeboten werden. »Die Moß scheffte gewonnde«, meint die eine Verkäuferin vielsagend zur anderen, die wiederum sichtlich wissend nickt. »De Fissel herrles vermassert nowes«, stellt daraufhin die andere Frau mit ihrer Schürze fest und lacht schallend: – So etwa könnte es sich abgespielt haben, wenn sich die Bohnenhändlerinnen aus Lautzkirchen auf Jenisch verständigten. Jenisch, das war die Geheimsprache, die sie üblicherweise verwendeten, wenn sie vor anderen etwas verbergen wollten. »Jenisch diwwern«, sich vor anderen in einer unverständlichen Sprache unterhalten, das hatte speziell in diesem Stadtteil von Blieskastel eine lange Tradition. Aber Jenisch ist eigentlich überhaupt keine Sprache. Im eigentlichen Sinne ist Jenisch ein Sammelbegriff, mit dem eine Vielzahl ganz unterschiedlicher Dialekte des Rotwelschen zusammengefaßt werden. Und dieses Rotwelsch steht seit dem hohen Mittelalter im Verruf, eine Geheimsprache zu sein, die vornehmlich von Vagabunden, Komödianten, Gauklern, Gaunern benutzt wurde – von Personengruppen also, deren Tätigkeiten den Ruch des grundsätzlich Unehrlichen hatten. Korbmacher, Kesselflicker, Scherenschleifer, Lumpensammler, Siebmacher, Sauschneider, Bürstenbinder – lang, noch viel länger ist die Liste jener Fahrenden, die von Dorf zu Dorf zogen, um ihre Dienste anzubieten und sich so den Lebensunterhalt zu verdienen.

Wie aber kam Jenisch, dieser Dialekt, der eigentlich an die Straße gebunden war, nun nach Lautzkirchen? Die Frauen, die ihre

Bewohner von Bierbach vagabundierten von 1700 an als Lumpensammler, um die örtliche Papiermühle mit den notwendigen Rohstoffen zu versorgen.

Bohnen auf den regionalen Märkten in St. Ingbert, Neunkirchen oder Saarbrücken verkauften, hatten ihren festen Wohnsitz, gingen frühmorgens mit ihrer Ware fort, waren also etwas völlig anderes als das, was man sich unter Vagabunden vorzustellen hätte.

Ein Blick in die Geschichte des Ortes vermag Erklärungen zu geben. Blättern wir zurück in das Jahr 1694, in die sogenannte Reunionszeit also. Seit 1678 war Lautzkirchen wie alle anderen Ortschaften der Umgebung französisch. Gegen die deutschen Lande hin waren Zollschranken errichtet, und diese Grenzziehung bot die Gelegenheit zu profitträchtigen Geschäften innerhalb der neuen politischen Grenzen – zumal mit Produkten, deren Einfuhr mit hohen Zöllen belegt war. Spekulanten hatten also gute Chancen, mit neuen Unternehmungen satte Gewinne einzustreichen.

Vor diesem Hintergrund taten sich drei Männer zusammen. Der Homburger Pfarrer Karl Royer, der Zweibrücker Schultheiß Hermann Grosche und der Blieskasteler Amtmann Johann Simon Rosinus kamen auf den Gedanken, in Lautzkirchen eine Papiermühle in Angriff zu nehmen. Speziell Rosinus, der in Lautzkirchen ein Hofgut sein eigen nannte, ging mit Eifer an den Bau der Mühle, von der er »für die gnädige Herrschaft nicht allein Profit, sondern auch großen Plaisir und dem Ambt ein Renommé« erwartete. Diese Hoffnung war nicht unbegründet, gab es doch damals zwischen Rhein und Mosel keine einzige Papierfabrik.

Dem geschäftstüchtigen Amtmann Rosinus war zuvörderst daran gelegen, den Nachschub an Rohstoffen zu sichern. Er wandte sich also an den französischen Intendanten La Goupilliere, der in Homburg residierte, und erhielt alsbald auch die gewünschte Lizenz: »Also hat er uns ersucht, alle Einwohner dieser Provintz... darzu anzuhalten, daß sie ihm die nothwendig erforderten Lumpen und alte Leinwat umb einen billigen Preiß liefern sollten. Welches wir ihm hiermit verwilligen wollen«, stimmte der Statthalter zu. So konnte denn die Papierproduktion anlaufen, und daß auch hinreichend Rohstoffe verfügbar waren – Papier bestand damals aus Stoffetzen –, dafür sorgten Lautzkircher Einwohner, die sich landauf, landab als Lumpensammler verdingten; noch heute

werden die Lautzkircher wegen dieser Tätigkeit zumindest hie und da noch scherzhaft »Lumpensammler« geheißen.
Die Papierfabrikation in der Rosinusschen Mühle florierte bald. Schon im Jahr darauf bilanziert der Amtmann: »man schreibt itzund in hisiger gegent auf lauter bliscasteller Papier.«
Und so könnte denn das Jenische nach Lautzkirchen gekommen sein: Von den Lumpensammlern wurde in erster Linie die Bereitschaft zu zumindest eingeschränkter Mobilität abverlangt. Wenigstens mehrere Tage in ununterbrochener Folge waren sie unterwegs, um ihrem Gewerbe nachzugehen. Dabei ergaben sich zwangsläufig Gelegenheiten, mit Fahrenden und Vagabunden in Berührung zu kommen, die Jenisch sprachen. Und Jenisch war eben der nicht nur an eine bestimmte Region gebundene Dialekt der Landstraße, es war das Medium zur Geheimhaltung, ein Mittel zur Täuschung, um sich geschäftliche Vorteile zu verschaffen. Und außerdem: Wer in diesen Kreisen Jenisch sprach, der gehörte einfach dazu.
Zu klären ist indes noch die Frage, ob in Lautzkirchen nicht per obrigkeitsstaatlicher Anordnung und Förderung gezielt Personengruppen angesiedelt wurden, die als Vaganten schon Erfahrungen in Sachen Lumpensammlerei hatten. Derlei Verfahren war nicht gerade unüblich, wie Beispiele aus der Region und anderen Gegenden zeigen. Im pfälzischen Carlsberg siedelten die Grafen von Leiningen 1705 »Jenische« an, um Arbeitskräfte für die nahe Eisenindustrie zu gewinnen. Diesen Fall gesetzt, dann hätte Jenisch über die Ansiedlung von originär Jenischen Zugang nach Lautzkirchen gefunden, wäre von den ursprünglichen Bewohnern übernommen worden. Ein Nachweis in den Quellen ist gleichwohl Fehlanzeige, diese Theorie also reine Spekulation. Dagegen spricht, daß Lautzkirchen in jener Liste von 175 Ortschaften nicht aufgeführt ist, in denen »Jenische« seßhaft gemacht wurden. Es ist deshalb davon auszugehen, daß die Geheimsprache auf der Straße erlernt worden ist.
Die Papiermühle in Lautzkirchen war bis ins 19. Jahrhundert hinein in Betrieb, und so lange verdingten sich die Bewohner des

Dorfes als Rohstofflieferanten, sprich Lumpensammler. Das Gewerbe indes wurde immer stärker reglementiert. Parallel zur gezielten Bekämpfung, ja zur Ausrottung des Vagantentums mit dem Beginn des 19. Jahrhunderts durften nur noch »einen guten Ruf genießende Inländer« den Beruf des Lumpensammlers ausüben; zudem mußte derjenige, der um eine Konzession nachsuchte, eine Bescheinigung des Papierfabrikanten bei sich haben, daß er demselben die erhaltenen Lumpen auch abliefert. Die Lumpensammler wurden genauestens registriert, und 1833 beispielsweise belief sich ihre Zahl in der gesamten Pfalz auf 1351.

Es war die industrielle Revolution, die auch der Papierherstellung in der alten Lautzkircher Papiermühle den Garaus machte. Daß dennoch das Jenische in Lautzkirchen überdauern konnte, ist einem anderen Umstand zu verdanken: dem besagten Bohnenbau nämlich. Dessen planmäßige Einführung geht darauf zurück, daß infolge einer Hungersnot im Jahre 1850 ärmere Familien in den Genuß kleinflächiger Bodenzuteilungen gelangten. Um damit möglichst große Erträge zu erzielen, wurden als Spezialkultur vornehmlich Bohnen angebaut. Die forcierte Anpflanzung setzte vor dem Ersten Weltkrieg ein, und nun begann auch der Markthandel. Frauen aus Lautzkirchen zogen zu den Märkten in der Region. Und just dort wurde die Geheimsprache benutzt, um sich über die Eigenheiten der Kundschaft zu verständigen, vor Dieben zu warnen und sich auch ansonsten auszutauschen.

Eine Kostprobe: »Die Moß diwwert schabbisch« meinte soviel wie »Die Frau da erzählt dummes Zeug« oder: »Der Fissel schafft nowes bischd« und will heißen: »Der Kerl hat kein Geld, mit dem ist kein Geschäft zu machen«. Aber auch geklatscht wurde auf Jenisch: »Die Moß schefft met schabbische Käffer juschele«, hieß es etwa von einer Frau, die sich hie und da mit einem »wüsten« Mann einließ, um sich etwas Geld zu verdienen. »De Käffer duht nowes maloche«, bezeichnete einen Faulenzer; »maloche« ist übrigens eine jener Vokabeln des Jenisch-Rotwelschen, die Eingang in die normale Umgangssprache gefunden haben. Bleiben noch die eingangs zitierten Sätze. Ersterer meint, daß eine Kundin gut bei

Kasse ist, während letzterer einen Mann bezeichnet, der nichts versteht. Und »diwwern« ist schlicht die Bezeichnung für »sprechen«. Gesprochen wird Jenisch in Lautzkirchen heute nur noch von wenigen, und vom Wortschatz ist nicht mehr viel erhalten. Ein paar Brocken sind es noch, die jene Frauen sprechen, die früher mit ihren Bohnen Märkte besuchten. Und so wie Papiermühle und Lumpensammeln, Bohnenbau und Markthandel verschwanden, so wird auch das Jenische eines nicht mehr fernen Tages verschwunden sein. *1994*

Der Gärtner
Volkslied aus St. Ingbert

Es war einmal ein Gärtner,
Der sang ein traurig Lied.
Er ging in seinen Garten,
Seinen Blumen abzuwarten,
(: Sein Lieb war auch dabei.:)

O schöne Gärtnerin,
O könnt ich bei dir sein!
O könnt ich dich noch einmal küssen,
Dich in meine Arme schließen!
(: O könnt ich bei dir sein!:)

Die Blumen welken all,
Sie welken ohne Zahl;
Sie welken ja nicht von dem Regen,
Sie welken auch nicht meinetwegen,
(: Sie welken ganz allein.:)

O Erde, deck mich zu,
Schaff meiner Seele Ruh!
Hier lieg ich zwischen vier Mauern,

Meine Schönheit ist ja zu bedauern.
(: Hier lieg ich ganz allein.:)
Und wenn ich einst gestorben bin,
So pflanzt man auf mein Grab
Eine Blum aus meinem Garten,
Eine Blum aus weißem Rasen,
(: Eine Blum: Vergißnichtmein!:)   *19. Jahrhundert*

Das Grubenlicht von Höchen
Hedwig Laudien

In Höchen sagte eines Tages ein Bergmann zu seinem Sohn: »Jörg, jetzt ist es genug, wenn einer von uns in den Berg einfährt. Du siehst es selbst, hier gibt's bald keine Kohle mehr. Suche dir sonstwo Arbeit.«
»Ja, ja«, antwortete Jörg, doch das Herz war ihm schwer dabei. Wie alle Bergjungleute hatte Jörg zuerst über Tag gearbeitet, bald bei der Aufbereitung, bald am Holz- und Sägeplatz. Hin und wieder hatte ihn der Vater schon mit in die Grube genommen, damit er sich an die Verhältnisse dort gewöhnen könne. Jörg war es nicht schwer gefallen. Mit Luchsaugen hatte er sich seine zukünftige Arbeit abgeguckt. Alles war ihm schon vertraut, die Zimmerungsarbeiten, das Fördern, das Bergversetzen und Kohlesäubern. Nun war er sechzehn Jahre alt, sollte ständig unter Tag arbeiten dürfen und träumte nur davon, bald Knappe zu werden. Da war dies nun ein trauriges Erwachen, und so zog der Jörg nur gar langsam davon. Immer wieder schaute er zurück, als könne er sich einfach nicht vom Höcherberg trennen. War er auf diese Weise nur rundum gekommen? Plötzlich blieb er wie gebannt stehen. Hier war ja ein alter Grubeneingang. Jörg spähte hinein. Seltsam! Da drinnen brannte ein Licht. Schritt für Schritt arbeitete sich der Jörg nun voran, immer die Augen ein wenig vor den Füßen gebrauchend. Mit einem Male aber blieben Augen wie Füße starr vor Schreck stehen. Was Jörg für Grubenlichter gehalten hatte, waren

die Augen eines Steigers. Sie leuchteten wie blaue Flammen. Auch sonst sah dieser Steiger zum Fürchten aus. Da war der mächtige Bart, das graulederne Gewand, die Stulpenstiefel und vor allem die Blechhandschuhe mit den spitzigen Haken, und jetzt fuhr er Jörg auch schon hart an: »So, ein Hauer willst zu werden? Hahaha! Willst wohl Erz schroten und rasch reich werden?« »Nein, nein!« stammelte Jörg, »Kohle will ich flözen wie der Vater.«

Nun füllte der fremde Steiger eine Grubenlampe mit Öl, reichte sie Jörg und sprach: »Fünf Lachter und du bist vor Ort.« Da waren aber auch schon die blauen Flammen verschwunden, und nur die Grubenlampe leuchtete noch. Und Jörg gar fühlte sich so stark, als wäre er schon ein Hauer, und da machte er sich munter ans Werk. Bald blitzte ihm Kohle entgegen, Kohle so glitzernd wie Diamant. Es war aber an diesem Tag der Vater mit etlichen Kameraden in die Grube angefahren. Plötzlich horchten alle auf. Pochte es nicht irgendwo im Berg und knisterte im Flöz? Eilends griffen sie nach ihrem Geleuchte und drangen in die alten, längst verödeten Gänge. Da entdeckten sie den fremden Hauer, ja, sie erkannten den Jörg erst, als er ihnen sein »Glück auf« bot. Zuerst auch wollten sie nicht an den geheimnisvollen Steiger glauben, aber als nun bei Jörg niemals mehr das Grubenlicht verlöschte, da erkannten sie, wer es ihm gespeist und ihm den Weg zum neuen Anbruch gewiesen hatte. Der Berggeist war ihm erschienen. Einmal aber war auch dieser neue Anbruch wieder erschöpft, und es erschien kein Berggeist mehr, der einen Bergjungmann aus Höchen das Grubenlicht mit unversieglichem Öl gefüllt hätte.

Der Höllenbrunnen von Altstadt
Sage

Unweit des Dorfes Altstadt – heute führt die von Autos vielbefahrene »Kaiserstraße« daran vorbei, hinter dem Wasserwerk der Saarbergwerke genau – , dort stand einst eine durchaus ansehnliche Hütte. Ein älterer Mann namens Zacharias bewohnte sie. Henker war er »von Beruf«, und sein blutiges Handwerk verrichtete er von Zeit zu Zeit oben auf dem Galgenberg, wo sich seit altersher die Richtstätte befand. Weithin sichtbar baumelten dort die Übeltäter am Strick, auch zur Abschreckung der zahllosen Reisenden, deren Weg auf der Geleitstraße durch Altstadt führte. Manchmal wurden die Bösewichte aber nicht aufgeknüpft, sondern mit dem Schwert gerichtet. Deswegen, weil er stets im roten Umhang und mit roter Kapuze seine Arbeit verrichtete, wurde der Henker auch der »rote Zacharias« genannt. Aber er war ein einsamer, verbitterter Mann, einer, dem der Tod auf den Fersen folgte. Es war ihm nicht erlaubt, im Dorf zu leben, niemand wollte etwas mit ihm zu schaffen haben, jeder ging ihm aus dem Weg.

Nicht selten wurde dem Henker seine Einsamkeit ganz eindringlich bewußt. Auch er sehnte sich nach einem bißchen Glück, dachte an eine Frau, vielleicht sogar an eine Familie – kurzum: an ein Leben, wie jene anderen es führten, die ihn so mit Verachtung straften. Aber wie sollte er es anstellen, seinem Einsiedlerdasein zu entfliehen, wenn er so abseits leben mußte? Noch quälender war ihm seine Situation vorgekommen, seit er beobachten konnte, daß nahezu jeden Tag ein junges, hübsches Mädchen den Weg von Beeden nach Altstadt und wieder zurück ging. Barbara hieß sie, wie Zacharias erfuhr, sie war die Tochter des Schmieds von Beeden, und sie ging ins nahe gelegene Altstadt, um ihren kranken Großvater zu versorgen. Barbara beherrschte fortan immer mehr seine Hoffnungen, Wünsche und Träume. Zacharias sinnierte pausenlos darüber nach, wie er sie für

Auf dem Altstadter Galgenberg fanden über Jahrhunderte hinweg Hinrichtungen statt. Dieser Richtplatz war weithin sichtbar - zur Abschreckung.

sich gewinnen könnte, und je länger und intensiver er es tat, desto heftiger wurde sein Verlangen. Aber als Ausgestoßener, als verachteter Henker, so wußte er, hatte er keine Chance. Das Gesetz war unerbittlich. Immer finsterer wurden seine Gedanken.

Da kam Zacharias der Zufall zu Hilfe: Ein neugeborenes Kind wurde tot am Ufer der Blies in Altstadt angeschwemmt. Der Henker streute das Gerücht, die Beeder Barbara sei die Mutter, die ihr Kind unmittelbar nach der Geburt getötet und in den Fluß geworfen habe. Und Kindsmörderinnen wurden zwangsläufig zum Tode verurteilt. Zacharias wußte aber, daß ein altes Gesetz besagte, daß ihm, dem Henker, das Recht zusteht, einer Todeskandidatin das Leben zu schenken, wenn er sie zur Frau nimmt. Und so wollte er sein Ziel endlich erreichen. Barbara wurde verhaftet und vor Gericht gestellt. Es gelang dem Mädchen nicht, seine Unschuld zu beweisen, und so wurde es zum Tod verurteilt. Zacharias war darüber außer sich vor Freude, denn sein Plan schien aufzugehen. Bald war es soweit: Auf der Richtstätte am höchsten Punkt des Galgenbergs wartete der Scharfrichter mit roter Kutte und roter Kapuze, das Henkersbeil in der Hand. Der armen Barbara half es auch nicht, daß sie unter Tränen erstickt nochmals ihre Unschuld beteuerte. Plötzlich faßte sich Zacharias ein Herz, trat vor und sprach: »Ich bin bereit, die Mörderin zur Frau zu nehmen.« Eine letzte Chance für das Mädchen, am Leben zu bleiben, wenn auch als geächtete Frau eines Henkers? – »Lieber will ich sterben als seine Frau zu werden«, schrie sie entsetzt. »Aber als Zeichen meiner Unschuld soll Milch statt Blut aus meinen Wunden fließen!« Wutentbrannt und zornig über die brüske Ablehnung packte Zacharias das Mädchen bei den Haaren, drückte es auf den Richtblock und hieb ihm mit geübter Hand den Kopf ab. Das Unglaubliche geschah – alles färbte sich weiß, wie Barbara angekündigt hatte. Unschuldig! Zacharias erstarrte vor Angst. Panisch ergriff er die Flucht geradewegs zu seiner Hütte und schloß sich ein. Doch kaum hatte er das letzte Fenster verriegelt, erzitterte seine Behausung und versank mit lautem Getöse im Erdboden, tief, so tief, bis er endlich in der Hölle ankam. Aber dort, wo er hinabgefahren war, entspringt seither der »Höllenbrunnen«. So weit reiche diese Quelle in die Erde hinein, daß man mehrere der großen »Wiesbäume« aneinanderreihen könne, ohne auf ihren Grund zu gelangen.

Der Butterhut
Karl Lohmeyer

Hinter Bierbach ragen die Bäume des mächtigen Pirmanns- oder Kirkeler Waldes, der seine Namen von dem Heidenbekehrer dieser Gegenden, dem hl. Pirminius, hat nach dem auch Pirmasens genannt ist.
Zusammen mit dem Warndt- und Köllertaler-Wald sind das die drei großen Laubwaldgebiete um Saarbrücken mit ihrer weit mehr als 1000-jährigen Geschichte und den ebenso alten Überlieferungen. Die Bewohner des Bliestales sehen in diesem Pirminswald den Tummelplatz guter und böser Geister, und so manche Sagen künden von ihrem Tun, wie sie einmal den Menschen zu Glück und Reichtum verhalfen, um zum andern wieder ihren Schabernack mit ihnen zu treiben. Heute noch erzählen die Leute vom »Pirmännel«, das in der Tiefe des Waldes sein Unwesen treiben soll, wie auch vom »Butterhut« und dergleichen Sagengestalten und Waldesgeistern, die in dem alten Zauberforst umgehen und ihn so sagenhaft beleben.
Aber dieser Butterhut muß nicht allein sich nur im Walde selbst gezeigt haben, vielmehr hatte er eine anscheinend noch beliebtere Spukstelle, zu der er auch aus dem Walde gern heraustrat.
Ist man nämlich zur Hälfte die Straße von Bierbach nach Lautzkirchen gewandert, so kommt man zur Rechten bald an ein liebliches Wiesentälchen, das hier das bewaldete Bergmassiv durchschneidet. Auf niederm Steinsockel steht hier, hart an der Landstraße, ein altes Holzkreuz. Es soll, weiß Gott, wie oft schon, vor Alter zusammengebrochen, aber stets wieder erneuert worden sein.

Bei ihm, um dessen Ursprung niemand weiß, soll es bei Nacht nicht geheuer sein. Späten, ohne Begleitung Vorübergehenden erscheint gerade auch hier der Butterhut, also doch auch zwischen den Waldbergen. Das aber ist ein überaus häßlicher, wie auch äußerst tückischer Klotz, also ein gefährlicher Gnom. Und wehe, wem er einmal auf den Rücken springt, er muß ihn trotz allen Sträubens bis nach Bierbach oder Lautzkirchen tragen, wo er dann ebenso geheimnisvoll verschwindet, wie er gekommen ist. – Gingen nun die Burschen früher nachts von auswärts kommend übermütig spöttelnd am Butterhutkreuz vorbei, so riefen sie: »Butterhut, Butterhut, komm ich trag dich gut!«

Aber dann kam er nicht. Jedoch merkte er sich die Spötter gut und plagte sie dann später um so mehr, wenn sie einmal allein vorüber kamen. So ging denn in jungen Jahren auch einmal der alte Royan mit Wörschweiler Buben spät nachts vorüber und rief nach dem Butterhut. Weil er advent (also hellsichtig) war, sah er, was die andern Buben nicht sehen konnten: Der Butterhut aber saß klein und häßlich, einem alten Baumstumpf ähnlich, voller Zorn lauernd hinter seinem Kreuz und sagte nichts. – Aber er schwur allen Rache und nahm sich später im Laufe der Jahre einen nach dem andern aufs Korn. Von jedem ließ er sich in eines der Dörfer vor dem Wald tragen und jeder spürte, daß er über einen Zentner butterähnliches Zeug schleppte. Ganz schmierig, krötenähnlich war der Klotz und roch sehr nach Fett. Dazu hatte er unendlich blöde Augen, eine träufelnde Nase und eine borstige Haut voller Rinnsale. Der Mund war grausig groß. Ein häßlicher Geist war dieser Gnom schon, das mußte man sagen. Und man konnte ihn schon fürchten, wenn er auf einem saß und dumpf kicherte:

»Ich bin der Butterhut, der Butterhut!
Hoppla, hopp, jetzt trag mich gut!«

Einst ging Royan dann auch noch spät nachts ohne Begleitung nach Lautzkirchen. Von weitem schon sah er den Butterhut am Kreuze buttergelb und ölig, glitschrig, ganz geduckt lauern. Drum ging Royan nicht allzunahe am Kreuz vorbei und sah über seine Schultern heimlich hinweg. Da gewahrte er, wie der Butterhut ihm leise nachwatschelte. Immer wieder setzte er vergeblich zum Sprung auf seinen Rücken an, denn Royan eilte dann jedesmal etwas schneller zur linken Wegseite hin, wo eine kleine Böschung hinunter in die Wiesen lief.

Hier blieb er stehen und tat, als sähe er den Gnom immer noch nicht. Da machte dieser endlich seinen gewohnten Sprung und dachte sich sicherlich schon auf Royans Rücken. Aber der advente Wandersmann war auf der Hut. Er bückte sich blitzschnell tief zu Boden, so daß der butterglänzende, hutähnliche Zwergklumpen in hohem Bogen weiterflog und grad die Böschung hinunterpurzelte, um zu verschwinden. Denn so hatte ihm doch noch keiner mitgespielt. Seither wurde er nicht mehr gesehen. Aber immer noch erzählen die Alten von diesem originellen Waldgeist vom Pirminswald, und darum fürchtet sich noch mancher heute, spät in der Nacht allein längs des alten Kreuzes zu gehen.

Der Riese Kreuzmann
Victor Carl

Riesen vollbringen die größten Taten; Menschen zittern vor ihnen. Vom Riesen Kreuzmann auf dem »Großen Stiefel« bei St. Ingbert kennen wir so manche Untugend. Einmal gelang es ihm auf der Suche nach Menschen ein hübsches Ritterfräulein einzufangen. Kreuzmann war von dem Fräulein so angetan, daß er beschloß, es zu seiner Frau zu nehmen. Aber er biß auf Granit; das Mädchen blieb standhaft. Da halfen keine guten Worte, auch keine Drohungen, keine Schläge. Das Fräulein im goldenen Käfig lachte den Riesen aus; doch stand die Angst in den Augen der jungen Frau, denn der Riese hatte ihr nur Bedenkzeit bis zum nächsten Vollmond gegeben. Entweder es gelang dem Vater die Tochter zu befreien, oder aber sie mußte den Weg all der zahllosen Menschen vor ihr gehen: Sie wurde vom Riesen aufgegessen. Die Heirat als dritte Möglichkeit wies das Mädchen weit von sich.

Daheim saß der Vater und grämte sich. Er konnte nicht gegen den

Riesen ziehen, weil er blind war. So ließ er in seinem Lande bekanntgeben: Wer meine Tochter aus den Fängen des Riesen Kreuzmann befreit, erhält sie zur Frau und die Hälfte meines Besitztums dazu.

Schon bald meldete sich ein Männlein, das genaue Gegenstück zum Riesen. Es war klein und schmächtig, hatte eine lange Nase und ein Stimmchen wie ein kleines Kind, doch wie es selbst behauptete, reiche sein Verstand über denjenigen aller Untertanen des Ritters hinaus. »Wie aber wollt Ihr den Riesen bezwingen?« fragte der Ritter. Der Kleine zog aus der Tasche ein Fläschchen heraus und hielt es dem Ritter unter die Nase. »Damit will ich den Riesen schon kleinkriegen. Mein Tränklein wirkt Wunder!« Der Ritter gab seine Erlaubnis, und der Spindeldürre machte sich auf den Weg, vergnügsam vor sich hinsummend, denn er sah sich schon als Graf das Land regieren. Schon von weitem hörte er den Riesen schnarchen, und als er an die Pforte kam, schliefen auch die Wächter. Er ließ sie an seinem Fläschchen riechen und konnte so ungehindert in das Innere der Burg gelangen. Der Riese lag auf seinem Bett und schnarchte, daß die Gitter vor den Fenstern wackelten. Dicht bei ihm stand der goldene Käfig mit dem Ritterfräulein. In Sekundenschnelle übersah der Spindeldürre die Situation, und schon stand er am Bett des Riesen und ließ ihn am Fläschchen riechen. Doch, o Schreck, der Unhold mußte husten, daß die Wände wackelten und dem Dünnen das Fläschchen entfiel. Das Gift breitete sich im Raume aus, das Ritterfräulein fiel in Ohnmacht, der Riese aber rappelte sich hoch. Schnell ergriff der Spindeldürre den Käfig und schleppte ihn samt der süßen Last hinunter in den Burghof. Der Riese folgte ihm, riß einen Eichbaum aus und erschlug den Dünnen. Der erste Befreiungsversuch war gescheitert.

Nicht lange danach meldete sich beim alten Ritter ein junger Bursche, wohl ein Jäger, dem Gewand nach zu schließen. Er erbot sich, den Riesen mit Pfeil und Bogen umzubringen und so die Tochter zu befreien. Auch er erhielt den Segen des Alten und machte sich auf den Weg. Das Burgtor war geöffnet, die Wächter schliefen, und mitten im Burghof lag der Riese und schlief, halb vergiftet vom Tränklein des Spindeldürren. Der Bursche trug zunächst den Käfig vor die Tore der Burg, denn, so dachte er, vielleicht werden die Wächter wach, dann soll das Fräulein in Sicherheit sein. Nun, so meinte der Jäger, sei es ein leichtes, den Riesen zu töten. Er stieg auf den höchsten Baum in der Nähe, zielte, doch als er abdrücken wollte, schnarchte der Riese so laut, daß der Bursche vom Baum fiel und sich das Genick brach. Der zweite Befreiungsversuch war gescheitert.

Am nächsten Tag stellte sich ein Bauernbursche beim alten Ritter ein. Er wollte mit Feuerstein und Zunder ans Leben des Riesen. Er fand das Mädchen schlafend in seinem Käfig vor dem Burgtor, schlafend auch die Wächter und den Riesen. Flugs ergriff der Junge den Käfig und trug ihn talwärts in einen Schuppen. Dann eilte er durch das Dorf und bat um Hilfe. Im Nu türmte sich um die Burg des Riesen ein Wall von dürrem Holz. Flammen schlugen himmelhoch, beißender Qualm weckte den Riesen. Er mußte niesen, daß die Erde bebte und die Helfer Reißaus nahmen. Nur der Bursche blieb, gut versteckt oben im Wipfel einer mächtigen Eiche. Er sah, wie der Riese seinen Körper aufrichtete, mit einigen Sätzen die Treppe zum Turm erreichte, ins Tal hinunterblickte, in Wut geriet, den Wetzstein ergriff und ihn zu Tal schleuderte. Der Wetzstein lag dem Riesen am nächsten. Bei Rentisch landete er, und dort steht er heute noch, der »Spillenstein«, wie ihn die Leute nennen.

Daneben gezielt hatte der Riese, seine Wut war unbeschreiblich, seine Stimme fürchterlich. Der Junge sah in die Fratze des Riesen und wollte schon den ungleichen Kampf aufgeben, als der Riese über eine Baumwurzel stolperte und hart mit dem Kopf auf einem Felsen aufschlug. Schnell kletterte der Bursche vom Baum und schlug dem Riesen mit dem Feuerstein den Schädel ein.

Im Schuppen wartete das Mädchen. Der Bursche führte schon einige Tage danach seine Braut zum Traualtar. Der Alte auf seiner einsamen Burg war nicht mehr einsam.

Der blecherne Müller von Walsheim
Karl Lohmeyer

Nahe dem saarpfälzischen Dörflein Walsheim schlängelt sich ein friedlich glucksendes Bächlein durch das romantische Erzentälchen vom Medelsheimer Klosterwald herunter. Erz soll ja in alter Zeit hier gegraben worden sein, darum der Name Erzental. 1939 und auch 1945 lag das Tälchen schwer unter Artilleriefeuer und hat durch die angerichteten Kriegsschäden viel von seiner ursprünglichen Schönheit eingebüßt. Wandert man durch dieses stille und trotz allem noch schöne Tälchen, so stößt man noch jetzt auf Felsblöcke, Gestein und Mühlsteine, die unter Geröll und Gebüsch daran erinnern, daß hier einst eine menschliche Behausung stand, eine Klostermühle, dem nahen Kloster Medelsheim zu eigen. Aber jemand anderes spielte sich hier auf, als sei er der Herr der Mühle. Es war der dem Kloster hörige Klostermüller. Schon dutzende solcher Müller mahlten dahier, aber mit keinem waren die Bauern so unzufrieden wie mit diesem. Der alte Mühlenbau sah noch nie so viel Geiz und Habgier in einer Person verkörpert, wie in diesem Menschen. Den Namen des Geizhalses überliefert die Sage nicht. Sie spricht nur von dem blechernen Müller von Walsheim. Mit ihm hat es folgende Bewandtnis:
Kamen die leibeigenen Bauern des Klosters mit ihrer wenigen Frucht zum Mahlen in die Mühle, so hieb sie der Müller übers Ohr, wo und wie er nur konnte. Nie stimmte seine Waage, auch Malter und Scheffel waren zu klein. Jedermann schimpfte heimzu über das zu hohe Maltergeld. Einmal zog er zu viel Kleie ab, ein andermal berechnete er den Feuchtigkeitsgehalt der Frucht zu hoch. Alles, alles wanderte in seinen unersättlichen Geldsack.
Die Beschwerden der Bauern beim Kloster nützten nichts. Täglich wurde es noch schlechter. Der blecherne Müller war nicht zu fassen. Zu seinem Geize war er noch schlau wie ein Fuchs. Er wußte sich immer herauszureden, wenn er vom Kloster vorgeladen und vernommen wurde. Und weil das Vermögen so sehr wuchs, beließ man ihn zuletzt doch immer wieder auf seinem Posten, da das Kloster auch davon viel Vorteil erhoffte.

Was sollten die armen Bauern anfangen? – Nirgends sonst durften sie ja mahlen lassen, darum haßten sie den blechernen Müller, wenn sie ihn nur sahen oder hörten!

Hörten? –

Ja, ja, hören konnte man ihn nämlich im ganzen Walde schon von weitem her. Und wenn der Wind noch so sehr in den alten Buchen des Waldes rauschte und das Räderknarren der Kornfuhren den Forst durchhallte; des Müllers Schritt übertönte alles. Der war eisenblechern. Denn der Geizhals trug Schuhe aus dickem Blech. Lederne waren ihm zu teuer. Ein geschickter Knecht, der alles machen konnte, hatte sie ihm einmal zuschneiden müssen. Dieser erhielt niemals Macherlohn dafür, sondern nur die Kost und die war äußerst schmal.

Das starke Blech konnte getrost mal rosten. Schuhfett brauchte er nicht. Die Blechschuhe hielten ein Leben lang. Als der Müller den Knecht später fortjagte, arm wie eine Kirchenmaus, und dieser dann in Walsheim seinen blechernen Schritt über die Wälder vernahm, verfluchte und verwünschte ihn der Obdachlose. Und das hatte wohl auch schon mancher Bauer getan. »Nach deinem Tode sollst du noch in deinen Blechschuhen umhergehen!«

Endlich ereilte den Geizhals seine gerechte Strafe. Und zwar so, als wäre des Knechtes und der Bauern Fluch in Erfüllung gegangen. Im besten Mannesalter starb er plötzlich dahin. Tot fand man ihn eines Tages in der Mühle. Nur einige gaben ihm das letzte Geleit zum nahen Walsheimer Friedhof. Das Kloster aber sollte keine Freude an seinem Besitz mehr haben. Des Blechmüllers Golddukaten und Silbertaler blieben verschwunden. Der Müller hatte sie zu gut versteckt.

Bald zerstörten Räuber und fremde Soldaten die Mühle und wühlten in der Ruine. Sie suchten nach Reichtümern, als wären auch sie vom Geize des toten Müllers umfangen. Diesem selbst ließ das Treiben keine Ruhe im Grabe mehr. Nur nachts jedoch traute er sich hervor. Zur Strafe für seinen Geiz durfte er nicht wie andere Geister und Gespenster in weichen Socken oder leichtem Schuhwerk geräuschlos durch das stille Walsheim schweben. Nein, der Teufel ließ ihn jedesmal seine blechernen Schuhe anziehen, die neben ihm im Sarge lagen. Man gab sie ihm ja mit ins Grab. So verriet ihn denn stets sein Schritt. Wie schmiederne Hammerschläge erklangen seine Schritte. Hammerschläge der Ewigkeit, die nachts über in dem am Tage so stillen Erzentale zu hören waren. Der nun tote, zu Lebzeiten so geizige Müller ging alle Nacht in den Trümmern der Mühle umher und klagte, weil er keine Ruhe hatte im Grabe. Und jeder blechern-eherne Schritt klang wie ein lauter eiserner Schlag seines schlechten Gewissens. Jedoch zu spät. Er muß seitdem unermüdlich weitergehen in seinen Blechschuhen; jede, jede Nacht. Während die anderen Toten neben ihm ausruhen, muß er wandern, suchen und klagen.

Das Findelkind von Gräfinthal
Alfred Mayer

Die Frauen von Bliesmengen-Bolchen erzählen sich oft folgende Geschichte:
In der Frühe eines Morgens zur Klosterzeit, etwa um das Jahr 1785, hörte die Müllersfrau das Weinen eines kleinen Kindes. Das leise Wimmern kam von dem Kreuze her, das auf der Brücke des Letschenbaches stand. Die Frau eilte herzu und fand auf dem Sockel des Martersteckkreuzes ein kleines Bündel. Als die Bewohnerin der Mühle, es war Frau Schweißthal, das Bündel öffnete, fand sie darin das weinende Geschöpf. Um den Hals trug es eine Schnur, woran ein Zettel befestigt war. Darauf standen folgende Worte:
»Christina Kreuzstein, so heiße ich.
Daß ich getauft bin, das weiß ich.
Weil meine Mutter eine Jungfer will sein,
so liege ich hier auf diesem Stein.«
Als die Frau das Kind in ihre Arme nahm und beruhigt hatte, soll drüben überm Bach eine weiße Gestalt verschwunden sein. Nun gab es in Gräfinthal Männer in weißen Kutten, das waren die

Mönche des Klosters, die man »Weißmäntel« nannte. Als das Mädchen, das in der Müllersfamilie Aufnahme fand, herangewachsen war, nahm es Frau Schweißthal öfter mit nach Saargemünd, wenn sie dort ihre Eier und die in Dickrübenblätter eingewickelte Butter auf den Wochenmarkt brachte.
Während Frau Schweißthal ihre Ware feilbot, schlenderte Christina über den Markt. Einmal hielt sie eine Frau an, die über dem breiten Rand des Hutes einen Schleier trug, so daß man ihr Gesicht nicht erkennen konnte.
»Wie heißt du, mein Mädchen?« fragte sie. Christina gab höflich Antwort. Dann wollte die hohe Dame wissen, wie sie hierher gekommen sei, wo sie wohne und wie ihre Eltern heißen. Christina gab an, daß sie nun den Namen Christina Schweißthal trage, daß sie aber keinen Vater kenne, sondern als Findelkind in der Gräfinthaler Mühle Aufnahme gefunden habe. Da neigte sich die Dame ihr zu, nahm von ihrem Hals eine goldene Kette und legte sie dem Mädchen um den Hals. Ein flüchtiger Kuß, und die Dame war verschwunden. War es die Mutter des Gräfinthaler Findelkindes?

Falscher Schwur
Saarpfälzisches Volkslied

Minchen ging einmal spazieren
In dem grünen Wald.
Was traf sie an zu ihrem Vergnügen?
Ein Jüngling von schöner Gestalt.

Schön und reizend war es der Jüngling
Und sein Wuchs war schlank.
Grün und düster war es im Walde
Und sie waren allein.

Minchen, du mein einziges Leben,
Nur ein Küßchen von dir!
Ein Küßchen will ich dir gerne geben
Und noch etwas mehr.

Als sie so beisammen saßen,
Schwur er ihr die Treu.
Und als sie wieder einander verlassen,
War der Schwur vorbei.

Minchen, deine Wangen bleichen,
Sprach die Mutter bald.
Es hat mir ein Jüngling die Treu geschworen
Und sein Schwur war falsch.

Mutter, ach in wenig Tagen
Werd ich Mutter sein,
Und vielleicht in wenig Wochen
Schon im Grabe sein.

Schreibt auf meinen Grabeshügel,
Sagt den Jungfern all:
Dort in jenem finstern Walde
War mein Unglücksfall. *19. Jahrhundert*

Das Gräfinthaler Mirakelbuch
Gabriele Oberhauser

Bis zu seiner Überführung nach Blieskastel im Jahr 1785 wurde in Gräfinthal »Unsere Liebe Frau mit den Pfeilen«, ein um 1340-60 aus Eichenholz geschnitztes Vesperbild verehrt. Die schon früh durch Pfeilbolzen verletzte Plastik diente als Gnadenbild des von Elisabeth von Blieskastel rund hundert Jahre zuvor gegründeten Wilhelmitenklosters und war Ziel einer blühenden Wallfahrt.
Bereits 1421 ist in einer Notariatsurkunde vom 3. Juli von einem Blutwunder des verehrten Kultbildes an Gräfin Elisabeth die Rede: Sie sei von einer Augenkrankheit geheilt worden und soll zum Dank das Kloster gestiftet haben. Im Mirakelbuch des Konventualen Fridericus Schaal, mit dem er 1671 für den Wiederaufbau des im Dreißigjährigen Krieg zerstörten Konvents und für die Erneuerung der Wallfahrt wirbt, liest sich die Gründungslegende so:
»Ehe dann vnd zuvor das GottsHauß Gräffenthal erbaut worden / ist das wunderbarlich Vesper Bild Vnser Lieben Frawen / an einem Weeg vnd Fußpfad / auff einem erhabenen Berg-Feld / zwischen zweyen Thälern Bebelsheim gegen Aufgang / vnd Mängen gegen Undergang der Sonnen gelegen an einem Waldschlag in einem grossen dicken Eichbaum / durch einen Gottseligen Einsidler dahin gesetzt / welcher die Einöde sonderbar geliebt / auch dahero das Feld noch heutiges Tags Brudermanns Acker genennt wird...
Also hat sich zugetragen in dem Jahr 1243 da Innocentius der Vierdte / vnd Keyser Fridericus II. regierende / etliche Bildstürmer mit Bogen / vnd Armbrüsten / welche damals etliche im Brauch hatten / herumb gangen / biß sie vngefähr für dieses Vesper-Bild in der Eychen darvor gerathen / vnd ersehen / selbiges zu einem Ziel und Zweck gesetzt... O groß Wunder? Alsbald sie ihre Pfeil vnd Arm-Bogen abgelassen / ist auß den Wunden Christi vnd Mariae seiner Mutter das schöne rosenfarbes Blut herab geflossen / darab sich einer auß ihnen alsbald entsetzt / seinen Bogen nieder auff die Erden geworffen / auff die Knye gefallen / GOTT den Allmächtigen

vmb Verzeyhung der Missenthat / Gnad vnd Barmhertzigkeit angeruffen / die grosse Vnehr so er seinem lieben Sohn vnd Mariae der Jungfrawen ihrem Bild hab angethan / zuverzeyhen / mit Versprechen / sich zu dem wahren allein seeligmachenden Glauben zubekheren / die Bildnuß Christi vnd seiner lieben Mutter jederzeit zuverehren ...

Vnd wie die zween Blinden bei Matth. am 9. da der Herr ihre Augen eröffnet / im gantzen Land alsbald offenbar gemacht / also auch dieser Bettler ohne Verzug der Hochgebornen Elisabetha, einer Grävin von Bließ-Castell / angezeigt / welche mit grossem Eyffer mit ihrem gantzen Hoffgesind dieses groß Wunder zu sehen / außgangen / vnd als Sie nicht allein die Warheit also befunden / sondern Sie selbsten schmertzliche Wehetagen / blöde / krancke / verdunkkelt vnd trieffende Augen gehabt / mit dem blutigen Schweiß / so neben den Eysen-Pfeilen herauß geflossen vnd noch auff den heutigen Tag zu sehen seynd / Sie selbsten angestrichen / mit grosser Verwunderung der vmbstehenden Hof-Leuthen vnd Kammer-Junckfrawen gantz vnd gar gesund vnd von allem schmertzen verlassen / mit hellem klarem Liecht wiederumb restituirt sich befunden ... Danckbarkeit halben für so herrliche fürtreffliche empfangene Wolthaten / hat die gemelte wolgeborne Grävin von Bließ-Kastel das Gotteshauß lassen auffbawen (nach erlangtem Gesicht) Nachdem dann das Closter vnd Kirchen in dem Thal vnd Grund erbawet / hat die Grävin das miraculos Bild von dem Eychbaum dahin transferiren lassen ... «

> Gräfin Elisabeth von Blieskastel stiftete das Wilhemitenkloster Gräfinthal, nachdem sie der Legende nach von einem Augenleiden geheilt worden war.

Nach dem Gründungsbericht verzeichnet Schaal über 80 meist mündlich überlieferte Mirakel. Es sind fast ausnahmslos Gelöbnisse, bei denen die wunderbare Hilfe in der Regel »von Stund an«, also im Augenblick des Wallfahrtsversprechens, erlangt worden sein soll. Die meisten Gebetserhörungen verweisen auf die Rettung kranker, verunglückter oder totgeglaubter Kinder. Man darf annehmen, daß die Eigenart des Vesperbildes, der kindhaft wirkende Jesus im Schoß seiner Mutter, dessen besondere Anziehungskraft ausmachte. »Ich nam min zartes kint uf min schoze und sah in an – do waz er tot; ich lugt in aber und aber an – do enwas da wedder sind noch stimme«, heißt es in Seuses vor 1334 geschriebenen »Büchlein von der ewigen Weisheit«.

»Das 26. Exempel
Ein Kind in einer Stuben / wird von den Mauren / Tach vnd Haußgebäw die auff es gefallen / ertruckt / zu tode geschlagen / wiederumb lebendig.
Zv Brebert nicht weit vnder Blückweiler an der Bließ war ein Schäffer so zuvor zu Blidersdorff in Diensten geweßt / hat mit sambt seiner Frawen Gertruda die Schaaff gehütet / vnd das Kind allein zu Hauß gelassen. Wie es also in der Stuben sitzen verblieben / siehe / da fallen vnversehens das obere Hauß mit sambt dem Tach auff ein Hauffen / bedeckt das Kind / daß es vor Grund vnd Leym / welche eines Knyes tieff auff ihm gelegen / nicht möcht gesehen werden. Die betrüte Mutter laufft mit wainen vnd schreyen zu den Nachbauren / Stein / Holtz / vnd alles wird hinweg geraumbt / man kombt auff das Kind / sihe / O trauriges Spectackel! da ligt es gantz schwartz vnd todt. Ach mit was Hertzenleid sahen die Eltern ihr Kind so ellend da ligen! gantz zerschmettert / die traurige Mutter klagt vnd jammert / vnd weist ihres Leyds weder Hülff noch Trost / endlich erinnert sie sich der vielfältiger grossen Gnaden so durch die Fürbitt Mariae zugeschehen pflegen / wendet sich derowegen zu der barmhertzigen Mutter Gottes / rufft Sie an vnd verlobt das Kind mit einem halb Pfund Wachs nacher Gräffenthal. Siehe / O grosses Wunder! Sie richten das Kind auff / fangt an sich zu rühren / seine äuglein zu eröffnen / die Mutter nimbt das Kind / dancket GOTT vnd Mariae / für die grosse empfangene Gnad / vnd verrichten ihr Gelübd mit höchster Frewd vnd Andacht.
Auff Montag in der Faßnacht.« *(Mirakelbuch) 1671*

Es wollte emol Vier noo Gräwedaal
Karl Uhl

Was hat m'r sich Manches schon vorgenomm
Doch hinnenoo isch's als annerschter komm,
un for die Katz ware die Plän –
So wollte emol Vier wallfahre gehen:
De Plattkopp, de Seel, de Kapperal
und Schneirersch Jäb – noo Grääwedaal.
Das Grääwedaal isch jo scheen: awwer weit –
Drum macht ma sich uff die Socke beizeit.
Die Vier, das isch es e dorschdschi Schwidd.
Was isch do se mache? Die Buddell muß mit.
Das Wasser, das kalkisch – gäb em de Rescht.
E Buddell voll »Korzer« isch immer es Bescht.
Die kommt in den Rucksack – und jedem sei Sprääb.
De Jüngscht muß ne tra'n, de Jüngscht isch de Jäb!
De Plattkopp bät vor – der isch dodefor doo.
De Kapperal, de Seel und de Jääb bääre noo.
Wo's de Staffel enuffgeht – beim fuffzischte »Oome«,
wird die Buddell gehoob – in Gottes Noome!
Wann's nohd so gäh de Berch enuffgeht,
do hat m'r se schnaufe. Doo wird nit gebäät.
Uff de Ewening wird widder gebäät un gesung.
Hei! hat das es »Gelösch« enunnergeklung!
Es Löwebrünnche gluckst als –. Ja – bei der Hitzt,
könnts Wasser schade – wann m'r so schwitzt.
Drum hebbt m'r halt beim hunnertschde »Oome«
Die Buddell als widder – Gottes Noome.
Ooch, was das Ensemer Schoossee sich zieht!
Uff dene Kalkwäggelcher wer m'r so mied!
Un die Sunn – die brennt Em uff's Bleß!
Dene Plattkopp hat de Dorscht ball verreß.
Er fahrt mit de Hand iwwer sei großi Stärn.
»Ich kann nimmeh« heult'r, »M'r broot jo mei Härn!

Nix wie unner die Bälle, in's Gras – ihr Leit!
Doo wer jetz gerascht; m'r han joo noch Zeit!«
Die Sprääb isch so trucke wie's hunnertfuchzigschde Oome!
Die Buddell gehoob jetz – in Gottes Noome!
Nod sa't de Plattkopp: »Uff' Weiter gedroßt!
Awwer daß m'r känner sich bambele loßt!«
Die Ensemer lache –, die Eschringer aa –?
»Uih, uih, vier staawische Pilcher« Uuuzt dort e Fraa.
De Plattkopp bäät härter; do halle se's Maul.
In Punkt: Rellchion isch's dojuwe schunn faul!
Sie komme noch nit bis zum Hunacker Hof,
doo packt die vier staawische Pilcher uff eemol de Schloof.
Bums! Leje se doo, wie vier labbiche Säck;
Un strecke die Bään und die Arem ewegg.
Die Ametze han dene Schnaps gleich geroch –
Un kumme gekrawwelt – han gestoch und gestoch
Gesichter, Bään, Arem – Känns hat gekratzt,
Die Vier han als weiter geratzt.
Jetz träämt de Plattkopp vum zweihunnertschte Oome,
will die Buddell hewe in Gottes Noome –
Un haut em Seelepeter uff's Maul,
Der träämt grad jetz, es träät nei sei Gaul
Un rennt em Kapperal in die Seit.
Der kommandeert: »Aufstehn! s'isch Zeit!
Hat kenner e Meldung odder e Bitt?«
Do isch se widder lewendich – die Schwidd!
»Ei – wo sin m'r dann?« Doo lacht de Kapperal:
»Mer wollte doch wallfahre noo – Grääwedaal.
Das kann jetz leie in Gottes Noome!
For Mondags se stubbe dät ich mich schoome.
S'isch Naacht! In Eschringe sieht m'r noch Licht –
Serick, marsch, marsch! Sunscht krieb m'r morje ke Schicht!« *1956*

Die Alschbacher Vesper
Dora Dimel

I: Ihr liewe Leit, was will ich euch sage?
  Die Saubauere, Spitzbuwe wolle nix meh
  in's Kloschter enei trage!
II: Ei, wenn die uns nix meh bringe,
  dann duhn mir dene aach nix me singe!
I: Sie haben sich eines Besseren bedacht
  und haben uns drei Heller gebracht.
  Der Heller macht kling klang gloribus,
  o lamentationibus.
  Kling klang gloribus, was ich da singe und sage muß.
I: Ihr liewe Leit, was will ich euch sage?
  Die Saubauere, Spitzbuwe wolle nix meh
  in's Kloschter enei trage!
II: Ei, wenn die uns nix meh bringe,
  dann duhn mir dene aach nix me singe!
I: Sie haben sich eines Besseren bedacht
  und haben uns eine Gans gebracht,
  die Gans mit ihrem Watschelfuß, kling klang gloribus,
  was ich da singe und sage muß.
  Drei Heller klingt der gloribus,
  o lamentationibus.
I: Ihr liewe Leit,
  was will ich euch sage?
  Die Saubauere, Spitzbuwe
  wolle nix meh
  in's Kloschter enei trage!
II: Ei, wenn die uns nix meh bringe,
  dann duhn mir dene aach nix me singe!
I: Sie haben sich eines Besseren bedacht
  und haben uns eine Ent gebracht,
  die Ent mit ihrem breiten Fuß, kling klang gloribus,
  was ich da singe un sage muß.

     Drei Heller klingt der gloribus,
     o lamentationibus.
I: Ihr liewe Leit, was will ich euch sage?
     Die Saubauere, Spitzbuwe wolle nix meh
     in's Kloschter enei trage!
II: Ei, wenn die uns nix meh bringe,
     dann duhn mir dene aach nix me singe!
I: Sie haben sich eines Besseren bedacht
     und haben uns eine Geiß gebracht,
     die Geiß mit ihrem Stelzefuß, kling klang gloribus,
     was ich do singe un sage muß.
     Drei Heller klingt der gloribus,
     o lamentationibus.
I: Ihr liewe Leit, was will ich euch sage?
     Die Saubauere, Spitzbuwe wolle nix meh
     in's Kloschter enei trage!
II: Ei, wenn die uns nix meh bringe,
     dann duhn mir dene aach nix me singe!
I: Sie haben sich eines Besseren bedacht
     und haben uns ein Kalb gebracht,
     das Kalb mit seinem Stützelfuß, kling klang gloribus,
     was ich do singe un sage muß.
     Drei Heller klingt der gloribus,
     o lamentationibus. *1936*

Hosenstrickers Betteltour
Karl Lillig

Als im Herzogtum Pfalz-Zweibrücken – unter schwedischer Fremdherrschaft zwar (1681-1719) – allenthalben der Wiederaufbau in Gang kam, war die Anschaffung von Uhr und Glocke zur protestantisch gewordenen Limbacher Kirche gegen Ende des 17. Jahrhunderts schließlich nicht mehr länger hinauszuschieben.
Da die bettelarme, kleine reformierte Gemeinde, mit Hans Nickel Fell als Schultheiß und den Ältesten Lorenz Schäfer, Hans Adam Römer, Georg Bernhard Bauer und Jacob Lutter, hierzu aus eigener Kraft nicht imstande war, verfiel man auf den naheliegenden Gedanken, nach Spendengeldern Ausschau zu halten.
Was die Höhe des auf diese Weise letztendlich zu beschaffenden Kapitals anlangte, war zudem zu bedenken, dass der hölzerne Kirchturm, zugegebenermaßen »ein sauberes Werk«, jedoch »zur Tragung des Glockenstuhles mit einer Glocke viel zu schwach«, ebenfalls dringend erneuert werden musste. Um die Sache nunmehr gleich richtig anzupacken, sollte der Turm nicht nur von einem Maurer aus Blieskastel massiv aufgeführt, sondern auch um »ein Stockwerk mit vier Schallfenster« erhöht werden. Hierbei fiel den Limbachern ein, dass der Hosenstricker Johann Martin Matheiß (auch Mathäus oder Matheus genannt) aus »Duntzweiler, der sich durch Herzhaftigkeit und Freymüthigkeit« auszeichnete, wenige Jahre zuvor, ausgestattet mit einem »Attest« des Pfarrers, bei der schwedischen Verwaltung in Meisenheim wegen einer »Beyhülfe zur Unterhaltung eines Schulmeisters in Duntzweiler und Breydenbach« immerhin mit Erfolg vorgesprochen hatte.
Wie Pfarrer Euler von Waldmohr hierzu berichtet, beschlossen die Limbacher, den zwar schon bejahrten, aber als besonders beherzten und abenteuerlustig bekannten Mann mit der Beschaffung der erforderlichen Mittel zu betrauen und – was freilich heutzutage recht seltsam anmutet – ihn nach Schweden auf Betteltour zu schicken. Zuvor wurde abgemacht, dass er zunächst für die Anschaffung von Uhr und Glocke sammeln sollte, ein Drittel des

Spendenaufkommens jedoch als Entgelt für seine Mühe und Aufwendungen erhalten würde.

Mit Empfehlungen im Ranzen und wohlgemut machte sich der Hosenstricker alsbald auf den ebenso beschwerlichen wie gefahrvollen weiten Weg. Lange hörte man nichts mehr von ihm. Es dauerte schließlich eineinhalb Jahre – und die Beunruhigung war schon ziemlich groß –, als Pfarrer Euler von ihm aus Stockholm einen Brief erhielt, in dem er diesem nicht nur auftrug, seiner Familie ein Lebenszeichen zu übermitteln, sondern freudig mitteilte: »Gottlob habe ich meine Affaire von wegen Limbach wohl ausgerichtet und habe auch die Ehre gehabt, mit unserem allergnädigsten König und Herren (Karl XII.) mündlich zu sprechen ...« In der Tat war Matheiß im Sammeln von Geldspenden überaus erfolgreich gewesen. Sein Buch, in dem er seine Einnahmen vermerkte, weist die stattliche Summe von 600 Gulden aus, was etwa dem Jahreseinkommen eines hochgestellten pfalz-zweibrückischen Hofbeamten entsprach.

Um 1910 war der Abriss der teilweise noch mittelalterlichen Limbacher Kirche geplant. Dank des Ersten Weltkriegs wurde dieses Vorhaben nicht ausgeführt.

Gleichwohl gelüstete es ihn jedoch nicht, mit dem sehnsüchtigst erwartenden Geld schnurstracks heimzureisen. Denn es dauerte immerhin weitere eineinhalb Jahre, bis er endlich in Bergzabern auftaucht. Auf hoheitlichen Befehl sofort aufgegriffen, wird er von einem »Einspännigen«, dem schleunigsten Transportmittel der Zeit, nach Zweibrücken und dort in Arrest gebracht, wo seine Odyssee durch den »Ambtsverweser Marxen examinirt« wird.

Bereitwillig gibt er alle Stationen und Umstände seiner Irrfahrt zum Besten, die ihn freilich in einem gewissen Zwielicht erscheinen lassen. Hatte er sich doch nach seinem ausgedehnten Aufenthalt in Schweden – angeblich um noch weitere Gelder zusammenzubringen – längere Zeit in Hamburg und »im Bremischen« herumgetrieben und war anschließend in der Gegend von Coburg in ein Geschäft mit einem gewissen Elias verwickelt, dem er einen auf den Frankfurter Kaufmann Georg

Müller, wohnhaft »an der Spital-Kirche«, zahlbar gestellten Wechsel über 350 Gulden mit »Collectengelder« abkaufte. Von dort aus sei er über Bamberg nach »Nürenberg« gereist, um sich alsdann nach Frankfurt zu begeben, wo der »Wechsel-Zettel« zur Messezeit eingelöst werden sollte. Seinen »Ranzen aber nebst verschiedenen Briefschaften, insonderheit eines Schreibens eines Predigers aus Stockholm namens Nicolaus Berger, worin er die in Schweden fallenden Collecten einzuziehen und auf Begehren auszuzahlen übernommen«, habe er Elias hinterlassen, der ihm versprochen habe, ihm diesen mit seinen sonstigen Sachen nach Frankfurt nachzubringen. Da er bis zur Eröffnung der Messe noch etwas Zeit gehabt habe, sei er zunächst noch nach Mannheim »und an andere Orthe in der Pfalz« gereist, die seiner Meinung nach »schwedisch gewesen und wo die Pfarrer alda auch versprochen, etwas zu colligiren....«

Er versichert, dass er, wäre er nicht verhaftet worden, in Frankfurt ganz bestimmt wieder zu seinem Geld und zu seinen Sachen gekommen wäre. Allerdings lässt er auch durchblicken, dass er noch weitere obskur erscheinende Geldgeschäfte gemacht habe. So habe er in Stockholm »einem armen Mann aus Alzey 29 Gulden geliehen, wofür sich der Verweser im armen Hauß in Frankfurt verbürgt« habe. Auch befänden sich »in einem verschlossenen Paquet« noch 190 Gulden.

Mag dies alles auch wenig glaubhaft und überzeugend klingen und sich schon gar nicht mehr überprüfen lassen, so bleibt doch festzuhalten, dass die Schultheißerei Limbach infolge der Sammelaktion des Hosenstrickers letztendlich in der Lage war, die notwendige Uhr anzuschaffen sowie den Glockenguss und die Aufstockung des Turmes zu bestreiten. Ganz augenscheinlich wurde Matheiß nachträglich als voll rehabilitiert angesehen. Denn im Jahre 1702 erhielt er, bereits 81jährig, für seine Verdienste »volle Real- und Personalfreiheit ad dies vitae«. Doch um seinen restlichen Sammlerlohn von 75 Gulden bemühte er sich indes noch lange Zeit vergeblich. Die Limbacher hatten jedenfalls das Spendengeld bis auf den letzten Batzen aufgebraucht und auch den Glockenturm wie geplant ausgebaut. »Wegen der schweren Kriegszeiten und der großen Armut der Gemeinde« vermochten sie ihm nichts herauszuzahlen. »Die Schultheißerey Kirckell und Limbach hat allein durch die marche und remarche der Truppen in die Winterquartiere viel erlitten und ist, alles ist bekannt, durch die Franzosen gantz ausgeplündert worden«, wozu noch das Unglück kam, dass Seuchen ausbrachen. Im Jahr 1707 war Matheiß finanziell am Ende. Schließlich wurden ihm »als Almosen zwei Malter Korn« geschenkt sowie ein »Wiesenstück auf Duntzweiler Bann am Günckelborn« überlassen. Im darauf folgenden Jahr, in dem wir ihm letztmalig begegnen, bittet er die Königlich-Schwedische Regierung wiederum vergeblich um Geld, das seine Tochter, die am Bauen war, bitter nötig gehabt hätte.

Seine Bittschrift endet ganz und gar kläglich und nicht wie die eines erfolgreichen, weitgereisten Hosenstrickers und Kollektensammlers: »...Ich bin ein sehr alter, greiser, baufälliger Mann, dem auf der See der Arm zerbrochen worden...ich tue mich meiner gnädigen und hochgebietenden Herren Gütig- und Barmherzigkeit unterwerfen...«

2001

Eine Hochzeit in Kirkel
Johann Christian von Mannlich

Während der Ferienzeit kam ein Freund meines Vaters, ein Oberförster von Kirkel, um mich für einige Tage mit in sein Dorf zu nehmen. Mein Vater dachte, daß ich es keine halbe Woche in dieser Einsamkeit aushalten würde. Zu seinem nicht geringen Erstaunen blieb ich aber beinahe drei Wochen aus und trat unter Tränen die Heimreise an.

In einem Talgrunde liegt das Dorf Kirkel, von Bergen umschlossen, die herrliche Eichen- und Buchenwälder krönen. Nicht weit davon befanden sich mehrere Weiher, und am Ende des Tales, hinter dem Forsthause, ragte das alte, längst verfallene Bergschloß der Herren von Kirkel empor, von wo aus sich der malerischste Fernblick eröffnet.

Frau Engelhardt wies mir, dem neu angekommenen Gaste, die »gute Stube« an, was als besondere Auszeichnung galt; bei den Mahlzeiten, an denen auch die Knechte und Mägde teilnehmen durften, gab es gleichfalls ausgesuchte Leckerbissen für mich. Im ganzen Hause herrschte ein wahrhaft patriarchalischer Geist, und das gefiel mir ungemein. Schon am nächsten Tage hatte ich mit allen Bekanntschaft gemacht; denn wenn man sich auf beiden Seiten so gibt, wie man wirklich ist, lernt man sich gar bald kennen, ein Vorzug, der leider nur der Jugend eigen ist. Die Knaben schliefen alle in dem nämlichen Zimmer, die Mädchen nebenan. Ich hörte, wenn sie ihren Abendsegen sprachen, sich zu Bette legten und noch plauderten, während ich trübselig in meine »gute Stube« verbannt war. Nach langem Bitten wurde endlich mein Paradebett in das Zimmer der Knaben gerückt, und wir wurden nicht müde zu erzählen, bis uns der Schlaf die Augen schloß. Mit Vergnügen denke ich noch daran, wie sehr ihnen die Geschichten von den vier Haimonskindern, der schönen Magelone, dem kleinen Däumling, vom Aschenbrödel und andere Märchen gefielen, die ich ihnen stückweise erzählte. Die Mädchen öffneten dabei ganz leise die Zimmertüre und schlichen im Nachthemd heran, um so fesselnde Dinge zu hören.

Der älteste Sohn des Oberförsters begleitete mich auf meinen Wanderungen und Jagdausflügen. In Laubhütten versteckt, schoß ich nach Ringeltauben, die man durch gesalzene Erde anlockte. Dann ging er seinen Geschäften nach, um mich gegen Mittag zur Einkehr in Neuhäusel wieder abzuholen.

Nachmittags wurde ich dem Dorfschulzen vorgestellt, dessen Tochter uns eilfertig entgegenkam. Der Ruf als Geschichtenerzähler war mir bereits vorausgeeilt. Sie empfing uns mit sichtlicher Freude und schenkte mir einen Strauß duftender Blumen aus ihrem Gärtchen. Blondes, ungeordnetes Haar umrahmte ihr frisches, rosiges Gesichtchen. Sie war ein Bild der Gesundheit, und aus den großen blauen Augen, die vertrauend in die Welt blickten sprach ihre unschuldsvolle Seele. Die leicht angedeuteten Linien ihres schönen, schlanken Körpers und die entwickelten Formen verrieten, daß sie zur Jungfrau herangereift war. Lisette ließ uns eintreten. Ihr Vater nahm eine weiße Mütze aus dem Schrank, begrüßte uns und setzte sie dann auf. Sie war das einzige Abzeichen der Würde, so oft er den Schulzen repräsentierte. Auch die Mutter kam, nachdem sie die Küchenschürze abgenommen hatte. Nur die schöne Lisette blieb in ihrem kurzen Mieder, mit aufgestülpten Hemdärmeln und bot uns Wein und Kaffee an. Dann führte sie mich in ihren Garten und zeigte mir ihre Hühner, Tauben und alles, was ihrem Regimente anvertraut war. Mußte man über ein Brett gehen, so reichte sie mir ihre Hand, die ich bald nicht mehr losließ, und am Ende waren wir die besten Freunde der Welt. Der tiefe Eindruck, den sie auf mich machte, hat sich Zeit meines Lebens nicht verwischt, und trotz meines hohen Alters steht mir ihr Bild noch klar vor Augen. Mein Begleiter hatte mich schon zweimal zur Heimkehr gemahnt. Lisette geleitete uns noch bis zu den hohen Eichen am Rande des Weges nach Kirkel. Dort angekommen, erfuhren wir, daß man uns zu einer Hochzeit geladen habe, meinen Mentor als Brautführer und seine Schwester Susanne als Ehrenjungfer.

Im Dorfe selbst war keine Kirche. So sollte also die Trauung in Neuhäusel stattfinden, worüber ich mich Lisettens wegen unendlich freute; denn ich war sterblich in sie verliebt. Am Vorabende kam sie mit einem großen Bündel unter dem Arme, aß mit uns und legte sich mit ihrer Freundin Susanne zu Bett. Beim Geschichtenerzählen nach dem Abendsegen öffnete sich die Tür wie gewöhnlich, und ich sah oder glaubte meine schöne Freundin an der Spitze der Horcherinnen zu erblicken. Tags darauf war man schon in früher Morgenstunde eifrig mit der Toilette beschäftigt; denn der Wunsch zu gefallen beseelte die jungen Dorfschönen nicht weniger wie unsere städtischen Modedamen. Sämtliche Mädchen trugen weiße Kleider, goldene und silberne Kränzchen in ihrem Haar und ebenso verzierte Bänder als Symbol ihrer jungfräulichen Reinheit. Die Braut schmückte gleichfalls ein Blumenkrönlein, aber sie war schwarz gekleidet, da nun ihre Jungfräulichkeit der ehelichen Liebe zum Opfer fallen sollte. Man versammelte sich im Hause der Braut. Musikanten eröffneten den

Zug, an dessen Spitze der Hochzeiter zwischen den beiden Ehrenburschen schritt. Dann folgten, Paar für Paar, der Vater des Bräutigams und der Braut, die Verwandten und Geladenen männlichen Geschlechtes in ihrem Sonntagsstaat, mit großen Blumensträußen in der Hand. Ihnen schlossen sich die Frauen in der gleichen Ordnung an, voran die Ehrenjungfrauen mit der Braut. Zum Schlusse kamen noch Gruppen von Neugierigen in buntem Durcheinander; sie begleiteten den Zug bis zur Kirche, wo uns Pfarrer Koch aus Limbach erwartete. Er wies mir einen Platz in seiner Bank an, wo ich alles aufs beste sah. Gleich bei ihrem Eintritt in die Kirche hatte die Braut zu weinen begonnen. Während der Ansprache des Pastors, der ihr getreue Erfüllung der künftigen Berufspflichten ans Herz legte, vernahm man ihr unterdrücktes Schluchzen; sie schien sich, in ihr Taschentuch versteckt, in Tränen aufzulösen, und ich nahm die Zähren, welche die seit altersgrauer Zeit eingebürgerte Dorfsitte von ihr forderte, für bare Münze. Aber trotz alledem brachte unsere Kirkeler Braut ihr »Ja« viel deutlicher und schneller über die Lippen als ihr robuster Gemahl.

In der gleichen Ordnung kehrte man wieder unter den Klängen der Musik ins Dorf zurück. Als wir am Engelhardtschen Hause vorüberkamen, feuerten die Waldhüter ihre Karabiner ein paarmal in die Luft ab. Pfarrer Koch wohnte dem Hochzeitsschmause bei, der sich für die Jugend nur zu sehr in die Länge zog. Der gute Pastor bemerkte ihre Ungeduld, und nach einer kurzen Ermahnung und einem Gebet für das Glück der Neuvermählten setzte er sich auf sein Pferd, um nach Limbach heimzureiten. Er hatte mich zu sich eingeladen mit der Bemerkung, daß er mir einiges von seinem ältesten Sohne zeigen wolle, der seit mehreren Jahren in Saarbrücken das Malen erlerne.

Kaum war der Pastor um die Ecke gebogen, so ertönten auch schon die Geigen zum Tanzen. Zuerst forderte ich, wie es die gute Sitte heischte, die Neuvermählte auf, dann aber selbstverständlich meine Lisette, die von einem großen Bauernburschen, dem Sohne ihres Nachbarn, wie von ihrem Schatten verfolgt wurde, und einige andere, die mir Frau Engelhardt bezeichnet hatte. Endlich tischte man die Abendmahlzeit auf, bei welcher die junge Frau noch immer unter dem Schutze ihrer beiden Ehrenjungfern stand; ihr Gemahl mit seinem Gefolge saß ihr gegenüber. Die Lustbarkeit wurde bald lärmend, und bei jedem ausgebrachten »Hoch« flogen die Gläser zum Fenster hinaus. Die Musik spielte, man schoß auf die Straße und sang aus voller Kehle. Während dieses Tumultes war einer der Ehrenburschen unter dem Tische verschwunden, um der Hochzeiterin das Strumpfband zu rauben. Da er es vielleicht suchte, wo es nicht war, stieß sie laute Schreie aus, denen manche Lachsalve folgte. Die beiden Brautjungfern schickten sich sogleich an, sie zu verteidigen und wehrten dem Angreifer unter dem Tische mit Händen und Füßen. Der Kampf wurde immer lebhafter und blieb eine Zeitlang unentschieden, bis auch der zweite Ehrenbursche die feindlichen Hilfskräfte in ihren »Niederlanden« angriff. Ich bemerkte dabei, daß meine kräftige Lisette die größte Mühe hatte, ihr eigenes Gebiet zu verteidigen. Das Strumpfband wurde aber schließlich genommen und in feierlichem Triumphzuge unter Fanfarengeschmetter um den Tisch nach dem Tanzsaal getragen, wohin ihm alle Verwandten und Gäste mit Beifallsklatschen folgten. Der Ball nahm nun wieder seinen Fortgang, und die beiden Mädchen, welche bisher die Jungfräulichkeit der Hochzeiterin zu beschützen hatten, wurden von diesem Augenblicke an ihres mühevollen Amtes enthoben und hatten nur mehr über ihre eigene zu wachen. Daß dies für junge und hübsche Mädchen nicht gerade immer die leichteste Sache der Welt ist, hat mich die Erfahrung meines späteren Lebens gelehrt. *um 1815*

Das Brauchbuch der Maria Ruffing
Rainer Ludes

Gut erinnere ich mich an meine Großmutter mütterlicherseits, die noch in der Dunkelheit des vorigen Jahrhunderts, im Jahre 1863, geboren worden war, im kleinen Ort Frankenholz, der damals ohne die Grube nicht mehr war als eine Ansiedlung einiger bäuerlicher Gehöfte. Mit Mädchennamen hieß sie von zu Hause aus Ruffing. Als sie dann meinen Großvater aus Lautenbach, einen Johann Ruffing ehelichte, war sie ziemlich schnell die »Laurebacher«, und in den amtlichen Akten wurde der Großvater als Johann Ruffing, genannt Lautenbacher, geführt.
Zu der Zeit, als ich meine Großmutter erlebte, war sie bereits über 80 Jahre alt, zur damaligen Zeit die älteste Einwohnerin in Frankenholz. Nachdem sie elf Kindern das Leben geschenkt hatte, eine unübersehbare Schar von Enkeln, Urenkeln und Ururenkeln sie verehrten, war sie für uns alle und für die meisten Einwohner des stark herangewachsenen Frankenholz die »Modder« schlechthin. In großer geistiger und körperlicher Frische feierte man den 90sten Geburtstag, ein Ereignis, das vor nunmehr fast 40 Jahren nur wenigen vergönnt war.
Zwei Tage später, ich erinnere mich noch genau, hieß es nachmittags, die »Modder« ist nicht gut. Im Nu war ein Großteil der Verwandten in ihrer Kammer, die Söhne und Töchter, oft schon selbst hochbetagt, die Enkel und Urenkel, um von ihrer »Modder« Abschied zu nehmen. Noch am selben Abend starb sie friedlich, begleitet von den Gebeten ihrer vielen Angehörigen.
Der materielle Nachlaß war nicht groß, Reichtum mit elf Kindern anzusammeln nicht möglich. Trotzdem hat jeder etwas aus ihrem Nachlaß erhalten: ich ein zerfleddertes Heft mit festen Deckeln, 18 mal 12 cm groß, von der Großmutter handschriftlich geschrieben in deutscher Schrift, überliefert von ihrer Schwiegermutter, die das gesegnete Alter von 94 Jahren erreicht hatte.
Es war das Brauchbuch meiner Großmutter, denn meine Großmutter war eine »weise Frau« oder eine »Brauchersch«, wie sie bei

uns – hier am Höcherberg – hieß. Das war eine Zeit, wo weit und breit kein Arzt zu finden war und wo es deshalb in jedem Dorf einen heilkundigen Mann oder eine heilkundige Frau gab, der bzw. die für die Gesundheit von Mensch und Tier zuständig war. Das Besprechen, welches die Menschen brauchen oder bruchen nannten, war der eine Teil der Behandlung, das Versorgen mit Heilkräutern, Gegenständen, die getragen werden mußten, der andere Teil.

In einem Artikel der Saarbrücker Zeitung vom 26. Juni 1988 beschäftigt sich Gunter Altenkirch mit dem Brauchen. Er bemerkt, daß Wissen nie schriftlich festgehalten wurde, ja noch mehr: Der einmal niedergeschriebene Heilbrauch sollte dadurch an Wirkung einbüßen. Wissen wurde in der Regel nicht an die Tochter, sondern an die Enkelin weitergegeben. Der Grund liegt in der langen Lehrzeit einer Brauchersch. Sollte das im vorliegenden Fall gelten, so liegt ein Dokument von großer Bedeutung vor, da es sich einmal um eine schriftliche Aufzeichnung handelt, die äußerst selten oder nie gegeben war, zum anderen kann man davon ausgehen, daß die Besprechungsformeln weit in vergangene Jahrhunderte zurückreichen.

Als ich damals den Wunsch nach diesem geheimnisvollen Buch äußerte, überließ man es mir, aber offensichtlich hatte man einige Blätter herausgerissen, deren Inhalt wohl für einen zwölfjährigen Jungen nicht geeignet erschien.

25 Besprechungsformeln sind noch erhalten, daneben der »Himmelsbrief«, ein Kettenbrief, der seinen Ursprung auf das Jahr 1724 bzw. 1771 zurückführt, des weiteren der »Lieben Frauen-Traum«, der aber in einer anderen Handschrift geschrieben ist, ebenfalls vermutlich wie der Himmelsbrief ein Kettenbrief, der wie dieser gegen Krankheit, Tod und Ungemach schützen sollte.

Das Brauchen war von der Kirche nicht gern gesehen und wurde als Aberglauben gebrandmarkt, wurde doch beim Besprechen immer wieder auf Gott, Jesus Christus, die heilige Jungfrau und andere Heilige verwiesen. Damit maßten sich die Braucher Kräfte an, die den Geistlichen vorbehalten waren, die kraft ihres Amtes und kirchlicher Weihen den Segen auf Mensch, Feld und Vieh herabflehten, denen das Sakrament der Krankensalbung in der letzten Ölung vorbehalten war. Ihnen oblag es, auch die bösen Geister der Besessenen zu bannen. So ist es nicht verwunderlich, daß die Kirche wegen dieser »Konkurrenz«, die nachweislich große Heilerfolge hatte, wie viele Lebende heute noch bestätigen, immer wieder mit Nachdruck auf diesen Aberglauben hinwies, nachdem vor nicht allzu langer Zeit die »weisen Frauen« inquisitorisch als Hexen auf dem Scheiterhaufen verbrannt wurden.

Unbestritten sind die Heilerfolge, die die »Braucher« erzielten. Gerade heute in unserer Zeit wenden immer mehr Ärzte wieder natürliche Methoden an und erkennen, daß das Vertrauen zum Arzt oft mehr bewirkt als Messer und Tabletten. Ein Heer von Therapeuten nimmt sich der Kranken an, Heiler und Wunderheiler versprechen Erfolg. Ihnen allen gemeinsam ist das Wissen, daß der Mensch mehr ist als eine Organisationseinheit aus Geweben und Organen, sie wissen, daß der Glaube Berge versetzen kann.

In diesem Sinne war meine Großmutter eine »weise Frau«, die in einer schweren Zeit aufgrund ihres Wissens über Mensch und Tier, mit ihren Kenntnissen über die Heilkräfte der Natur und aus ihrem tiefen Glauben heraus allen in ihrer Not geholfen hat.

Für den Brand.
Weich aus Brand, und ja nicht
ein, Du seiest kalt oder warm,
laß dein Brennen sein, Gott
behüte dir N.N. dein Fleisch
dein Blut dein Mark dein
Bein, und alle Aderlein, Sie
sollen vor dem kalten und
warmen Brand bewahrt und
unverletzt sein +++ 3 mal.

Für das Blut zu stillen
Es sind drei glückseligen Stunden
in diese Welt gekommen, in
der ersten Stunde ist Gott
geboren in der andere Stund
ist Gott gestorben und in der dritte
Stund ist Gott wieder lebendig geworden. Jetzt nenne Ich die
drei glückselige Stunden und stelle
dir N.N. damit das Gliedwasser
und das Blut dazu heile dessen
schaden und Wunden +++ 3 mal

Für die Geschwulst
Geschwulst Geschwulst Geschwulst
Ich gebiete Dir im Namen Jesu
Christi daß du dem N.N. so wenig
schadest alls unserem Herrn Jesu
Christi die drei Nägel geschadet
die Ihm die Juden durch Hände
und Füße geschlagen +++ 3 mal

Für die Mundfeil
Job Job, ging über Land, er trug ein
Stäblein in seiner Hand da vorkam
Ihm Gott der Herr. Gott der Herr
sprach Job Job, warum trauerst
du so sehr, Herr warum sollt ich
nicht traurig sein, es will meinem Kinde seine Zunge und
Mund verfaulen +++ 3 mal.

Wenn einem ein Bein oder Arm
verruckt bei Menschen und Vieh.
Ich oder Du hat dein Bein verruckt

man hat Jesum Christum ans
Kreuz gehenkt, thut Ihm sein
Henken nichts, thut dir dein
verenken nichts +++ 3 mal.

Für Verenken
Es ging ein Hirsch über eine
Haide, er ging nach einer grünen
Weide, da verrükte er sein Bein
an einem Stein, da kam der
Herr Jesus Christus, und schmierts
mit Schmalz, und schmierts daß
es ging hin und her +++ 3 mal.
Für Grimmen oder Kolik
Ein alter Schurrenkopf ein alter
Leibrock ein Glas voll Rauten
Wein Bärmutter laß dein
Grimmen sein +++ 3 mal. *um 1900*

Vergänglichkeit
Volkslied aus Utweiler

Wenn im Frühling und im Summer
Alle Menschen haben Kummer,
Menschenleben wird vergehn,
So wie die Blümlein im Garten stehn.

Wenn ich wandere auf fremden Straßen,
Da muß ich meinen Schatz einem andern überlassen,
Ei viel lieber will ich auf der Welt nicht sein
Und stürz mich selber in den Fluß hinein. *19. Jahrhundert*

Die Grenze haben wir schon lange nicht mehr im Kopf
Interview mit Clemens Lindemann
anlässlich seines 75. Geburtstages am 15. Oktober 2022

Frage:
Vor 20 Jahren, nach dem Schritt ins neue Jahrtausend, waren Sie Landrat des Saarpfalz-Kreises. Welche Erinnerungen verbinden Sie mit dieser Zeit?
Antwort:
Das waren jene Jahre, in denen wieder einmal über eine Länderneugliederung nachgedacht wurde. Aber was sind schon Grenzen, Grenzen zwischen Bundesländern? Fred Oberhauser, dessen 100. Geburtstag wir nächstes Jahr feiern, hat damals unseren Standort so bestimmt: »Zunächst einmal sind wir linksrheinisch. Die Pfalz steht noch ins Haus, Lothringen liegt vor der Tür.« »Linksrheinisch« steht auch für die ideellen Werte der Französischen Revolution, »linksrheinisch« ist schon sehr weltoffen.
Bei uns lebten Kelten, Römer, Franken, Lothringer und Pfälzer, zur Pfalz gehörten wir schon einmal mehr als ein Jahrhundert. Und uns Saarpfälzer hätten neue Grenzen auch nicht umgeworfen. Wir hatten in unserer langen Geschichte sehr häufig Grenzänderungen und jeder kann sehen, dass in dieser Welt keine Grenze ewig ist. Mehr als ein Jahrhundert lang gehörten die saarpfälzischen Ortschaften zur bayerischen Pfalz, während der Rest des Saarlandes Teil von Preußen war. Die mehr oder weniger ironischen Spötteleien zwischen Saarländern und Pfälzern hatten als historisches Vorbild das nicht unähnliche Verhältnis zwischen den Untertanen der damaligen Königreiche Preußen und Bayern.

Frage:
Was sagen Sie dazu, dass die Umstrukturierung ganz anders gekommen ist, als damals diskutiert wurde?
Antwort:
Sehen Sie, der europäische Gedanke einer Grenzen überschreitenden Zusammenarbeit spielte für uns seinerzeit schon eine

wichtige Rolle. Es gab in dieser Zeit schon viele Leute, die die Grenze nicht mehr im Kopf hatten – so zum Beispiel der Lothringer Jean Schaub. Er wurde nicht müde, zu betonen, dass zu Zeiten der Kelten und Römer die spätere Grenzziehung zwischen Frankreich und Deutschland in unserer Gegend keine Rolle spielte und etwas absolut Künstliches darstellte. Auf diese tief in die regionale Vergangenheit zurückreichenden Wurzeln haben wir mit unseren französischen Nachbarn auf der ehemaligen deutsch-französischen Grenze den »Europäischen Kulturpark Reinheim-Bliesbruck« aufgebaut. Mein damaliger Mitstreiter Philippe Leroy, der Mitglied im Senat der Republik Frankreichs war, sagte damals: »Grenze ist mehr Begegnung als Grenze.«

Frage:
Wie konnte die Vision, ohne Grenzen zu leben, auch in anderen Bereichen Wirklichkeit werden?
Antwort:
Es entwickelte sich schnell eine Art Eigendynamik. Inspiriert durch unsere Arbeit im Europäischen Kulturpark brachte sich zum Beispiel der in Barcelona lebende, andalusische Künstler Antonio Hervás Amezcua ein. In Reinheim trafen sich weitere Künstler aus Deutschland, Frankreich und Polen. Im jährlich stattfindenden Grabungscamp kamen vor allem junge Menschen aus Frankreich, Deutschland, Italien, Spanien, Polen, Russland, Tschechien, Großbritannien und den USA zusammen, um beim Suchen nach der Vergangenheit die neue Zukunft gemeinsam zu finden.

Frage:
Der Kulturpark liegt in einer Landschaft, für die die Grenze noch nie Bedeutung hatte und immer etwas Künstliches darstellte. Welche Rolle spielte das für den weiteren Werdegang?
Antwort:
Der Europäische Kulturpark war zunächst Anziehungspunkt für Touristen, die in erster Linie an Archäologie interessiert waren.

Diesen fiel schnell ins Auge, dass die Schönheit und Reize der Natur und Landschaft nicht an Zollbarrieren Halt machen. Wir hatten uns diese Einsicht zunutze gemacht und Aktivitäten entwickelt, die allesamt grenzüberschreitend waren: Grenzenlose Rad- und Wanderwege, gemeinsame Umweltseminare oder Baumpflanzaktionen zum Beispiel. Angefangen von den Kindergärten bis hin zur älteren Generation haben wir Austauschprogramme organisiert, die dem gegenseitigen Kennen- und Verstehenlernen dienten, französische und deutsche Jungen und Mädchen in Kindergärten und bilingualen Schulen setzten Akzente für Europas unabdingbare Mehrsprachigkeit.

Frage:
Also: der Saarpfalz-Kreis als wichtiger Wegbereiter für ein Europa ohne Grenzen?
Antwort:
Ganz sicherlich waren wir sehr früh auf dem besseren Weg in die Zukunft. Es war ja auch Zeit, die Generationen vor uns führten noch schlimme Kriege und die Menschen mussten die Grenze leidvoll erfahren. Die Grenze ist damals zu einer Stätte der Begegnung geworden, die uns kulturell und menschlich reicher gemacht hat. Dadurch haben alle gewonnen. *2022*

Verzeichnis der
Autoren und Quellen

Einatmen will ich die Zeit – Ein Saarpfalz-Lesebuch ist eine Sammlung alter und neuer literarisch-dokumentarischer Texte über die Saarpfalz von (Allda)Hiesigen wie von (Durch)Reisenden und Besuchern. Der Textstand der Lesestücke entspricht den jeweiligen Druckvorlagen, welche ihrerseits, vor allem bei älteren Werken, Veränderungen gegenüber dem Textstand der Erstausgaben aufweisen können. Mit * versehene Überschriften stammen von den Herausgebern. Bei einer Reihe von Texten, vor allem aus Zeitungen, waren Lebensdaten der Autoren nicht zu ermitteln.

Edith Aron *geb. 1923 in Homburg, lebt in London · Der Besuch von Fräulein Hesekin (S. 131) · Aus: Die Zeit in den Koffern, Erzählungen, Bremen 1989*

Jakob Ackermann *geb. 1860 in Wittersheim, gest. 1937 in Wittersheim · Unter der Wittersheimer Friedenseiche* (S. 121) · Vom Obstanbau in Wittersheim* (S. 189) · Aus: Chronik aus unserer Heimat, Volkskunde im Saarland, Heft 1, St. Ingbert 1993*

Friedrich Aulenbach *geb. 1810 in Annweiler, gest. 1882 in Zweibrücken · Der Kirchthurm von Beeden (S. 37) · Polnischer Besuch im Homburger Pfarrhaus* (S. 100) · Aus: Aus son..igen Tagen, Ludwigshafen 1875.*

Maria Bauer *geb. 1898 in Kusel, gest. 1995 in Wolfstein · In der Altheimer Schulstube* (S. 255) · Aus: Sieben Farben hat der Regenbogen, Neustadt 1971*

Martin Baus *geb. 1960 in Altstadt, wo er heute lebt · Ein Grab im Exil* (S. 109) · Aus: Saarbrücker Zeitung, Menschen und Landschaften, Nr. 51, 1. März 2003 · »Guk der Esel lest als noch«. Der Wodsacker Müller von Niederbexbach* (S. 191) · Aus: Saarbrücker Zeitung, Geschichte und Landschaft, Nr. 395, Februar 1988 · Kohlerausch auf Nordfeld* (S. 207) · Aus: Verstreut, versteckt, verfallend – Die Reste der*

Grube Nordfeld, in: *Wanderführer Historischer Grubenweg Nordfeld, Bexbach 1993* · »Von Mickenicks und Teischeln«* *(S. 286)* · *Aus: Saarbrücker Zeitung, Geschichte und Landschaft, Nr. 451, März 1989* · Lautzkirchen diwwert jenisch* *(S. 289)* · *Aus: Saarbrücker Zeitung, Geschichte und Landschaft, 2. Juli 1994*

August Becker *geb. 1828 in Klingenmünster, gest. 1891 in Eisenach* · Wanderung im Leyenschen* *(S. 19)* · Der wichtigste Fabrikort der Pfalz* *(S. 203)* · *Aus: Die Pfalz und die Pfälzer, Neustadt an der Haardt 1913, 2. Auflage*

Bernhard Becker *geb. 1954 in Quierschied, lebt in Erfweiler-Ehlingen* · Gaudabbesse, Graudscheißer, Greidskäbb und Gugugge* *(S. 57)* · *Erstveröffentlichung* · Das Zollmuseum in Habkirchen an der Blies* *(S. 178)* · *Erstveröffentlichung*

Martin Bettinger *geb. 1957 in St. Ingbert, lebt in Berlin* · Sylvester auf Burg Kirkel* *(S. 266)* · *Aus: Der Panflötenmann, München 1999*

Alf Betz *geb. 1933 in Saarbrücken, lebt in Kleinblittersdorf* · C'est tout bon oder Gründe für genüssliche Grenzgänge zu Cora & Co. *(S. 175)* · *Erstveröffentlichung*

Anton Betzner *geb. 1894 in Köln, gest. 1976 in Spanien* · Wir sind Maschinenanhängsel* *(S. 212)* · *Aus: Die schwarze Mitgift, Graz 1956*

Georg Friedrich Blaul *geb. 1809 in Speyer, gest. 1863 in Germersheim* · Zwischen Schwarzbach und Blies* *(S. 17)* · *Aus: Träume und Schäume vom Rhein* · *Reisebilder aus Rheinbayern und den angrenzenden Ländern, Speyer 1838.*

Edith Braun (Pseudonym: Juliane Herrmann) *geb. 1921 in Saarbrücken-Malstatt, lebt heute in Saarbrücken* · Mundarten im Saarpfalz-Kreis *(S. 280)* · *Erstveröffentlichung*

Albert Brunk *(keine biografischen Daten ermittelbar) · Geleitstraßen im Bliesgau★ (S. 80) · Aus: Straßen und ihr Schutz, in: Aus der Geschichte unserer Heimat, Sonderdruck der Homburger Zeitung o. J.*

Gerhard Bungert *geb. 1948 in Spiesen, lebt in Limoux/Dep. Aude in Südfrankeich · Ein Freitag an der Grenze (S. 151) · Aus: Bei uns dehemm und anderswo, Lebach 1986 · Die Vorteile des Bleigaus − Ein saarländischer Science-fiction (S. 270) · Aus: Alles über das Saarland, mit Comics, Illustrationen und Fotomontagen von Heinz Diesel, Saarbrücken 1981*

Victor Carl *geb. 1925 in Scheibenhardt, lebt heute in Hainfeld · Der Riese Kreuzmann (S. 300) · Aus: Victor Carl (Hg.): Pfälzer Sagen und Legenden, Edenkoben 2000*

Johann Christian Chelius *geb. 1797 in St. Alban, gest. 1869 in Homburg · Über die »Excesse« in der Homburger Gegend★ (S. 108) · Aus: Bernhard Welter/Otto Ruffing, Bexbach Heimat am Höcherberg, Geschichte und Geschichtslandschaft am Höcherberg, Bexbach 1999*

Oskar Denger *geb. 1916 Montigny bei Metz, lebt heute in Kusel · Tage der Kindheit in Böckweiler (S. 157) · Aus: Kindheiten. Pfälzische Schriftsteller erinnern sich, Landau 1987*

Franz Carl Derkum *geb. 1763 auf Schloss Adendorf/Eifel, gest. 1825 in Blieskastel · »Golden Stein« und »Crimen Spill«★ (S. 62) · Aus: Hans Cappel, Gollenstein und Spillenstein, in: Saarpfalz, Blätter für Geschichte und Volkskunde, 1989/4*

Adalbert Dilg *geb. 1791 in Reimlingen bei Nördlingen, gest. 1868 in Zweibrücken · Von Homburg nach Hambach im Leiterwagen★ (S. 105) · Aus: Erstveröffentlichung des Schreibens, Landesarchiv Speyer, H. 1 1039*

Dora Dimel *geb. 1898, gest. 1985 · Die Alschbacher Vesper (S. 313) · Aus: Dora Dimel, Alschbach, Saarbrücken 1936.*

Alfred Döblin *geb. 1878 in Stettin, gest. 1957 in Emmendingen · Das Gespenst vom Ritthof (S. 260) · Aus: Fred Oberhauser, Rainer Petto, Ein Saarländisches Lesebuch, Saarbrücken 1980*

Lotty Faber *geb. 1907 in Blieskastel, gest. 1985 in Zweibrücken · Mei Heimat (S. 277) · Aus: Ein Mundartstrauß für jedes Haus, Zweibrücken 1976*

Karl Fischer *geb. 1914 in Homburg, gest. 1984 in Bad Oeynhausen · Homburger Geschichten* (S. 26) · Aus: Blick in das 19. Jahrhundert · In: Homburger Hefte, 1965*

Karl Germann *geb. 1877 in Altstadt, gest. 1958 in Altstadt · »Kind, spar Brot« – Erster Weltkrieg in Altstadt* (S. 122) · Erstveröffentlichung*

Luise Gleißenberger *geb. 1877 in Landshut, gest. 1962 in Simbach am Inn · Der Maler aus Ballweiler* (S. 248) · Aus: Wilhelm Weber, Zum Gedenken an Carl Johann Becker-Gundahl, in: Saarheimat, 3/1960*

Johann Nikolaus Götz *geb. 1721 Worms, gest. 1781 Winterburg bei Kreuznach · Einladung aufs Land (S. 233) · Aus: K.W. Ramler, Vermischte Gedichte, Mannheim 1785 · Das Leben (S. 234) · Inschrift auf dem Grab von Johann Nikolaus Götz in Winterburg*

Ludwig Harig *geb. 1927 in Sulzbach, wo er heute lebt · Der Riese von Rubenheim* (S. 64) · Aus: Gabriele und Fred Oberhauser, Die Schwarzen Führer. Saarland. Die Saar. Mysteriöses Geheimnisvolles Sagenhaftes, 2000*

Dieter Hemmerling *geb. 1950 in Niederwürzbach, wo er heute lebt · »Guter rother 48er« Reinheimer* (S. 199) · Aus: Der Rebanbau im saarländischen Teil des Saar-Blies-Gaues, Gersheimer Hefte 4, Mandelbachtal 1987*

Theodor Heuss *geb. 1884 in Brackenheim/Württemberg, gest. 1963 in Stuttgart* · *Erinnerung an Albert Weisgerber (S. 245)* · *Aus: Lust der Augen, Stilles Gespräch mit beredtem Bildwerk, Tübingen 1960*

Theobald Hock *geb. 1573 in Limbach, verschollen im Dreißigjährigen Krieg* · *Ein schöne Fraw und ein schöns Pferdt sollen in vier stucken gleich sein (S. 232) Aus: Schönes Blumenfeldt, Auff jetzigen Allgemeinen gantz betrübte Stand fürnemblich aber den Hoff Practicanten und sonsten weniklichen in seinem Beruff und wesen zu guttem und besten gestellet: Durch Othebladen Öckhen von Ichamp Elzappfern Bermeorgischen Secretarien, 1601. Kommentiert und neu gedruckt herausgegeben von Max Koch, als Bde. 157-159 der »Neudrucke deutscher Litteraturwerke des XVI. und XVII. Jahrhunderts«, Halle an der Saale 1899*

Alfred Hoeppfner *(keine biographischen Angaben ermittelbar)* · *Im Kirkeler Wald (S. 39)* · *Aus: Der Pfälzerwald, 1911*

Fritz Jacoby *geb. 1941 Wernigerode/Harz, gest. 1997 St. Ingbert* · *Napoleons Hinterlassenschaft: bayerische Saarländer* (S. 147)* · *Aus: Klaus-Michael Mallmann/Gerhard Paul/Ralph Schock/Reinhard Klimmt (Hg.): Richtig daheim waren wir nie, Entdeckungsreisen ins Saarrevier 1815-1955, Saarbrücken 1987*

Manfred Kelleter *geb. 1934 in St. Ingbert, wo er heute lebt* · *De ledsche »Schmelzer-Schorschde« fallt oder immer wenicher se schaffe (S. 229)* · *Herbscht-Endregg (S. 278)* · *Aus: Sprachlandschaften. 10 Jahre Saarländischer Mundartwettbewerb, Saarbrücken 1989*

Heinrich Klein *geb. 1938 in Riegelsberg, wo er heute lebt* · *Karfreitag in der Parr* (S. 171)* · *Aus: Saarpfalz. Blätter für Geschichte und Volkskunde, 1986/1*

Alfons Kolling *geb. 1921 in Göttelborn, wo er heute lebt* · *Altstadter »verkehrte Welt«* (S. 35)* · *Aus: Zwischen Saar und Mosel. Festschrift für Hans-Walter Herrmann zum 65. Geburtstag. Hrsg. von Wolfgang*

Haubrichs, Wolfgang Laufer, Reinhard Schneider. *Veröffentlichungen der Kommission für Saarländische Landesgeschichte und Volksforschung.* Saarbrücken, 1995. Der Schwarzenacker Kentaur* (S. 74) · *Aus: SZ am Wochenende, Beilage der Saarbrücker Zeitung 1977, Nr. 33, S. 3*

Jakob Konz *geb. 1916 in Homburg, gest. 1996 in Homburg* · »Pogromnacht« in Homburg* (S. 129) · *Aus: »Reichskristallnacht« in Homburg November 1938. Saarpfalz. Blätter für Geschichte und Volkskunde. Sonderheft 1989*

Wolfgang Krämer *geb. 1885 in Schnappach, gest. 1972 in Gauting bei München* · Schmelzer, Bergleute und Glasspatzen* (S. 47) · *Aus: Kurt Schöndorf (Hg.): Autobiographische Notizen von Wolfgang Krämer* · *Aus: Saarpfalz. Blätter für Geschichte und Volkskunde, 1985/4* · Der Hexenprozeß von Reinheim* (S. 82) · *Aus: Prozeß gegen Anna, des Meyers Frau und Margret, die Schweinsgret in Reinheim* · *Aus: Kurtrierische Hexenprozesse im 16. und 17. Jahrhundert, München 1959*

Heinrich Kraus *geb. 1932 in St. Ingbert, lebt in Bruchmühlbach* · Autobahn (S. 49) · Induschtriestadt (S. 217) · Soldate Gedanke 1990 (S. 139) · *Aus: Arwed machd mied, Bruchmühlmach/Otterberg 1991* · Familjeläwe (S. 60) · *Aus: De Anner Wäh, Mundart Psälmcher, Bruchmühlbach 1979* · Wer isch glicklich (S. 279) · *Aus: Unser Babbe drouwe im Himmel, Neustadt/W. 1980*

Michail Krausnick *geb. 1943 in Berlin, lebt in Neckargemünd* · Wirth in Homburg* (S. 101) · *Aus: Johann Georg August Wirth, Vorkämpfer für Einheit, Recht und Freiheit, Weinheim 1997*

Johannes Kühn *geb. 1934 in Bergweiler, lebt in Hasborn* · Blieskastel (S. 254) · *Erstveröffentlichung*

Karl (?) Kupfer *keine biografischen Daten ermittelbar* · Das alte Taubenhaus von Gräfinthal (S. 236) · *Aus: Das Bayernland, 1./8. September 1917, S. 393*

Hedwig Laudien geb. 1884 in Ludwigshafen, gest. 1968 in Bad Dürkheim · Das Grubenlicht von Höchen★ (S. 94) · Die Quelle ist unbekannt

Nikolaus Lauer geb. 1897 in Lautzkirchen, gest. 1980 Hainfeld · Im Schloß zu Blieskastel (S. 237) · Aus: Das Schloß an der Blies, Stuttgart 1951

Louis Lehmann geb. 1854 in Limbach, gest. 1924 in Limbach · Zum Abschied »Maxerl's« von Limbach (S. 196) Aus: Sängergrüße vom Lande an der pfälzischen Kaiserstraße, Zweibrücken 1909

Karl Leibrock geb. 1877 in Kirkel-Neuhäusel, gest. 1923 in Neu-Ulm · E Baurered (S. 43) · Aus: Guido König (Hg.): Heij bei uus, Mundartgedichte der Saar, Homburg 1992

Marianne von der Leyen geb. 1745 in Mainz, gest. 1804 in Frankfurt/M · Die Gersheimer Zuflucht★ (S. 91) · Aus: Marianne von der Leyen, Tagebuch über mein Unglück in der Revolution im Jahre 1794. in: Ludwig Eid/Wolfgang Krämer, Reichsgräfin Marianne von der Leyen geb. von Dalberg, Leben, Staat, Wirken, Saarbrücken 1937

Karl Lillig geb. 1929 in Medelsheim, lebt in Kirkel-Limbach · Hosenstrickers Betteltour (S. 315) · Aus: Saarpfalz, Blätter für Geschichte und Volkskunde, 2001/4

Clemens Lindemann geb. 1947 in Homburg, lebt in Kirkel-Limbach · Die Grenze haben wir schon lange nicht mehr im Kopf (S. 328) · Erstveröffentlichung

Waltraud Lindemann geb. 1946 in Bechhofen, lebt in Kirkel-Limbach · Retrospektive Visionen im Blitztal★ (S. 70) · Erstveröffentlichung

Karl Lohmeyer *geb. 1878 in Saarbrücken, gest. 1957 in Saarbrücken · Der Butterhut* (S. 296) · Aus: Karl Lohmeyer, Die Sagen der Saar, Saarbrücken 1964, Nr. 345 · Der blecherne Müller von Walsheim (S. 303) · Aus: Karl Lohmeyer, Die Sagen der Saar, Ergänzungsband, Saarbrücken 1955*

Rainer Ludes *geb. 1941 in Frankenholz, wo er heute lebt · Das Brauchbuch der Maria Ruffing (S. 323) · Aus: Saarpfalz, Blätter für Geschichte und Volkskunde, 1990/1*

Franz Luxenburger *geb. 1833 in Erfweiler-Ehlingen · Der Bauer auf dem landwirtschaftlichen Fest zu Medelsheim (S. 193) · Aus: Poetische Blumenlese aus der Pfalz, 1886*

Johann Christian von Mannlich *geb. 1741 in Straßburg, gest. 1822 in München · Ich hätte am liebsten das Schloß selbst weggeschafft * (S. 239) · Eine Hochzeit in Kirkel* (S. 318) · Aus: Rokoko und Revolution, Lebenserinnerungen, Berlin 1913*

Friedrich Ludwig Maurer *keine biographischen Angaben ermittelbar · Ruine Kirkel (S. 38) · Aus: In der Stille. Sonettenbilder, Dürkheim an der Haardt 1860*

Alfred Mayer *geb. 1906 in Ormesheim, gest. 1992 in Ormesheim · Das Findelkind von Gräfinthal (S. 305) · Aus: Alfred Mayer, Gräfinthal, ein Wilhelmitenkloster im Bliesgau, Homburg 1990*

Gerd Meiser *geb. 1939 in Neunkirchen, wo er heute lebt · Schräg ab nach Herbitzheim* (S. 53) · Aus: Saarbrücker Zeitung, Lokalausgabe St. Ingbert vom 26./27. Februar 2000 · Hamsterzeit im Bliesgau* (S. 137) · Aus: Saarbrücker Zeitung, Lokalausgabe St. Ingbert vom 5. Dezember 2001 · Keine Kühe mehr* (S. 197) · Aus: Saarbrücker Zeitung, Lokalausgabe St. Ingbert vom 10. Oktober 2000*

Wilhelm Molitor *geb. 1819 in Zweibrücken, gest. 1880 in Speyer · Die ersten Lokomotiven (S. 201) · Aus: Albert Becker, Zweibrücker Heimatbüchlein, Zweibrücken 1923*

Eugen Motsch *geb. 1932 in St. Ingbert, gest. 2003 in St. Ingbert · Von de Schul (S. 285) · Aus: Sprachlandschaften, 10 Jahre Saarländischer Mundartwettbewerb, Saarbrücken 1989 · Nikolaus Pfeiffer, der Postillon aus Rohrbach · Aus: Rohrbacher Heimatbuch, Teil II, hg. von Heimatfreunde Rohrbach e.V., St. Ingbert, 1991*

Adolf Müller *keine biografischen Daten ermittelbar · Gläserne Rosinen aus St. Ingbert (S. 218) · Aus: Pälzer Feierowend, Jg. 11, 1959, Nr. 14 · Homburger Dosenbier in der Wüste Sahara* (S. 225) · Aus: Pälzer Feierowend, Jg. 13, 1961, Nr. 15*

Wolfgang Müller *geb. 1923 in Berlin, gest. 2000 in Homburg · Die Schloßberghöhlen in Homburg (S. 29) · Aus: Pfälzer Heimatbuch, Bd. 1, Grünstadt 1988*

Manfred Nagel *geb. 1933 in Ensheim, lebt in Habkirchen · Hasenschmuggel* (S. 150) · Erstveröffentlichung*

Andreas Neubauer *geb. 1866 in Albersweiler, gest. 1919 in Waldfischbach · Wie das Kloster Wörschweiler in Flammen aufging* (S. 85) · Aus: Regesten des Klosters Wörschweiler, Speyer 1921*

Willi Neumann *geb. 1926 in Homburg-Sanddorf, gest. 2002 in Zweibrücken) De Napoljon-Stehen uff em Schelmekobb (S. 97) · Aus: E kleenes Stiggelche Heimat, Homburg 1997*

Fred Oberhauser *geb. 1923 in St. Ingbert, wo er heute lebt · Das Westrich* (S. 12) · Aus: VS Saar-Almanach 1978, Saarbrücken 1978 · Blieskasteler Kindheit* (S. 50) · Aus: Carl-Zuckmayer-Medaille des*

Landes Rheinland-Pfalz 1994, Fred Oberhauser, Eine Würdigung, Landau/Pfalz 1995 · Der Reiz der Gegensätze und die Kunst der Ausgleichungen (S. 142) · Aus: Das Saarland. DuMont Kunst-Reiseführer, Köln 1992 · Hans Dahlems Blieskasteler Skizzen* (S. 251) · Aus: Blieskastel. Zeichnungen Hans Dahlem, Texte Fred Oberhauser, Saarbrücken 1982

Gabriele Oberhauser geb. 1928 in München, lebt in St. Ingbert · Der St. Ingberter Franzosenstein* (S. 98) · Aus: Fred und Gabriele Oberhauser, Die Schwarzen Führer. Saarland. Die Saar. Mysteriöses Geheimnisvolles Sagenhaftes, Freiburg im Breisgau 2000 · Das Gräfinthaler Mirakelbuch (S. 308) · Fr. Fridericus Schaal Ord. S. Wilh.: Das Gräfinthaler Mirakelbuch, Gräfinthal 1671

Wolfgang Ohler geb. 1944 in Zweibrücken, wo er heute lebt · Die Kußverwandtschaft (S. 168) · Aus: Der Schönbildseher, Zweibrücken 1992

Regina Paquet geb. 1927 in Saarbrücken, lebt in Saarlouis · Studentin in Homburg* (S. 258) · Aus: Regina Paquet, Ab ovo, Aus den Anfängen der Universität des Saarlandes, Erinnerungen und Impressionen einer Studentin 1948-1952 (= Annales Universitatis Saraviensis, Bd. 3), St. Ingbert 1996

August von Platen geb. 1796 in Ansbach, gest. 1835 in Syrakus · Das Flüßchen Blies teilt hier Frankreich und Deutschland* (S. 145) · Aus: Tagebuch 1796-1825, hg. von V. Engelhardt und K. Pfeufer, Stuttgart/Augsburg 1860

Arnold Rütter geb. 1843 in Rindern bei Münster, gest. 1907 in Erfweiler-Ehlingen · Im Land der runden Türme (S. 55) · Aus: Festschrift »100 Jahre Kirchenchor St. Mauritius Erfweiler-Ehlingen«, Mandelbachtal 1979

Ludwig Scharf *geb. 1864 in Meckenheim, gest. 1938 auf Schloss Patosfa (südl. des Balaton/Ungarn) · Nachtigall (S. 269) · Aus: Lieder eines Menschen, München 1894 · Die Wetterwolke – Eine Impression aus dem Bliestal (S. 235) · Handschriftliche Fassung des Gedichtes bei Hans Cappel, Blieskastel*

Anne Scheyer *geb. 1928 in Erching/Moselle, wo sie heute lebt · Heiligabend 1944 im lothringischen Erching-Guiderkirch* (S. 164) · Aus: Die 14 Freitage, der Kreuzweg der lothringischen Ortschaft, die als letzte befreit wurde, Saarbrücken 1994*

Philipp Jakob Siebenpfeiffer *geb. 1789 in Lahr, gest. 1845 in Bümplitz/CH · Die Höcher Forstfrevler* (S. 99) · Erstveröffentlichung · Der Deutschen Mai (S. 106) · Aus: Johann Georg August Wirth, Das Nationalfest der Deutschen zu Hambach, Neustadt 1832 · Was Noth thut (S. 184) · Aus: Philipp Jakob Siebenpfeiffer/Ludwig Hoffmann, Rheinbayern, eine vergleichende Zeitschrift für Verfassung, Gesetzgebung, Justizpflege, gesammte Verwaltung und Volksleben des constitutionellen Inn= und Auslandes, zumal Frankreichs. 1. Band, 1. Heft, Zweibrücken 1830*

Jörg Hugo Staab *(keine biographischen Daten ermittelbar) · Der lange Philipp von Limbach* (S. 209) · Aus: Pilger-Kalender, 1979*

Klaus Stief *geb. 1897 in St. Ingbert, gest. 1963 in St. Ingbert · Wullewullegänsje (S. 276) · Aus: Klaus Stief und Leo Griebler (Hg.): Mei Geheichnis, Mundartgedichte von der Saar und ihrer Nachbarschaft, Saarbrücken 1964*

Willibald Stolz *geb. 1919 in Heckendalheim, gef. 1943 in Russland · Evakuierung 1939* (S. 161) · Aus: 650 Jahre Heckendalheim 1342-1992, Mandelbachtal 1992*

Karl Uhl *geb. 1886 in St. Ingbert, gest. 1966 in St. Ingbert · Ein guter Brauer und Wirt, aber ein schlechter Kaufmann* (S. 220) · Scheneral Hüüüh-Hott-O-Haar (S. 242) · Aus: Bunte Heimatbilder, St. Ingbert 1963. Es wollte emol Vier noo Gräwedaal (S. 311) · Aus: Karl Uhl, die Kartoffelrepublik, Verse und Prosa, hg. von Wolfgang Krämer zum 70. Geburtstag des Dichters Karl Uhl, Selbstverlag o. J. (1956)*

Felix Villeroy *geb. 1792 in Metz, gest. 1881 in Hassel · Bin ich so unabhängig als irgend Jemand!* (S. 104) · Aus: Deutsche Tribüne Nr. 51 v. 26. Februar 1832*

Friedrich Daniel Vogelgesang *geb. 1837 in Böckweiler, gest. 1922 in Böckweiler · Der Böckweiler Jakob mit dem Heckerhut* (S. 114) · Aus: Edwin Dillmann: Erinnerungen an das ländliche Leben. Ein historisches Lesebuch zur dörflichen Welt an der Saar im 18./19. Jahrhundert, St. Ingbert 1991*

Samuel Christoph Wagener *geb. 1763 in Sandau bei Magdeburg, gest. 1845 in Potsdam · »Jagdopfer« des Herzogs* (S. 94) · Aus: Über die Pfalz am Rhein und deren Nachbarschaft, Brandenburg 1795*

Josef Weiß *(keine biographischen Angaben ermittelbar) · Der Krieg 1870 an der westpfälzisch-französischen Grenze (S. 117) · Aus: Das Bayerland, Jg. 26. 1915*

Günter Wolf *geb. 1923 in Saarbrücken, lebt in Blieskastel-Aßweiler ·*
Ute John-Wolf *geb. in Zweibrücken, lebt in Blieskastel-Aßweiler · Kaffee in Knickerbockern* (S. 167) · Aus: Günter Wolf/Ute John-Wolf, Die ersten Nachkriegsjahre, Aßweiler und der Neubeginn 1945, Aßweiler Hefte, Bd. 7, 1993*

Karl August Woll *geb. 1834 in St. Ingbert, gest. 1893 in Straßburg · Im Bliesgauwald (S. 25) · Aus: Pfälzische Gedichte, München 1959 · St. Ingbert un sei Muttersprooch (S. 274) · Aus: Der Bitzler, Pfälzische Gedichte, Landau 1993*

Thomas Wolter *geb. 1962 in Walsheim, lebt in Saarbrücken · Reinheim-Bliesbruck antiqua oder galloromisches Delphi* (S. 65) · Aus: Saarbrücker Zeitung, Lokalausgabe Homburg, 13. Dezember 1982*

Klasse 10 c der Realschule Bexbach (1985) *Christenkreuz oder Hakenkreuz* (S. 125) · Aus: Saarpfalz, Blätter für Geschichte und Volkskunde, 1988/4*

Klasse 4a/b der Grund- und Hauptschule Oberbexbach (1985) *Ojczyzna- Der Tod der Sophia Btriamir in Oberbexbach* (S. 133) · Aus: Saarpfalz. Blätter für Geschichte und Volkskunde, 1986/2*

Die in diesem Buch veröffentlichten Texte erscheinen mit freundlicher Genehmigung der Rechteinhaber. Wo diese nicht ausfindig gemacht werden konnten, werden Ansprüche gegebenenfalls im Rahmen der üblichen Vereinbarungen abgegolten.

Texte unbekannter Autoren:

Anmutige St. Ingberter Waldgegend* (S. 44) · Der Stiefeler Fels* (S. 78) · Aus: Führer durch St. Ingbert und Umgebung mit besonderer Berücksichtigung der hauptsächlichen industriellen Anlagen, hg. vom Gabelsberger Stenographenverein St. Ingbert, St. Ingbert 1908. Als kommentiertes Faksimile von Evi Steinmetz unter dem Titel »Industriestadt St. Ingbert St. Ingbert Industriestadt? Spaziergang durch die Zeit« 1998 durch die Geschichtswerkstatt neu ediert

Kohlensuche auf Frankenholz (S. 35) · Aus: Saarbrücker Zeitung, Lokalausgabe Homburg vom 24. Februar 1965

Der Dung ist die Seele der Fruchtbarkeit* (S. 187) · Aus: Wochenblatt der Stadt Zweibrücken, Nr. 31 vom 1. August 1818

Gersheimer Kalksteinbruch noch moderner (S. 214) · Aus: Westpfälzische Rundschau vom 24. Juni 1961

Von der Ludwigsbahn nach Bexbach* (S. 202) · Aus: BayHStA, Verkehrsarchiv VM 4112, abgedruckt in: Annette Molter-Klein: 150 Jahre Bahnhof Bexbach 1849 – 1999 (Saarpfalz, Blätter für Geschichte und Volkskunde, Sonderheft 1999)

Eine Bittschrift der Walsheimer Frauen an den Gauleiter Bürckel (S. 222) · Aus: Walsheim und seine Geschichte, Homburg 1988

Der Gärtner (S. 293) · Falscher Schwur (S. 306) · Vergänglichkeit (S. 327) · Aus: Georg Heeger/Wilhelm Wüst: Volkslieder aus der Rheinpfalz. Mit Singweisen aus dem Volksmunde gesammelt, Bd. II, 1909

Der Höllenbrunnen von Altstadt (S. 296) · Aus: Festschrift 10 Jahre Volksbildungswerk Altstadt, Bexbach 1971

Die Herausgeber

Martin Baus, geboren 1960 in Altstadt, studierte in Saarbrücken Germanistik und Geschichte. Seit 1980 freier Mitarbeiter verschiedener Tageszeitungen. Seit 1990 wissenschaftlicher Mitarbeiter der Siebenpfeiffer-Stiftung in Homburg. Mehrere Veröffentlichungen zur Regionalgeschichte.

Bernhard Becker, geboren 1954, studierte Geschichte und Germanistik. Promotion über die Rezeptionsgeschichte Herders. Seit 1984 beim Saarpfalz-Kreis in der Heimat- und Denkmalpflege tätig. Seit deren Gründung Geschäftsführer der Siebenpfeiffer-Stiftung. Herausgeber der Zeitschrift Saarpfalz. Blätter für Geschichte und Volkskunde.

Fred Oberhauser, geboren 1923 in St. Ingbert, studierte in Saarbrücken und München Germanistik, Geschichte, Kunstgeschichte, Theater- und Zeitungswissenschaften. Von 1955 bis 1986 war er beim Saarländischen Rundfunk in den Ressorts Literatur und Regionale Kultur tätig.
Er erhielt 1994 die Carl-Zuckmayer-Medaille des Landes Rheinland-Pfalz und wurde 1997 zum Doctor honoris causa der Philosophischen Fakultät der Universität des Saarlandes promoviert.

Axel C. Groß, geboren 1947 in Neunkirchen/Saar, lebt in Meckenbach. Studium der Kunst- und Werkerziehung in Saarbrücken. Arbeitet an der Gesamtschule Türkismühle als Kunsterzieher und hat Schul- und Kinderbücher illustriert. Seine »Hausgesichter« von Bauernhäusern wurden zu Dokumenten regionaler Kultur.

Die Erfassung der Texte erledigte Traudel Neumüller, Amt für Heimatpflege und Denkmalschutz des Saarpfalz-Kreises, Homburg.

Impressum

Alle Rechte vorbehalten
© 2003 Gollenstein Verlag, Blieskastel

Buchgestaltung und Satz: Timo Pfeifer
Zeichnungen Axel C. Groß
Schrift: Bembo und Univers
Papier: Munken Print 90 g
Druck: Saarbrücker Druckerei und Verlag
Bindung: Buchbinderei Schwind, Trier

Printed in Germany
ISBN 3-935731-49-3

Herausgegeben im Auftrag des Saarpfalz-Kreises